Iwan Turgenjew

Gesammelte Werke in Einzelbänden

Herausgegeben
von Klaus Dornacher

Iwan Turgenjew

Gedichte in Prosa
Komödien

Deutsch
von Georg Schwarz

Aufbau-Verlag

Gedichte in Prosa

1. Senilia

Das Dorf

Der letzte Tag im Monat Juni; tausend Werst im Umkreis Rußland, heimatliche Erde.

Gleichmäßige Bläue überzieht den Himmel; man weiß nicht recht, ob das einzige Wölkchen an ihm dahintreibt oder zergeht. Windstille, wohlige Milde ... eine Luft wie kuhwarme Milch!

Lerchen tirilieren; dickkröpfige Tauben gurren; Schwalben schießen lautlos hin und her; Pferde schnauben und kauen; die Hunde bellen nicht, stehen da und wedeln mit den Schwänzen.

Es riecht ein wenig nach Rauch, nach Gras, ein bißchen auch nach Teer und Leder. Die Hanffelder blühen bereits und verbreiten ihren schweren, aber angenehmen Duft.

Eine tiefe, doch sanft abfallende Schlucht. An ihren Hängen mehrere Reihen von Weiden mit breiten Kronen und nach unten zu zerspaltenen Stämmen. Durch die Schlucht eilt ein Bach; die kleinen Steine auf seinem Grund scheinen im hellen Gekräusel zu zittern. In der Ferne, am äußersten Rande von Himmel und Erde, der bläuliche Streifen eines großen Flusses.

Auf der einen Seite entlang der Schlucht – saubere kleine Speicher, Vorratskammern mit fest verschlossenen Türen; auf der anderen fünf oder sechs mit Schindeln gedeckte Bauernhäuser aus Kiefernholz. Über jedem Dach eine lange Stange mit Starkasten; über jedem Außenflur ein in Eisen geschnittenes Pferdchen mit kühn geschwungenem Hals. Die unebenen Fensterscheiben spielen in allen Regenbogenfarben. Auf den Läden prangen gemalte Krüge mit Blumensträußen. Vor jedem Haus – wie sich's gehört – eine anständige Bank; auf den Erdaufschüttungen längs der Wände zu Knäueln zusammengerollte Katzen, die die durchscheinenden Ohren spitzen; hinter den hohen Schwellen dunkeln kühle Flure.

Ich liege unmittelbar am Rande der Schlucht auf einer Pferdedecke; ringsum – ganze Haufen von erst unlängst gemähtem, schwindelerregend duftendem Gras. Die findigen Eigentümer haben einen Teil davon vor den Häusern ausgebreitet: Soll's noch ein wenig in der Sonne trocknen, und dann in die Scheune damit! Wie herrlich wird es sich darauf schlafen lassen!

Aus jedem Heuhaufen schauen kraushaarige Kinderköpfe hervor; Hühner mit kräftigen Federhauben suchen im Heu nach Schnaken und Käfern; ein Hundejunges mit weißer Schnauze wälzt sich in den verworrenen Halmen.

Blondgelockte Burschen in sauberen, tief gegürteten Hemden und schweren Stiefeln mit Paspeln ergehen sich, die Brust an einen ausgespannten Bauernwagen gelehnt, in munteren Reden; sie witzeln.

Aus einem Fenster schaut eine junge Frau mit rundem Gesicht; sie lacht – sei's über die Reden der Burschen, sei's über die Balgerei der Kinder im aufeinandergetürmten Heu.

Eine andere junge Frau zieht mit starken Armen einen großen nassen Eimer aus dem Brunnen hoch. Der Eimer zittert und schaukelt am Strick und versprüht funkelnde längliche Tropfen.

Vor mir steht meine alte Wirtin in neuem kariertem Rock und neuen Schuhen.

Drei Reihen von großen Glasperlen umwinden den mageren braunen Hals; um den ergrauten Kopf ist ein gelbes, rot gesprenkeltes Tuch gelegt; es hängt tief auf die glanzlosen Augen hinab.

Doch das Lächeln der alten Augen ist freundlich; das ganze faltige Gesicht lächelt mit. Die Alte scheint am Ende des siebten Jahrzehnts zu stehen, und dennoch sieht man auch heute noch: Sie war zu ihrer Zeit eine Schönheit!

In den gespreizten sonnengebräunten Fingern der rechten Hand hält sie einen Topf mit kalter, unabgesahnter Milch, frisch aus dem Keller; Tautropfen überziehen die Wandungen des Topfes wie Perlen. Auf der flachen linken Hand reicht sie mir ein großes Stück noch warmen Brotes. Iß, zugereister Gast, scheint sie zu sagen, wohl bekomm's!

Plötzlich kräht ein Hahn und schlägt besorgt mit den Flügeln; ein eingesperrtes Kalb gibt, ohne sich zu beeilen, Antwort und muht.

„Das nenne ich einen Hafer!" hör ich die Stimme meines Kutschers.

O Zufriedenheit, o Friede und Überfluß des freien russischen Dorfes! O Stille und Wohlergehen!

Und ich frage mich: Was soll uns hier das Kreuz über der Kuppel der Hagia Sophia in Zargrad und alles andere, worauf wir Menschen in der Stadt so eifrig aus sind?

Februar 1878

Zwiegespräch

> Noch nie hat eines Menschen Fuß die Jungfrau oder das Finsteraarhorn betreten.

Die Gipfel der Alpen... Eine Kette von steilen Stufen. Das eigentliche Herz der Berge.

Über den Bergen ein blaßgrüner, heller, stummer Himmel. Starker, grimmiger Frost; der Schnee ist harsch und funkelt; aus dem Schnee ragen die rauhen Wände vereister, verwitterter Felsen in die Luft.

Zwei Riesen, zwei Kolosse erheben sich zu beiden Seiten des Horizonts: die Jungfrau und das Finsteraarhorn.

Und die Jungfrau sagt zu dem Nachbarn:

„Was gibt es Neues? Du kannst es besser sehen. Was geht da unten vor sich?"

Einige tausend Jahre vergehen – eine Minute.

Und das Finsteraarhorn entgegnet und dröhnt:

„Undurchdringliche Wolken verhüllen die Erde... Wart ab!"

Weitere Jahrtausende vergehen – eine Minute.

„Und was ist jetzt?" erkundigt sich die Jungfrau.

„Jetzt kann ich alles sehen: Dort unten ist es wie immer –

klein und buntscheckig. Blaue Gewässer; dunkelnde Wälder; graue Haufen von aufeinandergetürmten Steinen. Daneben kribbelt noch immer dieses Gewürm – du weißt, jene Zweibeiner, die weder dich noch mich auch nur ein einziges Mal entweihen konnten."

„Die Menschen?"

„Ja, die Menschen."

Jahrtausende vergehen – eine Minute.

„Nun, und was ist jetzt?" erkundigt sich die Jungfrau.

„Das Gewürm scheint weniger geworden zu sein", donnert das Finsteraarhorn. „Jetzt ist es unten klarer: Die Gewässer sind zusammengeschrumpft, die Wälder haben sich gelichtet."

Weitere Tausende von Jahren vergehen – eine Minute.

„Was siehst du?" fragt die Jungfrau.

„Bei uns in der Nachbarschaft wirkt alles aufgeräumt", entgegnet das Finsteraarhorn, „aber weiter weg, in den Tälern, gibt es noch Flecken und regt sich dies und das."

„Und jetzt?" erkundigt sich die Jungfrau nach abermals Tausenden von Jahren – einer Minute.

„Jetzt ist es gut", erwidert das Finsteraarhorn, „wo man auch hinschaut, alles sauber, alles schön weiß. Überall unser Schnee, eine einzige Decke von Eis und Schnee. Alles erstarrt. Jetzt ist es auch dort schön und still."

„Gut", meint die Jungfrau. „Nun haben wir aber genug miteinander geplaudert, Alter. Wird Zeit, ein Nickerchen zu machen."

„Ja, wird Zeit."

Die Bergkolosse schlafen; es schläft der grüne, helle Himmel über der für alle Zeit verstummten Erde.

Februar 1878

Die Alte

Ich ging allein über ein weites Feld.

Und plötzlich glaubte ich, leichte, vorsichtige Schritte hinter mir zu vernehmen... Jemand folgte mir auf den Fersen.

Ich sah mich um und erblickte eine kleine, gebeugte, völlig in graue Lumpen gehüllte Alte. Nur das Gesicht trat aus ihnen hervor – ein gelbes, runzliges, spitznäsiges, zahnloses Gesicht.

Ich ging auf sie zu... Sie blieb stehen.

„Wer bist du? Was willst du? Bist du eine Bettlerin? Erwartest du ein Almosen von mir?"

Die Alte gab keine Antwort. Ich neigte mich zu ihr vor und bemerkte, daß beide Augen von einem weißlichen, halb durchsichtigen Häutchen überzogen waren, wie das bei manchen Vögeln der Fall ist: Es schützt ihre Augen vor allzu grellem Licht.

Bei der Alten blieb dieses Häutchen aber unbeweglich und gab die Pupillen nicht frei, woraus ich schloß, sie sei blind.

„Willst du eine milde Gabe von mir?" wiederholte ich meine Frage. „Warum folgst du mir?"

Die Alte jedoch gab wiederum keine Antwort und sank nur ein wenig in sich zusammen.

Ich wandte mich von ihr ab und setzte meinen Weg fort.

Und abermals höre ich diese leichten und gleichmäßigen, irgendwie schleichenden Schritte hinter mir.

Wieder diese Frau! ging es mir durch den Kopf. Warum verfolgt sie mich? Doch sogleich fügte ich in Gedanken hinzu: Wahrscheinlich ist sie in ihrer Blindheit vom Wege abgekommen und heftet sich nun nach dem Gehör an meine Fersen, um so zusammen mit mir eine menschliche Wohnstatt zu erreichen. Ja, ja, so ist es!

Aber nach und nach bemächtigte sich meiner Gedanken eine seltsame Unruhe: Mir schien allmählich, die Alte gehe nicht nur hinter mir her, sondern sie lenke meine Schritte, dränge mich bald nach rechts, bald nach links, und ich füge mich unwillkürlich ihrem Willen.

Ich gehe dennoch weiter. Doch da taucht vor mir, auf meinem Wege, etwas Dunkles auf und dehnt sich, weitet sich – etwas wie eine Grube. Das Grab! schießt es mir durch den Kopf. Das ist es, wo sie mich hindrängt!

Ich wende mich scharf zurück. Die Alte steht wieder vor mir, aber jetzt sieht sie! Sie blickt mich mit großen, bösen, unheildrohenden Augen – Raubvogelaugen – an. Ich rücke auf ihr Gesicht, auf ihre Augen zu... Und wieder das trübe Häutchen, derselbe Eindruck von Stumpfheit und Blicklosigkeit.

Ach, denke ich, diese Alte ist mein Schicksal! Das Schicksal, dem der Mensch nun einmal nicht entrinnen kann! – Nicht entrinnen kann!? Nicht entrinnen kann!? Was für ein Unsinn! Man muß es versuchen!

Und ich wende mich zur Seite und stürze in einer anderen Richtung davon.

Ich gehe rasch. Aber die leichten Schritte rascheln hinter mir her wie zuvor, nahe, ganz nahe. Und vor mir wieder die dunkle Grube.

Ich schlage aufs neue eine andere Richtung ein. Und wieder dasselbe Rascheln hinter mir und derselbe drohende Fleck vor mir.

Und wo ich mich auch hinwende, wie ein gehetzter Hase – es ist dasselbe, immer dasselbe!

Halt! denke ich. Jetzt weiß ich, wie ich dich überliste! Ich bleibe einfach, wo ich bin!

Ich lasse mich unverzüglich auf die Erde nieder. Die Alte steht hinter mir, wenige Schritte von mir entfernt. Ich höre sie nicht, aber ich fühle, daß sie da ist.

Und plötzlich sehe ich: Der Fleck, der in der Ferne dunkelte, bewegt sich, kriecht auf mich zu!

Mein Gott! Ich schaue mich um... Die Alte blickt mich offen an, und ein spöttisches Lächeln verzieht ihren zahnlosen Mund.

Mir entrinnst du nicht!

Februar 1878

Der Hund

Wir sind unserer zwei in der Stube: mein Hund und ich. Draußen heult ein schrecklicher, wilder Sturm.

Der Hund sitzt vor mir und blickt mir geradeaus in die Augen.

Und ich schaue ihm in die seinen.

Es ist, als wolle er mir etwas sagen. Doch er ist stumm, ihm fehlt die Gabe der Rede, und er versteht sich selber nicht. Ich aber verstehe ihn.

Ich verstehe, daß in diesem Augenblick in ihm wie in mir ein und dasselbe Gefühl lebendig ist und daß es keinerlei Unterschied zwischen uns gibt. Wir sind einander gleich; in jedem von uns glimmt und flimmert dasselbe flackernde Flämmchen.

Der Tod stürzt darauf zu und fährt mit seinem kalten breiten Flügel über das Flämmchen hin.

Und aus!

Wer findet hinterher noch heraus, was für ein Flämmchen in dem oder jenem von uns gebrannt hat?

Nein! Hier werden nicht Blicke zwischen Mensch und Tier gewechselt. Hier versenken sich zwei gleiche Augenpaare ineinander.

Und in jedem dieser Augenpaare – in dem des Tieres und in dem des Menschen – drängt ängstlich ein und dasselbe Leben zum anderen.

Februar 1878

Der Rivale

Ich hatte einen Gefährten – und Rivalen; nicht etwa im Dienst, im Beruf oder in der Liebe, wir waren nur in allem ganz unterschiedlicher Meinung, und jedesmal, wenn wir uns trafen, kamen nicht enden wollende Streitgespräche zwischen uns auf.

Wir stritten uns über alles: über die Kunst, die Religion, die Wissenschaften, über das irdische Leben und das Leben im Jenseits; besonders über dieses.

Er war ein gläubiger, ekstatischer Christ. Eines Tages sagte er zu mir:

„Du machst dich über alles lustig; sterbe ich aber früher als du, dann erscheine ich dir aus dem Jenseits. Da werden wir ja sehen, ob dir das Lachen nicht vergeht!"

Und er starb tatsächlich vor mir, in einem noch jugendlichen Alter. Die Jahre vergingen, und ich vergaß, was er mir in Aussicht gestellt, was er mir angedroht hatte.

Eines Nachts lag ich im Bett und konnte und wollte eigentlich auch nicht einschlafen.

Im Zimmer war es weder dunkel noch hell; ich vertiefte mich in die Betrachtung des grauen Dämmerscheins.

Und plötzlich schien mir, zwischen den beiden Fenstern stehe mein Rivale und nicke mir still und traurig zu.

Ich war nicht erschrocken, nicht einmal erstaunt. Ich richtete mich nur ein wenig auf, stützte mich auf den Ellenbogen und blickte die überraschend aufgetauchte Gestalt noch aufmerksamer an.

Sie nickte mir weiterhin zu.

„Nun?" sagte ich schließlich. „Triumphierst du? Oder bereust du? Was ist das: eine Warnung oder ein Vorwurf? Oder willst du mir zu verstehen geben, daß du im Irrtum warst? Daß wir beide uns irrten? Was empfindest du jetzt? Die Qualen der Hölle? Oder die Seligkeit des Paradieses? So sprich schon ein Wort!"

Doch mein Widersacher gab keinen Ton von sich und bewegte nur wie zuvor traurig und schicksalergeben den Kopf, immer von oben nach unten.

Ich brach in Lachen aus, und er verschwand.

Februar 1878

Der Bettler

Ich ging eine Straße entlang. Ein alter, gebrechlicher Bettler hielt mich an.

Entzündete, tränende Augen, bläuliche Lippen, grobe Lumpen und unsaubere Schwären... Oh, wie widerwärtig hatte die Armut diesem unglücklichen Geschöpf mitgespielt!

Er streckte die rote, geschwollene, schmutzige Hand zu mir aus und stöhnte dumpf um Hilfe.

Ich kramte in allen Taschen... Weder die Börse noch die

Uhr, nicht mal ein Taschentuch fanden sich. Ich hatte nichts eingesteckt.

Der Bettler aber wartete, und seine ausgestreckte Hand schwankte ein wenig und zuckte.

Verwirrt, verlegen, drückte ich diese schmutzige, zitternde Hand... Trag's mir nicht nach, Bruder! Ich habe nichts bei mir, mein Bruder!

Der Bettler schaute mich mit seinen entzündeten Augen an; die blauen Lippen lächelten bitter, und er drückte mir seinerseits meine kalt gewordenen Finger.

„Was kann man machen, Bruder", murmelte er mit zahnlosem Mund, „hab Dank auch dafür! Das ist genausogut ein Almosen."

Ich verstand, daß auch ich ein Almosen von meinem Bruder empfangen hatte.

Februar 1878

„Hörst du des Toren Urteil..."
Puschkin

Du trafst immer die Wahrheit, unser großer Sänger; du trafst sie auch hier.

„Des Toren Urteil und der Menge Lachen..." Wer hätte nicht das eine wie das andere an sich erfahren?

All das kann und muß man ertragen; und wer die Kraft dazu besitzt, gehe mit Verachtung darüber hinweg!

Es gibt jedoch Schläge, die noch schmerzhafter treffen – mitten ins Herz. Da hat ein Mensch alles getan, was er vermochte, hat sich aufopferungsvoll, mit Liebe, redlich gemüht... Und redliche Seelen wenden sich widerwillig von ihm ab; redliche Menschen flammen vor Entrüstung, wenn sie seinen Namen hören.

„Entferne dich! Geh!" rufen ihm junge, redliche Stimmen zu. „Wir brauchen weder dich noch deine Arbeit; du beschmutzt unser Nest – du kennst uns nicht, verstehst uns nicht. Du bist unser Feind!"

Was soll dieser Mensch nun tun? Er soll sein Werk fortsetzen, sich nicht zu rechtfertigen versuchen und nicht einmal erwarten, gerechter beurteilt zu werden.

Vor Zeiten verfluchten die Ackerbauern den Reisenden, der ihnen die Kartoffel, den Brotersatz, die tägliche Nahrung des armen Mannes, brachte. Sie schlugen das kostbare Geschenk aus seinen ausgestreckten Händen, warfen es in den Schmutz und trampelten darauf herum.

Heute ernähren sie sich davon – und kennen nicht mal den Namen ihres Wohltäters.

Wozu auch? Was sagt ihnen sein Name? Er bewahrt sie auch als Namenloser vor dem Hunger.

Bemühen wir uns nur um eins – daß das, was wir den anderen geben, tatsächlich eine nützliche Nahrung ist!

Ein ungerechter Vorwurf aus dem Munde von Menschen, die man liebt, ist bitter. Aber man verwindet auch das.

„Schlage mich, aber höre mich an!" sagte der Führer der Athener zu dem der Spartaner.

Schlage mich, aber bleib gesund und werde satt! müssen wir sagen.

Februar 1878

Der Zufriedene

Eine Straße der Hauptstadt entlang eilt, ja hüpft ein noch junger Mann. Seine Bewegungen sind munter und fröhlich; die Augen strahlen, die Lippen lächeln, das verzückte Gesicht ist angenehm gerötet ... Er ist eitel Freude und Zufriedenheit.

Was ist ihm begegnet? Hat er jemand beerbt? Ist er befördert worden? Eilt er zu einem Stelldichein? Oder hat er einfach gut gefrühstückt und schwelgt in dem Gefühl seiner Gesundheit, dem angenehmen Gefühl gesättigter Kraft in allen seinen Gliedern? Hat ihm womöglich der Polenkönig Stanislaw sein schönes achtarmiges Kreuz um den Hals gehängt?

Nein! Er hat eine Verleumdung über einen Bekannten erfunden, sie gewissenhaft in Umlauf gesetzt, sie soeben aus dem Mund eines anderen gehört und *selber daran geglaubt*.

Oh, wie zufrieden, ja herzensgut der vielversprechende, liebenswerte junge Mann in diesem Augenblick erscheint!

Februar 1878

Eine Lebensregel

„Wenn Sie Ihrem Widersacher die Suppe versalzen und gründlich schaden wollen", sagte ein alter Spitzbube zu mir, „dann werfen Sie ihm denselben Fehler oder dasselbe Laster vor, dessen Sie sich schuldig fühlen. Entrüsten Sie sich über ihn und fallen Sie über ihn her!

Erstens wird das die anderen glauben machen, Sie seien von diesem Laster frei.

Zweitens kann Ihre Entrüstung sogar ehrlich sein... Sie können sich die eigenen Gewissensbisse zunutze machen.

Sind Sie zum Beispiel ein Renegat, dann werfen Sie dem Gegner Mangel an Überzeugung vor!

Sind Sie im Herzen ein Lakai, dann beschuldigen Sie ihn, er sei einer, ein Lakai der Zivilisation, Europas, des Sozialismus!"

„Man könnte sogar sagen, ein Lakai aus Mangel an Lakaientum!" bemerkte ich.

„Auch das könnte man sagen", pflichtete mir der Spitzbube bei.

Februar 1878

Das Ende der Welt

Ein Traum

Mir war, ich befinde mich irgendwo in Rußland, in einer einsamen Gegend, in einem einfachen ländlichen Haus.

Das Zimmer ist groß und niedrig, es hat drei Fenster; die

Wände sind weiß getüncht; Möbel fehlen. Vor dem Haus eine kahle Ebene; sie zieht sich, allmählich abfallend, in die Ferne hin; darüber hängt gleich einem Vorhang eintönig und grau der Himmel.

Ich bin nicht allein; etwa ein Dutzend Menschen ist mit mir im Raum. Alles einfache, einfach gekleidete Leute; sie gehen schweigend, gleichsam schleichend umher. Sie meiden einander, wechseln aber unaufhörlich unruhige Blicke.

Keiner von ihnen weiß, wie er in dieses Haus geraten ist und wer die anderen sind. Auf allen Gesichtern Unruhe und Verzagtheit... Alle treten abwechselnd an die Fenster und schauen sich aufmerksam um, als warteten sie darauf, daß da draußen etwas geschehe.

Dann schleichen sie aufs neue kreuz und quer durch das Zimmer. Ein kleiner Junge schwirrt zwischen ihnen umher; von Zeit zu Zeit jammert er mit dünnem, eintönigem Stimmchen: „Papachen, ich fürchte mich!" Dieses Jammern legt sich mir aufs Herz, und auch ich verspüre plötzlich Angst – wovor, weiß ich selbst nicht. Ich fühle nur: Etwas Schlimmes, sehr Schlimmes naht, kommt auf uns zu.

Der Junge aber ist ein Weilchen still und winselt dann aufs neue los. Ach, könnte man doch von hier fort! Wie stickig es ist! Wie quälend! Wie bedrückend! Aber fort kann man nicht.

Dieser Himmel ist wie ein Leichentuch. Und kein Wind... Ist die Luft etwa erstorben?

Plötzlich springt der Junge an eines der Fenster und schreit mit immer derselben Jammerstimme:

„Schaut! So schaut doch! Die Erde ist eingestürzt!"

„Wie? Eingestürzt?" – Tatsächlich: Vor dem Haus hatte eine Ebene gelegen, jetzt aber stand es auf dem Gipfel eines schrecklichen Berges! Der Horizont war abgesunken, lag tief unten, und unmittelbar vor der Schwelle gähnte, wie künstlich ausgehoben, ein beinah senkrechter schwarzer Abgrund.

Wir drängten alle zu den Fenstern. Entsetzen lähmte die Herzen.

„Da ist es, da ist es!" flüstert mein Nachbar.

Und plötzlich gerät der ganze weite Himmelsrand in Bewegung; irgendwelche kleinen, rundlichen Hügel formen sich und sinken wieder in sich zusammen.

Das Meer! sagten wir uns im selben Augenblick. Gleich wird es uns alle ertränken... Aber wie kann es so anwachsen, daß es sich bis zu uns, diese Steilwand hinauf, erhebt?

Und dennoch – es wuchs, wuchs ins Riesenhafte... Es waren bereits keine vereinzelten Hügel mehr, die in der Ferne auf und nieder wogten. Eine einzige ungeheure Welle umspannte den Erdenkreis.

Sie jagte, sie raste auf uns zu! Wie ein eisiger Wirbelwind fegte sie daher, wie die höllische Finsternis wallte sie heran. Alles ringsum erbebte – und dort, in diesem auf uns zurollenden Koloß war Krachen und Donnern und tausendfältiges eisernes Gebell...

Ha! Welch ein Heulen und Zähneklappern! Die ganze Erde brüllte vor Angst.

Ihr Ende war da! Das Ende von allem!

Der Junge schrie noch einmal auf. Ich wollte mich an die Gefährten klammern, aber wir waren bereits erdrückt, begraben, ertränkt, fortgeschwemmt von der tintenschwarzen, eisigen, donnernden Flut!

Finsternis, ewige Finsternis!

Ich erwachte und rang nach Atem.

März 1878

Mascha

Als ich – vor vielen Jahren – in Petersburg lebte, knüpfte ich jedesmal, wenn ich eine Mietdroschke nahm, ein Gespräch mit dem Kutscher an.

Besonders gern unterhielt ich mich mit denen, die nachts fuhren, armen Vorstadtbauern, die sich mit ockergelb gestrichenem Schlitten und bescheidener Mähre in der Hauptstadt einfanden – in der Hoffnung, sich selbst zu ernähren und auch noch den Pachtzins für die Gutsherrschaft herauszuschlagen.

Eines Nachts nahm ich mir wieder einen solchen Mietkutscher. Es war ein Bursche von etwa zwanzig Jahren, groß und stattlich, ein Kerl, wie er im Buche steht: blaue Augen, rote Wangen und blondes Haar, das in Ringeln unter der geflickten, tief in die Stirn gezogenen Mütze hervorquoll. Unerfindlich, wie er mit seinen hünenhaften Schultern in den zerschlissenen Bauernmantel gefunden hatte!

Doch das schöne, bartlose Gesicht des Mietkutschers erschien mir traurig und düster.

Wir kamen ins Gespräch. Und Trauer schwang in seiner Stimme.

„Was ist, mein Freund?" fragte ich ihn. „Warum bist du so unfroh? Hast du Kummer?"

Der Bursche gab nicht gleich Antwort.

„Ja, Herr, den habe ich", entgegnete er schließlich. „Und einen, wie es keinen schlimmeren gibt. Die Frau ist mir gestorben."

„Du hast sie wohl geliebt, deine Frau?"

Der Bursche wandte sich nicht zu mir um; er neigte nur leicht den Kopf.

„Ja, Herr, das hab ich! Acht Monate ist es her, und ich komme nicht darüber hinweg. Es nagt an meinem Herzen – und damit hat sich's! Warum mußte sie nur sterben? So jung und so gesund! Die Cholera hat sie in einem Tag dahingerafft."

„Und war sie lieb zu dir?"

„Ach, Herr!" seufzte der Ärmste tief. „Wie einmütig wir miteinander gelebt haben! Sie starb, während ich in der Stadt war. Und als ich hier hörte, man hätte sie bereits begraben, eilte ich sogleich zu uns ins Dorf. Nach Mitternacht erst traf ich ein. Ich betrat mein Haus, blieb mitten in der Stube stehen und rief mit leiser Stimme: ,Mascha! He, Mascha!' Doch nur ein Heimchen zirpte. Da brach ich in Tränen aus, setzte mich auf den Fußboden und hieb mit der flachen Hand darauf! ,Du unersättlicher Erdenschoß!' sagte ich. ,Hast sie verschlungen, nun friß auch mich! Ach, Mascha!'"

„Mascha!" fügte er plötzlich mit mutloser Stimme hinzu. Und ohne die Hanfleine loszulassen, wischte er sich mit dem Fausthandschuh eine Träne aus dem Gesicht, schüttelte sie ab, zuckte mit den Schultern und sprach kein weiteres Wort.

Als ich aus dem Schlitten stieg, gab ich ihm fünfzehn Kopeken mehr als vereinbart. Er griff mit beiden Händen an die Mütze, verneigte sich tief und trottete dann über die Schneedecke davon, im grauen Nebel des Januarfrosts, der die einsame Straße verhängte.

April 1878

Der Hohlkopf

Es war einmal ein Hohlkopf.

Der lebte eine ganze Weile herrlich und in Freuden dahin; aber allmählich drang das Gerücht an sein Ohr, er gelte überall als hirnloser Banause.

Der Hohlkopf geriet in Verwirrung und dachte darüber nach, wie er diesem unangenehmen Gerede ein Ende bereiten könne.

Schließlich erleuchtete ein überraschender Gedanke sein dunkles Hirn. Und er setzte ihn auch unverzüglich in die Tat um.

Eines Tages traf er auf der Straße einen Bekannten, der einen Maler mit gutem Namen vor ihm zu rühmen begann.

„Ich bitte Sie!" rief der Hohlkopf. „Dieser Maler ist längst ad acta gelegt... Sie wissen es nicht? Das hätte ich von Ihnen nicht erwartet. Sie sind ein rückständiger Mensch!"

Der Bekannte erschrak und pflichtete dem Hohlkopf auf der Stelle bei.

„Was für ein wunderbares Buch ich heute gelesen habe!" sagte ein anderer Bekannter zu ihm.

„Ich bitte Sie!" rief der Hohlkopf. „Schämen Sie sich denn nicht? Das Buch ist völlig wertlos; kein Hahn kräht mehr danach. Das wissen Sie nicht? Sie sind ein rückständiger Mensch!"

Auch dieser Bekannte erschrak und gab dem Hohlkopf recht.

„Was für ein wunderbarer Mann mein Freund N. N. doch ist!" sagte ein dritter Bekannter zum Hohlkopf. „Ein wahrhaft edler Mensch!"

„Ich bitte Sie!" rief der Hohlkopf. „N. N. ist ein notorischer Schurke! Er hat seine Verwandten ausgeplündert. Das weiß doch jedermann! Sie sind ein rückständiger Mensch!"

Auch der dritte Bekannte bekam einen Schreck, verleugnete den Freund und pflichtete dem Hohlkopf bei.

Und wen man auch vor dem Hohlkopf lobte, er stimmte immer denselben Abgesang an. Allenfalls, daß er gelegentlich in vorwurfsvollem Ton hinzufügte: „Sie glauben noch immer an Autoritäten?"

„Ein boshafter, ein galliger Mensch!" begannen die Bekannten über ihn zu raunen. „Aber was für ein Kopf!"

„Und was für eine spitze Zunge!" fügten andere hinzu. „Oh, ein Talent!"

Es endete damit, daß der Herausgeber einer Zeitung dem Hohlkopf die Leitung des kritischen Teiles anbot.

Und der Hohlkopf machte sich ans Werk und kritisierte alles und jeden, ohne im geringsten seine Manier oder seine Urteile zu ändern.

Heute ist er, der einstige Empörer gegen die Autoritäten, selber eine Autorität – die jungen Leute ersterben vor ihm in Ehrfurcht und fürchten sich vor ihm.

Was können die Ärmsten aber auch tun? Zwar sollte man – im Prinzip – vor niemand in Ehrfurcht ersterben, aber geh einer hin und tue es nicht – er wird zu einem rückständigen Menschen befördert!

Unter Feiglingen ist der Hohlkopf König.

April 1878

Eine orientalische Legende

Wer kennt in Bagdad nicht den großen Dshiaffar, die Sonne des Weltalls?

Vor vielen Jahren einmal ging Dshiaffar – er war damals noch ein Jüngling – in der Umgebung Bagdads spazieren.

Plötzlich drang ein heiserer Schrei an sein Ohr: Jemand rief verzweifelt um Hilfe.

Dshiaffar zeichnete sich unter seinen Altersgefährten durch Vernunft und Umsicht aus, aber er hatte auch ein mitleidiges Herz und vertraute auf seine Kraft.

Er eilte dem Hilferuf nach und erblickte einen schwächlichen alten Mann, den zwei Räuber an die Stadtmauer drückten und ausplünderten.

Dshiaffar zog den Säbel und griff die Bösewichter an; den einen tötete er, den anderen schlug er in die Flucht.

Der befreite Alte sank vor seinem Retter auf die Knie, küßte den Saum seines Gewandes und rief:

„Tapferer Jüngling, deine Hochherzigkeit soll nicht unbelohnt bleiben. Nach meinem Äußeren bin ich ein armseliger Bettler, doch nur nach meinem Äußeren. Ich bin kein einfacher Mann. Komm morgen in der Frühe zum Hauptbasar; ich werde am Springbrunnen auf dich warten – und du wirst dich von der Wahrheit meiner Worte überzeugen können."

Dshiaffar dachte sich: Dem Aussehen nach scheint dieser Mann in der Tat ein Bettler zu sein, aber es gibt schließlich so mancherlei. Warum soll ich's mit ihm nicht versuchen? Und er entgegnete:

„Gut, mein Vater; ich komme."

Der Alte sah ihm kurz in die Augen und entfernte sich.

Am nächsten Morgen machte sich Dshiaffar, kaum daß es tagte, auf den Weg zum Basar. Der Alte wartete schon auf ihn, den Ellenbogen auf den marmornen Brunnenrand gestützt.

Er nahm Dshiaffar schweigend an der Hand und führte ihn in einen kleinen, auf allen Seiten von einer hohen Mauer umgebenen Garten.

Genau in der Mitte des Gartens stand auf einer kleinen grünen Lichtung ein Baum von ungewöhnlichem Aussehen.

Er erinnerte an eine Zypresse; nur war das Laub an ihm himmelblau.

Drei Früchte, und zwar drei Äpfel, hingen an seinen schlanken, nach oben gerichteten Zweigen: Der eine war mittelgroß, länglich und milchig-weiß; der zweite groß, rund und feuerrot; der dritte klein, verschrumpelt und gelblich.

Es war windstill, aber der Baum raschelte leise. Es hörte sich dünn und kläglich an, als wäre er aus Glas; er schien Dshiaffars Nahen zu fühlen.

„Jüngling!" sprach der Alte. „Pflück einen beliebigen von diesen Äpfeln und wisse: Pflückst und verzehrst du den weißen, dann wirst du klüger sein als alle anderen Menschen; pflückst und verzehrst du den roten, dann wirst du reich sein wie der Jude Rothschild; pflückst und verzehrst du aber den gelben, dann werden bejahrte Frauen dir gewogen sein. Entscheide dich! Und zögere nicht lange! In einer Stunde sind die Früchte welk, und der Baum versinkt im stummen Schoß der Erde!"

Dshiaffar neigte den Kopf und überlegte.

„Wie handelt man hier?" sagte er mit gedämpfter Stimme, als spreche er mit sich selbst. „Wird man allzu klug, verliert man womöglich die Lust am Leben; wird man reicher als alle anderen, dann beneiden einen alle; das beste ist, ich pflücke und verzehre den dritten Apfel, den verschrumpelten!"

Und so tat er auch; der Alte aber lachte mit zahnlosem Mund und sprach:

„O weisester unter den Jünglingen! Du hast das Richtige gewählt! Was solltest du mit dem weißen Apfel? Du bist doch ohnehin klüger als Salomo! Auch den roten brauchst du nicht. Du wirst auch ohne ihn reich. Nur wird dich niemand um deinen Reichtum beneiden."

„Verrate mir, Alter", sprach Dshiaffar und erwachte aus seiner Nachdenklichkeit, „wo lebt die ehrwürdige Mutter unseres von Gott beschirmten Kalifen?"

Der Alte verneigte sich bis an die Erde und wies dem Jüngling den Weg.

Wer kennt in Bagdad nicht die Sonne des Weltalls, den großen, hochberühmten Dshiaffar?

April 1878

Zwei Vierzeiler

Es war einmal eine Stadt, deren Bewohner die Dichtkunst so leidenschaftlich liebten, daß ihnen eine poetische Mißernte von wenigen Wochen, in denen keine neuen, vollendet schönen Verse aufkamen, als öffentlicher Notstand erschien.

Sie legten dann ihre schlechtesten Kleider an, bestreuten die Häupter mit Asche und versammelten sich in Scharen auf den Plätzen, um Tränen zu vergießen und bitter über die Muse zu murren, die sie verlassen hatte.

An einem solchen unseligen Tage zeigte sich auf dem von trauerndem Volk übersäten Stadtplatz der junge Dichter Junius.

Er stieg eiligen Schrittes zur eigens für solche Zwecke errichteten Kanzel hinauf und tat durch ein Zeichen kund, er wolle Verse vortragen.

Sogleich schwenkten die Liktoren ihre Stäbe.

„Achtung! Ruhe!" hallte es über den Platz, und die Menge verstummte erwartungsvoll.

„O Freunde! O Gefährten!" begann Junius mit lauter, aber nicht allzu sicherer Stimme:

> „O Freunde! O Gefährten! Liebhaber der Verse
> Und all dessen, was harmonisch ist und schön!
> Seid nicht verzagt ob eines Augenblicks der Trauer!
> Es kommt, was ihr ersehnt – und Licht zerstreut
>   das Dunkel!"

Junius verstummte – und von allen Enden des Platzes schlugen ihm Lärmen, Pfiffe und Lachen entgegen.

Alle Gesichter waren ihm zugewandt und flammten vor Empörung, in aller Augen glomm ein böses Funkeln, alle Hände erhoben sich, drohten, ballten sich zu Fäusten.

„Und damit will er uns in Erstaunen setzen!" brüllten ärgerliche Stimmen. „Fort mit ihm, hinunter von der Kanzel mit dem Reimerling! Werft diesem Hanswurst faule Äpfel und Eier an den Kopf! Steine her! Steinigt ihn!"

Junius verschwand Hals über Kopf von der Kanzel. Doch er hatte noch nicht einmal sein Haus erreicht, als begeistertes Händeklatschen und lobende Rufe an sein Ohr drangen.

Junius stutzte und kehrte, bemüht, von niemand erkannt zu werden (eine ergrimmte Bestie zu reizen ist immerhin nicht ungefährlich), auf den Platz zurück.

Und was erblickte er?

Hoch über der Menge stand, von ihren Schultern getragen, auf einem flachen goldenen Schild, mit einer purpurnen Chlamys angetan und einen Lorbeerkranz auf den wehenden Locken, sein Rivale, der junge Dichter Julius. Das Volk ringsum aber brüllte:

„Ruhm, Ruhm, Ruhm dem unsterblichen Julius! Er hat uns in unserem Kummer, in unserem großen Leid getröstet! Er hat uns mit Versen beschenkt, die süßer sind als Honig, wohlklingender als die Zimbel, duftender als die Rose und reiner als das Blau des Himmels! Tragt ihn im Triumph auf euren Schultern, umgebt sein erleuchtetes Haupt mit dem weichen Gewoge des Weihrauchs, kühlt seine Stirn durch gemessenes Schwingen von Palmenzweigen, laßt allen Wohlgeruch der arabischen Myrrhe zu ihm aufsteigen! Heil ihm!"

Junius trat auf einen der Ruhmredner zu.

„Verrate mir, Mitbürger, mit welchen Versen euch Julius so beglückt hat! Ich war, als er sie vorlas, leider nicht auf dem Platz. Sag sie her, sofern du sie im Gedächtnis behalten hast! Tu mir den Gefallen!"

„Solche Verse – und nicht behalten?" entgegnete hitzig der Befragte. „Ja, für wen hältst du mich denn? Hör also zu und frohlocke, frohlocke mit uns! – ‚Gefährten, Freunde!' begann der göttliche Julius..."

> ‚Gefährten, Freunde, Liebhaber der Verse
> Und all dessen, was harmonisch ist und zart und
>   klangvoll
> Seid nicht verzagt ob eines Augenblicks der Trauer!
> Es kommt, was ihr ersehnt – der Tag verdrängt die
>   Nacht.'

Nun? Wie findest du das?"

„Ich bitte dich!" rief Junius. „Das sind doch meine Verse! Als ich sie vortrug, muß Julius in der Menge gewesen sein; er schnappte sie auf und wiederholte sie, wobei er nur geringes – und natürlich nicht zum Besseren! – daran änderte."

„Ah! Jetzt erkenne ich dich! Du bist Junius", entgegnete mit gerunzelten Brauen der angesprochene Mitbürger. „Du Tor oder Neider! Begreif doch wenigstens das eine, Unglückseliger! Wie erhaben klingt es bei Julius: ‚Der Tag verdrängt die Nacht!' Und wie unsinnig heißt es bei dir: ‚Und Licht zerstreut das Dunkel!' Ja, was denn für ein Licht? Was für ein Dunkel?"

„Ist das denn nicht dasselbe...", begann Junius.

„Ein einziges weiteres Wort, und ich rufe die Menge zusammen", unterbrach ihn der Mitbürger. „Sie wird dich zerfleischen!"

Junius verstummte wohlweislich, und ein grauhaariger Alter, der sein Gespräch mit dem Mitbürger belauscht hatte, trat auf den armen Poeten zu, legte ihm die Hand auf die Schulter und sprach:

„Junius! Du hast etwas Eigenes gesagt, aber zur Unzeit; und er hat etwas Fremdes zum besten gegeben, aber im richtigen Augenblick. Infolgedessen hat er recht – dir bleiben nur die Tröstungen des eigenen Gewissens."

Und während das eigene Gewissen Junius, der sich bescheiden zur Seite drückte, schlecht und recht – um die Wahrheit zu sagen, mehr schlecht – zu trösten versuchte, schritt in der Ferne, umbrandet von Frohlocken und Beifallsklatschen, im goldenen Staub der alles überstrahlenden Sonne, im Glanz des Purpurs, umkränzt vom Dunkel des Lorbeers, das durch das üppige Wogen des Weihrauchs schimmerte, mit hoheitsvoller Langsamkeit – gleich einem König, der den Thron besteigt –, in stolzer, aufrechter Haltung Julius dahin. Und lange Palmzweige senkten sich der Reihe nach vor ihm, als brächten sie mit ihrem demütigen Neigen, mit ihrem langsamen Erheben die sich unablässig erneuernde Anbetung zum Ausdruck, von der die Herzen seiner von ihm behexten Mitbürger überquollen.

April 1878

Der Spatz

Ich kehrte von der Jagd zurück und schritt eine Allee des Gartens entlang. Mein Hund sprang vor mir her.

Plötzlich verlangsamte er seinen Lauf und schlich sich an etwas heran, als wittere er ein Wild.

Ich spähte die Allee entlang und erblickte einen jungen Spatzen, noch gelb um den Schnabel und mit Flaum auf dem Kopf. Er war aus dem Nest gefallen (die Birken längs der Allee schaukelten im starken Wind) und hockte regungslos da, hilflos die gerade erst hervorgewachsenen Flügelchen spreizend.

Mein Hund stahl sich an ihn heran. Doch plötzlich schoß ein schwarzbrüstiger alter Spatz gleich einem Stein von einem der nächsten Bäume herab und landete unmittelbar vor seiner Schnauze; völlig zerzaust und entstellt, mit verzweifeltem, kläglichem Piepsen, machte er zwei, drei Sätze auf das geöffnete, von Zähnen starrende Hundemaul zu.

Er war herbeigestürzt, um sich vor sein Junges zu stellen und es zu retten. Aber sein ganzer kleiner Körper zitterte vor Angst, die Stimme klang fremd und heiser, er war mehr tot als lebendig, er opferte sich!

Als was für ein riesiges Ungeheuer mußte ihm der Hund erscheinen! Und dennoch hatte er es nicht fertiggebracht, auf seinem hohen, sicheren Zweig zu verharren. Eine Macht, die stärker war als sein Wille, hatte ihn von dort vertrieben.

Mein Tresor blieb stehen und wich zurück. Offenbar erkannte auch er diese Macht an.

Ich beeilte mich, den verwirrten Hund zurückzurufen, und entfernte mich voller Ehrfurcht.

Ja, lachen Sie nicht! Ich war von Ehrfurcht vor diesem heldenhaften kleinen Vogel erfüllt, von Ehrfurcht vor seinem Liebesopfer.

Die Liebe, sagte ich mir, ist stärker als der Tod und die Todesangst. Nur sie, die Liebe, erhält und bewegt das Leben.

April 1878

Die Schädel

Ein prächtiger, verschwenderisch beleuchteter Saal; zahllose Kavaliere und Damen.

Alle Gesichter sind lebhaft, die Reden munter. Man unterhält sich schnatternd über eine bekannte Sängerin. Man tituliert sie göttlich, unsterblich... Oh, wie wunderbar sie gestern ihren letzten Triller hingekriegt hat!

Doch plötzlich löste sich – wie durch den Wink mit einem Zauberstab – von allen Köpfen und Gesichtern die dünne Schale der Haut, und statt ihrer trat augenblicklich die Totenblässe der Schädel und das bläulich gesprenkelte Blei der Kiefer und Backenknochen hervor.

Mit Entsetzen verfolgte ich, wie sich die Kiefer und Backenknochen bewegten, wie diese knochigen, beuligen Kugeln im Schein der Lampen und Kerzen erglänzten, sich hin und her wandten und wie andere, kleinere Kugeln sich in ihnen drehten – die stumpfsinnig dreinschauenden Augen.

Ich traute mich nicht, an mein Gesicht zu fassen, traute mich nicht, einen Blick in den Spiegel zu werfen.

Die Schädel aber wandten sich immerfort hin und her. Und mit demselben Eifer wie zuvor plapperte man mit hurtigen Zungen, die wie kleine rote Fetzen hinter den gebleckten Zähnen hervorschauten, darüber, wie erstaunlich, wie unnachahmlich die unsterbliche – jawohl, unsterbliche! – Sängerin ihren letzten Triller hingekriegt hatte!

April 1878

Der Arbeiter und der Mann mit den weißen Händen
Eine Unterhaltung

DER ARBEITER: Warum drängst du dich uns auf? Was willst du von uns? Bist keiner von den Unseren ... Geh deiner Wege!

Der Mann mit den weissen Händen: Ich gehöre zu euch, Brüder!

Der Arbeiter: Warum nicht gar! Zu uns! Einfälle hast du! Schau dir mal meine Hände an! Siehst du, wie schmutzig sie sind? Sie riechen nach Dung und nach Teer; deine dagegen sind weiß. Und wonach riechen sie?

Der Mann mit den weissen Händen *sie ihm entgegenstreckend*: Riech an ihnen!

Der Arbeiter *nachdem er an ihnen gerochen hat*: Was hat das zu bedeuten? Sie scheinen nach Eisen zu riechen.

Der Mann mit den weissen Händen: So ist es auch. Ich bin volle sechs Jahre mit Handschellen herumgegangen.

Der Arbeiter: Und wofür?

Der Mann mit den weissen Händen: Weil ich mich um euer Wohl gekümmert habe, euch graues, unwissendes Volk befreien wollte, mich gegen eure Unterdrückung empörte, weil ich gemeutert habe... Da haben sie mich eben eingesperrt.

Der Arbeiter: Eingesperrt? Und wer hat dich geheißen, zu meutern?

Zwei Jahre danach

Ein Arbeiter *zu einem anderen*: Hör zu, Pjotr! Erinnerst du dich, wie sich im vorvorigen Jahr so einer mit weißen Händen mit dir unterhalten hat?

Der andere Arbeiter: Ja, aber wieso?

Der erste Arbeiter: Man sagt, sie werden ihn heute henken; es ist so ein Befehl gekommen.

Der zweite Arbeiter: Er hat also immer weiter gemeutert?

Der erste Arbeiter: Ja, hat er.

Der zweite Arbeiter: Nun ja ... Aber hör zu, Freund Mitrjai: Kann man nicht von dem Strick, an dem sie ihn aufknüpfen werden, ein Ende ergattern? Man sagt, das bringt einen Haufen Glück ins Haus!

Der erste Arbeiter: Kein schlechter Gedanke! Man muß es versuchen, Freund Pjotr!

April 1878

Die Rose

Die letzten Tage im August. Schon stand der Herbst vor der Tür.

Die Sonne neigte sich. Ein plötzlicher heftiger Regenguß – ohne Blitz und Donner – war gerade über die weite Ebene hingerauscht.

Der Garten vor dem Haus flammte und dampfte, übergossen vom Feuerbrand der Abendröte, durchnäßt von der Sintflut des Regens.

Sie saß am Wohnzimmertisch und blickte mit hartnäckiger Nachdenklichkeit durch die halb offene Tür ins Freie.

Ich wußte, was in ihrer Seele vorging; ich wußte, daß sie sich nach einem kurzen, aber qualvollen Ringen in diesem Augenblick einem Gefühl überließ, gegen das sie sich nicht mehr wehren konnte.

Auf einmal erhob sie sich, ging rasch in den Garten hinaus und entschwand.

Eine Stunde verging, dann eine zweite; sie kam nicht wieder.

Da stand auch ich auf, trat aus dem Haus und folgte ihr durch die Allee, durch die sie gegangen war – daran hegte ich keinen Zweifel.

Ringsum dunkelte es; die Nacht brach an. Und doch war auf dem feuchten Sand des Weges ein Gegenstand mit rundem Umriß zu erkennen, der selbst in dem herrschenden Dämmerlicht noch feuerrot glühte.

Ich beugte mich über ihn. Es war eine frische, gerade erst erblühte Rose. Zwei Stunden zuvor hatte ich sie an ihrer Brust gesehen.

Ich hob die in den Schmutz gefallene Blume sorgsam auf und legte sie, ins Wohnzimmer zurückgekehrt, vor ihren Sessel auf den Tisch.

Schließlich kam auch sie wieder. Sie durchmaß leichten Schrittes den ganzen Raum und setzte sich an den Tisch.

Ihr Gesicht war zugleich blasser und lebhafter als vorher; die gesenkten, schmaler erscheinenden Augen glitten rasch und mit fröhlicher Verwirrung über alles ringsum dahin.

Sie bemerkte die Rose, ergriff sie, warf einen kurzen Blick auf die zerknitterten, beschmutzten Blütenblätter, dann auf mich, und ihre Augen standen plötzlich still und glitzerten vor Tränen.

„Worüber weinen Sie?" fragte ich.

„Nun, über diese Rose. Schaun Sie sich an, was aus ihr geworden ist!"

Ich wollte eine tiefsinnige Bemerkung anbringen.

„Ihre Tränen werden den Schmutz von ihr abwaschen", erklärte ich mit vielsagendem Ausdruck.

„Tränen waschen nicht ab, Tränen verbrennen", erwiderte sie und warf, zum Kamin gewandt, die Blume ins erlöschende Feuer. „Feuer verbrennt noch besser als Tränen", rief sie dabei nicht ohne Verwegenheit, und ihre schönen Augen, die noch von Tränen glänzten, lachten glücklich und voller Übermut.

Ich verstand, daß auch sie verbrannte.

April 1878

Das letzte Wiedersehen

Wir waren einst vertraute, einander nahestehende Freunde gewesen... Aber dann kam ein unguter Augenblick, und wir schieden als Feinde.

Viele Jahre waren seitdem vergangen. Und eines Tages, als mich mein Weg durch die Stadt führte, in der er lebte, erfuhr ich, daß er hoffnungslos daniederlag und mich zu sehen wünschte.

Ich machte mich zu ihm auf und betrat sein Zimmer. Unsere Blicke begegneten sich.

Ich erkannte ihn kaum wieder. Mein Gott! Was hatte die Krankheit aus ihm gemacht!

Gelb, vertrocknet, mit einer Glatze über den ganzen Schädel, mit einem schmalen grauen Bart, saß er da im bloßen Hemd, einem Hemd, in das eigens Schlitze eingeschnitten waren – selbst der Druck der leichtesten Kleidung erschien ihm unerträglich. Ruckartig streckte er mir die erschreckend magere, wie abgenagte Hand entgegen und murmelte mit Mühe einige unverständliche Worte – ob einen Willkommensgruß oder einen Vorwurf, ich weiß es nicht. Seine entkräftete Brust hob und senkte sich, und zwei spärliche Duldertränen traten in die verengten Pupillen der aufgeflammten Augen.

Mir krampfte sich das Herz zusammen... Ich setzte mich auf den Stuhl neben ihm und hielt ihm meinerseits die Hand hin, wobei ich vor all dem Schrecklichen und Häßlichen unwillkürlich die Augen niederschlug.

Und dann kam es mir vor, als ob nicht seine Hand die meine ergreife. Mir war, als sitze zwischen uns eine große, stille, weiße Frau. Ihr langes Gewand verhüllte sie von Kopf bis Fuß. Die tiefliegenden, farblosen Augen blickten irgendwohin ins Leere; die blassen, strengen Lippen sprachen kein Wort.

Sie legte unsere Hände ineinander, und wir waren auf ewig versöhnt.

Ja, versöhnt durch den Tod.

April 1878

Die Schwelle

Ein Traum

Ich sehe ein riesiges Gebäude vor mir.

Die schmale Tür in der Vorderfront ist weit geöffnet; dahinter – düsteres Dunkel. Vor der hohen Schwelle steht ein junges Mädchen, ein russisches junges Mädchen.

Das undurchdringliche Dunkel atmet eisige Kälte; und zugleich mit dem eisigen Hauch dringt aus der Tiefe des Gebäudes eine zögernde, dumpfe Stimme:

„O du, die du diese Schwelle zu überschreiten begehrst, weißt du auch, was dich erwartet?"

„Ja", entgegnet das junge Mädchen.

„Kälte, Hunger, Haß, Spott, Verachtung, Beschimpfungen, Gefängnis, Krankheit und schließlich der Tod?"

„Ich weiß es."

„Völlige Entfremdung und Einsamkeit?"

„Ich weiß es. Ich bin bereit. Ich nehme alle Leiden und Schicksalsschläge auf mich."

„Und nicht nur die, die von den Feinden, auch die, die von Verwandten und Freunden kommen?"

„Ja, auch die."

„Gut. Du bist also bereit, dich zu opfern?"

„Ja."

„Und namenlos zu bleiben? Du gehst zugrunde, und man wird nicht einmal wissen... niemand wird wissen, daß man dir ein ehrendes Andenken schuldet."

„Ich brauche weder Dankbarkeit noch Mitleid. Ich brauche keinen Namen."

„Bist du zu einem Verbrechen bereit?"

Das junge Mädchen senkte den Kopf.

„Ja, auch dazu."

Die Stimme fuhr nicht gleich im Fragen fort.

„Weißt du auch", begann sie schließlich aufs neue, „daß du den Glauben an das, woran du jetzt glaubst, verlieren kannst, vielleicht einsehen wirst, daß du dich getäuscht und dein junges Leben umsonst geopfert hast?"

„Auch das weiß ich. Und ich begehre dennoch einzutreten."

„Dann tritt ein."

Das junge Mädchen überschritt die Schwelle, und ein schwerer Vorhang senkte sich hinter ihr.

„Eine Närrin!" knirschte jemand hinter mir mit den Zähnen.

„Eine Heilige!" gab irgendwoher jemand zur Antwort.

Mai 1878

Ein Besuch

Ich saß am offenen Fenster, am Morgen, am frühen Morgen des ersten Mai.

Noch hatte sich der Himmel nicht gerötet, aber die dunkle, warme Nacht lichtete sich bereits, und es wurde kälter.

Es stieg kein Nebel auf, kein Lüftchen regte sich, alles blieb einfarbig und stumm... Und dennoch spürte man schon die Nähe des Erwachens – die herbe Feuchtigkeit des Taus hing in der dünner gewordenen Luft.

Plötzlich schoß mit leisem Klingen und Rauschen ein großer Vogel durch das offene Fenster in mein Zimmer.

Ich fuhr zusammen und sah genauer hin... Es war gar kein Vogel, es war eine geflügelte kleine Frau in einem langen, engen, nach unten zu gebauschten Kleid.

Sie war überall grau, von der Farbe des Perlmutts; nur die Innenseite der kleinen Flügel wies das zarte Rot einer erblühenden Rose auf. Ein Kranz von Maiglöckchen umwand die auseinanderstrebenden Locken des runden Köpfchens, und zwei Pfauenfedern, die an die Fühler eines Schmetterlings erinnerten, bewegten sich spaßig über der wohlgerundeten Stirn hin und her.

Sie jagte zwei-, dreimal unter der Zimmerdecke dahin. Ihr winziges Gesichtchen lachte; es lachten auch die riesigen, leuchtenden schwarzen Augen.

Die fröhliche Munterkeit ihres kapriziösen Fluges vervielfachte ihr diamantenes Funkeln.

Sie hielt den langen Stiel einer Steppenblume in der Hand; das „Zarenszepter" nennt sie der Russe, und an ein Szepter erinnert sie in der Tat.

Sie schoß mit Windeseile über mich hin und berührte mit der Blume meinen Kopf.

Ich stürzte ihr nach. Sie aber flatterte durch das Fenster und entschwand.

Im Garten, im Dickicht der Fliederbüsche, empfing sie eine Turteltaube mit einem ersten Gurren, und dort, wohin sie flog, färbte sich der milchig-weiße Himmel allmählich rot.

Ich habe dich erkannt, Göttin der Phantasie! Dein Besuch bei mir war ein Zufall – du wolltest zu den jungen Poeten.

O Poesie! O Jugend! O unberührte Frauenschönheit! Ihr blitzt nur noch für Augenblicke vor mir auf – im Vorfrühling, an einem frühen Morgen!

Mai 1878

Necessitas, vis, libertas
Ein Basrelief

Eine große, knochige alte Frau mit eisernem Gesicht und unbeweglich-stumpfem Blick kommt mit langen Schritten daher und schiebt mit ihrem spindeldürren Arm eine andere Frau vor sich her.

Diese ist von riesigem Wuchs, massig und wohlbeleibt, hat Muskeln wie ein Herkules und einen Stiernacken, auf dem ein winziger Kopf sitzt; sie ist blind und stößt ihrerseits ein mageres kleines Mädchen vor sich her.

Nur dieses Mädchen hat Augen, die sehen können; es sträubt sich, wendet sich zu den Frauen um und hebt die schmalen, schönen Hände; das lebhafte Gesicht drückt Ungeduld und Wagemut aus. Es will nicht gehorchen, nicht gehen, wohin man es drängt, und muß sich dennoch fügen und es tun.

Necessitas, vis, libertas. – Das übersetze, wer will!

Mai 1878

Das Almosen

In der Nähe einer großen Stadt schleppte sich auf einer breiten Landstraße ein kranker alter Mann dahin.

Er wankte mehr, als er ging; seine ausgemergelten Beine verfingen sich, brachten ihn nur stolpernd und mit Mühe voran und traten schwer und unsicher auf, als wären es nicht die seinen. Die Kleidung hing in Fetzen an ihm herab; der bloße Kopf neigte sich auf die Brust... Er war am Ende seiner Kraft.

Er setzte sich auf einen Stein am Straßenrand, beugte sich vor, stützte die Ellenbogen auf und bedeckte das Gesicht mit beiden Händen; Tränen tropften zwischen den krummen Fingern hindurch in den trockenen grauen Staub.

Und er versank in Erinnerungen...

Er erinnerte sich der Zeiten, da er gesund und reich gewesen war, er dachte daran, wie er seine Gesundheit vertan und seinen Reichtum verschenkt hatte – an Freunde und Feinde. Und nun besaß er nicht mal ein Stück Brot – alle hatten ihn im Stich gelassen, die Freunde noch vor den Feinden... Mußte er sich wirklich so tief erniedrigen und betteln gehen? Und er schämte sich, und das Herz war ihm schwer.

Die Tränen aber tropften und tropften und hinterließen dunkle Sprenkel im grauen Staub.

Plötzlich hörte er, wie jemand ihn beim Namen rief. Er hob den müden Kopf und erblickte einen Unbekannten.

Sein Gesicht war ruhig und feierlich, aber nicht streng; das Auge nicht strahlend, aber doch hell; der Blick durchdringend, aber nicht böse.

„Du hast all deinen Reichtum verschenkt", hörte er eine gleichmäßige Stimme sagen. „Aber es tut dir doch nicht leid, daß du Gutes getan hast?"

„Nein", erwiderte der Alte mit einem Seufzer. „Nur muß ich jetzt dafür sterben."

„Aber gäbe es keine Bettler auf der Welt, die die Hand zu dir ausstreckten", fuhr der Unbekannte fort, „dann hättest du keine Gelegenheit gehabt, deine Wohltätigkeit zu beweisen und dich darin zu üben, nicht wahr?"

Der Alte gab keine Antwort und wurde nachdenklich.

„So sei auch du jetzt nicht zu stolz", begann der Unbekannte aufs neue, „geh hin, du Armer, und streck die Hand nach einer milden Gabe aus, gib auch den anderen Gelegenheit, durch Taten zu beweisen, daß sie gute Menschen sind."

Der Alte erwachte aus seinem Sinnen und blickte auf... Doch der Unbekannte war schon verschwunden; in der Ferne aber zeigte sich ein Fußgänger auf der Landstraße.

Der Alte trat auf ihn zu und streckte die Hand zu ihm aus. Der Mann wandte sich mit strenger Miene ab und gab nichts.

Doch hinter ihm kam ein anderer, und der gab dem Alten ein kleines Almosen.

Der Alte kaufte sich für die empfangenen Kopeken Brot, und der erbettelte Bissen erschien ihm süß, und er empfand im Herzen keine Scham, im Gegenteil – ihn überkam eine stille Freude.

Mai 1878

Das Insekt

Mir träumte, wir sitzen – wohl zwanzig an der Zahl – in einem großen Zimmer mit offenstehenden Fenstern.

Unter uns befinden sich Frauen, Kinder und Greise. Wir sprechen über einen sehr bekannten Gegenstand – sprechen laut durcheinander und verstehen uns nicht.

Plötzlich drang unter trockenem Surren ein großes Insekt ins Zimmer ein – wohl zwei Werschok lang. Es drang ein, beschrieb einige Kreise und setzte sich auf die Wand.

Es erinnerte an eine Fliege oder an eine Wespe. Schmutzigbraun sein Rumpf; ebenso die platten, harten Flügel; auseinandergespreizte, zottige Beinchen und ein großer, eckiger Kopf gleich dem einer Libelle; und der Kopf und die Beinchen grellrot, wie mit Blut beschmiert.

Dieses sonderbare Insekt bewegte unaufhörlich die Beinchen und wandte ununterbrochen den Kopf nach unten, nach oben, nach rechts, nach links... Dann riß es sich auf einmal von der Wand los, kreiste surrend durchs Zimmer und ließ sich aufs neue nieder, wobei es sich widerwärtig und unheimlich regte, ohne sich von der Stelle zu rühren.

Es erweckte Ekel, Angst, ja selbst Entsetzen in uns.

Keiner hatte je dergleichen gesehen; alle riefen: „Jagt das Ungeheuer hinaus!" und schlugen mit den Taschentüchern um sich, doch in angemessener Entfernung, denn niemand hatte den Mut, sich dem Insekt zu nähern. Alle wichen unwillkürlich zurück, wenn es aufflog.

Nur einer der Gesprächspartner, ein noch junger Mann mit blassem Gesicht, blickte sich verständnislos unter uns um. Er zuckte mit den Schultern, lächelte und konnte entschieden nicht begreifen, was uns anfocht und warum wir uns so erregten. Er selbst hatte von dem Insekt nicht das geringste bemerkt, das unheilverkündende Surren seiner Flügel überhört.

Das Insekt aber nahm gleichsam Maß, schwang sich in die Luft, drückte sich an seine Stirn und stach ihn unmittelbar über dem Auge. Der junge Mann gab einen schwachen Seufzer von sich und sank tot um.

Gleich danach war die schreckliche Fliege verschwunden.
Erst da begriffen wir, wer dieser Gast gewesen war.

Mai 1878

Die Kohlsuppe

Einer verwitweten Bäuerin war der einzige Sohn gestorben – zwanzig Jahre alt und der beste Arbeiter im Dorf.

Als die Gutsbesitzerin und Herrin über das Dorf vom Kummer der Bäuerin erfuhr, stattete sie ihr am Tage der Beerdigung einen Besuch ab.

Sie traf sie zu Hause an.

Die Bäuerin stand mitten in der Stube am Tisch, schöpfte ohne Eile, mit einer gleichmäßigen Bewegung der rechten Hand (die linke hing schlaff an ihr herab), Kohlsuppe ohne Fleisch und Speck vom Boden eines rauchgeschwärzten Kochtopfs und schluckte sie – Löffel für Löffel – hinunter.

Ihr Gesicht war eingefallen und dunkler geworden; die Augen waren gerötet und verschwollen... Aber sie hielt sich tapfer und aufrecht, als stünde sie in der Kirche.

Mein Gott! dachte die Herrin. Sie kann in einem solchen Augenblick essen! Was diese Leute doch für grobe Gefühle haben!

Und sie erinnerte sich, wie sie, als sie vor einigen Jahren ihr neun Monate altes Töchterchen verlor, vor lauter Kummer darauf verzichtete, ein wunderbares Landhaus in der Umgebung von Petersburg zu mieten, und den ganzen Sommer in der Stadt verbrachte. Und diese Bäuerin löffelte Kohlsuppe!

Die Herrin hielt es am Ende nicht aus.

„Tatjana!" sagte sie. „Ich bitte dich! Da muß ich mich aber wundern! Hast du denn deinen Sohn nicht geliebt? Woher der Appetit? Wie kannst du in diesem Augenblick Kohlsuppe essen?"

„Mein Wasja ist tot", entgegnete die Bäuerin leise, und die bis dahin unterdrückten Tränen rannen aufs neue über ihre eingefallenen Wangen. „Das bedeutet auch für mich das

Ende – man hat mir bei lebendigem Leibe den Kopf genommen. Aber weshalb soll die Kohlsuppe verderben? Da ist doch Salz daran!"

Die Herrin zuckte nur mit den Schultern und ging. Für sie war das Salz nicht so teuer.

Mai 1878

Das himmelblaue Reich

O himmelblaues Reich! O Reich des Himmelblaus, des Lichts, der Jugend und des Glücks! Ich habe dich erblickt – im Traum.

Wir befanden uns – einige Mann hoch – auf einem schönen, prächtig geschmückten Boot. Das weiße Segel wölbte sich unter den flatternden Wimpeln gleich einer Schwanenbrust.

Ich wußte nicht, wer meine Gefährten waren, aber ich fühlte mit allen Fasern meines Herzens, daß sie ebenso jung, ebenso fröhlich und glücklich waren wie ich!

Und ich bemerkte sie auch gar nicht recht. Ich sah ringsum nur das uferlose, von golden flimmerndem Geschupp überzogene blaue Meer und über mir ein zweites, ebenso uferloses, ebenso blaues, an dem triumphierend und gleichsam lachend die freundliche Sonne dahinzog.

Und dann und wann erhob sich auch bei uns im Boot ein Lachen, schallend und freudig wie das von Göttern. Oder irgendwessen Munde entflohen plötzlich Worte, Verse von wunderbarer Schönheit und begeisternder Kraft. Der Himmel selbst schien ihnen Antwort zu geben, und auch das Meer ringsum war mitfühlend bewegt... Und dann trat wieder selige Stille ein.

Leicht auf- und niedertauchend, schoß unser rasches Boot durch die weichen Wellen. Nicht der Wind steuerte es; unsere eigenen übermütigen Herzen bestimmten seinen Kurs. Wo wir auch hin wollten, dahin eilte es, gehorsam, als wäre es lebendig.

Wir kamen an Inseln vorbei, halb durchsichtigen, zauberhaften Inseln, die wie Edelsteine – Saphire oder Smaragde –

schimmerten. Von ihren weich gezeichneten Ufern schlugen uns betörende Wohlgerüche entgegen; die einen dieser Inseln überschütteten uns mit Maiglöckchen und weißen Rosen; von anderen schwangen sich plötzlich regenbogenfarbige Vögel mit breiten Flügeln in die Luft.

Die Vögel kreisten über uns, die Maiglöckchen und die Rosen verloren sich im perlenden Schaum, der an den glatten Bootswänden entlangglitt.

Zugleich mit den Blumen und Vögeln wurden wunderbar süße Laute zu uns herübergetragen. Man glaubte Frauenstimmen herauszuhören. Und alles ringsum – der Himmel, das Meer, das Schwanken des Segels über uns, das Murmeln des Wassers hinter dem Heck –, alles kündete von der Liebe, von der Seligkeit der Liebe!

Und die, die ein jeder liebte, war neben ihm – unsichtbar, aber nah. Ein Augenblick noch, und ihre Augen würden erstrahlen, ihr Lächeln würde erblühen... Ihre Hand greift nach der deinen und zieht dich mit sich fort in das unvergängliche Paradies!

O himmelblaues Reich! Ich habe dich erblickt – im Traum.

Juni 1878

Altern

Dunkle, schwere Tage sind angebrochen.

Die *eigenen* Krankheiten, die Gebrechen der Menschen, die einem nahestehen, die Kälte und die Düsterkeit des Alters... Alles, was man geliebt und dem man sich unwiderruflich verschrieben hat, welkt dahin, löst sich auf. Es geht bergab.

Was tun? Trauern? Sich grämen? Damit hilft man weder sich selbst noch den anderen.

An einem vertrocknenden, verschrumpelten Baum sind die Blätter kleiner und spärlicher – aber das Grün bleibt dasselbe.

So schrumpel auch du zusammen und zieh dich in dich selbst, in deine Erinnerungen zurück – und dort, tief unten, auf dem Grunde deiner gesammelten Seele, wird dein früheres, von dir allein überschaubares Leben vor dir aufleuchten, mit seinem würzig duftenden, immer noch frischen Grün und mit der Zärtlichkeit und Kraft des Frühlings!

Aber sei vorsichtig, armer Alter – schau nicht nach vorn!

Juni 1878

Zwei Nabobs

Nennt man in meiner Gegenwart den Namen des Nabobs Rothschild, der ganze Tausende von seinen riesigen Einnahmen für die Erziehung von Kindern, für die Behandlung von Kranken, für die Betreuung der Alten hergibt, dann lobe ich ihn und bin gerührt.

Und doch muß ich, auch wenn ich ihn lobe und gerührt bin, an eine arme Bauernfamilie denken, die eine verwaiste Nichte in ihrer halb zerfallenen Hütte aufnahm.

„Nehmen wir Katka zu uns", sagte die Bäuerin, „dann gehen unsere letzten Kopeken für sie drauf – wir werden nicht einmal Salz haben, um unsere Suppe zu salzen..."

„Dann essen wir sie eben ohne", entgegnete ihr Mann, der Bauer.

An diesen Bauern reicht Rothschild nicht heran!

Juli 1878

Der Korrespondent

Zwei Freunde saßen am Tisch und tranken Tee.

Auf der Straße erhob sich ein plötzlicher Lärm. Man hörte ein klägliches Stöhnen, wildes Schimpfen, Salven von schadenfrohem Lachen.

„Da wird jemand verprügelt", bemerkte der eine der Freunde, nachdem er aus dem Fenster geschaut hatte.

„Ein Verbrecher? Ein Mörder?" fragte der andere. „Hör zu, wer es auch sei, man kann nicht zulassen, daß jemandem ohne

Richterspruch der Prozeß gemacht wird. Komm, treten wir für ihn ein!"

„Aber sie schlagen doch gar keinen Mörder!"

„Nein? Dann einen Dieb? Einerlei, komm, entreißen wir ihn der Menge!"

„Auch keinen Dieb."

„Einen Dieb auch nicht? Dann vielleicht einen Kassenbeamten, einen Eisenbahnunternehmer oder Heereslieferanten, einen russischen Mäzen, einen Advokaten, einen gesinnungstüchtigen Redakteur oder jemand, der für gesellschaftliche Zwecke spendet?... Trotz allem – gehen wir hin und helfen wir ihm!"

„Nein, sie verprügeln einen Korrespondenten."

„Einen Korrespondenten? Ja, weißt du, dann trinken wir erst mal unseren Tee."

Juli 1878

Zwei Brüder

Es war eine Vision.

Zwei Engel... oder Genien erschienen vor mir.

Ich sage Engel oder Genien, weil beide auf dem nackten Körper keinerlei Kleidung trugen und hinter ihren Schultern starke, lange Flügel emporragten.

Beide waren Jünglinge. Der eine – ein wenig füllig, mit glatter Haut und schwarzen Locken. Die Augen braun, umflort, mit dichten Wimpern; der Blick einschmeichelnd, heiter und gierig. Das Gesicht bezaubernd schön, ein ganz klein wenig frech, ein ganz klein wenig boshaft. Über die roten, schwellenden Lippen geht ein leichtes Zucken hin. Der Jüngling lächelt wie jemand, der Macht über andere besitzt – selbstbewußt und träge. Ein üppiger Blumenkranz ist lässig auf das glänzende Haar gedrückt und berührt fast die samtigen Brauen. Ein buntes Leopardenfell, gerafft durch einen goldenen Pfeil, fällt ungezwungen von der runden Schulter auf die vorgewölbte Hüfte herab. Die Federn seiner Flügel schillern rosa; die Enden sind grellrot, als wären sie mit frischem, purpurnem Blut benetzt. Von Zeit zu Zeit bewegen sie sich rasch, mit einem angenehmen silbrigen Rauschen – dem Rauschen eines Frühlingsregens.

Der andere war mager und von gelblicher Körperfarbe. Bei jedem Atemzug traten, wenn auch schwach, die Rippen hervor. Die Haare semmelblond, schütter und glatt; riesige, runde, blaßgraue Augen; der Blick unruhig und sonderbar hell. Alle Gesichtszüge scharf ausgeprägt; ein kleiner, halb geöffneter Mund mit spitzen Zähnen; schmale Adlernase, vorstehendes, mit einem weißlichen Flaum bedecktes Kinn. Lippen wie ein Strich, die in der ganzen Zeit kein einziges Mal lächelten.

Es war ein regelmäßiges, furchterregendes, mitleidloses Gesicht! (Im übrigen drückte auch das Gesicht des ersten, des Schönen, obwohl es angenehm und lieblich war, kein Mitleid aus.) Rings um den Kopf des zweiten hingen einige ausgedroschene, angeknickte, durch ein welkes Hälmchen zusammengehaltene Ähren. Ein grobes graues Gewebe umschlang seine Lenden; die Flügel hinter seinem Rücken – von matter dunkelblauer Farbe – bewegten sich langsam und drohend.

Die beiden Jünglinge schienen unzertrennliche Gefährten zu sein. Einer stützte sich auf die Schulter des anderen: Die weiche Hand des ersten ruhte wie eine Weintraube auf dem dürren Schlüsselbein des zweiten, und die schmale Hand des zweiten mit ihren langen dünnen Fingern umwand die weiblich anmutende Brust des ersten gleich einer Schlange.

Und ich vernahm eine Stimme, die verkündete:

„Du siehst die Liebe und den Hunger vor dir – zwei leibliche Brüder, zwei elementare Grundlagen alles Lebendigen.

Alles, was lebt, bewegt sich, um sich zu ernähren, und ernährt sich, um sich fortzupflanzen.

Die Liebe und der Hunger – sie haben ein und dasselbe Ziel: Das Leben darf nicht aufhören, weder das eigene noch das fremde, das Leben als solches, das Leben im allgemeinen."

August 1878

J. P. Wrewskaja zum Gedenken

Im Schmutz, auf stinkendem, feuchtem Stroh, unter dem Wetterdach einer baufälligen Scheune, die Hals über Kopf in ein Feldlazarett verwandelt worden war, lag sie in einem verwüsteten bulgarischen Dorf seit mehr als vierzehn Tagen an Typhus danieder.

Sie war bewußtlos, und keiner von den Ärzten warf auch nur einen Blick auf sie. Die kranken Soldaten, die sie gepflegt hatte, solange sie sich noch auf den Beinen halten konnte, erhoben sich der Reihe nach von ihrem infizierten Lager, um im Scherben eines zerschlagenen Topfes ein paar Tropfen Wasser an ihre aufgesprungenen Lippen zu führen ...

Sie war jung und schön; man kannte sie in den höchsten Kreisen; selbst Würdenträger interessierten sich für sie. Die Damen beneideten sie, die Männer stellten ihr nach. Und es gab auch zwei oder drei, die sie heimlich und aus tiefstem Herzen liebten. Das Leben lächelte ihr zu; aber ein Lächeln kann schlimmer sein als Tränen.

Ein zärtliches, sanftes Herz – und eine solche Kraft, ein solches Verlangen, sich aufzuopfern! Hilfsbedürftigen zu helfen – sie kannte kein anderes Glück und lernte es auch nicht kennen. Es war an ihr vorübergegangen. Doch damit hatte sie sich seit langem abgefunden – sie stellte sich, beseelt vom Feuer eines unerschütterlichen Glaubens, ganz in den Dienst des Nächsten.

Welche geheimen Schätze sie dort, auf dem Grunde ihrer Seele, in ihrem verborgensten Winkel bewahrte, hat nie jemand gewußt, und jetzt wird es natürlich erst recht keiner erfahren.

Und wozu auch? Das Opfer ist gebracht, das Werk getan.

Aber es bleibt betrüblich, daß niemand ihr – nicht einmal nach ihrem Tode – dafür gedankt hat, auch wenn sie selbst sich über jedes Dankeschön zu schämen und ihm auszuweichen pflegte.

Möge also ihr teurer Schatten nicht gekränkt sein über die späte Blume, die ich an ihrem Grabe niederlege.

September 1878

Der Egoist

Er hatte alles, was man braucht, um zur Geißel seiner Familie zu werden.

Er war gesund und reich zur Welt gekommen, war während seines ganzen langen Lebens gesund und reich geblieben und hatte keinen einzigen Fehltritt, keinen einzigen Fehler begangen, sich niemals vergaloppiert und einen Bock geschossen.

Er war ein Mann von einwandfreier Ehrlichkeit! Und im stolzen Bewußtsein dieser Ehrlichkeit bedrückte er jedermann – die Verwandten, die Freunde, die Bekannten.

Die Ehrlichkeit war sein Kapital, und er verstand es, Wucherzinsen dafür zu nehmen.

Die Ehrlichkeit gab ihm das Recht, erbarmungslos zu sein und keine guten Werke zu tun, die nicht geboten waren; und er war erbarmungslos und tat keine, denn gute Werke, die geboten sind, zählen nicht.

Er sorgte sich nie um jemand, mit Ausnahme seiner eigenen, so musterhaften Person, und war aufrichtig entrüstet, wenn sich andere nicht ebenso eifrig um sie bemühten!

Und dennoch sah er sich nicht als Egoisten an und tadelte und verfolgte vor allem die Egoisten und den Egoismus! Was Wunder! Der Egoismus der anderen stand seinem eigenen im Wege.

Da er sich nicht der geringsten Schwäche bewußt war, ließ er auch bei anderen keine Schwächen gelten – er verstand sie nicht. Überhaupt verstand er niemanden und nichts, weil er von allen Seiten, von unten und von oben, von hinten und von vorne, nur von sich selbst umgeben war.

Er verstand nicht einmal, was verzeihen heißt. Sich selber hatte er nichts zu verzeihen – wie kam er dazu, anderen zu verzeihen?

Vor diesem Gericht des eigenen Gewissens, vor dem Angesicht seines eigenen Gottes, erhob dieses Wunder, dieses Scheusal an Tugend die Augen gen Himmel und erklärte mit deutlicher und fester Stimme: „Ja, ich bin ein würdiger, ein moralischer Mensch!"

Dieselben Worte wird er auch auf seinem Totenbett wiederholen – und selbst da wird sich nichts in seinem steinernen Herzen regen, in diesem Herzen ohne Fehl und Tadel.

O Abscheulichkeit einer so selbstgefälligen, so unerbittlichen, so billig zugefallenen Tugend! Du bist fast widerwärtiger als die offene Abscheulichkeit des Lasters!

Dezember 1878

Ein Gastmahl beim Höchsten Wesen

Eines Tages verfiel das Höchste Wesen auf den Gedanken, ein großes Gastmahl in seinen azurnen Prunkgemächern zu geben.

Es lud die Tugenden dazu ein. Lauter Tugenden... Männer bat es nicht zu sich, nur Damen.

Es kamen sehr viele – große und kleine Tugenden. Die kleinen waren angenehmer und liebenswürdiger als die großen; aber alle schienen zufrieden zu sein und unterhielten sich höflich, wie es sich unter nahen Verwandten und guten Bekannten ja auch gehörte.

Doch dann bemerkte das Höchste Wesen zwei wunderschöne Damen, die sich offenbar noch gar nicht kannten.

Der Hausherr nahm die eine der Damen an der Hand und führte sie zu der anderen.

„Die Wohltätigkeit!" sagte er und zeigte auf die erste. „Die Dankbarkeit!" fügte er hinzu und zeigte auf die zweite.

Beide Tugenden waren unsagbar erstaunt: Solange die Welt bestand – und sie bestand seit langem – begegneten sie einander zum erstenmal!

Dezember 1878

Die Sphinx

Gelbgrauer, oben lockerer, unten fester, knirschender Sand... Wo man auch hinschaut – Sand!

Und über dieser Sandwüste, über diesem Meer von leblosem Mulm erhebt sich der riesige Kopf einer ägyptischen Sphinx.

Was wollen diese vollen, schwellenden Lippen, diese unbeweglich geblähten, aufgeworfenen Nasenflügel, diese halb schläfrigen, halb aufmerksamen länglichen Augen unter dem zwiefachen Bogen der hochgezogenen Brauen sagen?

Und irgend etwas sagen wollen sie! Sie sagen es sogar, aber nur Ödipus vermag das Rätsel zu lösen und ihre stumme Rede zu verstehen.

Ah! Ja, ich erkenne diese Züge doch wieder ... nur ist nichts Ägyptisches mehr an ihnen! Niedrige, weiße Stirn, hervorstehende Backenknochen, eine kurze, gerade Nase, ein schöner Mund mit weißen Zähnen, ein weicher Schnurrbart nebst krausem Backenbärtchen; diese nicht gerade großen, weit auseinanderstehenden Augen und auf dem Kopf gescheiteltes Haar, dicht wie eine Mütze ... Aber das bist doch du, Karp, Sidor, Semjon, das Bäuerlein aus dem Rjasaner, dem Jaroslawler Gouvernement, mein Landsmann, echt russisches Mark und Bein! Seit wann gehörst du zu den Sphinxen?

Womöglich willst auch du etwas sagen? Ja, auch du bist eine Sphinx.

Deine Augen – diese farblosen, aber tiefen Augen – sprechen auch. Und ihre Rede ist ebenso stumm und rätselhaft.

Doch bleibt dein Ödipus?

O weh! Es genügt nicht, sich eine Tarnkappe aufzusetzen, um dein Ödipus zu werden, o russische Sphinx!

Dezember 1878

Die Nymphen

Ich stand vor einer Kette schöner, im Halbkreis sich hinziehender Berge; grüner junger Wald bedeckte sie vom Gipfel bis zur Sohle.

Der südliche Himmel über ihnen war durchsichtig blau; die Sonne funkelte und strahlte; unten murmelten, halb verdeckt vom Gras, flinke Bäche.

Und ich erinnerte mich der alten Sage von dem hellenischen Schiff, das im ersten Jahrhundert nach Christi Geburt auf dem Ägäischen Meer dahinzieht.

Es ist Mittag. Stilles Wetter. Plötzlich hört der Steuermann jemand oben, über seinem Kopfe, deutlich sagen:

„Wenn du an einer Insel vorüberfährst, dann ruf mit lauter Stimme: ‚Der Große Pan ist tot!'"

Der Steuermann wunderte sich und erschrak. Und als das Schiff an einer Insel vorüberkam, gehorchte er und rief:

„Der Große Pan ist tot!"

Und sogleich erklangen das ganze Ufer entlang (und die Insel war unbewohnt) lautes Schluchzen, Stöhnen und langgezogene Klagerufe:

„Er ist tot! Der Große Pan ist tot!"

Ich erinnerte mich dieser Sage, und mir kam ein sonderbarer Gedanke: Wenn nun auch ich diesen Ruf ausstoße?

Doch bei all dem Frohlocken, das mich umgab, vermochte ich einfach nicht an den Tod zu denken und rief, so laut ich konnte:

„Er ist auferstanden! Der Große Pan ist auferstanden!"

Und o Wunder! Sofort wurde mein Ruf den ganzen weiten Halbkreis der grünen Berge entlang mit einmütigem Lachen beantwortet; freudiges Raunen und Murmeln erhob sich. „Er ist auferstanden! Pan ist auferstanden!" lärmten junge Stimmen. Alles vor mir lachte plötzlich – heller als die Sonne am Himmel, übermütiger als die Bäche, die sich unter dem Gras dahinschlängelten. Man hörte eilige leichte Schritte, das Marmorweiß wogender Tuniken und das lebhafte Rot von nackten Leibern flimmerten durch das Grün des Dickichts... Es waren Nymphen, Dryaden, Bacchantinnen, die von den Höhen in die Ebene eilten.

Sie tauchten alle auf einmal am Waldrand auf. Locken umspielten die göttlichen Häupter, schlanke Arme streckten sich mit Kränzen und Tympana in die Luft, und Lachen, perlendes olympisches Lachen, schwebte zugleich mit ihnen die Hänge herab.

Allen voran eine Göttin. Sie war – einen Köcher über der Schulter, einen Bogen in der Hand, einen silbrigen Halbmond in den hochgekämmten Locken – größer und schöner als alle anderen.

Diana – du?

Aber die Göttin stand auf einmal still, und alle Nymphen folgten unverzüglich ihrem Beispiel. Das helle Lachen erstarb. Ich sah, wie sich das Gesicht der plötzlich verstummten Göttin mit Totenblässe bedeckte; ich sah, wie ihre Beine zu Stein erstarrten, wie ein unsagbarer Schrecken ihre Lippen öffnete, wie sich die in die Ferne gerichteten Augen weiteten. Was hatte sie erspäht? Wo schaute sie hin?

Ich wandte mich um – dorthin, wohin sie blickte.

Hinter einem Streifen von flachen Feldern flammte am äußersten Erdenrand über dem weißen Glockenturm einer christlichen Kirche ein goldenes Kreuz. Dieses Kreuz hatte die Göttin erspäht.

Ich hörte einen ungleichmäßigen, langen Seufzer hinter mir, der an das Vibrieren einer gesprungenen Saite erinnerte; und als ich mich wieder umdrehte, war von den Nymphen nichts mehr zu sehen... Der weite Wald grünte wie vordem, nur hier und da schimmerten durch das dichte Geflecht der Zweige irgendwelche weißen Tupfen. Ob es die Tuniken der Nymphen waren oder der Dampf, der vom Grunde der Täler aufstieg – ich weiß es nicht.

Aber ach, wie leid taten mir die entschwundenen Göttinnen!

Dezember 1878

Der Freund und der Feind

Ein zu lebenslänglichem Kerker Verurteilter war dem Gefängnis entsprungen und stürzte Hals über Kopf davon. Die Verfolger waren ihm auf den Fersen.

Er rannte, was ihn die Beine trugen. Die Verfolger blieben allmählich zurück.

Aber dann kam er an einen Fluß mit steilen Ufern, an einen schmalen, aber tiefen Fluß. Und schwimmen konnte er nicht!

Ein dünnes, angefaultes Brett führte von einem Ufer zum

anderen. Der Flüchtling war drauf und dran, es zu betreten. Doch der Zufall wollte es, daß eben hier, am Fluß, sein bester Freund und der ärgste seiner Feinde standen.

Der Feind sagte nichts und kreuzte nur die Arme; dafür schrie der Freund aus vollem Halse:

„Ich bitte dich! Was tust du da? Besinne dich, Wahnwitziger! Siehst du denn nicht, daß das Brett völlig verfault ist? Es bricht unter deiner Last doch zusammen, und du kommst unweigerlich um!"

„Wenn aber kein anderer Übergang vorhanden ist? Hörst du nicht – die Verfolger!" stöhnte verzweifelt der Unglückliche und betrat das Brett.

„Das lasse ich nicht zu! Nein, ich lasse nicht zu, daß du ins Verderben rennst!" schrie der eifrige Freund und riß das Brett unter den Füßen des Flüchtlings weg.

Dieser stürzte augenblicklich in die wilden Wogen und ertrank.

Der Feind lachte befriedigt und ging davon; der Freund aber hockte am Ufer nieder und weinte bitterlich um seinen armen, armen Freund! Auf den Gedanken, er selbst könne Schuld an seinem Tode tragen, kam er indessen nicht, keinen Augenblick.

„Er hat nicht auf mich gehört! Nicht gehört!" murmelte er verzagt. „Im übrigen hätte er", entschied er zu guter Letzt, „sein ganzes Leben lang im schrecklichen Kerker schmachten müssen! Jetzt braucht er wenigstens nicht mehr zu leiden! Jetzt hat er es besser! Man sieht – es war nun einmal sein Los! Und dennoch – schade um ihn, im Sinne der Menschlichkeit!"

Und die gute Seele schluchzte untröstlich fort um den unglückseligen Freund.

Dezember 1878

Christus

Ich sah mich als Jüngling, fast noch als Knaben, in einer niedrigen Dorfkirche. Rote Tupfen schimmerten vor alten Heiligenbildern – die schlanken Wachskerzen.

Eine regenbogenfarbige Strahlenkrone umgab jedes der Flämmchen. Es war trüb und dunkel in der Kirche. Aber viele Menschen drängten sich vor mir.

Lauter blonde Bauernköpfe. Von Zeit zu Zeit gerieten sie in Bewegung und neigten sich, um sich aufs neue zu erheben – wie reife Ähren, über die der Sommerwind gleich einer langsamen Woge hingeht.

Plötzlich trat jemand von hinten neben mich.

Ich drehte mich diesem Menschen nicht zu, aber ich fühlte sofort, daß dies Christus war.

Rührung, Neugier, Furcht – alle zugleich – ergriffen von mir Besitz. Ich überwand mich und sah meinen Nachbarn an.

Ein Gesicht wie bei jedem anderen, ein Gesicht, das allen menschlichen Gesichtern gleicht. Die Augen blicken aufmerksam und ruhig ein wenig nach oben. Der Mund ist geschlossen, aber die Lippen sind nicht zusammengekniffen: Die obere ruht gleichsam auf der unteren. Der kurze Bart teilt sich und läuft in zwei Spitzen aus. Die Hände sind gefaltet und bewegen sich nicht. Auch die Kleidung zeigt nichts Auffälliges.

Und das soll Christus sein! dachte ich bei mir. Ein so einfacher, ganz einfacher Mensch! Unmöglich!

Ich wandte mich ab. Aber kaum hatte sich mein Blick von diesem einfachen Menschen gelöst, als mir aufs neue schien, eben er, Christus, stehe neben mir.

Ich gab mir wieder einen Ruck. Und wieder erblickte ich dieses Gesicht, das allen menschlichen Gesichtern glich, diese gewohnten, wenn auch unbekannten Züge.

Plötzlich befiel mich ein unheimliches Gefühl – und ich kam zu mir. Erst da verstand ich, daß gerade ein solches Gesicht – ein Gesicht, das allen menschlichen Gesichtern gleicht – das Antlitz Christi ist.

Dezember 1878

Der Stein

Haben Sie irgendwann einmal einen alten grauen Stein am Meeresufer gesehen, den an einem heiteren, sonnigen Tage, zur Stunde der Flut, muntere Wellen umbranden – umbranden, umwogen, umschmeicheln – und dessen bemoostes Haupt sie mit dem zergehenden Geperl ihres schimmernden Schaums überspülen?

Der Stein bleibt, was er war, und doch treten an seiner düsteren Oberfläche leuchtende Farben hervor.

Sie zeugen von jenen fernen Zeiten, da der Granit erst zu erkalten begann und in den feurigsten Farben flammte.

So drangen auch auf mein altes Herz kürzlich von allen Seiten junge weibliche Seelen ein – und unter ihrer schmeichelnden Berührung erglühte es in all den längst verblaßten Farben, den Spuren des Feuers von einst!

Die Wogen sind verebbt, aber die Farben noch nicht getrübt – auch wenn ein scharfer Wind sie auszutrocknen und auszulöschen sucht.

Mai 1879

Die Tauben

Ich stand auf dem Gipfel eines sanft abfallenden Hügels; ein Meer von reifem, hier golden, dort silbern schimmerndem Roggen erstreckte sich vor mir.

Aber es ging kein Kräuseln über dieses Meer dahin; die schwüle Luft flimmerte nicht: Ein schweres Gewitter zog auf.

Über mir schien noch die Sonne – heiß und matt; aber dort, hinter dem Roggen, nicht allzuweit entfernt, lastete der schwere Koloß einer dunkelblauen Wolke auf dem halben Himmelsrand.

Alles verkroch sich, alles erstarb im unheilverkündenden Funkeln der letzten Sonnenstrahlen... Kein Vogel war mehr zu hören oder zu sehen; sogar die Spatzen hielten sich verborgen. Nur ein einsames, großes Klettenblatt raschelte und klatschte unentwegt irgendwo in der Nähe.

Wie stark doch der Wermut auf den Rainen duftete! Ich starrte auf den blauen Koloß, und mir war beklommen zumute. So macht schon, macht, dachte ich bei mir, blitz auf, du goldene Schlange, erdröhne, Donner! Setz dich in Bewegung, tükkische Wolke, ergieße dich als Regen über die Erde, beende meine schmachtende Qual!

Doch die Wolke rührte sich nicht. Sie lastete nach wie vor auf der stummen Erde und schien nur weiter anzuschwellen und dunkler zu werden.

Da plötzlich schoß etwas gleichmäßig und spielerisch über ihr eintöniges Blau dahin; es sah aus wie ein weißes Tüchlein oder ein Schneeball. Eine weiße Taube kam aus der Richtung des Dorfes geflogen.

Sie flog geradeaus, immer geradeaus... und versank hinter dem Wald.

Einige Augenblicke vergingen; die grausame Stille hielt an. Doch siehe da! Auf einmal flimmerten *zwei* weiße Tüchlein, *zwei* Schneebälle in der Luft: *Zwei* weiße Tauben strebten in gleichmäßigem Flug heimwärts, ins Dorf.

Und schließlich brach das Unwetter los – ein wahrer Hexensabbat!

Ich schaffte es gerade noch bis nach Hause. Der Wind heulte und warf sich wie ein Irrer hin und her; niedrige, rötliche, wie zu Fetzen zerrissene Wolken jagten dahin; alles wirbelte durcheinander und vermischte sich; ein heftiger Guß ging in schaukelnden, senkrechten Säulen nieder; das flammende Grün der Blitze blendete das Auge; der Donner krachte abgerissen wie aus Kanonen; es roch nach Schwefel...

Unter dem überhängenden Dach aber, am äußersten Ende des Bodenfensters, hockten zwei weiße Tauben nebeneinander – die, die zu der anderen geflogen war, und die, die jene nach Hause geholt und vielleicht gerettet hatte.

Beide sträubten die Federn, und der Flügel der einen berührte und fühlte den Flügel der anderen neben sich...

Ihnen war wohl! Und wohl war auch mir bei ihrem Anblick – auch wenn ich allein war, allein wie immer.

Mai 1879

Morgen, morgen, nur nicht heute!

Wie leer, wie farblos, wie unbedeutend fast jeder Tag, den man verlebt hat, ist! Wie wenig Spuren er hinterläßt! Wie sinnlos und dumm Stunde um Stunde verrinnt!

Und dabei möchte der Mensch doch leben! Er weiß das Leben zu schätzen, er baut darauf, baut auf sich selbst und auf die Zukunft. Oh, welche Wohltaten er von der Zukunft erwartet!

Aber wieso denkt er sich, daß die anderen, die kommenden Tage anders sein werden als der soeben vergangene?

Nun, das denkt er sich auch gar nicht. Überhaupt denkt er nicht gern über etwas nach, und er tut auch gut daran.

„Also schön, morgen, morgen!" tröstet er sich selbst, bis dieses „Morgen" ihn ins Grab gebracht hat.

Und liegt man erst einmal im Grabe, dann hört das Nachdenken von selber auf.

Mai 1879

Die Natur

Mir träumte, ich betrete einen riesigen unterirdischen Saal mit hohem Gewölbe. Er war von einem gleichmäßigen, ebenfalls irgendwie unterirdischen Licht erfüllt.

Genau in der Mitte des Saales saß eine hoheitsvolle weibliche Gestalt in fließendem grünem Gewand. Den Kopf in die Hand gestützt, schien sie in tiefes Nachdenken versunken.

Ich begriff sofort, daß diese Frau die Natur selber war, und im gleichen Augenblick befiel ein ehrfürchtiger kalter Schauder mein Herz.

Ich näherte mich der sitzenden Gestalt, verneigte mich ehrerbietig und rief:

„O unser aller gemeinsame Mutter! Worüber denkst du nach? Vielleicht über das künftige Geschick der Menschheit? Auf welche Weise sie zu möglichster Vollkommenheit und höchstem Glück zu gelangen vermag?"

Sie wandte mir langsam die strengen dunklen Augen zu. Ihre Lippen kamen in Bewegung, und ich vernahm eine Stimme, die an das Rasseln von Eisen erinnerte:

„Ich denke darüber nach, wie man den Beinmuskeln des Flohs mehr Kraft verleihen kann, damit er es bequemer hat, sich vor den Feinden zu retten. Das Gleichgewicht zwischen Angriff und Verteidigung ist gestört. Man muß es wiederherstellen."

„Wie?" stammelte ich. „Darüber denkst du nach? Aber sind denn nicht wir, die Menschen, deine Lieblingskinder?"

Sie runzelte kaum merklich die Brauen.

„Alle Lebewesen sind meine Kinder", entgegnete sie. „Ich kümmere mich gleichermaßen um alle – und vernichte sie auch gleichermaßen."

„Aber das Gute ... die Vernunft ... die Gerechtigkeit ...", murmelte ich aufs neue.

„Das ist menschliches Wortgeklingel", gab die eiserne Stimme zurück. „Ich kenne weder Gutes noch Böses... Die Vernunft ist für mich nicht Gebot... Und was ist Gerechtigkeit? Ich habe dir das Leben gegeben, und ich werde es dir auch wieder fortnehmen und anderen geben, einem Menschen oder einem Wurm, das ist mir einerlei. Du aber setz dich vorerst zur Wehr und halte mich nicht auf!"

Ich wollte ihr widersprechen, doch die Erde ringsum erbebte und stöhnte dumpf – und ich erwachte.

August 1879

„Aufhängen"

„Es geschah im Jahre achtzehnhundertfünf", begann mein alter Bekannter, „kurz vor der Schlacht von Austerlitz. Das Regiment, bei dem ich als Offizier diente, lag in Mähren in Quartier.

Es war uns strengstens verboten, die Bewohner zu belästigen oder zu drangsalieren; sie sahen uns ohnehin scheel an, obwohl wir als ihre Verbündeten galten.

Mein Bursche, ein ehemaliger Leibeigener meiner Mutter, hieß Jegor. Er war ein ehrlicher, friedlicher Mann; ich kannte ihn von Kindesbeinen an und behandelte ihn wie einen Freund.

Eines Tages erhob sich in dem Haus, in dem ich wohnte, zänkisches Jammern und Schreien: Der Besitzerin des Hauses waren zwei Hühner gestohlen worden, und sie beschuldigte meinen Burschen dieses Diebstahls. Er verteidigte sich und rief mich als Zeugen an. Er, Jegor Awtamonow, und stehlen! Ich versicherte meiner Wirtin, Jegor sei eine ehrliche Haut, aber sie wollte nichts davon hören.

Plötzlich erklang draußen einmütiges Pferdegetrappel: Der Oberkommandierende in Person ritt mit seinem Stab die Straße entlang.

Er ritt, dick und aufgeschwemmt, wie er war, im Schritt, mit hängendem Kopf und auf die Brust gerutschten Epauletten.

Meine Wirtin erblickte ihn, stürzte davon und schnitt seinem Pferd den Weg ab; sie warf sich auf die Knie, beklagte sich, barhäuptig und völlig zerzaust, laut über meinen Burschen und wies mit der Hand auf ihn.

‚Herr General!' rief sie. ‚Euer Erlaucht! Sprechen Sie Recht! Helfen Sie mir! Retten Sie mich! Dieser Soldat hat mich bestohlen!'

Jegor stand kerzengerade auf der Schwelle des Hauses, die Mütze in der Hand, sogar mit vorgewölbter Brust und zusammengerissenen Hacken – wie eine Schildwache, und sagte kein Wort! Ob ihn nun diese ganze mitten auf der Straße haltende Generalität verwirrt hatte oder ob das hereinbrechende Unheil ihn zu Stein erstarren ließ – mein Jegor stand jedenfalls da und zwinkerte nur mit den Augen! Er war kreideweiß.

Der Oberkommandierende warf einen zerstreuten, finsteren Blick auf ihn und brummte ärgerlich:

‚Nun?'

Jegor blieb unbeweglich wie ein Götzenbild und bleckte nur die Zähne! Von der Seite gesehen, schien er zu lachen.

Da sagte der Oberkommandierende abgehackt:

‚Aufhängen!'

Dann stieß er seinem Pferd die Sporen in die Flanken und

ritt weiter – zuerst wieder im Schritt, später in raschem Trab. Der ganze Stab setzte ihm nach; nur ein Adjutant wandte sich im Sattel um und sah Jegor flüchtig an.

Den Befehl nicht zu befolgen war unmöglich. Jegor wurde sogleich ergriffen und zur Hinrichtung abgeführt.

Da erstarrte er ganz und gar und stieß nur ein-, zweimal mit Mühe hervor: ‚Ach, du meine Güte!' Und dann mit gedämpfter Stimme: ‚Gott sei mein Zeuge – ich war es nicht!'

Als er Abschied von mir nahm, brach er in bittere Tränen aus. Ich war verzweifelt.

‚Jegor! Jegor!' rief ich. ‚Warum hast du dem General denn nichts erwidert?'

‚Gott sei mein Zeuge – ich war es nicht', wiederholte schluchzend der Ärmste.

Die Wirtin war selber entsetzt. Ein so schreckliches Urteil hatte sie auf keinen Fall erwartet, und nun heulte sie ihrerseits los. Sie flehte alle und jeden um Gnade an und versicherte, ihre Hühner hätten sich angefunden, sie wäre bereit, alles zu erklären...

Natürlich half das nichts. Der Kriegszustand, mein Herr! Die Disziplin!

Die Wirtin heulte immer lauter.

Jegor, der schon gebeichtet hatte und vom Geistlichen mit den Sterbesakramenten versehen worden war, wandte sich an mich: ‚Sagen Sie ihr, Euer Wohlgeboren, sie soll sich meinetwegen nicht umbringen. Ich habe ihr verziehen.'"

Mein Bekannter wiederholte die letzten Worte seines Dieners und murmelte: "Jegoruschka, du Guter, Rechtschaffener!" Und Tränen rannen über seine alten Wangen.

August 1879

Was werde ich denken?

Was werde ich denken, wenn es ans Sterben geht, falls ich dann überhaupt noch zu denken fähig bin?

Werde ich daran denken, daß ich das Leben schlecht genutzt, es verschlafen, verträumt habe, daß ich nicht verstanden habe, seine Gaben zu genießen?

Wie? Das ist bereits der Tod? So bald? Unmöglich! Ich bin doch noch zu nichts gekommen! Ich wollte gerade erst anfangen!

Werde ich mich des Vergangenen erinnern, in Gedanken bei den wenigen von mir erlebten lichten Augenblicken, bei teuren Gestalten oder Gesichtern verweilen?

Werden in meinem Gedächtnis meine schlechten Handlungen auftauchen, wird die brennende Qual der späten Reue meine Seele befallen?

Werde ich daran denken, was mich jenseits des Grabes erwartet... und ob mich da überhaupt etwas erwartet?

Nein, mir scheint, ich werde mich bemühen, nicht zu denken, und mich zwingen, mich mit irgendwelchen Nebensächlichkeiten zu beschäftigen, nur um die eigene Aufmerksamkeit von der Finsternis abzulenken, die sich schwarz und drohend vor mir abzeichnet.

Ein Sterbender beklagte sich in meiner Gegenwart ununterbrochen, man lasse ihn keine gerösteten Nüsse knabbern... Nur in der Tiefe seiner trübe gewordenen Augen zuckte und zitterte etwas, das an den gebrochenen Flügel eines zu Tode getroffenen Vogels erinnerte.

August 1879

„Wie wunderschön, wie frisch waren die Rosen..."

Irgendwo, irgendwann vor langer, langer Zeit las ich ein Gedicht. Ich vergaß es bald; doch die erste Verszeile blieb in meinem Gedächtnis haften:

„Wie wunderschön, wie frisch waren die Rosen..."

Es ist Winter; der Frost hat die Scheiben mit Eis überzogen; eine einzige Kerze brennt im dunklen Zimmer. Ich habe mich in eine Ecke verkrochen, in meinem Kopf aber klingt und klingt es fort:

„Wie wunderschön, wie frisch waren die Rosen ..."

Und ich sehe mich vor dem niedrigen Fenster eines russischen Vorstadthauses. Der Sommerabend schwindet langsam dahin und wird zur Nacht; die warme Luft duftet nach Lindenblüten und Reseda. Auf dem Fensterbrett aber sitzt, gestützt auf den ausgestreckten Arm und den Kopf zur Schulter geneigt, ein junges Mädchen – stumm und unverwandt blickt es zum Himmel, als warte es auf das Erscheinen der ersten Sterne. Wie treuherzig-begeistert die nachdenklichen Augen, wie rührend unschuldig die fragend geöffneten Lippen, wie gleichmäßig der Atem der noch nicht voll erblühten, noch durch nichts aufgewühlten Brust, wie rein und zart die Züge des jungen Gesichtes sind! Ich wage nicht, sie anzusprechen, aber wie lieb sie mir ist, wie mir das Herz klopft!

„Wie wunderschön, wie frisch waren die Rosen..."

Im Zimmer aber wird es immer dunkler. Die heruntergebrannte Kerze knistert, flüchtige Schatten zittern an der niedrigen Stubendecke, der Frost da draußen klirrt und macht einem Angst, und mir ist, als hörte ich ein trübseliges greisenhaftes Flüstern:

„Wie wunderschön, wie frisch waren die Rosen ..."

Andere Gestalten steigen vor mir auf. Ich vernehme den fröhlichen Lärm ländlichen Familienlebens. Zwei blonde Köpfchen blicken mich, aneinandergeschmiegt, munter und mit hellen Äuglein an; die roten Wangen beben vor unterdrücktem Lachen; die Hände sind freundschaftlich miteinander verflochten; die jungen, gutmütigen Stimmen klingen, sich gegenseitig unterbrechend, durcheinander – und etwas weiter weg, in der Tiefe des behaglichen Zimmers, huschen, gelegentlich danebengreifend, andere, ebenfalls junge Hände über die Tasten eines alten Pianinos hin – aber der Lannersche Walzer vermag das Summen des patriarchalischen Samowars nicht zu übertönen...

„Wie wunderschön, wie frisch waren die Rosen..."

Die Kerze ermattet und erlischt allmählich... Wer hustet da so heiser und dumpf? Zu einem Knäuel zusammengerollt, drückt sich, hin und wieder zuckend, ein alter Hund an meine Füße, mein einziger Freund... Mich friert. Mir ist kalt. Und alle sind sie gestorben, alle!

„Wie wunderschön, wie frisch waren die Rosen..."

September 1879

Eine Seefahrt

Ich fuhr mit einem kleinen Dampfer von Hamburg nach London. Wir waren zwei Passagiere an Bord: ich und ein kleines Affenweibchen der Gattung Uistiti, das ein Hamburger Kaufmann seinem englischen Partner schickte – als Geschenk.

Es war mit einer dünnen Kette an eine Bank auf dem Deck gefesselt, zerrte daran herum und piepste kläglich, auf Vogelart.

Jedesmal, wenn ich vorbeikam, streckte es sein kaltes, schwarzes Händchen zu mir aus und blickte mich mit traurigen, fast menschlichen Augen an. Ich ergriff seine Hand, und es hörte auf zu piepsen und an der Kette zu zerren.

Es herrschte völlige Windstille. Das Meer ringsum lag da wie ein unbewegliches bleigraues Tischtuch. Es erschien nicht allzu groß; dichter Nebel lag über ihm, verschleierte die Spitzen der Masten, beraubte das Auge der Sicht, ermüdete es durch sein weiches Dämmerlicht. Die Sonne hing als mattroter Fleck in diesem Dämmer; gegen Abend aber flammte sie auf und funkelte geheimnisvoll und seltsam.

Lange gerade Falten, die an die Falten von schweren Seidengeweben erinnerten, strebten, eine nach der anderen, vom Bug des Dampfers fort, verbreiterten und kräuselten sich, glätteten sich schließlich, wogten noch einmal schwach und zergingen. Unter den gleichmäßig stampfenden Rädern ballte sich der aufgewirbelte Schaum; milchig weiß und leise zischend, löste er sich in Streifen auf, die wie Schlangen aussahen, floß wieder zusammen und wurde dann ebenfalls von dem Nebel verschlungen.

Am Heck schlug unablässig eine nicht allzu große Schiffsglocke an; sie klang nicht weniger kläglich als das Winseln des Äffchens.

Von Zeit zu Zeit tauchte ein Seehund auf, überschlug sich rasch und verschwand wieder unter dem kaum aufgewühlten Meeresspiegel.

Der Kapitän aber, ein maulfauler Mann mit wettergebräuntem, finsterem Gesicht, rauchte seine kurze Pfeife und spie ärgerlich in das erstarrte Meer. Alle meine Fragen beantwortete er mit einem abgehackten Knurren; so blieb mir nichts anderes übrig, als mich an meinen einzigen Reisegefährten zu halten – das Affenweibchen.

Ich ließ mich neben ihm nieder; es hörte auf zu winseln und streckte wiederum die Hand zu mir aus.

Der regungslose Nebel umgab uns beide mit einschläfernder Feuchtigkeit, und wir verweilten nebeneinander wie nahe Verwandte, in ein und dieselbe, uns unbewußte Nachdenklichkeit versunken.

Heute lächle ich darüber, damals aber empfand ich es anders.

Wir alle sind Kinder derselben Mutter; und mir tat es wohl, daß sich das arme Geschöpfchen so vertrauensvoll neben mir beruhigte und sich an mich schmiegte wie an seinesgleichen.

November 1879

An N. N.

Du wandelst still und harmonisch deine Lebensbahn, ohne Tränen und ohne Lächeln, kaum angeregt durch eine gleichgültige Aufmerksamkeit.

Du bist gut und klug, und alles bleibt dir fremd, und du brauchst niemand.

Du bist schön, aber wer vermag zu sagen, ob du auf deine Schönheit Wert legst oder nicht? Du selbst erscheinst teilnahmslos und verlangst auch keine Teilnahme von anderen.

Dein Blick ist tief, doch nicht nachdenklich; in seiner hellen Tiefe herrscht Leere.

So wie du wandeln in den elysäischen Gefilden zu den erhabenen Melodien Glucks leid- und freudlos die wohlgestalten Schatten.

November 1879

Steh still!

Steh still! Verbleib für immer so in meiner Erinnerung, wie ich dich jetzt vor mir sehe!

Der letzte begnadete Laut ist deinen Lippen entflohen. Die Augen glänzen nicht, sie funkeln nicht – sie blicken matt, schwer von dem Glück, von dem beseligenden Bewußtsein der Schönheit, die du auszudrücken vermochtest, jener Schönheit, zu der du nachträglich deine triumphierenden, erschöpften Arme ausstreckst!

Welches Licht – klarer und reiner als das der Sonne – ergießt sich über all deine Glieder, über die nebensächlichsten Falten deines Gewandes?

Welcher Gott hat deine verstreuten Locken mit freundlichem Hauch in deinen Nacken geweht?

Sein Kuß brennt auf deiner marmorblassen Stirn!

Da ist es – das offene Geheimnis, das Geheimnis der Poesie, des Lebens, der Liebe! Da ist sie – die Unsterblichkeit! Eine andere Unsterblichkeit gibt es nicht und braucht es auch nicht zu geben. In diesem Augenblick bist du unsterblich.

Er wird vergehen, und du wirst wieder eine Handvoll Asche sein, eine Frau, ein Kind... Aber was macht's! In diesem Augenblick stehst du höher als alle, außerhalb alles Zeitlichen, Vergänglichen. Dieser Augenblick, *dein* Augenblick, wird niemals enden.

Steh still! Und laß mich der Teilhaber deiner Unsterblichkeit sein, senk einen Abglanz von ihr in meine Seele!

November 1879

Der Mönch

Ich habe einen Mönch, einen Einsiedler und Heiligen, gekannt. Er lebte von nichts als der Glückseligkeit des Gebets, und sich ihr hingebend, stand er so lange auf dem kalten Steinboden der Kirche, daß seine Beine – unterhalb der Knie – anschwollen und Pfosten glichen. Er fühlte es nicht, verharrte auf der Stelle und betete.

Ich verstand ihn, ja ich beneidete ihn vielleicht – aber möge auch er mich verstehen und mich nicht verurteilen, weil mir seine Freuden unzugänglich sind.

Er hat es erreicht, hat sich selbst, sein verhaßtes *Ich* vernichtet; wenn ich aber nicht bete, so tu ich das nicht etwa aus Eigenliebe.

Mein *Ich* erscheint mir womöglich noch bedrückender, noch widerwärtiger als ihm das seine.

Er hat gefunden, was ihn sich selbst vergessen läßt; aber auch ich finde schließlich Vergessen, wenn auch vielleicht nicht mit der gleichen Beständigkeit.

Er heuchelt nicht, doch das tu auch ich nicht.

November 1879

Noch gebe ich nicht auf!

Welch unbedeutende Kleinigkeit einen gelegentlich völlig umstimmen kann!

Eines Tages schritt ich, in Nachdenken versunken, auf der Landstraße dahin.

Schwere Ahnungen bedrückten meine Brust; Verzagtheit bemächtigte sich meiner.

Ich sah auf. Vor mir strebte die Landstraße zwischen zwei Reihen hoher Pappeln schnurgerade in die Ferne.

Und darüber, über eben diese Landstraße, hüpfte im Gänsemarsch, ein Dutzend Schritte von mir entfernt und vergoldet von der hellen Sommersonne, eine ganze Spatzenfamilie dahin – munter, spaßig, selbstgefällig!

Besonders einer unter ihnen tat mächtig groß – er bewegte sich nur seitlich voran, mit vorgewölbtem Kropf und unter frechem Zwitschern, als sei für ihn selbst der Teufel nicht seinesgleichen! Ein Eroberer, wie er im Buche steht!

Und dabei kreiste hoch oben am Himmel ein Habicht, der vielleicht sein Schicksal war und eben diesen Eroberer schon bald fressen sollte.

Ich sah mir das an, brach in Lachen aus und richtete mich innerlich auf – die traurigen Gedanken waren sogleich verflogen, und ich verspürte Mut, Verwegenheit und Lust zum Leben.

Und wenn auch über mir *mein* Habicht kreisen mag – noch gebe ich nicht auf, hol mich der Teufel!

November 1879

Das Gebet

Worum der Mensch auch betet – er betet immer um ein Wunder. Alle Gebete laufen auf ein und dasselbe hinaus: Großer Gott, laß zwei mal zwei nicht vier sein!

Nur ein solches Gebet ist ein wirkliches Gebet von Person zu Person. Zum Weltgeist, zum Höchsten Wesen, zum geläuterten, gestaltlosen Gott Kants oder Hegels zu beten ist unmöglich, ist nicht denkbar.

Aber kann denn selbst ein persönlicher, lebendiger, gestalthafter Gott bewirken, daß zwei mal zwei nicht vier macht?

Jeder Gläubige ist verpflichtet, zu antworten: *Ja!*, ist verpflichtet, sich selber zu überreden, daß dem so ist!

Wenn sich nun aber sein Verstand gegen einen solchen Unsinn auflehnt?

Hier kommt ihm Shakespeare zu Hilfe: „Es gibt Dinge zwischen Himmel und Erde, Freund Horatio ..." und so weiter.

Widerspricht man ihm aber unter Berufung auf die Wahrheit, dann braucht er nur die berühmte Frage zu wiederholen: „Was ist Wahrheit?"

Und darum laßt uns trinken, uns vergnügen und – beten!

Juli 1881

Die russische Sprache

In den Tagen des Zweifels, des bedrückenden Nachdenkens über das Schicksal meiner Heimat bist du allein mein Rückhalt und meine Stütze, o große, kraftvolle, wahrhaftige und biegsame russische Sprache! Gäbe es nicht dich – wie sollte man nicht in Verzweiflung geraten beim Anblick all dessen, was daheim geschieht? Aber unmöglich, zu glauben, daß eine solche Sprache nicht einem großen Volk gegeben ist!

Juni 1882

2. Neue Gedichte in Prosa

Begegnung
Ein Traum

Mir träumte, ich gehe unter einem niedrigen schwarzen Himmel durch weite, kahle, von großen, kantigen Steinen übersäte Steppe.

Zwischen den Steinen wand sich ein Pfad dahin. Ich folgte ihm, ohne zu wissen, wohin und warum.

Plötzlich erschien vor mir, über dem schmalen Band des Pfades, so etwas wie ein dünnes Wölkchen. Ich sah genauer hin: Das Wölkchen verwandelte sich in eine schlanke weibliche Gestalt von hohem Wuchs, in weißem Kleid, mit schmalem, hellem Gürtel um die Taille. Sie bewegte sich mit raschen Schritten von mir fort.

Ich sah weder ihr Gesicht noch ihr Haar: Ein wogendes Gewebe verhüllte sie; aber mein ganzes Herz strebte ihr nach. Sie dünkte mir schön, teuer und lieb. Ich wollte sie unbedingt einholen, ihr ins Gesicht sehen, in die Augen... Ich wollte, ich mußte diese Augen erblicken.

Sosehr ich mich aber auch beeilte, sie kam rascher voran als ich, und ich vermochte ihr nicht näher zu kommen.

Aber dann zeigte sich ein breiter, flacher Stein quer auf dem Pfad. Er versperrte ihr den Weg. Sie blieb vor ihm stehen... Ich lief auf sie zu, zitternd vor Freude und Erwartung, wenn auch nicht ohne Furcht.

Ich sagte nichts. Aber sie wandte sich langsam zu mir um...

Und dennoch bekam ich ihre Augen nicht zu sehen. Sie hielt sie geschlossen.

Ihr Gesicht war weiß, weiß wie ihre Kleidung; die entblößten Arme hingen unbeweglich hinab. Sie war wie versteinert, diese Frau glich einem Marmorstandbild – mit ihrem ganzen Körper, mit jedem Zug ihres Gesichts.

Langsam, ohne auch nur ein einziges Glied zu beugen, neigte sie sich hintenüber und streckte sich auf der flachen Platte aus. Und schon lag ich neben ihr, lag auf dem Rücken, gerade wie eine Grabplattenskulptur, die Hände auf der Brust gefaltet wie zum Gebet, und fühlte, daß auch ich zu Stein erstarrt war.

Einige Augenblicke verstrichen... Plötzlich erhob sie sich und ging davon.

Ich wollte ihr nachstürzen, konnte mich aber nicht rühren, nicht die gefalteten Hände auseinandernehmen und schaute ihr nur mit unaussprechlicher Sehnsucht nach.

Da wandte sie sich auf einmal um, und ich erblickte in einem lebhaften, beweglichen Gesicht zwei helle, strahlende Augen. Sie richtete sie auf mich und lachte – lautlos, nur mit den Lippen.

Ich konnte mich immer noch nicht bewegen.

Da lachte sie aufs neue, entfernte sich rasch und schüttelte fröhlich den Kopf, um den plötzlich ein Kranz von kleinen feuerroten Rosen aufflammte.

Ich aber blieb unbeweglich und stumm auf meiner Grabplatte liegen.

Februar 1878

Ich habe Mitleid...

Ich habe Mitleid mit mir selbst, mit den anderen, mit allen Menschen, Tieren und Vögeln, mit allem, was lebt.

Ich habe Mitleid mit den Kindern, mit den Alten, mit den Unglücklichen und mit den Glücklichen – mit den Glücklichen noch mehr als mit den Unglücklichen.

Mir tun die siegreichen, triumphierenden Feldherrn, die großen Künstler, Denker und Dichter leid.

Mir tun der Mörder und sein Opfer leid, das Häßliche und das Schöne, die Bedrückten und die Bedrücker.

Wie kann ich mich von diesem Mitleid befreien? Vom Mitleid und von der Trübsal? Sie vergällen mir das Leben.

O Trübsal, in Mitleid aufgelöste Trübsal! Tiefer kann ein Mensch nicht sinken.

Wahrhaftig, es wäre besser, ich würde jemand beneiden! Und das tu ich auch; ich beneide... die Steine.

Februar 1878

Der Fluch

Ich las in Byrons „Manfred"... Als ich zu jener Stelle kam, da der Geist der von Manfred ins Verderben gestürzten Frau seine geheimnisvolle Beschwörung über ihm spricht, überlief mich ein leichter Schauder.

Erinnern Sie sich: „Ohne Schlaf seien deine Nächte, ewig verspüre deine böse Seele meine unsichtbare, aber unablässige Gegenwart – auf daß sie sich selber zur Hölle werde!"

Aber da mußte ich an etwas anderes denken... Eines Tages war ich in Rußland Zeuge eines erbitterten Streits zwischen zwei Bauern, Vater und Sohn.

Er endete damit, daß der Sohn dem Vater eine unerträgliche Beleidigung zufügte.

„Verfluch ihn, Wassiljitsch, verfluch den Elenden!" rief die Frau des Alten.

„Also gut, Petrowna", erwiderte der Alte mit dumpfer Stimme und bekreuzigte sich mit ausladender Gebärde. „Soll denn auch ihm ein Sohn beschieden sein, der seinem Vater vor den Augen der Mutter in den grauen Bart spuckt!"

Diese Verwünschung erschien mir furchtbarer als die im „Manfred".

Der Sohn wollte etwas entgegnen, wankte aber plötzlich, wurde grün im Gesicht und ging hinaus.

Februar 1878

Die Zwillinge

Ich sah einem Streit zwischen Zwillingen zu. Sie glichen sich in allem wie ein Ei dem anderen – in den Gesichtszügen und ihrem Ausdruck, in der Haarfarbe, dem Wuchs, dem Körperbau – und haßten einander bis aufs Blut.

Sie krümmten sich auf ein und dieselbe Weise vor Wut. Auf ein und dieselbe Weise flammten die seltsam ähnlichen, dicht aneinandergerückten Gesichter; auf ein und dieselbe Weise funkelten und drohten die kaum unterscheidbaren Augen; die gleichen, mit gleichen Stimmen ausgestoßenen Schimpfwörter entfuhren den auf die gleiche Art verzerrten Lippen.

Ich hielt es nicht aus, nahm den einen von ihnen an der Hand, führte ihn vor einen Spiegel und sagte zu ihm:

„So schimpf schon lieber hier, vor diesem Spiegel... Für dich ist's sowieso kein Unterschied, und mir ist nicht so unheimlich zumute."

Februar 1878

Die Drossel

I

Ich lag im Bett, fand aber keinen Schlaf. Kummer nagte an meinem Herzen; bedrückende, ermüdend eintönige Gedanken gingen mir durch den Kopf – langsam wie eine ununterbrochene Kette von Wolken, die an einem regnerischen Tag unaufhörlich über graue Hügelkuppen dahinkriecht.

Ach, ich liebte damals mit einer hoffnungslosen, schmerzlichen Liebe, einer Liebe, mit der man nur im Schnee und in der Kälte der vorgerückten Jahre lieben kann, da das Herz, noch ungebrochen vom Leben – nein, nein, nicht jung geblieben, aber doch unnötig und auf sinnlose Weise jugendlich ist.

Das Gespenst des Fensters stand als weißlicher Fleck vor meinen Augen; alle Gegenstände im Zimmer waren undeutlich zu erkennen: Sie wirkten im unbestimmten Halblicht des frühen Sommermorgens noch unbeweglicher und stiller als sonst. Ich sah auf die Uhr: Es war drei Viertel drei. Und man fühlte die gleiche Regungslosigkeit draußen, jenseits seiner vier Wände, und den Tau, ein ganzes Meer von Tau!

In diesem Tau, im Garten unmittelbar über meinem Fenster, aber sang, pfiff und tirilierte bereits – unaufhörlich, laut und selbstsicher – eine Schwarzdrossel. Die perlenden Laute drangen in mein angespannt lauschendes Zimmer, erfüllten es, erfüllten mein Gehör und meinen von der Dürre der Schlaflosigkeit und der Bitterkeit der schmerzlichen Gedanken schweren Kopf.

Sie, diese Laute, atmeten Ewigkeit – die ganze Frische, die ganze Gleichgültigkeit, die ganze Kraft der Ewigkeit. In ihnen klang die Stimme der Natur, jene schöne, unbewußte Stimme, die nie einen Anfang gehabt hat und niemals abreißen wird.

Die Schwarzdrossel sang, besang selbstsicher das Leben; sie wußte – bald würde in hergebrachtem Ablauf die unwandelbare Sonne aufblitzen; ihr Lied hatte nichts Eigenes, Persönliches; sie war dieselbe Drossel, die schon vor tausend Jahren dieselbe Sonne begrüßt hatte und weitere Jahrtausende begrüßen wird, wenn das, was von mir übriggeblieben ist, vielleicht in Form von unsichtbaren Stäubchen um ihren lebendigen, klingenden Körper wirbelt, erfaßt von dem Lufthauch, den ihr Lied hervorrief.

Und ich, der arme, lächerliche, verliebte, persönliche Mensch, sage zu dir: Hab Dank, kleiner Vogel, hab Dank für dein kraftvolles, unbeschwertes Lied, das in dieser unfrohen Stunde so überraschend vor meinem Fenster erklang!

Es hat mich nicht getröstet, aber ich suchte auch keinen Trost... Und dennoch traten mir Tränen in die Augen, und der unbewegliche, leblose Druck auf meiner Brust löste sich und ließ für kurze Zeit nach. Ach, ist nicht jenes Geschöpf ebenso jung und frisch wie deine jubelnden Laute, Sänger im Morgengrauen!

Und lohnt es sich überhaupt, zu trauern und sich zu quälen und an sich selbst zu denken, wenn schon ringsum von allen Seiten die kalten Wogen heranfluten, die mich – wenn auch nicht heute, so doch morgen – in den uf rlosen Ozean entführen werden?

Die Tränen rannen... Und meine liebe Schwarzdrossel erging sich weiter, als wäre nichts geschehen, in ihrem teilnahmslosen, ihrem glücklichen, ihrem ewigen Lied!

Oh, welche Tränen erhellte die endlich aufgegangene Sonne auf meinen glühenden Wangen!

Aber ich lächelte wie zuvor.

8. Juli 1877

Die Drossel

2

Wieder liege ich im Bett, und wieder finde ich keinen Schlaf. Ein ebensolcher früher Sommermorgen umfängt mich von allen Seiten; und wieder singt vor meinem Fenster die Schwarzdrossel, und in meinem Herzen brennt dieselbe Wunde.

Aber das Liedchen des Vogels bringt mir keine Erleichterung, und ich denke auch nicht an meine Wunde. Andere, zahllose, klaffende Wunden peinigen mich; Ströme von purpurrotem, teurem, dem meinem verwandten Blut ergießen sich aus ihnen, endlos, sinnlos – wie sich Regenwasser von steilen Dächern in den Schmutz und Unrat der Straße ergießt.

Tausende von meinen Brüdern, meinen Blutsbrüdern, sterben draußen, in der Ferne, vor den Mauern uneinnehmbarer Festungen, Tausende von meinen Brüdern, die durch unfähige Befehlshaber in den aufgesperrten Rachen des Todes getrieben werden.

Sie sterben, ohne zu murren. Sie werden ohne Beichte ins Verderben geschickt: Sie tun sich selber nicht leid und auch nicht jenen unfähigen Befehlshabern.

Es gibt hier weder Unschuldige noch Schuldige: Die Dreschmaschine frißt die Ähren in sich hinein, und ob es taube waren oder solche mit Körnern, das wird erst die Zeit offenbaren. Was also bedeuten schon meine Wunden? Was meine Leiden?

Ich darf nicht einmal weinen. Aber mein Kopf ist glühend heiß und meine Seele beklommen – und ich verberge meinen Kopf wie ein Verbrecher in den verhaßten Kissen.

Heiße, schwere Tropfen schleichen, rollen langsam über meine Wangen, auf meine Lippen... Was ist das? Tränen oder Blut?

August 1878

Ohne Nest

Wo soll ich hin? Was unternehmen? Ich bin wie ein einsamer Vogel ohne Nest, der aufgeplustert auf einem kahlen, vertrockneten Zweig sitzt. Zu bleiben – widert ihn an, aber wohin soll er fliegen?

Doch schließlich breitet er die Flügel aus und strebt davon, in die Ferne, rasch und geradeaus wie eine vom Habicht aufgescheuchte Taube. Ob sich nicht irgendwo ein anheimelnder grüner Winkel entdecken läßt, ob er nicht irgendwo ein Nest bauen kann, und sei's ein vorläufiges?

Der Vogel fliegt, fliegt und schaut aufmerksam zur Erde hinab.

Unter ihm gelbe Wüste, stumm, regungslos, tot...

Er beeilt sich, überquert die Wüste und späht hartnäckig in die Tiefe, voller Aufmerksamkeit und Sehnsucht.

Unter ihm liegt das Meer, gelb und tot wie die Wüste. Gewiß, es rauscht und bewegt sich, und doch ist in seinem unaufhörlichen Donnern, im eintönigen Wogen der Wellen kein Leben, kein Platz, an dem man unterschlüpfen könnte.

Der arme Vogel ermüdet. Seine Fittiche erlahmen; er sinkt immer häufiger ab. Wie gern würde er sich in den Himmel schwingen... Aber wo ließe sich in seiner bodenlosen Leere ein Nest bauen!

Am Ende faltete er die Flügel – und stürzte mit einem langgezogenen Stöhnen ins Meer.

Die Wellen verschlangen ihn und rollten weiter, sinnlos rauschend wie zuvor.

Wo soll ich hin? Ist es nicht auch für mich an der Zeit, mich ins Meer fallen zu lassen?

Januar 1878

Der Becher

Mir ist zum Lachen, und ich wundere mich über mich selbst.

Meine Schwermut ist nicht geheuchelt; das Leben bedrückt mich wirklich, meine Gefühle sind traurig und freudlos. Und dennoch versuche ich, ihnen Glanz und Anmut zu verleihen, und suche nach Bildern und Vergleichen; ich runde meine Worte ab, vergnüge mich damit, sie wohlklingender, harmonischer zu machen.

Ich modelliere, wie ein Bildhauer, ich ziseliere und verziere auf jede Art, gleich einem Goldschmied, den Becher, in dem ich mir selber das Gift kredenze.

Wessen Schuld?

Sie reichte mir ihre zarte, weiße Hand, und ich stieß sie mit rauher Ruppigkeit zurück. Ihr liebes junges Gesicht drückte Befremden aus; die jungen, guten Augen sahen mich vorwurfsvoll an; die junge, reine Seele verstand mich nicht.

„Was habe ich verschuldet?" flüsterten ihre Lippen.

„Was du verschuldet hast? Eher als du kann der lichteste unter den Engeln in der strahlendsten Tiefe des Himmels schuldig werden. Und dennoch ist deine Schuld mir gegenüber groß. Du möchtest wissen, worin diese schwere Schuld besteht, die du nicht zu begreifen, die ich dir nicht näher auseinanderzusetzen vermag?

Hier ist sie: Du bist die Jugend, ich – das Alter."

Eine Lebensregel

Du möchtest deine Ruhe haben? Pflege den Umgang mit den Menschen, aber lebe für dich, unternimm nichts und bereue nichts.
Du möchtest glücklich sein? Lerne erst einmal zu leiden!

April 1878

Das Reptil

Ich sah ein in der Mitte durchgehauenes Reptil. Es krümmte sich noch, übergossen von Blutwasser und dem Schleim des eigenen Auswurfs, hob krampfhaft den Kopf und streckte die Zunge heraus... Es drohte noch, aber vergebens.
Ich las das Feuilleton eines mit Schande bedeckten Skribenten.
Auch er krümmte und wand sich, am eigenen Speichel, im Eiter seiner Niederträchtigkeiten erstickend. Er erwähnte etwas von „in die Schranken fordern"; ein Duell sollte seine Ehre retten – seine Ehre!
Ich mußte an jenes zerhackte Reptil mit seiner schändlichen Zunge denken.

Mai 1878

Der Schriftsteller und der Kritiker

Der Schriftsteller saß in seinem Zimmer am Schreibtisch. Plötzlich trat der Kritiker bei ihm ein.
„Wie?" rief er. „Sie fahren immer noch fort, zu federfuchsen und zu erfinden – nach alledem, was ich über Sie geschrieben, nach all den langen Artikeln, all den Notizen und Berichten, in denen ich klipp und klar – so wie zwei mal zwei vier macht – bewiesen habe, daß Sie nicht das geringste Talent besitzen und nie besaßen, daß Sie sogar die eigene Muttersprache vergessen

haben und sich schon immer durch Mangel an Bildung hervortaten, daß Sie, heute völlig ausgelaugt, verbraucht, ein Waschlappen geworden sind!"

Der Schriftsteller gab dem Kritiker gelassen zur Antwort: "Ja, Sie haben mich in zahlreichen Artikeln und Feuilletons angegriffen, das ist nicht zu bestreiten. Aber kennen Sie die Fabel vom Fuchs und von der Katze? Der Fuchs verstand sich auf allerlei Listen, ging aber dann doch in eine Falle; die Katze hingegen kannte nur eine – die, auf den Baum zu klettern, und die Hunde bekamen sie nicht. So steht es auch mit mir: In Erwiderung all Ihrer Artikel habe ich Sie, so wie Sie sind, in einem meiner Bücher dargestellt; ich habe Ihrem klugen Kopf eine Narrenkappe aufgestülpt – und so werden Sie nun vor der Nachwelt herumstolzieren."

"Vor der Nachwelt!" Der Kritiker brach in schallendes Gelächter aus. "Ihre Bücher – und die Nachwelt erreichen! In vierzig, allenfalls fünfzig Jahren wird sie kein Mensch mehr lesen."

"Da pflichte ich Ihnen bei", entgegnete der Schriftsteller, "aber das genügt mir. Homer hat seinen Thersites für alle Zeiten blamiert; euereins aber ist auch mit einem halben Jahrhundert gut bedient. Euch kommt nicht einmal die Unsterblichkeit eines Narren zu. Leben Sie wohl, mein Herr! Wünschen Sie, daß ich Sie in meinem Buch beim Namen nenne? Das ist wohl kaum erforderlich; jedermann wird Sie auch ohne mein Zutun erkennen."

Juni 1878

"O meine Jugend, mein frischer Mut!"
Gogol

"O meine Jugend, mein frischer Mut!" pflegte ich einstmals auszurufen. Aber damals, als ich das ausrief, war ich noch jung und frischen Muts.

Damals wollte ich mich einfach an meiner Schwermut weiden, mich insgeheim an ihr ergötzen und mich nach außen hin bemitleiden.

Heute schweige ich und lamentiere ich nicht vor anderen über das Verlorene... Es nagt auch ohnehin an mir – dumpf, aber ständig.

„Hach! Besser, man denkt nicht darüber nach!" versichern unsere Bauern.

Juni 1878

An***

Du bist kein munteres Zwitscherschwälbchen, das mit dünnem, aber festem Schnabel ein Nest im harten Fels für sich gemeißelt hat.

Du hast dich nach und nach mit einer halsstarrigen fremden Familie eingelebt und abgefunden, du mein geduldiger Schlaukopf!

Juli 1878

Ich schritt inmitten hoher Berge...

Ich schritt inmitten hoher Berge
An einem hellen Fluß im Tal,
Und alles, was mein Blick erfaßte,
Verriet mir eines jedesmal:
Ich ward geliebt, sie liebte mich,
Und andres kümmerte mich nicht!

Der Himmel strahlte über mir,
Die Blätter rauschten, Vögel sangen,
Die Wölkchen eilten munter hin,
Irgendwohin, je nach Verlangen...
Ringsum war lauter Glück und Licht,
Mein Herz indessen braucht' es nicht.

Die Welle trug mich fort, die Welle,
Wie Meereswogen weich und breit,
In meiner Seele herrschte Stille,
Erhaben über Freud und Leid...
Ich wußte kaum, wie mir geschah:
Die Welt war mein, nur für mich da!

Warum kam damals nicht der Tod?
Warum ließ uns das Schicksal leben?
Die Jahre kamen... und vergingen
Und konnten uns nichts Süßres geben,
Nichts, das so heiter war, so fröhlich
Wie jene Tage, dumm und selig.

November 1878

Wenn es mich nicht mehr geben wird...

Wenn es mich nicht mehr geben wird, wenn alles, was ich war, zu Staub zerfällt, dann pilgere nicht zu meinem Grab, o du, mein einziger Freund, o du, die ich so tief und zärtlich geliebt habe und die mich sicherlich überleben wird... Du hast dort nichts zu suchen.

Vergiß mich nicht – aber erinnere dich meiner auch nicht inmitten der täglichen Sorgen, Vergnügungen und Nöte! Ich will dein Leben nicht stören, seinen gelassenen Fluß nicht hemmen. Befällt dich aber in einer Stunde der Einsamkeit jene unbestimmte, grundlose, weichen Herzen so wohlbekannte Wehmut, dann nimm eines von unseren Lieblingsbüchern zur Hand und such jene Seiten, jene Zeilen, jene Worte heraus, bei denen – erinnerst du dich? – uns beiden süße und stumme Tränen in die Augen traten.

Lies sie nach, schließ die Augen und strecke deine Hand zu mir aus... Halt sie dem abwesenden Freund hin!

Ich werde nicht in der Lage sein, sie zu drücken, denn meine Hand wird unbeweglich unter der Erde ruhen, aber es ist für mich ein angenehmer Gedanke, daß die deine vielleicht eine leichte Berührung fühlen wird.

Und mein Bild wird vor dir erstehen, und unter deinen geschlossenen Lidern hervor werden sich Tränen ergießen – gleich jenen, die wir einst, gerührt vom Schönen, gemeinsam vergossen haben, o du, mein einziger Freund, o du, die ich so tief und zärtlich geliebt habe!

Dezember 1878

Die Sanduhr

Tag um Tag verrinnt, eintönig, rasch und ohne Spur.

Das Leben eilt auf einmal erschreckend schnell dahin, schnell und geräuschlos wie der Stau eines Flusses vor einem Wasserfall.

Es fließt gleichmäßig und glatt wie der Sand in jener Uhr, die die Gestalt des Todes in ihrer knochigen Hand hält.

Wenn ich im Bett liege und mich von allen Seiten Finsternis umgibt, ist mir, als hörte ich immerfort dieses schwache, ununterbrochene Rascheln des verrinnenden Lebens.

Es ist mir nicht leid ums Leben – und auch nicht darum, was ich noch hätte vollbringen können... Mir graut.

Mir scheint: Jene regungslose Gestalt steht neben meinem Bett – in der einen Hand die Sanduhr, während die andere ausholt, um mich ins Herz zu treffen...

Und mein Herz zuckt, pocht gegen den Brustkorb, als beeilte es sich, seine letzten Schläge zu Ende zu klopfen.

Dezember 1878

Ich erhob mich mitten in der Nacht...

Ich erhob mich mitten in der Nacht vom Bett. Mir war, als hätte mich jemand beim Namen gerufen, draußen, hinter dem dunklen Fenster.

Ich drückte das Gesicht an die Scheibe, hielt das Ohr daran, starrte hinaus – und wartete.

Aber dort, vor dem Fenster, rauschten nur eintönig und undeutlich die Bäume und zogen dichte, rauchgraue Wolken dahin, die sich zwar ununterbrochen veränderten, aber immer dieselben blieben... Kein Stern am Himmel, kein bißchen Licht auf der Erde. Traurig und trübselig draußen wie auch drinnen, in meinem Herzen.

Aber dann erhob sich plötzlich irgendwo in der Ferne ein klagender Laut, der allmählich anschwoll und näher kam, zu einer menschlichen Stimme wurde, dann nachließ und rasch ersterbend entschwand.

Ade! Ade! Ade! glaubte ich ihn hauchen zu hören.

Ach! Das war meine Vergangenheit, all mein Glück, alles, was ich geliebt, was ich gehegt und gepflegt hatte – es nahm unwiderruflich und für immer von mir Abschied!

Ich verneigte mich vor meinem entschwundenen Leben und legte mich ins Bett – wie in das Grab.

Ach, wär es das Grab gewesen!

Juni 1879

Wenn ich allein bin...
Der Doppelgänger

Wenn ich allein bin, lange ganz allein bin, habe ich plötzlich das Gefühl, es ist jemand bei mir im Zimmer, sitzt neben mir oder steht hinter meinem Rücken.

Wende ich mich aber um oder richte unversehens den Blick dorthin, wo ich den anderen vermute, dann ist natürlich niemand zu sehen. Selbst das Gefühl seiner Nähe ist nicht mehr vorhanden, kehrt aber nach wenigen Augenblicken wieder zurück.

Manchmal nehme ich den Kopf zwischen beide Hände und denke über ihn nach.

Wer oder was ist er? Er ist mir kein Fremder; er kennt mich, und ich kenne ihn... Er scheint mir verwandt zu sein, und dennoch klafft zwischen uns ein Abgrund.

Ich erwarte kein Wort, nicht einmal einen Laut von ihm...
Er ist ebenso stumm wie unbeweglich. Und dennoch spricht er zu mir, spricht von etwas, das unklar, unverständlich – und mir wohlbekannt ist. Er kennt alle meine Geheimnisse.

Ich fürchte mich nicht vor ihm. Aber er stört mich irgendwie, und ich sehe diesen Zeugen meines Innenlebens nicht gerne neben mir. Und dennoch empfinde ich ihn nicht als fremdes, für sich selbst existierendes Wesen. Ist es vielleicht mein Doppelgänger, mein anderes, früheres Ich? Und in der Tat: Klafft zwischen meinem Ich von damals und mir, wie ich heute bin, nicht ein tiefer Abgrund?

Aber er, mein Doppelgänger, kommt nicht auf mein Gebot zu mir – es ist, als habe er einen eigenen Willen.

Nicht eben vergnüglich, weder für dich noch für mich, Verehrter, in dieser öden Stille der Einsamkeit gefangen zu sein!

Aber warte nur! Wenn ich erst tot bin, dann fließen wir – mein einstiges und mein heutiges *Ich* – ineinander und enteilen ins Reich der unwiederbringlich entschwundenen Schatten.

November 1878

Der Weg zur Liebe

Alle Gefühle können zur Liebe, zur Leidenschaft führen, alle: der Haß, das Mitleid, die Gleichgültigkeit, die Ehrfurcht, die Freundschaft, die Furcht, selbst die Verachtung. Ja, alle, so viele ihrer sind. Nur eines nicht – die Dankbarkeit.

Die Dankbarkeit ist eine Schuld; und seine Schulden bezahlt jedermann. Die Liebe aber ist kein Zahlungsmittel.

Juni 1881

Die Phrase

Ich fürchte und vermeide die Phrase; doch auch die Furcht vor der Phrase ist Prätention.

So rollt unser kompliziertes Leben zwischen diesen beiden Fremdwörtern ab, der Prätention und der Phrase, und schwankt hin und her.

Juni 1881

Die Einfalt

Einfalt! Einfalt! Man nennt dich heilig. Aber Heiligkeit ist nicht Sache des Menschen.

Die Demut – die ja. Sie überwindet, sie besiegt die Hoffart. Aber vergiß nicht: Schon im Gefühl des Sieges liegt eine gewisse Hoffart.

Juni 1881

Der Brahmane

Der Brahmane wiederholt, in einem fort auf seinen Nabel starrend, das Wort „om" und nähert sich dadurch der Gottheit.

Aber gibt es am ganzen menschlichen Körper etwas weniger Göttliches, etwas, das stärker an den Zusammenhang mit der menschlichen Vergänglichkeit erinnern würde – als eben den Nabel?

Juni 1881

Du weintest...

Du weintest über meinen Kummer; und ich weinte aus Teilnahme an deinem Mitleid mit mir.

Aber schließlich weintest auch du über dein eigenes Leid; nur erblicktest du es in mir.

Juni 1881

Die Liebe

Alle sagen: Die Liebe ist das höchste, das unirdischste der Gefühle. Ein fremdes Ich dringt in das deine ein: Du hast an Ausdehnung gewonnen und bist in deinem Gleichgewicht gestört; dein Fleisch ist irgendwohin entrückt, dein Ich ertötet. Doch Menschen von Fleisch und Blut empört sogar ein solcher Tod. Ein Auferstehen gibt es nur für die unsterblichen Götter.

Juni 1881

Die Wahrheit und das Wahre

„Warum liegt Ihnen so viel an der Unsterblichkeit der Seele?" fragte ich.

„Warum?" Weil ich dann im Besitz der ewigen, der unverbrüchlichen Wahrheit sein werde. Und eben darin besteht, nach meinen Begriffen, die höchste Seligkeit!"

„Im Besitz der Wahrheit?"

„Natürlich!"

„Gestatten Sie – können Sie sich folgende Szene vorstellen? Einige junge Leute sind zusammengekommen und unterhalten sich über dies und das. Plötzlich stürzt ein Gefährte von ihnen herein: Seine Augen funkeln in einem ungewöhnlichen Glanz, er ist atemlos vor Begeisterung, er kann kaum sprechen. ‚Was ist denn? Was hast du?' – ‚Hört zu, meine Freunde, was ich soeben erfahren habe, welche Wahrheit! Der Einfallswinkel ist gleich dem Ausfallswinkel! Oder auch die hier: Die kürzeste Verbindung zwischen zwei Punkten ist die Gerade!' – ‚Nein, wirklich? Oh, welche Seligkeit!' rufen die jungen Leute und sinken einander gerührt in die Arme. – Eine solche Szene können Sie sich nicht vorstellen? Sie lachen... Aber das ist es doch eben: Die Wahrheit kann uns die Seligkeit nicht geben. Das Wahre kann es: Es ist unsere eigene, menschliche, irdische Sache... Das Wahre und die Gerechtigkeit! Für das Wahre bin ich bereit zu sterben! Das ganze Leben beruht auf der Erkenntnis der Wahrheit; aber was heißt ‚in ihrem Besitz sein'? Und auch noch seine Seligkeit darin finden?"

Juni 1882

Die Rebhühner

Ich lag im Bett, zerquält von meinem langen, endlosen Leiden, und fragte mich: Womit habe ich das verdient? Wofür werde ich, gerade ich so gestraft? Das ist ungerecht, ja, ungerecht!

Eine ganze Familie junger Rebhühner – wohl zwanzig an der Zahl – ist zwischen den dichten Stoppeln eines abgeernteten Feldes versammelt. Sie drängen sich aneinander, scharren in der lockeren Erde und sind glücklich. Plötzlich werden sie durch einen Hund aufgeschreckt. Sie schwingen sich, alle zugleich, einmütig in die Luft; ein Schuß kracht, und eines der Rebhühner sinkt mit verletztem Flügel und Wunden am ganzen Körper zu Boden und verkriecht sich, mit Mühe und Not die Beine bewegend, in einem Wermutbusch.

Vielleicht denkt auch das unglückliche Rebhuhn, während der Hund es aufspürt: Wir waren unser zwanzig und alle gleich... Warum bin ich, gerade ich in den Schuß geraten und muß sterben? Womit habe ich das als einzige unter meinen Schwestern verdient? Das ist ungerecht!

Lieg still, krankes Geschöpf, bis der Tod dich aufspürt!

Juni 1882

Nessun maggior dolore

Blauer Himmel, federleichte Wölkchen, Blumendüfte, die bezaubernden Laute einer jungen Stimme, die strahlende Schönheit der großen Schöpfungen der Kunst, das glückverheißende Lächeln auf einem reizenden Frauengesicht und diese magischen Augen... Wozu, wozu das alles?

Alle zwei Stunden ein Löffel von einer garstigen, nutzlosen Arznei – das ist es, was man braucht!

Juni 1882

Unter die Räder geraten...

„Was bedeutet dein Stöhnen?"

„Ich leide, ich leide sehr."

„Hast du das Plätschern eines Baches gehört, wenn er sich über Steine ergießt?"

„Ja, habe ich. Aber was soll die Frage?"

„Sie soll dir nur vor Augen führen, daß dieses Plätschern und dein Stöhnen ein und dasselbe sind – Laute, nichts als Laute. Allenfalls mit dem Unterschied, daß das Plätschern des Bachs manches Ohr zu erfreuen vermag, dein Stöhnen dagegen niemandes Mitleid erregt. Du brauchst es nicht zu unterdrücken, aber vergiß das eine nicht: Es sind nur Laute, ebensolche Laute wie das Knarren eines angeknickten Baumes, weiter nichts als Laute."

Juni 1882

U-äh ... U-äh ...

Ich lebte damals in der Schweiz, war noch sehr jung, sehr einsam und sehr empfindlich. Mein Leben erschien mir schwer und unfroh. Ich langweilte mich, noch ohne etwas erlebt zu haben, verzagte und war verärgert. Alles auf der Welt dünkte mir unbedeutend und trivial, und ich dachte, wie das bei sehr jungen Leuten keineswegs selten ist, mit heimlicher Schadenfreude – an Selbstmord. Ich werde es ihnen beweisen, ich werde mich rächen! sagte ich mir. Was denn beweisen? Wofür mich rächen? Das wußte ich selber nicht. In mir gärte einfach das Blut – wie Wein in einem verschlossenen Gefäß, und ich fand, es sei an der Zeit, das beengende Gefäß zu zerschlagen, damit sich der Wein nach außen ergießen könne... Mein Idol war Byron, mein Held hieß Manfred.

Eines Abends beschloß ich – wie Manfred –, zu den Gipfeln der Berge aufzusteigen, dorthin, wo man sich hoch über den Gletschern und fern von den Menschen befindet, wo es nicht einmal pflanzliches Leben gibt, wo sich nur tote Felsen türmen und jeder Laut erstirbt, wo selbst das Gebrüll der Wasserfälle nicht zu hören ist!

Was ich dort wollte, weiß ich nicht. Vielleicht ein Ende mit mir machen.

Ich brach also auf... Ich stieg lange bergan, zuerst auf einer Straße, dann auf einem Pfad – höher und immer höher. Längst hatte ich die letzten Hütten, die letzten Bäume hinter mir gelassen... Ringsum Steine, nichts als Steine; der nahe, wenn auch noch unsichtbare Schnee wehte mich mit grimmiger Kälte an; von allen Seiten drangen gleich schwarzen Schwaden nächtliche Schatten auf mich ein.

Schließlich machte ich halt.

Welch entsetzliche Stille!

Das war das Reich des Todes.

Und ich in ihm allein, als einziger lebendiger Mensch, allein mit meinem hochmütigen Schmerz, mit all meiner Verzweiflung und Verachtung. Ein lebendiger, sich seines Tuns bewußter Mensch, der dem Leben den Rücken gekehrt hatte und nicht zu leben wünschte. Ein heimliches Entsetzen ließ mich zu Eis erstarren, aber ich dünkte mich groß!

Manfred! Manfred in eigener Person!

„Ich, ich mutterseelenallein", wiederholte ich vor mich hin, „und Aug in Auge mit dem Tod! Wird es nicht Zeit? Ja, es ist soweit! Leb wohl, du kümmerliche Welt! Ich stoße dich mit einem Fußtritt von mir!"

In diesem Augenblick aber drang plötzlich ein sonderbarer, nicht gleich von mir erkannter, aber lebendiger, menschlicher Laut an mein Ohr. Ich zuckte zusammen und lauschte. Der Laut wiederholte sich. Aber ja doch! Es war der Schrei eines Neugeborenen, eines Säuglings! Der Schrei eines Neugeborenen in diesen wüsten, wilden Bergeshöhen, wo alles Leben – so schien es – längst und für alle Zeit erloschen war!

Mein Erstaunen wurde unversehens von einem anderen Gefühl abgelöst, dem einer atemlosen Freude. Und ich lief, ohne einen Weg vor mir zu sehen, geradewegs auf den Schrei zu, auf diesen schwachen, kläglichen, rettenden Schrei!

Bald darauf tauchte ein flackernder Lichtschein vor mir auf. Ich strebte noch rascher voran, und wenige Augenblicke später erblickte ich eine niedrige Hütte. Sie war aus Stein gefügt und mit einem flachen Dach gedeckt; solche Hütten dienen den Hirten auf der Alm wochenlang als Zuflucht.

Ich stieß die halb offene Tür auf und stürzte hinein, als sei mir der Tod auf den Fersen.

Auf einer Bank säugte eine junge Frau ihr Kind; ein Hirt, vermutlich ihr Mann, saß neben ihr. Beide starrten mich an. Aber ich brachte kein Wort hervor, ich lächelte nur und nickte ihnen zu.

Byron, Manfred, meine Selbstmordgedanken, mein Stolz und meine Größe – wohin wart ihr entschwunden?

Das Neugeborene schrie weiter, und ich rief den Segen Gottes auf sie herab – auf das Kind, auf seine Mutter, auf ihren Mann ...

O heißer Schrei des gerade erst erwachten menschlichen Lebens! Du hast mich gerettet, du hast mich geheilt!

November 1882

Meine Bäume

Ich hatte einen Brief von einem einstigen Kommilitonen, einem Aristokraten und reichen Gutsbesitzer, erhalten. Er lud mich ein, als Gast auf seinem Gut zu weilen.

Mir war bekannt, daß er seit langem krank, daß er beinah erblindet und gelähmt war und kaum noch gehen konnte. Und ich fuhr hin.

Ich traf ihn in einer Allee seines weitläufigen Parkes an. Er saß, eingemummt in einen Pelz – und es war Sommer –, siech und zusammengekrümmt, mit einem grünen Schirm über den Augen, in einem Wägelchen, das zwei Lakaien in prächtigen Livreen vor sich herschoben.

„Ich heiße Sie willkommen", sagte er mit Grabesstimme, „willkommen auf *meinem* ererbten Land, im Schatten *meiner* uralten Bäume!"

Über seinem Kopf ragte gleich einem weiten Zelt eine gewaltige tausendjährige Eiche.

Ich dachte mir: O tausendjähriger Riese, hast du's gehört? Ein halbtoter Wurm, der zu deinen Füßen herumkriecht, nennt dich *seinen* Baum!

Hier kam ein Windhauch auf und fuhr mit leichtem Rascheln über das dichte Laub der alten Eiche hin. Und mir schien, als gäbe sie gutmütig und leise lachend Antwort – sowohl auf meinen Gedanken als auch auf die Prahlereien des Kranken.

November 1882

Komödien

Wo allzu fein gesponnen wird, da reißt es eben
Komödie in einem Akt

Personen

Anna Wassiljewna Libanowa, Gutsbesitzerin, vierzig Jahre
Wera Nikolajewna, ihre Tochter, neunzehn Jahre
Mademoiselle Bienaimé, Gesellschafterin und Gouvernante, zweiundvierzig Jahre
Warwara Iwanowna Morosowa, eine Verwandte der Libanowa, fünfundvierzig Jahre
Wladimir Petrowitsch Stanizyn, ein Nachbar, achtundzwanzig Jahre
Jewgeni Andrejewitsch Gorski, ein Nachbar, sechsundzwanzig Jahre
Iwan Pawlowitsch Muchin, ebenfalls ein Nachbar, dreißig Jahre
Hauptmann Tschuchanow, fünfzig Jahre
Der Haushofmeister
Ein Diener

Die Handlung spielt im Dorf der Frau Libanowa.

Die Bühne stellt die Halle eines reichen Gutsbesitzerhauses dar; geradeaus die Tür ins Speisezimmer, rechts die Tür in den Salon, links eine Glastür, die in den Garten führt. An den Wänden Bildnisse; im Vordergrund ein Tisch, der mit Zeitschriften bedeckt ist; ein Fortepiano und mehrere Sessel; ein wenig weiter hinten ein chinesisches Billard; in der Ecke eine große Wanduhr.

Gorski *tritt ein*: Niemand da? Desto besser ... Wie spät es wohl sein mag? Halb zehn. *Nach kurzem Nachdenken.* Heute ist der entscheidende Tag. Ja, heute ... *Er geht zum Tisch, nimmt eine Zeitschrift und setzt sich.* „Le Journal des Débats" vom dritten April nach gregorianischem Kalender; und dabei ist es Juli! Hm... Schaun wir uns an, was es für Neuigkeiten gibt. *Er macht sich ans Lesen. Aus dem Speisezimmer kommt Muchin herein. Gorski blickt sich rasch um.* Bah, Muchin! Was führt dich hierher? Wann bist du angekommen?

MUCHIN: Heute nacht; dabei bin ich gestern um sechs Uhr abends aus der Stadt aufgebrochen. Mein Kutscher hat sich verfahren.

GORSKI: Ich wußte gar nicht, daß du mit Madame de Libanoff bekannt bist.

MUCHIN: Ich bin ja auch zum erstenmal hier. Man hat mich Madame de Libanoff, wie du sie nennst, auf einem Ball beim Gouverneur vorgestellt; ich tanzte mit ihrer Tochter und wurde einer Einladung gewürdigt. *Er blickt sich um.* Ist aber ein respektables Haus!

GORSKI: Und ob! Das Erste im ganzen Gouvernement! *Er hält ihm das „Journal des Débats" hin.* Schau her, sie halten den „Telegraph"! Aber Scherz beiseite, hier läßt es sich leben – eine angenehme Mischung von russischem Landaufenthalt und französischer vie de château. Wirst ja sehen! Die Frau des Hauses – nun ja, sie ist Witwe und reich, während die Tochter...

MUCHIN *fällt Gorski ins Wort*: ... ganz reizend ist.

GORSKI: Ah! *Nach kurzem Schweigen.* Ja, das ist sie.

MUCHIN: Wie heißt sie eigentlich?

GORSKI *feierlich*: Wera Nikolajewna. Und sie bekommt eine sehr ansehnliche Mitgift.

MUCHIN: Nun, das interessiert mich nicht. Du weißt, ich komme nicht als Freier.

GORSKI: Du kommst nicht als Freier – *er betrachtet ihn von Kopf bis Fuß* –, bist aber wie ein Freier herausgeputzt.

MUCHIN: Bist du etwa eifersüchtig?

GORSKI: Da haben wir's! Setzen wir uns lieber und plaudern wir, bis die Damen zum Tee herunterkommen!

MUCHIN: Also gut, setzen wir uns – *er setzt sich* –, aber plaudern wollen wir später. Erzähle mir erst mal kurz, was es mit diesem Hause auf sich hat und was das für Leute sind. Du bist doch hier ein alter Bekannter.

GORSKI: Ja, meine verstorbene Mutter war mit Frau Libanowa zwanzig Jahre lang spinnefeind ... Wir sind alte Bekannte. Ich bin sowohl in Petersburg bei ihr gewesen als auch im Ausland mit ihr zusammengetroffen. Du möchtest also wissen, was das für Leute sind. Bitte sehr! Madame de Libanoff – so steht auf ihren Visitenkarten zu lesen, mit dem Zusatz: née Salotopine –, Madame de Libanoff also ist eine herzensgute Frau, die selbst zu leben weiß und auch andere leben läßt. Sie gehört nicht den höchsten Kreisen an, ist aber in Petersburg nicht ganz unbekannt; wenn der General Montplaisier hier vorbeikommt, steigt er regelmäßig bei ihr ab. Ihr Mann ist früh verstorben; sonst hätte sie ganz andere Aufmerksamkeit erregt. Sie weiß sich zu benehmen, ist leicht sentimental und etwas verwöhnt; ihre Gäste nimmt sie halb liebenswürdig, halb lässig auf; der wirkliche *Schick*, weißt du, geht ihr ab. Immerhin braust sie Gott sei Dank nicht so leicht auf, näselt nicht und klatscht nicht. Ihr Haus ist gut geführt, und auch das Gut verwaltet sie selbst. Ein administrativer Kopf! Bei ihr lebt eine Verwandte, Warwara Iwanowna Morosowa, eine gesittete Dame und ebenfalls Witwe, aber arm. Ich habe den Verdacht, daß sie boshaft ist wie ein Mops, und weiß mit aller Bestimmtheit, daß sie ihre Wohltäterin nicht ausstehen kann. Erstaunlich, aber das gibt es! Auch eine Gouvernante gehört zum Haus, eine Französin, die den Tee eingießt, sich nach Paris sehnt, le petit mot pour rire liebt und schmachtend die Augen verdreht; Landmesser und Architekten machen ihr den Hof; da sie aber nicht Karten spielt und eine Preference nur zu dritt Vergnügen bereitet, füttert man zu diesem Zweck einen ruinierten Hauptmann im Ruhestand durch, einen gewissen Tschuchanow, der wie ein schnurrbärtiger Haudegen aussieht, in Wirklichkeit jedoch ein Kriecher und Schmeichler ist. All diese Personen verlassen einfach nicht mehr das Haus; doch Frau Libanowa hat noch viele andere Bekannten – unmöglich, alle aufzuzählen ... Ja! Einen der häufigsten Besucher hätte ich doch beinahe vergessen, den Doktor Karl Karlytsch Guttmann. Das ist ein schöner junger Mann mit seidigem Backenbart; versteht von seinem Handwerk nicht das geringste, küßt aber Anna Wassiljewna hingebungsvoll das Händchen. Anna Wassiljewna ist das nicht unangenehm, und ihre Händchen sind auch keineswegs übel; ein bißchen zu gut gepolstert, aber weiß und mit nach oben gebogenen Fingerspitzen...

MUCHIN *ungeduldig*: Warum sagst du denn nichts von der Tochter?

GORSKI: Warte, das kommt noch! Die habe ich mir zum Schluß aufgehoben. Was soll ich dir von Wera Nikolajewna im übrigen erzählen? Ich weiß es wirklich nicht! Wer wird aus einem achtzehnjährigen Mädchen schlau? Sie ist noch ganz im Gären – wie junger Wein. Aber es kann eine bemerkenswerte Frau aus ihr werden. Sie ist feinfühlig und klug und hat Charakter; sie besitzt ein zärtliches Herz, will aber auch leben und ist eine große Egoistin. Sie wird bald heiraten.

MUCHIN: Und wen?

GORSKI: Das weiß ich nicht. Jedenfalls wird sie nicht lange als Mädchen herumsitzen.

MUCHIN: Nun, das ist klar – eine reiche Braut...

GORSKI: Nein, nicht deshalb.

MUCHIN: Weshalb denn sonst?

GORSKI: Weil sie begriffen hat, für eine Frau beginnt das Leben erst mit dem Hochzeitstag; und sie will leben. Warte mal! Wie spät ist es jetzt?

MUCHIN *schaut auf die Uhr*: Zehn Uhr.

GORSKI: Zehn Uhr... Gut, dann schaff ich es noch. Hör zu! Zwischen mir und Wera Nikolajewna ist ein schreckliches Ringen im Gange. Weißt du, warum ich gestern früh Hals über Kopf hergaloppiert bin?

MUCHIN: Nein, weiß ich nicht.

GORSKI: Weil ein junger Mann, den du kennst, heute um ihre Hand bitten will.

MUCHIN: Und wer?

GORSKI: Stanizyn.

MUCHIN: Wladimir Stanizyn?

GORSKI: Wladimir Petrowitsch Stanizyn, Oberleutnant der Garde a. D., mein guter Freund und überhaupt ein herzensguter Bursche. Und nun bedenke eins: Ich selber habe ihn in diesem Hause eingeführt. Ach, was heißt eingeführt! Ich habe es eigens getan, damit er Wera Nikolajewna heiratet. Er ist gutmütig und bescheiden, ein wenig beschränkt, träge und nicht aus dem Haus zu kriegen: Einen besseren Ehemann kann man sich einfach nicht wünschen. Das sieht sie auch ein. Und ich als ihr alter Freund wünsche ihr alles Gute.

MUCHIN: Dann bist du also hergaloppiert, um am Glück deines Protegés teilzunehmen?

GORSKI: Im Gegenteil, ich bin hier, um diese Ehe zu verhindern.

MUCHIN: Das versteh ich nicht.

GORSKI: Hm. Und dabei ist alles, sollte man meinen, so einfach.

MUCHIN: Du selber willst sie heiraten, habe ich recht?

GORSKI: Nein, das will ich nicht; aber ich will auch nicht, daß sie einen anderen nimmt.

MUCHIN: Du bist in sie verliebt.

GORSKI: Ich glaube nicht.

MUCHIN: Du bist in sie verliebt, mein Freund, und fürchtest, dich zu verraten.

GORSKI: Unsinn! Ich bin bereit, dir alles zu erklären.

MUCHIN: Nun, dann freist du eben um sie...

GORSKI: Aber nein doch! Ich habe auf keinen Fall die Absicht, sie zu heiraten.

MUCHIN: Ausgesprochen bescheiden von dir.

GORSKI: Nein, hör zu! Ich will aufrichtig zu dir sein. Es handelt sich um folgendes. Ich weiß, weiß es mit aller Bestimmtheit: Halte ich um sie an, dann zieht sie mich unserem gemeinsamen Freund Wladimir Petrowitsch vor. Und in den Augen ihrer Mama sind wir beide – Stanizyn und ich – annehmbare Bewerber. Sie wird keinen Einspruch erheben. Wera glaubt, ich bin in sie verliebt, und weiß, daß ich die Ehe ärger scheue als das Feuer. Sie möchte diese Scheu in mir besiegen und wartet eben. Das wird sie aber nicht lange tun. Und nicht etwa deshalb, weil sie Stanizyn zu verlieren fürchtet: Der arme Jüngling brennt lichterloh und schmilzt dahin wie eine Kerze. Sie hat einen anderen Grund, nicht mehr lange auf mich zu warten. Sie durchschaut mich allmählich, die Spitzbübin! Sie traut mir nicht über den Weg! Ehrlich gesagt, sie fürchtet sich zwar, mich allzusehr in die Enge zu treiben, will aber andererseits auch endlich dahinterkommen, was ich denn nun ... für Absichten habe. Und eben darum das Ringen zwischen uns. Ich fühle jedoch, der heutige Tag entscheidet – ob diese Schlange nun meinen Händen entgleitet oder mich gar erwürgt. Im übrigen habe ich die Hoffnung noch nicht verloren. Vielleicht gelingt es mir, sowohl um Scylla wie um Charybdis herumzukommen! Nur eins ist schlimm: Stanizyn ist dermaßen verliebt, daß er weder eifersüchtig zu sein noch sich zu ärgern vermag. Er geht nur noch mit offenem Mund und Schmachtaugen umher. Das ist zwar schrecklich komisch, aber mit bloßem Spott ist nichts mehr zu erreichen. Man muß sich zärtlich geben. Ich habe auch schon gestern damit begonnen. Und das erstaunliche ist – ich brauchte mich gar nicht dazu zu zwingen! Bei Gott, ich finde mich selber nicht mehr zurecht.

MUCHIN: Wie hast du es denn angefangen?

GORSKI: Nun, folgendermaßen. Ich habe dir schon erzählt, daß ich gestern zu ziemlich früher Stunde hier war. Von Stanizyns Absicht hatte ich vorgestern abend erfahren – auf welche Weise, brauche ich dir nicht auseinanderzusetzen. Stanizyn ist vertrauensselig und schwatzhaft. Ich weiß nicht, ob Wera Nikolajewna etwas von dem Antrag ihres Anbeters ahnt – bei ihr muß man darauf gefaßt sein; jedenfalls hat sie mich gestern auf irgendwie besondere Art beobachtet. Du kannst dir nicht vorstellen, wie schwer es einem fällt – selbst wenn man auf diesem Gebiet kein Neuling ist –, den durchdringenden Blick dieser jungen, aber klugen Augen zu ertragen, besonders, sobald sie sie ein wenig zusammenkneift. Vermutlich war auch sie über meine veränderte Art, mit ihr umzugehen, verblüfft. Ich gelte als spöttisch und kalt und bin darüber sehr froh; mit einem solchen Ruf läßt es sich leichter leben. Gestern jedoch mußte ich mich besorgt und zärtlich stellen. Aber wozu lügen? Ich verspürte tatsächlich eine gewisse Erregung, und mein Herz gab gerne nach. Freund Muchin, du kennst mich; du weißt, daß ich selbst in den großartigsten Augenblicken des menschlichen Lebens mit dem Beobachten nicht aufhören kann, und Wera stellte gestern für unsereins, den Beobachter, ein bezauberndes Schauspiel dar. Sie überließ sich der Verliebtheit, vielleicht sogar der Liebe – einer solchen Ehre bin ich nicht würdig –, auf jeden Fall aber der Neugier, und fürchtete sich zugleich, mißtraute sich, verstand sich selber nicht... All das spiegelte sich außerordentlich reizend in ihrem frischen Gesicht. Ich wich den ganzen Tag nicht von ihrer Seite und fühlte gegen Abend, daß ich allmählich die Gewalt über mich verlor. O Muchin, Muchin! Die andauernde Nähe so junger Schultern, eines so jungen Atems ist eine äußerst gefährliche Angelegenheit! Am Abend gingen wir in den Garten. Das Wetter war wunderbar; die Stille der Luft – nicht zu beschreiben! Mademoiselle Bienaimé trat mit einer Kerze auf den Balkon – nicht einmal das Flämmchen bewegte sich. Wir gingen lange spazieren – im Angesicht des Hauses, auf dem weichen Sand des Weges, am Teich entlang. Sowohl auf dem Wasser als auch am Himmel flimmerten still die Sterne... Die nachsichtige, aber wachsame Mademoiselle Bienaimé folgte uns von der Höhe ihres Balkons mit dem Blick. Ich schlug Wera Nikolajewna eine Bootsfahrt vor. Sie stieg ein. Ich ruderte drauflos, und wir erreichten schließlich die Mitte des nicht sehr großen Teichs. „Où allez-vous donc?" hörte ich die Stimme der Französin fragen. „Nulle part", entgegnete ich laut und legte das Ruder aus der Hand. „Nulle part", setzte ich mit gedämpfter Stimme hinzu. „Nous sommes trop bien ici." Wera senkte den Blick, lächelte und zirkelte mit der Spitze ihres Schirms auf dem Wasser herum. Das liebe, nachdenkliche Lächeln ließ ihre kindlichen Wangen runder erscheinen. Sie wollte sprechen, seufzte aber nur, doch so heiter, wie eben nur Kinder seufzen. Nun ja, was soll ich dir noch sagen? Ich warf all meine Vorsichtsmaßnahmen, all meine Absichten und Beobachtungen über Bord, war glücklich und albern und deklamierte Verse, bei Gott! Du glaubst es nicht? Ich schwöre dir, ich tat es, sogar mit be-

bender Stimme. Beim Abendessen saß ich neben ihr. Ja, alles ist in bester Ordnung. Meine Sache steht ausgezeichnet, und wenn ich sie heiraten wollte... Das ganze Unglück besteht nur darin, daß man sie nicht täuschen kann, o nein! Manche behaupten, Frauen können vorzüglich fechten. Auch sie läßt sich den Degen nicht aus der Hand schlagen. Warten wir im übrigen ab, wie's heute weitergeht. Auf jeden Fall habe ich einen wunderbaren Abend erlebt. Aber du bist irgendwie nachdenklich geworden, Iwan Pawlytsch?

MUCHIN: Ich? Ich sage mir: Wenn du nicht in Wera Nikolajewna verliebt bist, dann bist du ein sonderbarer Kauz oder ein unausstehlicher Egoist.

GORSKI: Mag sein, mag alles sein; aber wer könnte schon... St! Man kommt. Aux armes! Ich verlasse mich auf deine Verschwiegenheit.

MUCHIN: Oh! Selbstverständlich!

GORSKI *nach einem kurzen Blick in den Salon*: Ah! Mademoiselle Bienaimé. Immer die erste, zwangsläufig. Der Tee wartet auf sie. *Mlle Bienaimé tritt ein. Muchin steht auf und verneigt sich. Gorski geht auf sie zu.* Mademoiselle, j'ai l'honneur de vous saluer.

MLLE BIENAIMÉ *die auf das Speisezimmer zustrebt und Gorski mürrisch ansieht*: Bien le bonjour, monsieur.

GORSKI: Toujours fraîche comme une rose.

MLLE BIENAIMÉ *mit einer Grimasse*: Et vous toujours galant. Venez, j'ai quelque chose à vous dire. *Sie geht mit Gorski ins Speisezimmer.*

MUCHIN *allein*: Was für ein Kauz, dieser Gorski! Wer hat ihn gebeten, mich zu seinem Vertrauten zu machen? *Er läuft im Zimmer auf und ab.* Nun, ich hatte meine Gründe, herzukommen. Wenn man doch... *Die Glastür zum Garten wird rasch geöffnet. Wera tritt ein. Sie trägt ein weißes Kleid und hält eine eben erblühte Rose in der Hand. Muchin blickt sich um und verneigt sich verlegen; Wera stutzt und bleibt stehen.* Sie... Sie erkennen mich nicht? Ich bin...

WERA: Ah! Monsieur... Monsieur... Muchin! Ich habe Sie wirklich nicht erwartet. Wann sind Sie denn gekommen?

MUCHIN: Heute nacht. Stellen Sie sich vor, mein Kutscher...

WERA *unterbricht ihn*: Mamachen wird sehr erfreut sein. Ich hoffe, Sie bleiben ein Weilchen bei uns zu Gast. *Sie blickt sich um.*
MUCHIN: Sie suchen vielleicht Gorski... Er ist soeben hinausgegangen.
WERA: Warum glauben Sie, ich suche Herrn Gorski?
MUCHIN *in einiger Verwirrung*: Ich ... ich habe nur gedacht...
WERA: Sind Sie mit ihm bekannt?
MUCHIN: Seit langem. Wir haben zusammen gedient.
WERA *tritt ans Fenster*: Was für ein wunderbares Wetter heute!
MUCHIN: Sie sind schon im Garten spazierengegangen?
WERA: Ja, ich bin früh aufgestanden. *Sie blickt auf den Saum ihres Kleides und auf die Schuhe.* Ein solcher Tau...
MUCHIN *mit einem Lächeln*: Schauen Sie, auch Ihre Rose ist ganz voller Tau.
WERA *sieht auf die Rose*: Ja.
MUCHIN: Darf ich fragen – für wen haben Sie sie gepflückt?
WERA: Was heißt – für wen? Für mich!
MUCHIN *vielsagend*: Aha!
GORSKI *aus dem Speisezimmer kommend*: Möchtest du Tee, Muchin? *Er bemerkt Wera.* Guten Tag, Wera Nikolajewna!
WERA: Guten Tag!
MUCHIN *hastig und mit geheucheltem Gleichmut zu Gorski*: Ja, ist denn der Tee schon fertig? Gut, ich gehe Tee trinken. *Er verschwindet im Speisezimmer.*
GORSKI: Wera Nikolajewna, so geben Sie mir schon die Hand... *Sie reicht ihm schweigend die Hand.* Was haben Sie?
WERA: Sagen Sie, Jewgeni Andrejitsch, ist Monsieur Muchin, Ihr neuer Freund, dumm?
GORSKI *erstaunt*: Ich weiß nicht... Die Leute meinen – nein. Aber was soll die Frage?
WERA: Sind Sie enger mit ihm befreundet?
GORSKI: Wir sind Bekannte ... aber wieso? Hat er etwas zu Ihnen gesagt?
WERA *hastig*: Nein, nein. Ich habe nur... Was für ein wunderbarer Morgen!
GORSKI *zeigt auf die Rose*: Ich sehe, Sie waren heute schon im Garten.

WERA: Ja. Monsieur, Monsieur Muchin hat mich gefragt, für wen ich diese Rose gepflückt habe.
GORSKI: Und was haben Sie darauf erwidert?
WERA: Ich habe gesagt – für mich.
GORSKI: Und haben Sie sie tatsächlich für sich gepflückt?
WERA: Nein, für Sie. Sie sehen – ich bin aufrichtig.
GORSKI: Dann geben Sie sie mir doch!
WERA: Das geht nicht mehr; ich bin genötigt, sie in den Gürtel zu stecken oder Mademoiselle Bienaimé zu verehren. Wie vergnüglich das alles ist! Geschieht Ihnen aber ganz recht. Warum sind Sie nicht als erster heruntergekommen?
GORSKI: Aber ich bin doch eher hier gewesen als alle anderen!
WERA: Und wieso habe ich Sie nicht als ersten getroffen?
GORSKI: Alles dieser unleidliche Muchin...
WERA *sieht ihn von der Seite an*: Gorski! Sie treiben ein falsches Spiel mit mir.
GORSKI: Wie bitte?
WERA: Nun, das beweise ich Ihnen später. Gehen wir erst mal Tee trinken.
GORSKI *hält sie zurück*: Wera Nikolajewna! Hören Sie zu! Sie kennen mich! Ich bin ein mißtrauischer, absonderlicher Mensch; äußerlich spöttisch und ungezwungen, in Wirklichkeit aber schüchtern.
WERA: Sie?
GORSKI: Ja, ich. Außerdem ist alles, was mit mir vorgeht, so neu für mich... Sie sagen, ich treibe ein falsches Spiel mit Ihnen. Haben Sie Nachsicht mit mir, versetzen Sie sich in meine Lage. *Wera schlägt schweigend die Augen auf und blickt ihn unverwandt an.* Ich versichere Ihnen, ich habe noch nie zu jemand so gesprochen wie jetzt zu Ihnen, und darum fällt es mir schwer... Zugegeben, ich bin es gewöhnt, mich zu verstellen. Aber sehen Sie mich doch nicht so an! Ich verdiene weiß Gott eine Ermutigung.
WERA: Gorski! Mich zu betrügen ist nicht schwer. Ich bin auf dem Lande aufgewachsen und habe wenig Menschen zu Gesicht bekommen. Es ist nicht schwer, mich zu betrügen – doch wozu? Viel Ruhm werden Sie damit nicht ernten. Und Katze und Maus mit mir spielen... Nein, das will ich nicht

glauben, das verdiene ich nicht, und das werden Sie auch nicht wollen.

GORSKI: Katze und Maus mit Ihnen spielen... Ja, schauen Sie sich doch an! Diese Augen dringen allem bis auf den Grund. *Wera wendet sich langsam ab.* Wissen Sie auch, daß ich, wenn ich mit Ihnen beisammen bin, alles, aber auch alles aussprechen muß, was ich denke? In Ihrem leisen Lächeln, in Ihrem ruhigen Blick und selbst in Ihrem Schweigen ist etwas so Gebieterisches...

WERA *unterbricht ihn*: Und sich aussprechen wollen Sie nicht? Sie möchten immer weiter um den heißen Brei herumgehen?

GORSKI: Nein. Aber hören Sie zu: Wer unter uns allen spricht sich, genaugenommen, denn restlos aus? Nehmen wir zum Beispiel Sie...

WERA *indem sie ihm wieder ins Wort fällt und ihn spöttisch mustert*: Eben das ist es. Wer spricht sich restlos aus?

GORSKI: Nein, die Rede ist jetzt von Ihnen. Sagen Sie zum Beispiel offen, erwarten Sie heute jemand?

WERA *ruhig*: Ja. Heute kommt wahrscheinlich Stanizyn zu uns.

GORSKI: Sie sind eine schreckliche Person. Sie haben die Gabe, ohne etwas zu verbergen, nicht das geringste auszusagen. La franchise est la meilleure des diplomaties, wahrscheinlich, weil das eine dem anderen nicht im Wege steht.

WERA: Dann haben also auch Sie gewußt, daß er kommt?

GORSKI *ein wenig spöttisch*: Ja.

WERA *an der Rose riechend*: Und weiß es Ihr Monsieur... Muchin... auch?

GORSKI: Warum fragen Sie mich immerzu nach Muchin? Weshalb sind Sie...

WERA *unterbricht ihn*: Schon gut, seien Sie mir nicht böse. Wir gehen nach dem Tee in den Garten, einverstanden? Und plaudern miteinander. Ich werde Sie fragen...

GORSKI *rasch*: Wonach?

WERA: Sie sind recht neugierig. Wir haben... von einer wichtigen Angelegenheit zu reden. *Aus dem Speisezimmer hört man die Stimme Mlle Bienaimés: „C'est vous, Vera?" Wera mit gedämpfter Stimme.* Als hätte sie nicht längst bemerkt, daß ich hier bin! *Laut.* Oui, c'est moi, bonjour, je viens. *Sie wirft die Rose im Gehen auf den Tisch und sagt von der Tür aus zu Gorski*: Kommen Sie also in den Garten. *Sie verschwindet ins Speisezimmer.*

GORSKI *nimmt die Rose langsam an sich und verharrt einige Zeit regungslos*: Jewgeni Andrejewitsch, mein Freund, ich muß Ihnen offen sagen, dieses Teufelchen scheint über Ihre Kraft zu gehen. Sie winden sich hin und her, sie aber rührt keinen Finger, und wer sich verplappert sind Sie! Was ist im übrigen schon dabei? Behalte ich die Oberhand – desto besser, verliere ich aber die Schlacht – nun, eine solche Frau zu heiraten ist keine Schande. Gewiß, beklemmend ist es schon, aber andererseits – wozu die Freiheit aufheben? Mit solchen Kindereien sollten wir endlich Schluß machen! Doch halt, Jewgeni Andrejewitsch, warten Sie mal, Sie geben mir denn doch allzu rasch auf. *Er blickt auf die Rose.* Was bedeutest du, meine arme Blume? *Er wendet sich rasch um.* Ah! Das Mamachen mit ihrer Freundin... *Er verbirgt die Rose sorgfältig in der Rocktasche. Aus dem Salon kommen Frau Libanowa und Warwara Iwanowna. Gorski geht ihnen entgegen.* Bonjour, mesdames! Haben Sie wohl geruht?

FRAU LIBANOWA *hält ihm die Fingerspitzen hin*: Bonjour, Eugène. Ich habe heute ein wenig Kopfweh.

WARWARA IWANOWNA: Sie gehen zu spät schlafen, Anna Wassiljewna!

FRAU LIBANOWA: Mag sein. – Und wo ist Wera? Haben Sie sie gesehen?

GORSKI: Sie ist im Speisezimmer beim Tee; mit Mademoiselle Bienaimé und Muchin.

FRAU LIBANOWA: Ach ja, ich habe gehört, daß Monsieur Muchin heute nacht eingetroffen ist. Kennen Sie ihn? *Sie setzt sich.*

GORSKI: Ja, seit langem. Gehen Sie nicht Tee trinken?

FRAU LIBANOWA: Nein, Tee regt mich auf. Guttmann hat ihn mir verboten. Aber ich halte Sie nicht zurück. Gehen Sie, gehen Sie nur, Warwara Iwanowna! *Warwara Iwanowna geht.* Und Sie, Gorski? Sie bleiben?

GORSKI: Ich habe den Tee schon hinter mir.

Frau Libanowa: Was für ein herrlicher Tag! Le capitaine – haben Sie ihn gesehen?

Gorski: Nein. Vermutlich streift er wie gewöhnlich im Garten umher und sucht Pilze.

Frau Libanowa: Stellen Sie sich vor, was für ein Spiel er gestern gewonnen hat! – Aber setzen Sie sich doch! Warum stehen Sie? *Gorski setzt sich.* Ich habe also eine Karo-Sieben, Herz-As und Herz-König – beachten Sie: Herz-As und Herz-König! Ich sage: Ich spiele. Warwara Iwanowna paßt natürlich; dieser Bösewicht aber spricht ebenfalls: Ich spiele. Ich lege die Sieben hin – er auch; ich spiele Karo aus – er Herz. Ich reize, aber Warwara Iwanowna hat wie gewöhnlich nichts Vernünftiges im Blatt. Und was meinen Sie, was sie tut? Sie spielt eine kleine Pik-Karte aus, und ich muß den König draufgeben. Nun, so hat er natürlich gewonnen. – Ach, da fällt mir ein, ich muß jemand in die Stadt schicken. *Sie klingelt.*

Gorski: Warum?

Der Haushofmeister *aus dem Speisezimmer kommend*: Sie befehlen?

Frau Libanowa: Schick Gawrila in die Stadt, er soll Kreidestifte holen, weißt du, die ich mag.

Der Haushofmeister: Zu Befehl!

Frau Libanowa: Und sage ihm, er soll ruhig ein paar mehr mitbringen. – Was macht eigentlich die Mahd?

Der Haushofmeister: Zu Befehl! Die Mahd ist im Gange.

Frau Libanowa: Nun, gut! Und wo steckt Ilja Iljitsch?

Der Haushofmeister: Er geht im Garten spazieren.

Frau Libanowa: Aha. Nun, dann ruf ihn!

Der Haushofmeister: Jawohl!

Frau Libanowa: Gut, du kannst gehen!

Der Haushofmeister: Zu Befehl! *Er verschwindet durch die Glastür.*

Frau Libanowa *sieht ihre Hände an*: Was machen wir denn nun heute, Eugène? Sie wissen, ich verlasse mich in allem auf Sie. Denken Sie sich etwas Lustiges aus. Ich bin heute guter Laune. Und ist dieser Monsieur Muchin ein anständiger junger Mann?

GORSKI: Ein vortrefflicher.
FRAU LIBANOWA: Il n'est pas gênant?
GORSKI: Oh, keineswegs!
FRAU LIBANOWA: Und spielt er Preference?
GORSKI: Aber sicher.
FRAU LIBANOWA: Ach! Mais c'est très bien! – Eugène, bringen Sie mir einen Schemel für meine Füße! *Gorski bringt ihr den Schemel.* Merci. – Da kommt ja auch der Hauptmann!
TSCHUCHANOW *tritt vom Garten her ein; er hat die Mütze voller Pilze*: Guten Tag, Sie meine Verehrteste! Erlauben Sie, daß ich Ihr Händchen küsse?
FRAU LIBANOWA *streckt mit schmachtender Gebärde die Hand zu ihm aus*: Guten Tag, Sie Bösewicht!
TSCHUCHANOW *küßt ihr gleich zweimal die Hand und lacht*: Ich und ein Bösewicht! Im allgemeinen verliere doch ich. – Jewgeni Andrejewitsch, meinen untertänigsten Respekt! *Gorski verneigt sich; Tschuchanow mustert ihn und schüttelt den Kopf.* So was von Mannsbild! Weshalb sind Sie nicht beim Militär? He? Und Sie, meine Verehrteste, wie fühlen Sie sich? Hier habe ich Ihnen ein paar Pilze mitgebracht.
FRAU LIBANOWA: Warum nehmen Sie keinen Korb, Hauptmann? Wie kann man Pilze in seine Mütze tun!
TSCHUCHANOW: Zu Befehl, Verehrteste, zu Befehl! Unsereinem, einem alten Soldaten, macht das natürlich nichts aus. Für Sie allerdings ist das tatsächlich... Mit einem Wort, ich schütte sie gleich auf einen Teller. Und Wera Nikolajewna, unser Spatz? Hat sie schon aufzuwachen geruht?
FRAU LIBANOWA *ohne auf Tschuchanows Worte einzugehen, zu Gorski*: Dites-moi, ist dieser Monsieur Muchin reich?
GORSKI: Er hat zweihundert leibeigene Seelen.
FRAU LIBANOWA *gleichgültig*: Ach was! Aber wieso trinken sie so lange Tee?
TSCHUCHANOW: Befehlen Sie, zum Sturm zu blasen, Verehrteste? Befehlen Sie es! Wir überwinden sie im Nu. Wir haben schon ganz andere Festungen berannt. Wenn wir doch lauter Obersten hätten wie Jewgeni Andrejitsch!
GORSKI: Ich bitte Sie, Ilja Iljitsch! Was bin ich schon für ein Oberst?

TSCHUCHANOW: Sie sind einer! Wenn nicht dem Range nach, so jedenfalls nach der Statur. Ich spreche von der Statur, von der Statur...

FRAU LIBANOWA: Ja, Hauptmann, gehen Sie doch mal hinüber und schauen Sie nach, ob die nicht mit dem Teetrinken fertig sind!

TSCHUCHANOW: Zu Befehl, Verehrteste! *Er wendet sich zum Speisezimmer.* Ah! Da kommen sie ja. *Wera, Muchin, Mlle Bienaimé und Warwara Iwanowna treten ein.* Meinen Respekt allerseits!

WERA *nebenher*: Guten Tag. *Sie eilt auf Anna Wassiljewna zu.* Bonjour, maman!

FRAU LIBANOWA *küßt sie auf die Stirn*: Bonjour, petite... *Muchin verneigt sich vor ihr.* Willkommen, Monsieur Muchin. Ich freue mich sehr, daß Sie uns nicht vergessen haben.

MUCHIN: Ich bitte Sie... ich... zuviel der Ehre...

FRAU LIBANOWA *zu Wera*: Und du bist, wie ich sehe, schon im Garten herumgelaufen, Unart! *Zu Muchin.* Sie kennen unseren Garten noch nicht? Il est grand. Viele Blumen. Ich habe Blumen schrecklich gern. Im übrigen kann bei uns jeder tun und lassen, was er will: Liberté entière...

MUCHIN *lächelnd*: C'est charmant.

FRAU LIBANOWA: Das ist meine Lebensregel. Egoismus ist mir verhaßt. Man macht es den anderen schwer und hat es dadurch selber nicht leichter. Hier – fragen Sie sie... *Sie zeigt auf alle ringsum.*

Warwara Iwanowna lächelt süßlich.

MUCHIN *ebenfalls lächelnd*: Das hat mir schon mein Freund Gorski erzählt. *Nach einem Schweigen.* Was für ein schönes Haus Sie haben!

FRAU LIBANOWA: Ja, es kann sich sehen lassen. C'est Rastrelli, vous savez, qui en a donné le plan, für meinen Großvater, Graf Ljubin.

MUCHIN *beifällig und mit Respekt*: Ach so!

Im Laufe dieser ganzen Unterhaltung wendet sich Wera absichtlich von Gorski ab und tritt bald auf Mlle Bienaimé, bald auf die Morosowa zu. Gorski, der es sofort bemerkt, blickt verstohlen zu Muchin.

FRAU LIBANOWA *sich an die ganze Gesellschaft wendend*: Warum geht ihr denn nicht spazieren?

GORSKI: Ja, gehen wir doch in den Garten!

WERA *ihn noch immer nicht ansehend*: Jetzt ist es heiß. Es ist bald zwölf... die heißeste Zeit.

FRAU LIBANOWA: Wie ihr wollt. *Zu Muchin.* Wir haben auch ein Billard... Im übrigen – liberté entière, wie Sie wissen. – Und wir, Hauptmann, machen uns vielleicht an ein Spielchen. Es ist zwar noch ein bißchen früh, aber Wera meint, spazierengehen kann man nicht...

TSCHUCHANOW *der nicht die geringste Lust zum Kartenspielen verspürt*: Also gut, Verehrteste, gut. Was heißt hier früh? Sie müssen sich revanchieren.

FRAU LIBANOWA: Und ob, und ob! *Zögernd zu Muchin.* Monsieur Muchin, man sagt, Sie spielen gerne Preference. Machen Sie mit? Mademoiselle Bienaimé versteht sich nicht darauf, und ich habe schon lange nicht mehr zu viert gespielt.

MUCHIN *der einen solchen Vorschlag nicht im geringsten erwartet hat*: Ich... mit Vergnügen...

FRAU LIBANOWA: Vous êtes fort aimable! Aber bitte, tun Sie sich keinen Zwang an!

MUCHIN: Nicht doch. Ich bin im höchsten Grade erfreut...

FRAU LIBANOWA: Also gut, ans Werk. Gehen wir in den Salon hinüber! Dort steht auch schon ein Tisch bereit. Monsieur Muchin, donnez-moi votre bras! *Sie erhebt sich.* Und Sie, Gorski, lassen Sie sich für den heutigen Tag etwas einfallen, hören Sie? Wera wird Ihnen behilflich sein. *Sie wendet sich in den Salon.*

TSCHUCHANOW *tritt auf Warwara Iwanowna zu*: Gestatten Sie, daß auch ich Ihnen meine Dienste anbiete?

WARWARA IWANOWNA *nimmt ärgerlich seinen Arm*: Ach, Sie...

Beide Paare schreiten langsam auf den Salon zu. Anna Wassiljewna dreht sich in der Tür noch einmal um und sagt zu Mlle Bienaimé: „Ne fermez pas la porte!" Mlle Bienaimé kommt lächelnd zurück, setzt sich links in den Vordergrund und greift mit besorgter Miene zum Kanevas. Wera, die eine Weile unentschlossen dasteht und nicht weiß, ob sie bleiben oder der Mutter folgen soll, geht plötzlich zum Pianino, setzt sich und beginnt zu spielen. Gorski tritt langsam auf sie zu.

GORSKI *nach kurzem Schweigen*: Was spielen Sie da, Wera Nikolajewna?
WERA *ohne ihn anzuschauen*: Eine Sonate von Clementi.
GORSKI: Mein Gott! Wie altmodisch das ist!
WERA: Ja, ein sehr altmodisches, langweiliges Stück.
GORSKI: Weshalb haben Sie es dann gewählt? Und was für ein Einfall, sich plötzlich ans Pianino zu setzen! Haben Sie denn Ihr Versprechen vergessen, mit mir in den Garten zu gehen?
WERA: Eben weil ich nicht mit Ihnen spazierengehen will, habe ich mich ans Klavier gesetzt.
GORSKI: Woher auf einmal eine solche Ungnade? Was ist das für eine Laune?
MLLE BIENAIMÉ: Ce n'est pas joli ce que vous jouez là, Vera!
WERA *laut*: Je crois bien. *Ohne im Spielen innezuhalten, zu Gorski.* Hören Sie zu, Gorski, zu kokettieren und Launen zu haben, darauf versteh ich mich nicht, und ich lieb es auch nicht. Dazu bin ich zu stolz. Sie wissen selber, daß es keine Launen sind. Ich bin böse auf Sie.
GORSKI: Und warum?
WERA: Sie haben mich beleidigt.
GORSKI: Ich Sie beleidigt?
WERA *die sich weiter in der Sonate zurechtzufinden versucht*: Sie hätten sich zum mindesten einen besseren Vertrauten aussuchen sollen. Kaum hatte ich das Speisezimmer betreten, bemerkte dieser Monsieur ... Monsieur – wie heißt er doch noch? –, dieser Monsieur Muchin zu mir, meine Rose habe nun wohl doch zum Adressaten gefunden. Als er dann sah, daß ich auf seine Liebenswürdigkeit nicht einging, ließ er plötzlich Lobeshymnen über Sie los, aber so ungeschickt ... Warum man von seinen Freunden nur immer so ungeschickt herausgestrichen wird? Und überhaupt tat er so geheimnisvoll, schwieg sich so taktvoll aus und blickte mich mit soviel Achtung und Bedauern an ... Ich kann ihn nicht ausstehen.
GORSKI: Und was schließen Sie nun daraus?

WERA: Daß Monsieur Muchin ... a l'honneur de recevoir vos confidences. *Sie hämmert mit Wucht auf den Tasten herum.*
GORSKI: Warum glauben Sie das? Und was kann ich ihm schon gesagt haben?
WERA: Was Sie ihm gesagt haben, weiß ich nicht – vielleicht, daß Sie mir den Hof machen, daß Sie über mich lachen, daß Sie mir den Kopf verdrehen wollen und einen gewaltigen Spaß daran haben. *Mlle Bienaimé verfällt in einen trockenen Husten.* Qu'est ce que vous avez, bonne amie? Pourquoi toussez-vous?
MLLE BIENAIMÉ: Rien, rien ... je ne sais pas ... cette sonate doit être bien difficile.
WERA *mit gedämpfter Stimme*: Wie sie mir auf die Nerven fällt! *Zu Gorski.* Warum sagen Sie denn nichts?
GORSKI: Ich? Warum ich nichts sage? Weil ich mich frage, ob ich nicht wirklich schuldig vor Ihnen bin. Und in der Tat, ich muß bekennen – ich bin es. Meine Zunge ist mein Feind. Aber hören Sie zu, Wera Nikolajewna. Erinnern Sie sich, ich habe Ihnen gestern aus Lermontow rezitiert, wissen Sie noch – die Stelle, wo er von dem Herzen spricht, in dem die Liebe und die Feindschaft so leidenschaftlich miteinander ringen ... *Wera blickt langsam zu ihm auf.* Da, da haben wir es, ich kann nicht fortfahren, wenn Sie mich so anschauen ...
WERA *zuckt mit den Schultern*: Lassen Sie das.
GORSKI: Hören Sie mich an! Ich gebe offen zu: Ich will dem Zauber, den Sie unwillkürlich ausstrahlen und den ich schließlich nicht leugnen kann, nicht nachgeben; ich fürchte mich vor ihm. Ich bemühe mich auf jede erdenkliche Weise, von ihm loszukommen – durch Wortgeklingel, durch Spötteleien, durch Redensarten. Ich plappere wie eine alte Jungfer, wie ein Kind ...
WERA: Weshalb denn das? Warum sollten wir nicht gute Freunde bleiben? Können unsere Beziehungen denn nicht einfach und natürlich sein?
GORSKI: Einfach und natürlich! Leicht gesagt! *Entschlossen.* Also gut, ich bin schuldig vor Ihnen und bitte um Verzeihung: Ich habe Sie zu überlisten versucht und tue es bis auf diesen Augenblick, aber ich kann Ihnen versichern, Wera

Nikolajewna, daß alle Vorsätze und Entschlüsse, die ich in Ihrer Abwesenheit fasse, bei Ihren ersten Worten zu Rauch zergehen und daß ich fühle... Sie werden lachen... daß ich fühle, ich befinde mich in Ihrer Gewalt...

WERA *die allmählich mit dem Klavierspielen aufhört*: Das haben Sie mir schon gestern abend gesagt.

GORSKI: Weil ich das schon gestern abend gemerkt habe. Ich gebe es mit aller Entschiedenheit auf, Verstecken mit Ihnen zu spielen.

WERA *mit einem Lächeln*: Ach? Na endlich!

GORSKI: Ich appelliere an Sie selbst: Sie müssen schließlich wissen, daß ich Ihnen nichts vormache, wenn ich sage...

WERA *unterbricht ihn*: Daß ich Ihnen gefalle. Das fehlte noch!

GORSKI *ärgerlich*: Sie sind heute unzugänglich und mißtrauisch wie ein siebzigjähriger Wucherer! *Er wendet sich ab; beide schweigen eine Weile.*

WERA *die kaum noch im Spielen fortfährt*: Wollen Sie, ich spiele Ihnen Ihre Lieblingsmazurka vor?

GORSKI: Wera Nikolajewna! Quälen Sie mich nicht! Ich schwöre Ihnen...

WERA *vergnügt*: Schon gut, geben Sie mir die Hand! Ich verzeihe Ihnen. *Gorski drückt ihr eilig die Hand.* Nous faisons la paix, bonne amie.

MLLE BIENAIMÉ *mit gespielter Verwunderung*: Ah! Est-ce que vous vous étiez querellés?

WERA *mit gedämpfter Stimme*: O Unschuld! *Laut.* Oui, un peu. *Zu Gorski.* Möchten Sie also, daß ich Ihnen die Mazurka vorspiele?

GORSKI: Nein, sie ist allzu traurig. Man hört ein bitteres Streben in die Ferne aus ihr heraus, aber ich fühle mich – ich versichere es Ihnen – auch hier sehr wohl. Spielen Sie etwas Lustiges, Heiteres, Lebendiges, das wie ein Fisch im Wasser in der Sonne glitzert... *Wera überlegt einen Augenblick und intoniert dann einen brillanten Walzer.* Mein Gott! Wie lieb von Ihnen! Sie selber erinnern an einen solchen Fisch.

WERA *die im Spielen fortfährt*: Ich kann von hier aus Monsieur Muchin sehen. Wie vergnügt ihm zumute sein muß! Ich bin sicher, er verliert in einem fort.

GORSKI: Geschieht ihm recht.
WERA *nach kurzem Schweigen, wobei sie aber weiterspielt*: Sagen Sie, warum spricht Stanizyn seine Gedanken nie bis zu Ende aus?
GORSKI: Vermutlich, weil er zu viele hat.
WERA: Sie sind boshaft. Er ist nicht dumm und ein herzensguter Mensch. Ich mag ihn.
GORSKI: Ein vorzüglicher, solider Mann.
WERA: Ja. Aber warum sitzt die Kleidung an ihm immer so schlecht? Als wäre alles ganz neu und käme gerade erst vom Schneider? *Gorski gibt keine Antwort und sieht sie schweigend an.* Woran denken Sie?
GORSKI: Ich habe eben... Ich habe mir eben ein kleines Zimmer vorgestellt, aber nicht bei uns, inmitten von all dem Schnee, sondern irgendwo im Süden, in einem fernen schönen Land...
WERA: Und dabei haben Sie gerade gesagt, daß es Sie nicht in die Ferne zieht.
GORSKI: Jedenfalls nicht allein. Ringsum kein Mensch, den man kennt, von Zeit zu Zeit dringen Laute einer fremden Sprache ans Ohr, durch das offene Fenster weht die Frische des nahen Meeres herein, der weiße Fenstervorhang bläht sich wie ein Segel, die Tür zum Garten steht offen, und auf der Schwelle, im durchsichtigen Schatten des Efeus...
WERA *mit einiger Verwirrung*: Oh, Sie sind ja ein Poet!
GORSKI: Gottbewahre! Ich erinnere mich nur.
WERA: Sie erinnern sich?
GORSKI: Ja – an die Natur; alles übrige... das, was Sie mich nicht aussprechen lassen, ist Traum.
WERA: Träume gehen... in der Wirklichkeit nicht in Erfüllung.
GORSKI: Wer hat Ihnen das gesagt? Mademoiselle Bienaimé? Überlassen Sie dergleichen Äußerungen weiblicher Weisheit um Gottes willen den fünfundvierzigjährigen Mädchen und lymphatischen Jünglingen. Die Wirklichkeit... ja, kommt denn selbst die flammendste, die schöpferischste Phantasie mit der Wirklichkeit, mit der Natur mit? Ich bitte Sie! Irgendein Seekrebs ist hunderttausendmal phantastischer als

alle Hoffmannschen Erzählungen! Und welches poetische Werk, selbst das eines Genies, kann sich... nun, sagen wir, mit jener Eiche auf der Anhöhe in Ihrem Garten messen?

WERA: Ich bin drauf und dran, Ihnen zu glauben, Gorski!

GORSKI: Glauben Sie mir, selbst das übertriebenste, verzückteste, von der launischen Phantasie eines müßigen Menschen erdachte Glück läßt sich nicht mit der Seligkeit vergleichen, die ihm tatsächlich zugänglich ist, wenn er nur gesund bleibt, wenn er dem Schicksal nicht verhaßt wird, wenn sein Gut nicht unter den Hammer kommt und – schließlich – wenn er genau weiß, was er will.

WERA: Nur!

GORSKI: Aber wir... Ich bin doch gesund und jung, mein Gut ist nicht verpfändet...

WERA: Aber Sie wissen nicht, was Sie wollen...

GORSKI *entschlossen*: Ich weiß es.

WERA *sieht ihn plötzlich an*: Gut, sagen Sie es, wenn Sie es wissen!

GORSKI: Bitte sehr! Ich will, daß Sie...

EIN DIENER *kommt aus dem Speisezimmer und meldet*: Wladimir Petrowitsch Stanizyn.

WERA *erhebt sich rasch von ihrem Platz*: Ich kann ihn jetzt nicht sehen. Gorski, ich glaube, ich habe Sie endlich verstanden. Empfangen Sie ihn statt meiner, statt meiner, hören Sie? Puisque tout est arrangé... *Sie geht in den Salon.*

MLLE BIENAIMÉ: Eh bien? Elle s'en va?

GORSKI *nicht ohne einige Verwirrung*: Oui. Elle est allée voir...

MLLE BIENAIMÉ *schüttelt den Kopf*: Quelle petite folle! *Sie steht ebenfalls auf und geht ins Speisezimmer.*

GORSKI *nach kurzem Schweigen*: Was ist denn nun? Bin ich verheiratet? „Ich glaube, ich habe Sie endlich verstanden..." Schau einer an, worauf sie hinauswill. „Puisque tout est arrangé..." Ich kann sie in diesem Augenblick nicht ausstehen! Ach, ich Prahler, ich Angeber! Wie habe ich mich vor Muchin stark gemacht, und nun auf einmal... In welch poetischen Phantasien ich mich erging! Da fehlt nur noch das übliche: Fragen Sie Mamachen... Puh! Was für eine alberne

Lage! Ich muß der Sache so oder so ein Ende machen. Stanizyn kommt im richtigen Augenblick! O Schicksal, Schicksal! Sag mir gefälligst, machst du dich über mich lustig oder stehst du mir bei? Nun, man wird ja sehen. Ist aber auch gut, mein Busenfreund Iwan Pawlytsch... *Stanizyn tritt ein. Er ist angezogen wie ein Stutzer. In der rechten Hand hält er den Hut, in der linken einen Korb, der mit Papier umhüllt ist. Auf seinem Gesicht malt sich Erregung. Beim Anblick Gorskis bleibt er plötzlich stehen und wird rasch rot. Gorski geht mit äußerst freundlicher Miene und ausgestreckten Armen auf ihn zu.* Guten Tag, Wladimir Petrowitsch! Wie ich mich freue, Sie wiederzusehen!

STANIZYN: Ich auch... im höchsten Grade... Sind Sie... sind Sie schon lange hier?

GORSKI: Seit gestern, Wladimir Petrowitsch!

STANIZYN: Und sind alle wohlauf?

GORSKI: Alle, ausnahmslos alle, Wladimir Petrowitsch, angefangen bei Anna Wassiljewna bis hinunter zum Hündchen, das Sie Wera Nikolajewna verehrt haben. Und wie geht es Ihnen?

STANIZYN: Mir... mir geht es Gott sei Dank... Wo sind sie denn?

GORSKI: Im Salon. Sie spielen Karten.

STANIZYN: So früh? Und Sie?

GORSKI: Ich halte mich, wie Sie sehen, hier auf. Was haben Sie da mitgebracht? Vermutlich Pralinen?

STANIZYN: Ja, Wera Nikolajewna kam kürzlich darauf zu sprechen... Da habe ich eben nach Moskau geschickt.

GORSKI: Nach Moskau?

STANIZYN: Ja, die dortigen sind besser. Und wo ist Wera Nikolajewna? *Er legt den Hut und die Pralinen auf den Tisch.*

GORSKI: Ich glaube, sie ist im Salon und sieht zu, wie sie Preference spielen.

STANIZYN *lugt ängstlich in den Salon hinüber*: Und wer ist dieser Neue?

GORSKI: Sie erkennen ihn nicht? Iwan Pawlytsch Muchin.

STANIZYN: Ach ja. *Er tritt von einem Fuß auf den anderen.*

GORSKI: Möchten Sie nicht zu ihnen hineingehen? Sie scheinen irgendwie erregt zu sein, Wladimir Petrowitsch?

STANIZYN: Hat nichts zu sagen. Die Landstraße, wissen Sie, der Staub... Dazu der Kopf... *Im Salon ertönt eine einmütige Lachsalve. Alle rufen: „Ohne vier, ohne vier!" Wera sagt: „Ich gratuliere, Monsieur Muchin!" Stanizyn lacht und späht aufs neue in den Salon.* Was tut sich denn da? Hat jemand verloren?

GORSKI: Warum gehen Sie nicht hinein?

STANIZYN: Ehrlich gesagt, Gorski, ich hätte gern ein paar Worte mit Wera Nikolajewna gesprochen.

GORSKI: Unter vier Augen?

STANIZYN *zögernd*: Ja, aber nur ein paar Worte. Am liebsten gleich. Im Laufe des Tages kommt man sonst nicht... Wissen Sie doch selber!

GORSKI: Nun ja, weshalb nicht? Gehen Sie doch hinein und sagen Sie es ihr... Und nehmen Sie die Pralinen mit!

STANIZYN: Ach ja, natürlich! *Er geht auf die Tür zu, kann sich aber immer noch nicht entschließen, einzutreten, als plötzlich die Stimme Anna Wassiljewnas erklingt: „C'est vous, Woldemar? Bonjour. Entrez donc!" Er tritt ein.*

GORSKI *allein*: Ich bin mit mir nicht zufrieden. Ich fange an, mich zu langweilen und zu ärgern. Mein Gott, mein Gott, was geht mit mir vor? Warum läuft mir die Galle über? Warum wird mir plötzlich so unangenehm lustig zumute? Warum bin ich bereit, wie ein Schulbube jedermann auf der Welt, unter anderem auch mir selbst, einen Streich zu spielen? Wenn ich nicht verliebt bin, was habe ich da davon, mich selbst und andere aufzuziehen? Heiraten? Nein, sagen Sie, was Sie wollen, ich heirate nicht, besonders nicht, wenn man mir die Pistole auf die Brust setzt. Und wenn doch – darf ich vielleicht nicht meine Eigenliebe opfern? Gut, sie wird triumphieren – soll sie doch! *Er tritt an das chinesische Billard und stößt die Kugel mit dem Queue.* Womöglich ist es für mich besser, wenn sie einen anderen heiratet... Aber nein, das sind Dummheiten. Dann krieg ich sie ebensowenig zu sehen wie meine eigenen Ohren. *Er fährt fort, die Kugeln zu stoßen.* Sagen wir so: Wenn ich jetzt treffe... Pfui Teufel, was für Kindereien! *Er wirft das Queue hin, tritt an den Tisch mit den Zeitschriften und nimmt ein Buch in die Hand.* Was ist das? Ein russischer Roman! Ach was! Schauen wir uns an, was der russische Roman zu sagen hat. *Er öffnet das Buch aufs Geratewohl und liest*: „Und was geschah? Seit der Heirat waren noch keine fünf Jahre vergangen, und die bezaubernde, lebhafte Marija hatte sich bereits in eine wohlbeleibte, nicht ungern herumkommandierende Marja Bogdanowna verwandelt. Wo waren ihre Bestrebungen, ihre Träume geblieben? ..." Ach, meine Herren Autoren, was seid ihr doch für Kinder! Das also bereitet euch Kummer! Ist es verwunderlich, daß der Mensch altert, daß er schwerfälliger und dümmer wird? Erschreckend ist nur eins: Die Träume und Bestrebungen bleiben dieselben, die Augen haben sich noch nicht getrübt, der zarte Flaum ist von der Wange noch nicht gewichen, und dennoch weiß der Gatte nicht mehr, wo er mit sich hin soll ... Ach was! Einen anständigen Menschen befällt der Schüttelfrost schon vor der Hochzeit. – Da, sie scheinen herzukommen. Rette sich, wer kann! Puh! Herrgott, das ist ja wie in Gogols „Heirat". Aber ich springe wenigstens nicht aus dem Fenster, ich gehe seelenruhig durch die Tür in den Garten. Habe die Ehre, Herr Stanizyn, Ehre, wem Ehre gebührt. *Er entfernt sich rasch.*

Aus dem Salon treten Wera und Stanizyn ein.

WERA *zu Stanizyn*: Was war das? Mir scheint, Gorski ist in den Garten geflüchtet?

STANIZYN: Ja... ich... ich habe ihm, ehrlich gestanden, gesagt, daß ich... Sie gerne unter vier Augen sprechen würde... auf ein paar Worte...

WERA: Ach? Das haben Sie ihm gesagt? Und was hat er darauf...

STANIZYN: Er? Nichts...

WERA: Was für einen Anlauf Sie nehmen! Sie machen mir angst. Ich habe schon Ihren Zettel von gestern nicht ganz verstanden.

STANIZYN: Wera Nikolajewna, die Sache ist nämlich die ... Entschuldigen Sie um Gottes willen meine Kühnheit. Ich weiß... ich bin nicht würdig... *Wera bewegt sich langsam auf das Fenster zu; er folgt ihr.* Die Sache ist nämlich die ... Ich, ich erkühne mich, Sie um Ihre Hand zu bitten. *Wera schweigt und neigt langsam den Kopf.* Mein Gott! Ich weiß nur allzugut, daß ich Ihrer nicht würdig bin. Es ist von meiner Seite natürlich ... Aber Sie kennen mich seit langem, und wenn blinde Ergebenheit, die Erfüllung des geringsten Wunsches ... wenn all das ... Bitte, verzeihen Sie mir die Kühnheit. Ich fühle ... *Er hält inne. Wera reicht ihm wortlos die Hand.* Besteht für mich, besteht für mich wirklich keinerlei Hoffnung?

WERA *leise*: Sie haben mich falsch verstanden, Wladimir Petrowitsch.

STANIZYN: Wenn es sich so verhält ... natürlich, verzeihen Sie mir! Aber gestatten Sie mir, Sie wenigstens um eins zu bitten, Wera Nikolajewna. Berauben Sie mich nicht des Glücks, Sie, wenn auch nur dann und wann, sehen zu dürfen. Ich versichere Ihnen ... ich werde Sie in keiner Weise behelligen, auch wenn Sie mit einem anderen ... mit Ihrem Erwählten ... Ich versichere Ihnen, ich werde mich stets über Ihre Freuden freuen. Ich weiß, wie wenig ich wert bin. Wie konnte ich mich ... Sie haben natürlich recht ...

WERA: Geben Sie mir Bedenkzeit, Wladimir Petrowitsch.

STANIZYN: Wie bitte?

WERA: Lassen Sie mich jetzt allein, für kurze Zeit. Dann sehen wir uns wieder ... und sprechen uns aus.

STANIZYN: Wie Sie sich auch entscheiden – Sie wissen, ich werde mich widerspruchslos fügen. *Er verneigt sich, geht in den Salon und schließt die Tür.*

WERA *blickt ihm nach, tritt dann an die Tür, die in den Garten führt, und ruft*: Gorski! Kommen Sie doch mal her! Gorski! *Sie bewegt sich auf das Proszenium zu.*

Wenige Minuten später erscheint Gorski.

GORSKI: Sie haben mich gerufen?

WERA: Haben Sie gewußt, daß Stanizyn unter vier Augen mit mir sprechen wollte?

GORSKI: Ja, er hat es mir gesagt.

WERA: Haben Sie gewußt, worüber?

GORSKI: Mit Sicherheit nicht.

WERA: Er bittet mich um meine Hand.

GORSKI: Und was haben Sie ihm erwidert?
WERA: Ich? Nichts.
GORSKI: Sie haben ihn also nicht abgewiesen?
WERA: Ich habe ihn gebeten, zu warten.
GORSKI: Warum?
WERA: Was heißt warum, Gorski? Was haben Sie? Weshalb blicken Sie so kühl drein, weshalb sprechen Sie so gleichgültig zu mir? Was ist das für ein Lächeln auf Ihren Lippen? Sie sehen, ich komme zu Ihnen, um Sie um Rat zu fragen, ich strecke die Hand zu Ihnen aus, und Sie...
GORSKI: Entschuldigen Sie mich, Wera Nikolajewna. Ich werde manchmal von einer Art Stumpfheit befallen. Ich bin ohne Hut in der Sonne spazierengegangen... Lachen Sie nicht. Wirklich, das könnte es sein... Stanizyn bittet also um Ihre Hand, und Sie bitten mich um Rat. Und jetzt frage ich Sie: Was halten Sie vom Familienleben im allgemeinen? Kann man es nicht mit Milch vergleichen? Milch wird schnell sauer.
WERA: Gorski! Ich verstehe Sie nicht! Haben Sie nicht vor einer Viertelstunde hier, an dieser Stelle – *sie zeigt auf das Pianino* –, ganz anders zu mir gesprochen? So erinnern Sie sich doch! Waren Sie, als ich Sie verließ, nicht ein anderer? Was soll das? Machen Sie sich über mich lustig? Gorski, habe ich das verdient?
GORSKI *bitter*: Ich versichere Ihnen – ich denke nicht daran, mich über Sie lustig zu machen.
WERA: Wie soll ich mir dann diese plötzliche Veränderung erklären? Warum versteh ich Sie nicht? Warum muß ich im Gegenteil... Sagen Sie, so sagen Sie doch selber: Bin ich zu Ihnen nicht immer offen gewesen wie eine Schwester?
GORSKI *ein wenig verlegen*: Wera Nikolajewna! Ich...
WERA: Oder erregt vielleicht – Sie sehen, was Sie mich auszusprechen nötigen –, oder erregt vielleicht Stanizyn – wie soll ich sagen – Ihre Eifersucht?
GORSKI: Und weshalb sollte das nicht der Fall sein?
WERA: Oh, verstellen Sie sich nicht! Ihnen ist allzugut bekannt... Aber was rede ich da? Weiß ich denn, wie Sie über mich denken, was Sie für mich empfinden?

GORSKI: Wera Nikolajewna, wissen Sie was? Wirklich, es wäre das beste, wir legten unsere Bekanntschaft für eine Weile... auf Eis.

WERA: Gorski, was heißt das?

GORSKI: Scherz beiseite! Unsere Beziehungen sind so sonderbar... Wir sind dazu verurteilt, einander nicht zu verstehen und uns gegenseitig zu quälen...

WERA: Ich hindere niemand, mich zu quälen; aber ich will nicht, daß man sich über mich lustig macht. Warum verstehen wir einander eigentlich nicht? Sehe ich Ihnen denn nicht offen in die Augen? Liebe ich etwa Mißverständnisse? Spreche ich nicht alles aus, was ich denke? Oder bin ich vielleicht mißtrauisch? Gorski, wenn wir uns schon trennen müssen, dann wollen wir wenigstens als gute Freunde scheiden!

GORSKI: Wenn wir uns trennen, werden Sie kein einziges Mal an mich zurückdenken.

WERA: Gorski! Sie wünschen offenbar, daß ich... Sie erwarten ein Geständnis von mir – wahrhaftig! Ich habe aber weder die Gewohnheit, zu lügen, noch die, zu übertreiben. Ja, Sie gefallen mir – ich fühle mich, trotz Ihrer Seltsamkeiten, zu Ihnen hingezogen, und das ... und das ist alles. Dieses freundschaftliche Gefühl kann sich sowohl entwickeln als auch zum Stillstand kommen. Das hängt von Ihnen ab. So, das ist es, was in mir vorgeht. Und nun sagen Sie, worauf Sie aus sind und was Sie denken! Verstehen Sie denn nicht, daß ich Sie nicht aus Neugier frage, daß ich schließlich wissen muß... *Sie hält inne und wendet sich ab.*

GORSKI: Wera Nikolajewna! Hören Sie mich an! Sie sind vom Herrgott in einer glücklichen Stunde erschaffen. Sie haben von Kindheit an unbeschwert geatmet und gelebt. Für Ihre Seele ist die Wahrheit, was das Licht für das Auge, was die Luft für die Lungen ist. Sie schauen sich, obwohl Sie das Leben nicht kennen, furchtlos darin um und gehen furchtlos Ihren Weg, weil es für Sie keine Hindernisse gibt noch geben wird. Aber verlangen Sie um Gottes willen nicht dieselbe Zuversicht von einem Menschen, der, wie ich, kompliziert und verworren ist, der sich in vielem an sich selbst und an anderen versündigt hat und noch versündigt. Pressen Sie nicht das letzte, entscheidende Wort aus mir heraus, das ich vielleicht gerade darum vor Ihnen nicht ausspreche, weil ich es vor mir selbst schon tausendmal gesagt habe. Ich wiederhole: Seien Sie nachsichtig gegen mich oder wenden Sie sich ganz von mir ab ... aber warten Sie noch ein bißchen ...

WERA: Gorski! Soll ich Ihnen nun glauben oder nicht? Sagen Sie mir endlich, ob ich Ihnen glauben kann, und ich tu's!

GORSKI *mit einer unwillkürlichen Gebärde*: Weiß der Kuckuck!

WERA *nach einem Schweigen*: Denken Sie nach und geben Sie mir eine andere Antwort!

GORSKI: Ich antworte immer am besten, wenn ich nicht nachdenke.

WERA: Sie sind launisch wie ein kleines Mädchen.

GORSKI: Und Sie entsetzlich scharfsichtig. Aber ich muß mich bei Ihnen entschuldigen. Ich glaube, ich habe zu Ihnen gesagt: „Warten Sie noch ein bißchen!" Dieses unverzeihlich dumme Wort ist mir ganz unverhofft entschlüpft.

WERA *die rasch errötet*: Wahrhaftig? Ich danke Ihnen für die Offenheit.

Gorski will ihr etwas entgegnen, aber die Tür zum Salon geht plötzlich auf, und die ganze Gesellschaft – mit Ausnahme von Mlle Bienaimé – tritt ein. Anna Wassiljewna, von Muchin am Arm geführt, ist guter, heiterer Laune. Stanizyn wirft einen raschen Blick auf Wera und Gorski.

FRAU LIBANOWA: Stellen Sie sich vor, Eugène, wir haben Herrn Muchin restlos ruiniert. Nein, wirklich! Was für ein leidenschaftlicher Spieler er aber auch ist!

GORSKI: Ach was! Das hab ich noch gar nicht gewußt!

FRAU LIBANOWA: C'est incroyable! Verliert auf Schritt und Tritt. *Sie setzt sich.* Aber jetzt könnte man spazierengehen!

MUCHIN *der ans Fenster tritt, mit unterdrücktem Ärger*: Wohl kaum; es fängt gerade an zu regnen.

WARWARA IWANOWNA: Das Barometer ist heute stark gefallen. *Sie nimmt ein wenig hinter Frau Libanowa Platz.*

Frau Libanowa: Tatsächlich? Comme c'est contrariant! Eh bien, wir müssen uns etwas ausdenken. Eugène und Sie, Woldemar – das ist Ihre Sache!

Tschuchanow: Hat vielleicht jemand Lust, sich im Billard mit mir zu messen? *Niemand gibt Antwort.* Wenn nicht, dann einen Imbiß zu sich zu nehmen und ein Glas Wodka zu trinken? *Aufs neue Schweigen.* Gut, dann tu ich's allein und trinke einen aufs Wohl der ganzen ehrenwerten Gesellschaft. *Er verschwindet ins Speisezimmer.*

Stanizyn ist inzwischen auf Wera zugetreten, wagt aber nicht, ein Gespräch mit ihr zu beginnen. Gorski steht abseits. Muchin betrachtet die Zeichnungen auf dem Tisch.

Frau Libanowa: Was ist denn nun, Herrschaften? Gorski, lassen Sie sich was einfallen!

Gorski: Wenn Sie möchten, lese ich Ihnen die Einleitung zu Buffons Naturgeschichte vor.

Frau Libanowa: Hören Sie auf!

Gorski: Dann lassen Sie uns irgendwelche petits jeux innocents spielen.

Frau Libanowa: Macht, was ihr wollt – es geht ja schließlich nicht um mich. Auf mich wartet im Kontor wahrscheinlich schon der Gutsverwalter. Warwara Iwanowna, ist er gekommen?

Warwara Iwanowna: Vermutlich ja.

Frau Libanowa: Erkundigen Sie sich, meine Liebe! *Warwara Iwanowna steht auf und entfernt sich.* Wera, komm doch mal her! Du siehst mir heute ein bißchen blaß aus! Fehlt dir etwas?

Wera: Nein, ich bin gesund.

Frau Libanowa: Na gut! Ach ja, Woldemar, vergessen Sie nicht, mich zu erinnern, daß ich Ihnen einen Auftrag für die Stadt mitgeben möchte. *Zu Wera.* Il est si complaisant!

Wera: Il est plus que cela, maman, il est bon.

Stanizyn lächelt verzückt vor sich hin.

Frau Libanowa: Was sehen Sie sich da so aufmerksam an, Monsieur Muchin?

MUCHIN: Ansichten von Italien.
FRAU LIBANOWA: Ach ja. Die habe ich mitgebracht – un souvenir. Ich liebe Italien. Dort war ich glücklich. *Sie seufzt.*
WARWARA IWANOWNA *tritt ein*: Fedot ist da, Anna Wassiljewna!
FRAU LIBANOWA *erhebt sich*: Aha! Er ist da! *Zu Muchin.* Suchen Sie sich die Karte mit dem Lago Maggiore heraus – bezaubernd! *Zu Warwara Iwanowna.* Und ist auch der Dorfälteste gekommen?
WARWARA IWANOWNA: Ja, auch der.
FRAU LIBANOWA: Nun, auf Wiedersehen, mes enfants. Eugène, ich überantworte sie Ihnen. Amusez-vous! Aber da kommt ja Mademoiselle Bienaimé zu Ihrer Unterstützung. *In der Salontür erscheint Mlle Bienaimé.* Gehen wir, Warwara Iwanowna! *Sie entfernt sich mit der Morosowa durch den Salon.*

Ein kurzes Schweigen tritt ein.

MLLE BIENAIMÉ *in etwas trockenem Ton*: Eh bien, que ferons-nous?
MUCHIN: Ja, was machen wir?
STANIZYN: Das ist die Frage!
GORSKI: Das hat Hamlet lange vor dir gesagt, Wladimir Petrowitsch! *Wird plötzlich lebhaft.* Im übrigen, also machen wir schon! Ihr seht, wie es draußen gießt. Wozu in der Tat die Hände in den Schoß legen?
STANIZYN: Ich bin bereit. Und Sie, Wera Nikolajewna?
WERA *die die ganze Zeit fast unbeweglich geblieben ist*: Ich auch, ich bin bereit.
STANIZYN: Na, wunderbar!
MUCHIN: Bist du auf etwas verfallen, Jewgeni Andrejitsch?
GORSKI: Ja, bin ich, Iwan Pawlytsch! Wir machen folgendes. Wir gruppieren uns allesamt um diesen Tisch ...
MLLE BIENAIMÉ: Oh, ce sera charmant!
GORSKI: N'est-ce pas? Wir schreiben unsere Namen auf Zettel, und wessen Name zuerst gezogen wird, muß irgendeine verrückte, phantastische Geschichte erzählen – von sich selbst, von jemand anderem, wovon er will. Liberté entière, wie Anna Wassiljewna sagt.

STANIZYN: Gut, gut! ⎫ *Beide*
MLLE BIENAIMÉ: Ah! Très bien, très bien! ⎭ *zugleich.*
MUCHIN: Aber was denn für eine Geschichte?
GORSKI: Welche ihm gerade einfällt! Also setzen wir uns, setzen wir uns. Wera Nikolajewna, machen Sie mit?
WERA: Weshalb denn nicht? *Sie setzt sich; Gorski nimmt zu ihrer Rechten, Muchin zu ihrer Linken Platz, Stanizyn neben Muchin, Mlle Bienaimé neben Gorski.*
GORSKI: Hier ist ein Blatt Papier – er zerreißt es zu Zetteln –, und darauf schreibe ich unsere Namen. *Er schreibt die Namen und rollt die Lose zusammen.*
MUCHIN *zu Wera*: Sie sind heute irgendwie nachdenklich, Wera Nikolajewna?
WERA: Und woher wissen Sie, daß ich nicht immer so bin? Sie sehen mich zum erstenmal.
MUCHIN *überlegen lächelnd*: O nein, undenkbar, daß Sie immer so sind.
WERA *ein wenig ärgerlich*: Meinen Sie? *Zu Stanizyn.* Ihre Pralinen sind ausgezeichnet, Woldemar!
STANIZYN: Sehr erfreut, Ihnen gedient zu haben!
GORSKI: Oh, was für ein Kavalier! *Er mischt die Lose.* So, fertig. Wer übernimmt es, die Lose zu ziehen? Mademoiselle Bienaimé, voulez-vous?
MLLE BIENAIMÉ: Mais très volontiers. *Sie ziert sich ein wenig, zieht ein Los und liest:* „Kcherr Stanizyn."
GORSKI *zu Stanizyn*: Nun, erzählen Sie uns etwas, Wladimir Petrowitsch!
STANIZYN: Ja, was soll ich Ihnen denn erzählen? Ich weiß wirklich nicht...
GORSKI: Einerlei. Sie können von allem erzählen, was Ihnen in den Sinn kommt.
STANIZYN: Aber mir fällt nichts ein.
GORSKI: Nun, das ist natürlich peinlich.
WERA: Ich pflichte Stanizyn bei. Woher soll man so plötzlich...
MUCHIN *rasch*: Auch ich bin derselben Meinung.
STANIZYN: Geben Sie uns ein Beispiel, Jewgeni Andrejitsch! Machen Sie den Anfang.

WERA: Ja, tun Sie das!
MUCHIN: Fang an, fang an!
MLLE BIENAIMÉ: Oui, commencez, monsieur Gorski!
GORSKI: Wenn ihr unbedingt wollt. Bitte sehr! Ich beginne. Hm... *Er hüstelt.*
MLLE BIENAIMÉ: Hi, hi, nous allons rire.
GORSKI: Ne riez pas d'avance. Hört also zu! Ein Baron hatte...
MUCHIN: Einen phantastischen Einfall?
GORSKI: Nein, eine Tochter.
MUCHIN: Nun, das ist beinahe dasselbe.
GORSKI: Mein Gott, wie geistreich du heute bist! – Ein Baron hatte also eine Tochter. Sie war sehr hübsch, der Vater liebte sie sehr, sie ebenso den Vater, und alles ging vortrefflich. Doch eines schönen Tages kam die Baronesse plötzlich zu der Überzeugung, das Leben sei im Grunde nicht das geringste wert; sie verfiel in Schwermut, brach in Tränen aus und verkroch sich ins Bett. Die Kammerzofe eilte sofort zum Erzeuger; der Erzeuger kam, sah sich's an, schüttelte den Kopf und sagte zu deutsch: „Hm, hm, hm, hm", worauf er gemessenen Schrittes wieder ging, nach seinem Sekretär rief und ihm drei Einladungen an drei junge Edelleute von alter Herkunft und angenehmem Äußeren diktierte. Gleich am folgenden Tag machten sie ihm – geputzt wie die Weihnachtsbäume – der Reihe nach ihre Reverenz, wobei die junge Baronesse lächelte wie zuvor, ja, noch schöner als zuvor, und ihre Freier aufmerksam musterte, denn der Baron war Diplomat und die jungen Leute waren ihre Freier.
MUCHIN: Wie umständlich du erzählst!
GORSKI: Mein teurer Freund, was ist das schon für ein Unglück!
MLLE BIENAIMÉ: Mais oui, laissez-le faire!
WERA *die Gorski aufmerksam ansieht*: Fahren Sie fort!
GORSKI: Die Baronesse hatte also drei Freier. Welchen sollte sie erwählen? Am besten beantwortet diese Frage das Herz. Wenn das Herz, wenn das Herz aber nun schwankt? Die Baronesse war ein kluges, weitblickendes Mädchen. Sie beschloß, die Freier auf die Probe zu stellen. Als sie eines Tages mit dem einen, einem Blondkopf, allein war, überraschte

sie ihn mit der Frage: „Sagen Sie, was wären Sie bereit zu tun, um mir Ihre Liebe zu beweisen?" Der Blondkopf, der von Natur äußerst kühl war, aber desto mehr zu Übertreibungen neigte, entgegnete mit viel Feuer: „Ich bin bereit, mich auf Ihr Geheiß vom höchsten Glockenturm der Welt zu stürzen." Die Baronesse lächelte freundlich und stellte dieselbe Frage gleich am nächsten Tag dem zweiten Freier, einem Kastanienbraunen, wobei sie ihm aber zuvor die Antwort des Blondkopfs mitteilte. Der Kastanienbraune antwortete mit genau denselben Worten, vielleicht aber mit noch größerem Feuer. Die Baronesse wandte sich schließlich an den dritten, einen Brünetten. Der Brünette schwieg anstandshalber ein Weilchen und entgegnete dann, er sei zu allem möglichen bereit, und das sogar mit Vergnügen, sich von einem Glockenturm zu stürzen, gedenke er jedoch nicht, und zwar aus einem sehr einfachen Grunde: Mit zertrümmertem Schädel – wem es auch immer sei – Herz und Hand anzutragen, erscheine ihm immerhin schwierig. Die Baronesse wurde böse; da er ihr aber ... vielleicht ... ein bißchen besser gefiel als die beiden anderen, drang sie auf ihn ein: „Versprechen Sie es wenigstens, ich werde nicht verlangen, daß Sie es ausführen ..." Doch der Brünette, gewissenhafter Mensch, der er war, wollte sich darauf nicht einlassen ...

WERA: Sie sind heute nicht recht in Stimmung, Monsieur Gorski!

MLLE BIENAIMÉ: Non, il n'est pas en veine, c'est vrai. Nix gut, nix gut!

STANIZYN: Eine andere Geschichte, eine andere!

GORSKI *leicht verärgert*: Schön, ich bin heute nicht in Stimmung; man kann schließlich nicht jeden Tag ... *Zu Wera.* Auch Sie zum Beispiel sind heute ... Was ist das gegen gestern!

WERA: Was wollen Sie damit sagen? *Sie erhebt sich; alle folgen ihrem Beispiel.*

GORSKI *an Stanizyn gewandt:* Sie können sich nicht vorstellen, Wladimir Petrowitsch, was für einen wunderbaren Abend wir gestern zusammen verbracht haben! Schade, daß Sie nicht dabei waren, Wladimir Petrowitsch! Mademoiselle Bienaimé hier kann es bezeugen. Wera Nikolajewna und ich sind über eine Stunde auf dem Teich spazierengefahren. Wera Nikolajewna war so entzückt von diesem Abend, sie fühlte sich so wohl ... Sie schien im siebenten Himmel zu schweben. Tränen traten in ihre Augen ... Ich werde diesen Abend nie vergessen, Wladimir Petrowitsch!

STANIZYN *verstimmt*: Ich glaube Ihnen.

WERA *die die ganze Zeit kein Auge von Gorski gelassen hat*: Ja, wir waren gestern ziemlich komisch. Auch Sie haben im siebenten Himmel geschwebt, wie Sie sich ausdrücken. Stellt euch vor, Herrschaften, Gorski hat mir gestern Gedichte vorgetragen, und obendrein lauter so süße, verträumte!

STANIZYN: Er hat Ihnen Gedichte vorgetragen?

WERA: Ja doch! Und mit so sonderbarer Stimme, als sei er krank, mit solchen Seufzern...

GORSKI: Wera Nikolajewna, das haben Sie doch selber verlangt! Sie wissen, erhabenen Gefühlen gebe ich mich selten aus eigenem Antrieb hin.

WERA: Um so mehr haben Sie mich gestern in Erstaunen gesetzt. Ich weiß, daß Sie viel lieber über etwas lachen als ... als beispielsweise seufzen oder ... träumen.

GORSKI: Oh, da gebe ich Ihnen recht! Und in der Tat – nennen Sie mir etwas, das nicht wert wäre, verlacht zu werden! Etwa die Freundschaft, das Familienglück, die Liebe? All diese Sentimentalitäten taugen doch nur zu einem Augenblick der Erholung, dann aber rasch die Beine unter die Arme geklemmt! Für einen anständigen Menschen verbietet es sich, in solchen Daunenbetten zu versinken...

Muchin schaut mit einem Lächeln bald zu Wera, bald zu Stanizyn hin; Wera entgeht das nicht.

WERA *langsam*: Wie man doch merkt, daß Ihnen das, was Sie jetzt sagen, von Herzen kommt! Aber weshalb ereifern Sie sich so? Niemand zweifelt daran, daß Sie schon immer so gedacht haben.

GORSKI *mit gezwungenem Lächeln*: Wirklich? Gestern waren Sie anderer Meinung.

WERA: Woher wissen Sie das? Nein, Gorski, Scherz beiseite!

Erlauben Sie mir, Ihnen einen freundschaftlichen Rat zu geben: Verfallen Sie nie wieder in Empfindsamkeit. Sie paßt einfach nicht zu Ihnen. Sie sind so klug... Sie kommen auch ohne sie aus. – Da, der Regen scheint aufgehört zu haben. Schaut, was für eine wunderbare Sonne! Gehen wir in den Garten. Stanizyn, reichen Sie mir den Arm! *Sie dreht sich rasch zu ihm um und faßt ihn unter.* Bonne amie, venez-vous?

MLLE BIENAIMÉ: Oui, oui, allez toujours... *Sie nimmt ihren Hut vom Pianino und setzt ihn auf.*

WERA *zu den anderen*: Und ihr, Herrschaften, macht ihr nicht mit? Rasch, Stanizyn, im Laufschritt!

STANIZYN *eilt mit Wera in den Garten*: Bitte sehr, Wera Nikolajewna, bitte sehr!

MLLE BIENAIMÉ: Monsieur Muchin, voulez-vous me donner votre bras?

MUCHIN: Avec plaisir, mademoiselle... *Zu Gorski.* Leb wohl, Brünetter! *Er und Mlle Bienaimé gehen.*

GORSKI *allein geblieben, tritt ans Fenster*: Da, wie sie enteilt! Ohne sich auch nur einmal umzublicken... Und dieser Stanizyn, der Stanizyn – stolpert vor Freude über seine eigenen Beine! *Er zuckt mit den Schultern.* Der Ärmste! Er begreift nicht, in welcher Lage er sich befindet. Der Ärmste? Ist er das wirklich? Ich glaube, da gehe ich zu weit. Aber was kann man für seine Galle? Als ich erzählte, hat dieser kleine Teufel die ganze Zeit über kein Auge von mir gewandt... Es war verkehrt von mir, sie an die gestrige Bootsfahrt zu erinnern. Wenn ihr scheint... dann aus. Jewgeni Andrejitsch, mein geliebter Freund, packen Sie Ihren Koffer! *Er geht auf und ab.* Wird ja auch Zeit... Ich habe mich verheddert. O Zufall, du Unglück der Dummen und Vorsehung der Leute mit Verstand! Komm mir zu Hilfe! *Er blickt sich um.* Wer da? Tschuchanow? Sollte er vielleicht...

TSCHUCHANOW *tritt vorsichtig aus dem Speisezimmer*: Ach, verehrter Jewgeni Andrejitsch, wie ich mich freue, Sie allein anzutreffen!

GORSKI: Was wünschen Sie?

TSCHUCHANOW *mit gedämpfter Stimme*: Schauen Sie, Jewgeni Andrejitsch, es handelt sich um folgendes! Anna Wassiljewna – Gott gebe ihr ein langes Leben! – hat mir das Holz zum Bau eines Häuschens bewilligt, aber vergessen, eine entsprechende Order an das Kontor zu geben. Und ohne Order liefern sie mir das Holz nicht aus...

GORSKI: Nun, gut, dann erinnern Sie sie doch!

TSCHUCHANOW: Ach, Verehrter, ich fürchte, ihr lästig zu fallen. Mein Bester, seien Sie so freundlich, ich werde mein Lebtag für Sie beten... Irgendwann, so ganz beiläufig... *Er zwinkert ihm zu.* Darin sind Sie nun mal ein Meister – hintenherum sozusagen! *Er zwinkert ihm noch bedeutsamer zu.* Zumal Sie ja schon so gut wie der Herr im Hause sind. Hihi!

GORSKI: Meinen Sie? Also bitte, mit Vergnügen.

TSCHUCHANOW: Mein Wohltäter! Ich werde Ihnen bis an das Grab verpflichtet bleiben. *Laut und mit dem früheren Gebaren.* Und wenn Sie etwas brauchen sollten – ein Wink genügt. *Er wirft den Kopf in den Nacken.* Hach, sind Sie aber auch ein Bild von einem Mann!

GORSKI: Also gut. Ich übernehme es. Seien Sie unbesorgt.

TSCHUCHANOW: Zu Befehl, Euer Erlaucht! Der alte Tschuchanow aber fällt niemandem auf die Nerven. Macht Meldung, bittet, sucht um Hilfe nach und überläßt alles übrige dem Belieben des Vorgesetzten. Gehorsamsten Dank auch; wir sind höchst befriedigt! Links um, kehrt, marsch! *Er verschwindet ins Speisezimmer.*

GORSKI: Nun, mir scheint, aus diesem „Zufall" ist nichts herauszuholen... *Hinter der Tür zum Garten hört man jemand rasch die Treppenstufen heraufkommen.* Wer hat es da so eilig? Bah, Stanizyn!

STANIZYN *stürzt außer Atem herein*: Wo ist Anna Wassiljewna?

GORSKI: Wen wünschen Sie?

STANIZYN *bleibt plötzlich stehen*: Gorski... Ach, wenn Sie wüßten...

GORSKI: Sie sind ja außer sich vor Freude. Was haben Sie?

STANIZYN *ergreift seine Hand*: Gorski, eigentlich dürfte ich es ja nicht, aber ich kann nicht anders – ich ersticke vor Freude... Ich weiß, Sie haben immer Anteil an mir genommen... Stellen Sie sich vor... Wer hätte das erwartet!

GORSKI: Ja, was denn eigentlich?

STANIZYN: Ich habe Wera Nikolajewna um ihre Hand gebeten, und sie...
GORSKI: Und sie?
STANIZYN: Denken Sie sich, Gorski, sie hat eingewilligt – jetzt eben, im Garten – und mir erlaubt, mich an Anna Wassiljewna zu wenden. Gorski, ich bin glücklich wie ein Kind. Was für ein wunderbares Mädchen!
GORSKI *mit Mühe und Not seine Erregung verbergend*: Und Sie gehen jetzt zu Anna Wassiljewna?
STANIZYN: Ja, ich weiß, sie wird mich nicht abweisen. Gorski, ich bin glücklich, maßlos glücklich. Ich könnte die ganze Welt umarmen. Gestatten Sie, wenigstens Sie an mein Herz zu drücken! *Er umarmt Gorski.* Oh, wie bin ich glücklich! *Er eilt davon.*
GORSKI *nach langem Schweigen*: Bravissimo! *Er verneigt sich in Richtung des enteilten Stanizyn.* Habe die Ehre, Sie zu beglückwünschen. *Geht ärgerlich im Zimmer umher.* Ich gestehe, das habe ich nicht erwartet. Das hinterlistige Ding! Ich muß auf der Stelle abreisen – oder nein, ich bleibe. Puh, wie unangenehm mir das Herz hämmert! Scheußlich! *Nach kurzem Nachdenken.* Nun ja, ich bin geschlagen. Aber wie schimpflich, gar nicht so, wie ich es mir gewünscht hätte... *Er tritt ans Fenster und blickt in den Garten.* Man kommt. Sterben wir wenigstens eines ehrenvollen Todes... *Er setzt den Hut auf, als wolle er gerade in den Garten gehen, und stößt in der Tür mit Muchin, Wera und Mlle Bienaimé zusammen. Wera hat Mlle Bienaimé untergehakt.* Sieh da! Ihr kommt schon zurück; und ich wollte gerade zu euch.

Wera blickt nicht auf.

MLLE BIENAIMÉ: Il fait encore trop mouillé.
MUCHIN: Warum bist du nicht gleich mitgekommen?
GORSKI: Tschuchanow hat mich aufgehalten. – Wera Nikolajewna, Sie scheinen ja ganz abgehetzt zu sein?
WERA: Ja, mir ist heiß.

Mlle Bienaimé und Muchin gehen ein wenig beiseite, treten an das chinesische Billard, das etwas weiter im Hintergrund steht, und fangen eine Partie an.

GORSKI *mit gedämpfter Stimme*: Wera Nikolajewna, ich weiß alles. Das habe ich nicht erwartet.
WERA: Sie wissen es?! Nun, das setzt mich nicht in Erstaunen. Er hat das Herz auf der Zunge.
GORSKI *vorwurfsvoll*: Er ist... Sie werden es bereuen.
WERA: Nein.
GORSKI: Sie haben aus Verärgerung gehandelt.
WERA: Mag sein; aber ich habe vernünftig gehandelt und werde es nicht bereuen. Sie selber haben die Verse Ihres Lermontow auf mich bezogen und gesagt, ich würde unwiderruflich den Weg gehen, den mir der Zufall weist. Außerdem wissen Sie selbst, daß ich mit Ihnen nicht glücklich geworden wäre, Gorski.
GORSKI: Sehr schmeichelhaft...
WERA: Ich sage, was ich denke. Er liebt mich, während Sie...
GORSKI: Während ich?
WERA: Sie können niemand lieben. Sie haben ein zu kaltes Herz und eine allzu hitzige Phantasie. Ich spreche zu Ihnen wie zu einem Freund und von Dingen, die längst der Vergangenheit angehören...
GORSKI *dumpf*: Ich habe Sie beleidigt.
WERA: Ja, und Ihre Liebe zu mir war nicht stark genug, um Ihnen das Recht dazu zu geben. Im übrigen - das alles war einmal. Scheiden wir als Freunde. Geben Sie mir die Hand!
GORSKI: Ich wundere mich über Sie, Wera Nikolajewna! Sie sind durchsichtig wie Glas, sind fast noch ein Kind, aber kurz entschlossen wie Friedrich der Große. Ich soll Ihnen die Hand geben - ja, fühlen Sie denn nicht, wie bitter mir zumute sein muß?
WERA: Ihre Eigenliebe ist verletzt. Das macht nichts, darüber kommt man hinweg.
GORSKI: Oh, Sie sind ja ein Philosoph!
WERA: Hören Sie zu! Wir sprechen wahrscheinlich zum letztenmal darüber... Sie sind ein kluger Mann, haben sich in mir jedoch gröbstens getäuscht. Glauben Sie mir, ich hatte nicht die Absicht, Sie au pied du mur zu drücken, wie sich Ihr Freund, Monsieur Muchin, ausdrückt. Ich habe Ihnen

keinerlei Prüfungen auferlegt und nur nach Wahrheit und Einfachheit getrachtet; ich habe nicht verlangt, daß Sie sich von einem Glockenturm stürzen, ich wollte nur ...

MUCHIN *laut*: J'ai gagné.

MLLE BIENAIMÉ: Eh bien! La revanche!

WERA: Ich wollte nur nicht Ihr Spielzeug sein. Das ist alles. Glauben Sie mir, ich empfinde keinerlei Bitterkeit gegen Sie.

GORSKI: Ich gratuliere Ihnen. Die Großmut steht dem Sieger zu Gesicht.

WERA: So geben Sie mir schon die Hand; hier haben Sie die meine.

GORSKI: Entschuldigen Sie – sie gehört nicht mehr Ihnen. *Wera wendet sich ab und geht zum Billardtisch.* Im übrigen – alles auf dieser Welt dient zum besten.

WERA: Genau. – Qui gagne?

MUCHIN: Bis jetzt immerfort ich.

WERA: Oh, Sie sind ein großer Mann!

GORSKI *tätschelt ihm die Schulter*: Und der erste unter meinen Freunden, nicht wahr, Iwan Pawlytsch? *Er steckt die Hand in die Rocktasche.* Ach übrigens, Wera Nikolajewna, kommen Sie doch bitte mal her! *Er tritt in den Vordergrund.*

WERA *folgt ihm*: Was haben Sie mir mitzuteilen?

GORSKI *nimmt die Rose aus der Tasche und hält sie ihr hin*: Hier, was sagen Sie dazu? *Er lacht. Wera wird rot und senkt den Blick.* Wie? Komisch, nicht wahr? Schauen Sie her, sie ist noch nicht mal verwelkt. *Mit einer Verbeugung.* Gestatten Sie mir, sie Ihnen ordnungsgemäß zurückzuerstatten ...

WERA: Wenn Sie auch nur ein Körnchen Achtung vor mir hätten, dann würden Sie sie mir jetzt nicht zurückgeben.

GORSKI *zieht die Hand mit der Rose zurück*: Erlauben Sie in diesem Fall, daß ich die arme Blume behalte, obwohl mir Empfindsamkeit ja nicht zu Gesichte steht, nicht wahr? Und das stimmt auch – es leben der Spott, die Fröhlichkeit und die Bosheit! Jetzt bin ich wieder in meinem Element.

WERA: Na, ausgezeichnet!

GORSKI: Schauen Sie mich an! *Wera blickt ihn an. Gorski fährt nicht ohne Erregung fort*: Leben Sie wohl! In diesem Augen-

blick sollte ich passenderweise ausrufen: *Welche Perle warf ich weg!** Aber wozu? Alles dient doch zum besten ...
MUCHIN *ruft aus*: J'ai gagné encore une fois!
WERA: Ja, Gorski, alles dient zum besten!
GORSKI: Mag sein, mag sein ... Ah, die Tür zum Salon geht auf. Die Familienpolonaise beginnt!

Aus dem Salon tritt Anna Wassiljewna am Arm Stanizyns. Dahinter schreitet Warwara Iwanowna einher. Wera eilt auf ihre Mutter zu und umarmt sie.

FRAU LIBANOWA *in weinerlichem Flüsterton*: Pourvu que tu sois heureuse, mon enfant.

Stanizyn weiß nicht, wo er hinblicken soll. Er ist dem Weinen nahe.

GORSKI *vor sich hin*: Welch rührender Anblick! Wenn man bedenkt, daß ich die Stelle dieses Dummkopfs einnehmen könnte! Nein, für das Familienleben bin ich entschieden nicht geschaffen. *Laut.* Nun, Anna Wassiljewna, wie ist das? Haben Sie Ihre hochweisen Anordnungen bezüglich der Wirtschaft, all Ihre Be- und Abrechnungen endlich beendet?
FRAU LIBANOWA: Ja, Eugène, habe ich; aber wieso?
GORSKI: Ich schlage vor, anspannen zu lassen und mit der ganzen Gesellschaft einen Ausflug in den Wald zu unternehmen.
FRAU LIBANOWA *gefühlvoll*: Mit Vergnügen. Warwara Iwanowna, meine Liebe, sagen Sie, sie sollen anspannen!
WARWARA IWANOWNA: Gerne, sofort! *Sie geht ins Vorzimmer.*
MLLE BIENAIMÉ *verdreht die Augen, daß nur noch das Weiße zu sehen ist*: Dieu! Que cela sera charmant!
GORSKI: Sie werden sehen, was wir für Dummheiten anstellen werden! Ich bin heute vergnügt wie ein junger Kater. *Vor sich hin.* All diese Geschehnisse haben mir das Blut in den Kopf getrieben. Ich bin wie berauscht. Mein Gott, wie reizend sie ist! *Laut.* Nehmt also eure Hüte und kommt, fahren wir! *Vor sich hin.* So geh doch endlich auf sie zu, du Dummkopf! *Stanizyn tritt linkisch auf Wera zu.* Na also! Sei unbesorgt, mein

---

* Die mit einem Sternchen versehenen kursiv und gesperrt gedruckten Textstellen sind auch im Original deutsch.

Freund, ich werde dich bei diesem Ausflug schon ins rechte Licht rücken. Du sollst in vollstem Glanze erscheinen! Wie leicht mir zumute ist! Puh! Und wie bitter zugleich! Nun, macht nichts. *Laut.* Mesdames, gehen wir zu Fuß – der Wagen holt uns ein.
FRAU LIBANOWA: Gut, gehen wir zu Fuß!
MUCHIN: Was ist mit dir, du bist ja wie besessen!
GORSKI: Bin ich auch. – Anna Wassiljewna! Geben Sie mir Ihren Arm. Bleibe ich nicht immerhin der Chef des Protokolls?
FRAU LIBANOWA: Aber ja, Eugène, natürlich!
GORSKI: Na, ausgezeichnet! Wera Nikolajewna, Sie reichen Ihren Arm bitte Stanizyn. Mademoiselle Bienaimé, prenez mon ami monsieur Muchin, und der Hauptmann ... Wo ist der Hauptmann?
TSCHUCHANOW *kommt aus dem Vorzimmer herein*: Stehe zu Diensten. Wer hat nach mir gerufen?
GORSKI: Hauptmann! Sie bieten Ihren Arm Warwara Iwanowna ... Da kommt sie ja gerade ... *Warwara Iwanowna tritt ein.* Und Gott befohlen! Der Wagen holt uns ein. – Wera Nikolajewna, Sie eröffnen den Zug, Anna Wassiljewna und ich bilden die Nachhut!
FRAU LIBANOWA *leise zu Gorski*: Ah, mon cher, si vous saviez, combien je suis heureuse aujourd'hui!
MUCHIN *der seinen Platz neben Mlle Bienaimé einnimmt, in Gorskis Ohr*: Gut, mein Bester, gut! Du läßt dich nicht unterkriegen. Aber gib zu: Wo allzu fein gesponnen wird, da reißt es eben.

Alle gehen. Der Vorhang fällt.

Das Frühstück beim Adelsmarschall

Personen

NIKOLAI IWANOWITSCH BALAGALAJEW, Adelsmarschall, fünfundvierzig Jahre
PJOTR PETROWITSCH PECHTERJEW, ehemaliger Adelsmarschall, sechzig Jahre
JEWGENI TICHONOWITSCH SUSLOW, Richter
ANTON SEMJONOWITSCH ALUPKIN, Gutsnachbar
MIRWOLIN, verarmter Gutsnachbar
FERAPONT ILJITSCH BESPANDIN, Gutsbesitzer
ANNA ILJINISCHNA KAUROWA, seine Schwester, Witwe, fünfundvierzig Jahre
PORFIRI IGNATJEWITSCH NAGLANOWITSCH, Polizeihauptmann
WELWIZKI, Schriftführer des Adelsmarschalls
GERASSIM, Balagalajews Kammerdiener
KARP, Kutscher der Kaurowa

Die Handlung spielt auf dem Gut Balagalajews.

Die Bühne stellt das Speisezimmer dar. In der Mitte der Ausgang, rechts das Herrenzimmer, hinten Fenster; seitlich ein gedeckter Imbißtisch, an dem Gerassim hantiert. Er hört das Rattern einer Equipage und tritt ans Fenster.

Erster Auftritt

Gerassim und Mirwolin.

MIRWOLIN: Guten Tag, Gerassim! Wie geht's? Er hat sich wohl noch nicht blicken lassen?

GERASSIM *der mit dem Tisch beschäftigt ist*: Guten Tag! Wo haben Sie denn das Pferd her?

MIRWOLIN: Nicht übel, das Pferdchen, nicht wahr? Man hat mir gestern zweihundert Rubel dafür geboten.

GERASSIM: Wer hat sie geboten?

MIRWOLIN: Je nun, ein Kaufmann aus Karatschew.

GERASSIM: Und warum haben Sie es ihm dafür nicht gelassen?

MIRWOLIN: Warum? Weil ich es selber brauche. Ach, Verehrter, gib mir doch mal ein Gläschen! Mir kratzt da, weißt du, etwas im Halse; dazu die Hitze... *Er trinkt und ißt etwas nach.* Du deckst wohl gerade zum Frühstück?

GERASSIM: Dachten Sie vielleicht – zum Mittagessen?

MIRWOLIN: Und so viele Gedecke! Wird jemand erwartet?

GERASSIM: Sieht ganz danach aus.

MIRWOLIN: Und weißt du – wer?

GERASSIM: Nein, weiß ich nicht. Man sagt, sie wollen heute den Streit zwischen Bespandin und dessen Schwester schlichten. Kann sein, daß das der Anlaß ist.

MIRWOLIN: Ach was! Nein, wirklich? Nun ja, wäre auch gut. Sie müssen mit ihrer Teilung endlich ins reine kommen. Ist ja geradezu eine Schande! – Stimmt es denn, daß Nikolai Iwanytsch diesem Bespandin ein Wäldchen abkaufen will?

GERASSIM: Weiß der Kuckuck!

MIRWOLIN *beiseite*: Das wäre so eine Gelegenheit, ihm Bauholz abzubetteln.

BALAGALAJEW *hinter den Kulissen*: Filka! Welwizki soll zu mir kommen!

MIRWOLIN: Die Tür vom Herrenzimmer zum Salon steht also offen... Los, ein zweites Gläschen, Garasja...

GERASSIM: Was denn, die Kehle ist wohl immer noch nicht...

MIRWOLIN: Nein, Bester, da kratzt was. *Er trinkt und ißt etwas nach; Gerassim geht.*

Zweiter Auftritt

Dieselben, Balagalajew und Welwizki.

BALAGALAJEW: So, so und nicht anders ordnest du das an – hörst du? *Zu Mirwolin.* Ah, du? Guten Tag!
MIRWOLIN: Untertänigsten Respekt, Nikolai Iwanytsch!
BALAGALAJEW *zu Welwizki*: So, wie ich es dir gesagt habe, verstehst du? Du hast mich doch verstanden?
WELWIZKI: Aber gewiß, gewiß!
BALAGALAJEW: Na also! So wird es am besten sein. Und nun geh! Wenn es soweit ist, lasse ich's dich wissen und dich rufen. Kannst gehen.
WELWIZKI: Jawohl! Und die Papiere in der Angelegenheit der Witwe Kaurowa soll ich also bereithalten?
BALAGALAJEW: Ja, natürlich, selbstverständlich ... Ich muß mich wundern! Das hättest du doch selbst begreifen müssen, mein Bester!
WELWIZKI: Aber Sie haben mir doch nichts davon...
BALAGALAJEW: Und wennschon! Ja, muß man dir wirklich alles sagen?
WELWIZKI: Zu Befehl. *Er geht.*
BALAGALAJEW: Nicht allzu leicht von Begriff, der junge Mann. *Zu Mirwolin.* Nun, wie geht's? *Er setzt sich.*
MIRWOLIN: Gottlob, Nikolai Iwanytsch, gottlob! Und wie ist Ihr eigenes Befinden?
BALAGALAJEW: Es macht sich. – Warst du in der Stadt?
MIRWOLIN: Ja, sicher, war ich; viel Neues gibt es da übrigens nicht. Der Kaufmann Seljodkin hat vorgestern einen Schlaganfall bekommen; darüber braucht man sich bei ihm aber nicht zu wundern. Der Rechtsanwalt hat gestern, so heißt es, wieder mal seine Frau ... Sie wissen schon ...
BALAGALAJEW: Wahrhaftig? So was von Unermüdlichkeit!
MIRWOLIN: Ich traf auch den Doktor Shurawljow; er läßt Sie grüßen. Und sah Pjotr Petrowitsch in einem neuen Wagen vorüberfahren. War offenbar unterwegs zu einer Gesellschaft – mit einem Lakaien, der einen neuen Hut aufhatte.

BALAGALAJEW: Er kommt heute her. – Und stellt der Wagen etwas dar?
MIRWOLIN: Wie soll ich sagen! Nein, eigentlich nicht. Die Form ist zwar ganz schön, aber im Grunde genommen – nein, ich weiß nicht, mir gefällt er nicht. Kein Vergleich mit Ihrem!
BALAGALAJEW: Meinst du? Hat er horizontale Federung?
MIRWOLIN: Das schon, horizontale Federung ist da; aber was hat man davon? Ich bitte Sie! Ist doch nur Angabe! Und dazu neigt er ein bißchen. Er soll die Absicht haben, wieder zu kandidieren.
BALAGALAJEW: Als Adelsmarschall?
MIRWOLIN: Ganz recht! Nun ja, von mir aus! Dann wird er wieder mit seinen Rappen durch die Gegend kutschieren.
BALAGALAJEW: Glaubst du? Im übrigen ist Pjotr Petrowitsch, das muß ich sagen, in jeder Beziehung ein höchst ehrenwerter Mann, der es durchaus verdienen würde ... Natürlich ist andererseits die schmeichelhafte Aufmerksamkeit des Adels ... Trink mal einen Wodka!
MIRWOLIN: Danke ergebenst!
BALAGALAJEW: Wieso? Hast du schon einen genehmigt?
MIRWOLIN: Das nicht! Nur spüre ich hier auf der Brust ... *Er hustet.*
BALAGALAJEW: Unsinn! Trink mal!
MIRWOLIN *trinkt*: Auf Ihr Wohl! Aber wissen Sie auch, Nikolai Iwanytsch, daß Pjotr Petrowitschs Familienname nicht Pechterjew, sondern Pechterjow lautet – Pechterjow und nicht Pechterjew.
BALAGALAJEW: Wie kommst du darauf?
MIRWOLIN: Ich bitte Sie! Wie sollte unsereins das nicht wissen? Ich habe schon seinen Vater und seine sämtlichen Onkel gekannt. Alle nannten sich Pechterjow, nicht Pechterjew, und das seit je! Pechterjew – so einen Familiennamen hat es hier nie gegeben! Wieso Pechterjew?
BALAGALAJEW: Ha! Im übrigen, was macht das schon aus? Hauptsache, man hat ein fühlendes Herz.
MIRWOLIN: Da belieben Sie allerdings vollkommen recht zu haben. Hauptsache, man hat ein fühlendes Herz. *Er blickt aus dem Fenster.* Da ist jemand vorgefahren.

BALAGALAJEW: Und ich bin noch im Schlafrock! Das kommt von all dem Schwatzen! *Er erhebt sich.*
ALUPKIN *hinter den Kulissen*: Melde: A-a-lupkin, Edelmann!
GERASSIM *tritt ein*: Sie werden von einem Herrn Alupkin gewünscht.
BALAGALAJEW: Alupkin? Wer mag das sein? Bitt ihn herein. – Du, sei so gut und unterhalte ihn solange. Ich bin gleich wieder da. *Er geht.*

Dritter Auftritt

Mirwolin und Alupkin.

MIRWOLIN: Nikolai Iwanowitsch wird sich sogleich einfinden. Möchten Sie nicht solange Platz nehmen?
ALUPKIN: Ergebensten Dank. Ich kann auch stehen. Gestatten Sie die Frage: Mit wem habe ich die Ehre?
MIRWOLIN: Mirwolin, Gutsbesitzer und hier in der Gegend zu Hause. Vielleicht haben Sie von mir schon gehört?
ALUPKIN: Nein, nie gehört. Im übrigen – sehr erfreut über das Zusammentreffen. Darf ich fragen: Ist Tatjana Semjonowna Baldaschowa mit Ihnen verwandt?
MIRWOLIN: Nein. Was ist das für eine Baldaschowa?
ALUPKIN: Eine Gutsbesitzerin im Gouvernement Tambow, verwitwet.
MIRWOLIN: Ah! Im Gouvernement Tambow!
ALUPKIN: Jawohl, im Gouvernement Tambow und verwitwet. Und gestatten Sie, daß ich mich erkundige: Kennen Sie den hiesigen Polizeihauptmann?
MIRWOLIN: Porfiri Ignatjitsch? Und ob! Ein alter Freund von mir.
ALUPKIN: Das größte Biest, das es auf dieser Welt gibt. Sie müssen schon entschuldigen, ich bin Soldat und immer geradeheraus; ich bin es gewöhnt, mich klipp und klar auszudrücken. Ich muß Ihnen sagen...
MIRWOLIN: Möchten Sie nach dem Weg vielleicht etwas zu sich nehmen?

ALUPKIN: Danke ergebenst, nein. – Ich muß Ihnen sagen, in dieser Gegend habe ich mich erst vor kurzem niedergelassen; bis dahin habe ich meist im Gouvernement Tambow gelebt. Da ich jedoch von meiner verstorbenen Frau zweiundfünfzig leibeigene Seelen in diesem Kreis geerbt habe...
MIRWOLIN: Und wo, wenn ich fragen darf?
ALUPKIN: Im Dörfchen Trjuchino, fünf Werst von der Landstraße nach Woronesh.
MIRWOLIN: Ah, kenn ich, kenn ich! Ein schönes Gütchen!
ALUPKIN: Ein regelrechter Dreck, lauter Sand... Nachdem ich also meine verstorbene Frau beerbt hatte, befand ich es für gut, nach hierher überzusiedeln, zumal mein Haus im Tambowschen, mit Verlaub, buchstäblich auseinandergefallen war. Nun, ich siedelte über – und was meinen Sie? Ihr Polizeihauptmann hat es bereits geschafft, meinen Ruf auf die unanständigste Weise zu untergraben.
MIRWOLIN: Was Sie nicht sagen! Wie unangenehm!
ALUPKIN: Nein, gestatten Sie, gestatten Sie! Lassen Sie mich ausreden! Einem anderen würde das vielleicht nichts ausmachen, aber ich habe eine Tochter, Jekaterina; das bitte ich zu bedenken! Ich hoffe jedoch auf Nikolai Iwanytsch. Ich hatte zwar erst zweimal das Vergnügen, ihn zu sehen, habe aber schon so viel Gutes von seinem Gerechtigkeitssinn gehört...
MIRWOLIN: Da kommt er gerade selber...

Vierter Auftritt

Dieselben und Balagalajew im Frack. Alupkin verneigt sich.

BALAGALAJEW: Sehr angenehm. Bitte setzen Sie sich. Ich... ich hatte, wenn ich nicht irre, das Vergnügen, Sie beim ehrenwerten Afanassi Matwejitsch zu sehen!
ALUPKIN: Jawohl, so ist es.
BALAGALAJEW: Sie sind doch, glaube ich, vor kurzem unser... ich meine, vor kurzem in unseren Kreis übergesiedelt?
ALUPKIN: Jawohl, so ist es.

BALAGALAJEW: Sie werden es, hoffe ich, nicht bereuen. *Kurzes Schweigen.* Was für ein heißer Tag heute ...
ALUPKIN: Nikolai Iwanytsch, erlauben Sie einem alten Soldaten, offen zu Ihnen zu sein!
BALAGALAJEW: Tun Sie mir den Gefallen! Worum geht es denn?
ALUPKIN: Nikolai Iwanytsch! Sie sind unser Marschall! Nikolai Iwanytsch! Sie sind sozusagen unser zweiter Vater; ich, Nikolai Iwanytsch, bin selber Vater!
BALAGALAJEW: Glauben Sie mir, das alles weiß ich, fühle ich allzugut; das ist meine Pflicht. Dazu die schmeichelhafte Aufmerksamkeit des Adels ... Sprechen Sie, worum handelt es sich?
ALUPKIN: Nikolai Iwanytsch! Ihr Polizeihauptmann ist, mit Verlaub, ein großer Halunke.
BALAGALAJEW: Hm. Sie drücken sich aber stark aus!
ALUPKIN: Nein, gestatten Sie, gestatten Sie! Belieben Sie mich anzuhören! Ein Bauer von mir soll Filipp, einem Bauern meines Nachbarn, einen Ziegenbock gestohlen haben. Erlauben Sie nur, daß ich frage: Was will ein Bauer mit einem Ziegenbock? Nein, sagen Sie mir, wozu braucht er einen Ziegenbock? Und warum soll – schließlich und endlich – gerade *mein* Bauer diesen Bock gestohlen haben? Wieso kein anderer? Welche Beweise gibt es? Aber nehmen wir einmal an, mein Bauer sei tatsächlich der Schuldige – was habe ich damit zu tun? Wie komme ich dazu, dafür geradezustehen? Wieso behelligt man damit mich? Da müßte ich mich ja für jeden Bock verantworten, und der Polizeihauptmann hätte das Recht, mir grob zu kommen ... Ich bitte Sie! Er sagte: „Der Bock hat sich in Ihrem Viehhof angefunden ..." Hol ihn mitsamt seinem Bock der Teufel! Es handelt sich hier nicht um den Bock, es handelt sich um den Anstand!
BALAGALAJEW: Erlauben Sie, ich finde mich, ehrlich gestanden, nicht ganz zurecht. Sie sagen, Ihr Bauer hat einen Ziegenbock gestohlen?
ALUPKIN: Nein, das sage nicht ich, das sagt der Polizeihauptmann.

BALAGALAJEW: Aber für solche Dinge ist doch, scheint mir, der Rechtsweg da. Ich weiß wahrhaftig nicht, warum Sie sich damit gerade an mich wenden!

ALUPKIN: Aber an wen denn sonst, Nikolai Iwanytsch? Belieben Sie die Angelegenheit zu schlichten! Ich bin ein alter Soldat, man hat mich gekränkt, mein Ehrgefühl verletzt. Der Polizeihauptmann sagt zu mir, und das so richtig auf gemeine Art: „Ich werde Ihnen ..." Ich bitte Sie!

GERASSIM *tritt ein*: Jewgeni Tichonytsch ist eingetroffen.

BALAGALAJEW *erhebt sich*: Entschuldigen Sie bitte! – Jewgeni Tichonytsch! Herzlich willkommen! Wie geht es Ihnen?

Fünfter Auftritt

Dieselben und Suslow.

SUSLOW: Bestens, bestens! Danke der Nachfrage. – Meine Herren, habe die Ehre ...

MIRWOLIN: Untertänigsten Respekt, Jewgeni Tichonytsch!

SUSLOW: Ah, du, guten Tag!

BALAGALAJEW: Und was macht Ihre Gattin?

SUSLOW: Lebt und gedeiht. – So was von Hitze! Wäre es nicht zu Ihnen, Nikolai Iwanytsch, gegangen, ich hätte mich bei Gott nicht von der Stelle gerührt.

BALAGALAJEW: Danke, danke! Bitte, bedienen Sie sich! *Zu Alupkin.* Entschuldigen Sie, wie ist Ihr Vor- und Vatersname?

ALUPKIN: Anton Semjonytsch.

BALAGALAJEW: Bester Anton Semjonytsch, setzen Sie mir die Gründe Ihres Mißvergnügens später auseinander, jetzt muß ich ... Sie sehen selber ... Ich werde der Angelegenheit, das können Sie mir glauben, besondere Aufmerksamkeit schenken – seien Sie nur unbesorgt. Sind Sie mit Jewgeni Tichonytsch bekannt?

ALUPKIN: Nein, das bin ich nicht.

BALAGALAJEW: Dann gestatten Sie, daß ich Sie einander vorstelle: Unser Richter, ein in jeder Beziehung höchst ehrenwerter, hochherziger, freimütiger Mann – Jewgeni Tichonytsch!

SUSLOW *steht am Tisch und spricht dem Imbiß zu*: Ja? Was ist?

BALAGALAJEW: Gestatten Sie, Sie mit einem neugebackenen Bewohner unseres Kreises bekannt zu machen: Alupkin, Anton Semjonytsch, ein neuer Gutsbesitzer.

SUSLOW *ohne sich beim Essen stören zu lassen*: Äußerst angenehm! Von wo sind Sie zu uns gekommen?

ALUPKIN: Aus dem Gouvernement Tambow.

SUSLOW: Ah! Ich habe einen Verwandten in Tambow – ein ausgemachter Hohlkopf. Ansonsten ist Tambow gar nicht so übel.

ALUPKIN: Nein, keineswegs.

SUSLOW: Wo bleiben denn unsere sanften Täubchen? Am Ende kommen sie gar nicht.

BALAGALAJEW: Nein, das glaube ich nicht. Mich wundert, daß sie noch nicht da sind. Sie sollten als erste hiersein.

SUSLOW: Und was meinen Sie, werden wir sie versöhnen?

BALAGALAJEW: Hoffentlich. Ich habe auch Pjotr Petrowitsch dazu eingeladen. Ja, bei dieser Gelegenheit, Anton Semjonytsch, ich habe eine Bitte an Sie. Sie können uns in einer Angelegenheit helfen, die sozusagen den ganzen Adel berührt.

ALUPKIN: Soso!

BALAGALAJEW: Es gibt bei uns einen Gutsbesitzer, Bespandin mit Namen; man meint, ein anständiger Kerl, ist aber verrückt; das heißt nicht eigentlich verrückt, sondern ... ach, was weiß ich! Dieser Bespandin nun hat eine Schwester, die verwitwete Kaurowa: geradeheraus gesagt, ein ausgesprochen behämmertes, störrisches Frauenzimmer. Nun, Sie werden sie ja kennenlernen ...

MIRWOLIN: Das liegt bei denen in der Familie, Nikolai Iwanytsch: Deren Mutter, die verstorbene Pelageja Arsenjewna, war noch schlimmer. Ihr soll in jungen Jahren ein Ziegelstein auf den Kopf gefallen sein – vielleicht rührt es daher ...

BALAGALAJEW: Möglich, wäre durchaus natürlich ... Nun, dieser Bespandin also und dessen Schwester, die Witwe Kaurowa, streiten sich schon das dritte Jahr über die Aufteilung einer Erbschaft. Eine Tante hat ihnen ihr wohlerworbenes Gut hinterlassen, und zwar – laut Testament – zu gleichen Teilen. Aber sie können sich einfach nicht einigen, und wenn du platzt! Besonders das Schwesterlein lehnt jeden Vorschlag rundheraus ab. Die Sache wäre fast vor Gericht gekommen, denn sie reichten Gesuche an die höchsten Stellen ein. Wie leicht ist da ein Unglück geschehen! So habe ich mich denn entschlossen, sozusagen die Wurzel des Übels mit fester Hand zu durchhauen, den beiden Einhalt zu gebieten und sie endlich zur Vernunft zu bringen. Ich habe sie für heute wieder zu mir bestellt, aber zum letztenmal; danach werde ich andere Maßnahmen ergreifen. In der Tat, wie komme ich dazu, mich damit abzuquälen? Soll das Gericht entscheiden. Als Friedensstifter und Zeugen habe ich den ehrenwerten Jewgeni Tichonytsch und Pjotr Petrowitsch Pechterjow, den ehemaligen Adelsmarschall, zu mir gebeten. Wären also vielleicht auch Sie bereit? Das heißt bereit, uns in dieser Angelegenheit beizustehen?

ALUPKIN: Mit Vergnügen, nur scheint mir, daß ich, da ich die streitenden Parteien nicht kenne...

BALAGALAJEW: Und wennschon! Hat nichts zu sagen! Sie sind ein hiesiger Gutsbesitzer und ein Mann mit Urteil. Ja, das ist sogar besser: So können sie Ihre Unparteilichkeit nicht bezweifeln.

ALUPKIN: Also bitte, ich bin bereit.

GERASSIM *tritt ein*: Frau Kaurowa ist eingetroffen.

BALAGALAJEW: Wie der Wolf in der Fabel!

Sechster Auftritt

Dieselben und Frau Kaurowa mit Hütchen und Handtäschchen.

BALAGALAJEW: Na endlich! Treten Sie näher, Anna Iljinischna! Treten Sie näher! Hierher, wenn's beliebt!

FRAU KAUROWA: Ferapont Iljitsch ist wohl noch nicht da?

BALAGALAJEW: Nein; aber er muß bald kommen. Möchten Sie nicht einen Imbiß zu sich nehmen?

FRAU KAUROWA: Ergebensten Dank! Ich esse nur Fastengerichte.

BALAGALAJEW: Also gut, dann einen Rettich oder Gurken? Wünschen Sie vielleicht Tee?

FRAU KAUROWA: Danke ergebenst, nein! Ich habe bereits gefrühstückt. – Bitte entschuldigen Sie die Verspätung, Nikolai Iwanytsch! *Sie setzt sich.* Dem Herrgott sei Dank, daß ich wenigstens mit heilen Knochen bei Ihnen angelangt bin; mein Kutscher hätte mich fast aus dem Wagen gekippt.

BALAGALAJEW: Was Sie nicht sagen! Und dabei ist die Straße, wie es scheint, doch gar nicht so schlecht!

FRAU KAUROWA: Es handelt sich nicht um die Straße, Nikolai Iwanytsch, o nein! – Sie sehen, Nikolai Iwanytsch, ich bin gekommen, nur verspreche ich mir keinerlei Nutzen davon. Ferapont Iljitschs Sinnesart ist mir nur zu gut bekannt, oh, nur zu gut!

BALAGALAJEW: Nun, Anna Iljinischna, das wird sich ja zeigen. Ich meinerseits hoffe im Gegenteil, Ihre Angelegenheit heute zu erledigen; wird ja auch Zeit.

FRAU KAUROWA: Gott geb's, Gott geb's! Ich, Nikolai Iwanytsch, bin, wissen Sie, mit allem einverstanden. Ich bin ein friedfertiger Charakter. Ich, Nikolai Iwanytsch, erhebe keinerlei Einspruch; wie sollte ich auch! Ich bin eine schutzlose Witwe, und Sie sind meine einzige Hoffnung. Ferapont Iljitsch aber will mich umbringen. Nun ja! Der Herrgott verzeih ihm! Wenn er nur meine minderjährigen Kinder verschont. Ich dagegen... Was bin ich schon?

BALAGALAJEW: Nicht doch, Anna Iljinischna, nicht doch! Lassen Sie mich Ihnen lieber unseren neuen Gutsbesitzer Anton Semjonytsch Alupkin vorstellen!

FRAU KAUROWA: Sehr erfreut, sehr erfreut.

BALAGALAJEW: Er wird, wenn Sie erlauben, an unserer Verhandlung teilnehmen.

FRAU KAUROWA: Einverstanden, Nikolai Iwanytsch, ich bin mit allem einverstanden. Von mir aus können Sie den ganzen Kreis, das ganze Gouvernement zusammenholen: Mein

Gewissen ist rein, Nikolai Iwanytsch. Ich weiß, sie werden alle für mich eintreten. Sie werden nicht gestatten, daß mir Unrecht geschieht. – Und wie ist Ihr Befinden, Jewgeni Tichonytsch?

SUSLOW: Gut! Was soll mir schon fehlen? Ergebensten Dank!

MIRWOLIN *küßt der Kaurowa die Hand*: Und was machen Ihre Kleinen, Anna Iljinischna?

FRAU KAUROWA: Noch sind sie, Gott sei Dank, am Leben. Aber wie lange noch? Die Ärmsten werden bald, sehr bald Vollwaisen sein!

SUSLOW: Nicht doch, Anna Iljinischna! Warum sagen Sie das? Sie werden uns noch alle überleben, Verehrteste!

FRAU KAUROWA: Was heißt – warum ich das sage, mein Bester? Es wird wohl Gründe geben, wenn sogar ich nicht schweigen kann. Das ist es ja eben! Und Sie wollen Richter sein! Glauben Sie vielleicht, ich rede so etwas ohne Beweise daher?

SUSLOW: Und was sind das für Beweise?

FRAU KAUROWA: Gleich, gleich ... Nikolai Iwanytsch, lassen Sie meinen Kutscher rufen!

BALAGALAJEW: Wen?

FRAU KAUROWA: Den Kutscher, meinen Kutscher Karpuschka. Er heißt Karpuschka.

BALAGALAJEW: Und wozu?

FRAU KAUROWA: Befehlen Sie schon, ihn zu rufen. Jewgeni Tichonytsch hier verlangt doch Beweise von mir...

BALAGALAJEW: Gestatten Sie, Anna Iljinischna...

FRAU KAUROWA: Nein, tun Sie mir den Gefallen!

BALAGALAJEW: Also meinetwegen. *Zu Mirwolin.* Spring doch bitte mal hin, mein Bester, und laß ihn kommen!

MIRWOLIN: Sofort! *Er geht hinaus.*

FRAU KAUROWA: Sie wollen mir immer wieder nicht glauben, Jewgeni Tichonytsch. Es ist nicht das erstemal! Gott verzeih Ihnen!

ALUPKIN: Gestatten Sie: Ich kann trotz allem nicht verstehen, wozu Sie Ihren Kutscher herzubefehlen belieben. Was soll er denn hier! Versteh ich nicht.

FRAU KAUROWA: Das werden Sie schon noch sehen.

ALUPKIN: Versteh ich nicht.

Siebenter Auftritt

Dieselben, dazu Karp und Mirwolin.

MIRWOLIN: Hier ist der Kutscher.
FRAU KAUROWA: Karpuschka, hör zu, sieh mich an! Sie wollen einfach nicht glauben, daß Ferapont Iljitsch dich mehrmals bestechen wollte... Hörst du mir zu oder nicht?
SUSLOW: Nun? Warum schweigst du, mein Bester? Hat ihr Bruder dich zu bestechen versucht?
KARP: Was heißt – zu bestechen?
SUSLOW: Das weiß ich nicht. Hier, Anna Iljinischna, sagt es.
FRAU KAUROWA: Karpuschka! Hör zu und sieh mich an! Erinnerst du dich, du hättest mich doch heute fast aus dem Wagen gekippt. Erinnerst du dich?
KARP: Ja, wann denn das?
FRAU KAUROWA: Wann? So was von Dummkopf! An der Wendung natürlich, kurz vor dem Wehr. Da hätten wir doch bald das eine Rad verloren.
KARP: Jawohl.
FRAU KAUROWA: Na also! Und weißt du noch, was ich da zu dir gesagt habe? Ich habe gesagt: „Gestehe, Ferapont Iljitsch hat dich bestochen: Karpuschka, mein Bester, hat er gesagt, kipp deine Herrin aus dem Wagen, daß sie tot ist; ich lasse dich nachher nicht im Stich..." Und erinnerst du dich, was du mir entgegnetest? Du sagtest: „Jawohl, tatsächlich, Herrin, ich bin vor Ihnen schuldig."
SUSLOW: Gestatten Sie, Anna Iljinischna. „Ich bin vor Ihnen schuldig" – das beweist noch gar nichts. Was wollte er damit sagen? Soll das heißen, daß er bestochen war und Sie absichtlich umkippen wollte, um Sie ums Leben zu bringen? Das ist es, worauf es ankommt! – Hast du das gestanden? He? Hast du's gestanden?
KARP: Was soll ich gestanden haben?
FRAU KAUROWA: Karpuschka, hör zu und sieh mich an. Ferapont Iljitsch wollte dich doch bestechen? Nun gut, du bist natürlich nicht darauf eingegangen... Aber spreche ich nicht die Wahrheit?

KARP: Wie belieben Sie zu sagen?
FRAU KAUROWA: Bitte, da haben Sie es.
SUSLOW: Gestatten Sie, gestatten Sie! – Jetzt antwortest du mir, mein Freund, aber vernünftig! Nimm dich zusammen!
FRAU KAUROWA: Nein, gestatten *Sie,* Jewgeni Tichonytsch! Damit bin ich nicht einverstanden. Sie wollen ihn einschüchtern, und das erlaube ich nicht. – Geh, Karpuschka, geh und sieh zu, daß du dich ausschläfst! Du bist ja wie im Tran. *Karp geht.* Das habe ich von Ihnen, ehrlich gestanden, nicht erwartet. Jewgeni Tichonytsch! Womit, frage ich Sie, habe ich das verdient?
SUSLOW: Geben Sie sich keine Mühe – mich wickeln Sie nicht ein!
BALAGALAJEW: Schon gut, schon gut, Anna Iljinischna! Nehmen Sie Platz und beruhigen Sie sich! Wir werden alles klären.
GERASSIM *tritt ein*: Herr Bespandin ist eingetroffen.
BALAGALAJEW: Na endlich! Gut, ich lasse selbstverständlich bitten.

Achter Auftritt

Dieselben und Bespandin.

BALAGALAJEW: Ah! Guten Tag! Sie haben aber auf sich warten lassen!
BESPANDIN: Ich bitte vielmals um Entschuldigung, Nikolai Iwanytsch! Ich kann nichts dafür... Guten Tag, Jewgeni Tichonytsch, Sie unbestechlicher Richter! Wie geht es Ihnen?
SUSLOW: Guten Tag!
BESPANDIN: Wissen Sie – *er verneigt sich vor der Schwester* –, was mich so aufgehalten hat? Stellen Sie sich vor, man hat mir den Sattel gestohlen. Aber wer, das ist unbekannt! Nichts zu wollen, ich mußte mir den Sattel meines Reitknechts geben lassen. *Er trinkt.* Ich, wissen Sie, pflege – einerlei, wo ich hin muß – zu reiten, der Sattel aber erwies sich als schauderhaft, ein richtiger Vorreitersattel. An Trab gar nicht zu denken.

BALAGALAJEW: Ferapont Iljitsch! Gestatten Sie, Sie bekannt zu machen: Alupkin, Anton Semjonytsch ...
BESPANDIN: Sehr angenehm. – Gehen Sie gerne auf Jagd?
ALUPKIN: Wie soll ich das verstehen? In welchem Sinne auf Jagd?
BESPANDIN: In welchem Sinne? Nun, selbstverständlich im Sinne des Wildes, der Hunde ...
ALUPKIN: Nein, für Hunde hab ich nichts übrig; ich schieße lieber auf stillsitzendes Vogelwild.
BESPANDIN *lacht*: Auf stillsitzendes ... haha ...
BALAGALAJEW: Entschuldigen Sie, meine Herren! Gestatten Sie mir, Ihr interessantes Gespräch zu unterbrechen. Von Hunden und stillsitzendem Vogelwild können wir uns ein andermal unterhalten. Jetzt aber schlage ich vor, keine Zeit mehr zu verlieren und zu der Angelegenheit zu kommen, derentwegen wir hier versammelt sind. Wir können auch ohne Pjotr Petrowitsch anfangen, meinen Sie nicht?
SUSLOW: Von mir aus!
BALAGALAJEW: Bitte also ergebenst, Platz zu nehmen. Ferapont Iljitsch, und auch Sie, Anton Semjonytsch!

Man setzt sich.

BESPANDIN: Nikolai Iwanytsch, ich achte Sie von ganzem Herzen und habe es schon immer getan. Ich bin jetzt auf Ihren Wunsch zu Ihnen gekommen, doch gestatten Sie mir, Ihnen im voraus zu sagen: Wenn Sie hoffen, mit meiner verehrten Schwester zu einem Ergebnis zu gelangen, dann muß ich Sie darauf aufmerksam machen ...
FRAU KAUROWA *die sich ein wenig erhebt*: Da haben Sie es, Nikolai Iwanytsch, nun sehen Sie selber ...
BALAGALAJEW: Gestatten Sie, gestatten Sie, Ferapont Iljitsch, und auch Sie, Anna Iljinischna! Ich muß Sie bitten, mir erst mal zuzuhören. Es war mir ein Vergnügen, Sie beide heute zu mir einzuladen, um endlich Ihre Zwistigkeiten beizulegen. Bedenken Sie, was für ein schlechtes Beispiel: Bruder und Schwester, beide aus sozusagen demselben Schoß hervorgegangen ...
BESPANDIN: Erlauben Sie, Nikolai Iwanytsch ...

ALUPKIN: Herr Bespandin, bitte unterbrechen Sie ihn nicht!
BESPANDIN: Und wieso belehren Sie mich?
ALUPKIN: Ich belehre Sie nicht, da ich von Nikolai Iwanytsch jedoch gebeten worden bin ...
BALAGALAJEW: Jawohl, Ferapont Iljitsch! Ich habe ihn, zusammen mit unserem ehrenwerten Jewgeni Tichonytsch, gebeten, zwischen Ihnen zu vermitteln. Ferapont Iljitsch! Anna Iljinischna! Ich wende mich an Sie. Wie ist das möglich? Bruder und Schwester, sozusagen aus ein und demselben Schoß hervorgegangen, und können nicht in Ruhe, in Frieden und Einvernehmen miteinander leben! Ferapont Iljitsch! Anna Iljinischna! So kommen Sie doch zur Vernunft! Ja, wozu rede ich denn mit Ihnen?! Doch nur zu Ihrem eigenen Besten! So fragen Sie sich doch: Was habe ich davon? Ich will doch nur Ihr Wohl!
BESPANDIN: Aber Sie wissen doch gar nicht, was für eine Person das ist, Nikolai Iwanytsch! Hören Sie sich mal an, was die verzapft; das ist doch weiß der Teufel was ... Ich bitte Sie!
FRAU KAUROWA: Und Sie? Sie bestechen meinen Kutscher, halten meine Stubenmädchen dazu an, mich zu vergiften – Sie sind darauf aus, mich umzubringen! Geradezu ein Wunder, daß ich noch am Leben bin!
BESPANDIN: Ich – Ihren Kutscher bestechen? Na, hören Sie mal!
FRAU KAUROWA: Jawohl, mein Herr! Er ist bereit, seine Aussage unter Eid zu wiederholen. Diese Herrschaften hier sind Zeugen.
BESPANDIN *zu den anderen*: Was redet sie da für einen Unsinn?
ALUPKIN *zu der Kaurowa*: Gestatten Sie! Gestatten Sie! Berufen Sie sich nicht auf mich! Von dem, was Ihr Kutscher hier vorgebracht hat, habe ich nicht das geringste verstanden. Das ist wieder so etwas wie die Geschichte mit meinem Ziegenbock.
FRAU KAUROWA: Mit Ihrem Ziegenbock? Wieso erinnert mein Kutscher an einen Ziegenbock? Da könnte man eher an Sie selber ...
BALAGALAJEW: Um Gottes willen, Herrschaften, hört auf!

Anna Iljinischna! Ferapont Iljitsch! Was habt ihr davon, euch gegenseitig Vorwürfe zu machen? Wäre es nicht besser, das Vergangene zu vergessen? Nein, wirklich, hört auf mich – macht Frieden! Schließt einander in die Arme! – Ihr schweigt?

BESPANDIN: Ja, was denn? Ich bitte Sie! Wie ist das möglich?! Hätte ich das gewußt, ich wäre nie im Leben hergekommen!

FRAU KAUROWA: Ich auch nicht.

BALAGALAJEW: Und wieso haben Sie mir soeben erklärt, Sie sind mit allem einverstanden?

FRAU KAUROWA: Ja, bin ich auch, aber nicht damit!

SUSLOW: Hach, Nikolai Iwanytsch, gestatten Sie, daß ich bemerke – Sie haben die Sache falsch angefaßt. Sie reden von Eintracht und Frieden... Ja, sehen Sie denn nicht, was das für Menschen sind?

BALAGALAJEW: Und was hätte ich Ihrer Ansicht nach tun sollen, Jewgeni Tichonytsch?

SUSLOW: Ja, wozu haben Sie sie denn herbestellt? Doch wohl der Teilung wegen? Eben um die geht doch bei ihnen der Streit. Bevor sie sich nicht einigen, werden weder Sie noch ich, noch irgendwer sonst Ruhe haben, und statt bei dieser Hitze zu Hause zu sitzen, werden wir auf den Landstraßen herumkutschieren. Kommen wir also zur Teilung, wenn Sie sie zu überreden hoffen... Wo sind die Pläne?

BALAGALAJEW: Gut, gehen wir ans Werk! – Gerassim!

GERASSIM *tritt ein*: Sie wünschen?

BALAGALAJEW: Hole Welwizki her!

BESPANDIN: Ich erkläre mich von vornherein mit allem einverstanden. Wie Nikolai Iwanytsch auch befinden mag, so soll es sein.

FRAU KAUROWA: Ich auch.

SUSLOW: Nun, wir werden ja sehen.

MIRWOLIN: Was lobenswert ist, muß lobenswert bleiben.

Neunter Auftritt

Dieselben und Welwizki mit den Plänen.

BALAGALAJEW: Ah! Tritt näher! *Er breitet die Pläne aus.* Hol uns doch mal das Tischchen da herüber! – Hier, bitte, belieben Sie sich das anzusehen. Da steht: „Dörfchen Kokuschkino nebst Rakowo, an Seelen männlichen Geschlechts nach der achten Zählung vierundneunzig..." Schauen Sie her, wie alles mit Bleistiftstrichen überzogen ist – wir schlagen uns nicht zum erstenmal damit herum. „An Land insgesamt siebenhundertzwölf Desjatinen, davon zur Nutzung wenig geeignetes einundachtzig und zum herrschaftlichen Gutshof und zur Allmende gehörendes neun; Gemengelage ist vorhanden, aber nicht viel." Dieses Gut nun haben wir zu gleichen Teilen zwischen dem Kollegienregistrator außer Dienst Ferapont Bespandin und dessen Schwester, der Leutnantswitwe Anna Kaurowa, aufzuteilen; beachten Sie – zu gleichen Teilen: So ist es im Testament von deren verstorbener Tante, der Architektenwitwe Filokalossowa, bestimmt.

BESPANDIN: Die Alte war vor ihrem Tode nicht ganz bei Troste. Statt mir das ganze Gut zu hinterlassen! Dann hätte es keinerlei Unannehmlichkeiten gegeben...

FRAU KAUROWA: Schau einer an, worauf Sie aus sind!

BESPANDIN: Ihren gesetzlichen Anteil hätte sie ja festsetzen können! Aber was kann man von einem Weibsbild schon erwarten?! Nun ja, dafür haben Sie ja auch, so sagt man, ihr Bologneser Hündchen jeden Morgen gebadet und gekämmt.

FRAU KAUROWA: Das ist aber gelogen! Ich und ein Hundevieh kämmen! Warum nicht gar! Seh ich so aus? Sie dagegen – das ist was anderes: Von Ihnen weiß man, daß Sie ein Hundenarr sind. Sie sollen – der Herrgott verzeih mir meine Sünde! – Ihren Köter mitten auf die Schnauze küssen.

BALAGALAJEW: Herrschaften! Ich muß Sie beide doch bitten, endlich mal still zu sein! Hören Sie also zu: Es ist nun schon gut drei Jahre her, seit die Tante tot ist, aber zu einer Einigung ist es – man stelle sich das vor! – noch immer nicht gekommen. Schließlich habe ich mich bereit erklärt, zwischen

Ihnen zu vermitteln, weil das, verstehen Sie, zu meinen Pflichten gehört; aber leider hatte ich bisher nicht den geringsten Erfolg. Und nun beachten Sie! Die eigentliche Schwierigkeit besteht in folgendem: Herr Bespandin und dessen Schwester wünschen nicht, in demselben Hause zu leben; das Gutshaus müßte also geteilt werden. Und das ist natürlich unmöglich!

BESPANDIN *nach einem Schweigen*: Also gut. Ich verzichte auf das Haus; soll sie mit ihm selig werden!

BALAGALAJEW: Sie verzichten darauf?

BESPANDIN: Ja. Wobei ich allerdings eine Entschädigung erhoffe.

BALAGALAJEW: Gewiß, ein gerechtfertigtes Verlangen!

FRAU KAUROWA: Nikolai Iwanytsch, das ist eine List, eine Finte, Nikolai Iwanytsch, weiter nichts! Er hofft dadurch die besten Bodenanteile zu bekommen – die Hanffelder und was es sonst noch gibt. Was soll er mit dem Haus? Er hat doch eins! Und das Haus der Tante ist ja auch schlecht genug...

BESPANDIN: Wenn es so schlecht ist...

FRAU KAUROWA: Die Hanffelder trete ich jedenfalls nicht ab. Ich bitte Sie! Ich bin Witwe und habe Kinder. Was fange ich ohne die Hanffelder an? So urteilen Sie doch selbst!

BESPANDIN: Wenn das Haus so schlecht ist...

FRAU KAUROWA: Wie Sie wollen, aber...

ALUPKIN: So lassen Sie ihn doch ausreden!

BESPANDIN: Wenn es so schlecht ist, dann übereignen Sie es doch mir, und lassen Sie sich auf andere Weise entschädigen!

FRAU KAUROWA: Warum nicht gar! Kennt man doch: eine Desjatine Land, die zu nichts nütze ist und aus lauter Steinen besteht, oder gar einen Sumpf, wo nur Schilf wächst, das nicht einmal die Bauernkühe fressen!

BALAGALAJEW: Einen solchen Sumpf gibt es auf Ihrem Gut doch gar nicht.

FRAU KAUROWA: Also schön, wenn keinen Sumpf, dann etwas anderes in dieser Art! Eine Entschädigung? Nein, ergebensten Dank! Das kenne ich.

ALUPKIN *zu Mirwolin*: Sind die Frauen in Ihrem Kreise alle so?

MIRWOLIN: Nun, es gibt auch schlimmere.

BALAGALAJEW: Herrschaften, Herrschaften! Gestatten Sie, gestatten Sie! Ich muß aufs neue um Ruhe bitten. Mein Vorschlag ist folgender: Wir teilen jetzt gemeinsam den ganzen Grund und Boden in zwei Besitztümer auf; das eine schließt das Haus mitsamt den Wirtschaftsgebäuden ein, und zum anderen geben wir zum Ausgleich einiges Land dazu; sollen sie aussuchen, welches sie haben wollen.

BESPANDIN: Ich bin einverstanden.

FRAU KAUROWA: Ich nicht.

BALAGALAJEW: Und warum nicht?

FRAU KAUROWA: Wer wählt denn als erster?

BALAGALAJEW: Darüber entscheidet das Los.

FRAU KAUROWA: Der Herrgott beschütze mich! Was soll das? Auf keinen Fall! Sind wir etwa Heiden?

BESPANDIN: Also gut, Sie wählen als erste.

FRAU KAUROWA: Und ich bin dennoch nicht einverstanden!

ALUPKIN: Ja, weshalb denn nicht?

FRAU KAUROWA: Welchen Anteil soll ich denn nun wählen? Und wenn ich mir den falschen aussuche?

BALAGALAJEW: Gestatten Sie, wie sollten Sie das? Die Anteile werden gleichwertig sein. Und wenn der eine wirklich ein bißchen besser ausfällt als der andere – Ferapont Iljitsch überläßt Ihnen doch die Wahl!

FRAU KAUROWA: Und wer sagt mir, welcher der bessere ist? Nein, Nikolai Iwanytsch, das ist schon Ihre Aufgabe! Machen Sie sich die Mühe und bestimmen Sie selber, welcher Anteil mir gehören soll. Den nehme ich dann und werde zufrieden sein.

BALAGALAJEW: Meinetwegen. Das Haus mitsamt den Wirtschaftsgebäuden und dem Hof wird also Frau Kaurowa zugesprochen.

BESPANDIN: Auch der Garten?

FRAU KAUROWA: Selbstverständlich! Was wäre ein Haus ohne Garten? Außerdem ist der Garten ja auch ein Dreck; fünf, sechs Apfelbäume und die Äpfel sauer, daß man den Mund verzieht. Überhaupt ist der Gutshof keinen Groschen wert.

BESPANDIN: Mein Gott, dann überlassen Sie ihn doch mir!

BALAGALAJEW: Also – das Haus mitsamt dem Garten, den Wirtschaftsgebäuden und dem ganzen Gutshof wird Frau Kaurowa zugesprochen. Gut! Würden Sie jetzt einmal herschauen! – Welwizki, lies doch mal vor, Verehrter, wie die Aufteilung bei mir gedacht ist!

WELWIZKI *verliest nach einem Heft*: „Projekt der Aufteilung zwischen dem Gutsbesitzer Ferapont Bespandin und dessen Schwester, der verwitweten Adligen Kaurowa..."

BALAGALAJEW: Fang gleich mit dem Verlauf der Linie an!

WELWIZKI: „Der Verlauf der Linie vom Punkt A..."

BALAGALAJEW: Schauen Sie: hier vom Punkt A.

WELWIZKI: „Vom Punkt A an der Grenze des Besitztums der Woluchina bis zum Punkt B an der Ecke des Wehrs."

BALAGALAJEW: Bis zum Punkt B an der Ecke des Wehrs... Jewgeni Tichonytsch, was ist denn?

SUSLOW *aus einiger Entfernung*: Ich sehe schon!

WELWIZKI: „Vom Punkt B..."

FRAU KAUROWA: Und darf ich fragen: Wem gehört der Teich?

BALAGALAJEW: Selbstverständlich beiden; das heißt: Das rechte Ufer gehört dem einen, das linke dem anderen.

FRAU KAUROWA: Da! Ach was!

BALAGALAJEW: Weiter, weiter!

WELWIZKI: „Die unbestellten Flächen aber – die eine ist achtundvierzig, die andere siebenundsiebzig Desjatinen groß – gehen zu gleichen Teilen an beide."

BALAGALAJEW: Und hier nun schlage ich folgendes vor: Derjenige, der auf den Gutshof verzichtet, erhält die ganze erste Brachfläche, das heißt vierundzwanzig Desjatinen, zusätzlich zugeschlagen. Hier sind sie: da die erste und da die zweite.

WELWIZKI: „Der Eigentümer des ersten Anteils verpflichtet sich, zwei Höfe auf seine Rechnung in den zweiten Anteil zu verlegen; die umgesiedelten Bauern können ihre Hanffelder zwei Jahre weiter nutzen..."

FRAU KAUROWA: Ich beabsichtige, weder Bauern umzusiedeln noch Hanffelder abzutreten.

BALAGALAJEW: Na, hören Sie mal!

FRAU KAUROWA: Auf keinen Fall, Nikolai Iwanytsch, auf keinen Fall!

ALUPKIN: Bitte unterbrechen Sie nicht, meine Dame!

FRAU KAUROWA *bekreuzigt sich*: Was ist das? Was heißt das? Träume ich vielleicht? Ich weiß danach wahrhaftig nicht mehr, was ich sagen soll! Die Hanffelder für zwei Jahre zur Nutzung, der Teich gemeinsamer Besitz! Da verzichte ich lieber auf das Haus.

BALAGALAJEW: Gestatten Sie immerhin, darauf aufmerksam zu machen, daß Ferapont Iljitsch...

FRAU KAUROWA: Nein, mein Bester, geben Sie sich keine Mühe! Ich sehe schon, ich habe Sie – wer weiß womit – gekränkt...

BALAGALAJEW *zugleich mit ihr*: So hören Sie doch zu, Anna Iljinischna! Da kommen Sie mir mit Ihren Höfen und Hanffeldern, und Ihr Bruder soll zu seinem Teil ganze vierundzwanzig Desjatinen Brachland bekommen...

FRAU KAUROWA *zugleich mit ihm*: Nein, kein Wort mehr davon, Nikolai Iwanytsch! Ich bitte Sie! Ich wäre doch eine dumme Gans, wenn ich die Hanffelder ohne Entschädigung hergäbe! Eins sollten Sie nicht vergessen, Nikolai Iwanytsch: Ich bin Witwe, und es gibt niemand, der für mich eintritt; ich habe minderjährige Kinder – wenn Sie wenigstens mit denen Mitleid hätten!

ALUPKIN: Das geht zu weit! Nein, das geht zu weit!

BESPANDIN: Sie finden also, daß mein Anteil besser ist als der Ihre?

FRAU KAUROWA: Vierundzwanzig Desjatinen!

BESPANDIN: Nein, sagen Sie, ist er besser?

FRAU KAUROWA: Erbarmen Sie sich! Vierundzwanzig Desjatinen!

ALUPKIN: So antworten Sie doch! Ist er besser? Ja? Ist er besser, ist er das?

FRAU KAUROWA: Ja, was fällst du denn immerfort über mich her, Verehrter? Ist das bei euch im Gouvernement Tambow so üblich? Niemand weiß, wo er auf einmal herkommt und was für ein Mensch er ist, aber schau einer an, wie er sich aufplustert!

ALUPKIN: Ich muß doch bitten, sich nicht zu vergessen, meine Dame! Und wenn Sie auch, soweit mir bekannt, eine Frau sind, das lasse ich mir nicht gefallen! Ich bin, hol's der Teufel, ein alter Soldat!

BALAGALAJEW: Genug, genug, Herrschaften! Anton Semjonytsch, ich bitte Sie, beruhigen Sie sich! Das hilft uns doch nicht weiter...

ALUPKIN: Aber wie komme ich dazu...

FRAU KAUROWA: Sie sind ein Irrer! Er ist ein Irrer!

BESPANDIN: Anna Iljinischna, ich komme trotz allem auf meine Frage zurück: Ist mein Anteil Ihrer Ansicht nach besser?

FRAU KAUROWA: Natürlich ist er das! Zu ihm gehört mehr Land.

BESPANDIN: Gut, dann tauschen wir doch!

Sie schweigt.

BALAGALAJEW: Nun, warum schweigen Sie?

FRAU KAUROWA: Was fang ich denn ohne Haus an? Was soll mir nach alledem das Dorf?

BESPANDIN: Wenn mein Anteil aber der bessere ist? Geben Sie mir das Haus und nehmen Sie sich die vierundzwanzig Desjatinen!

Schweigen.

BALAGALAJEW: Gestatten Sie, Anna Iljinischna, seien Sie endlich vernünftig und folgen Sie dem Beispiel Ihres Bruders. Ich kann mich heute nicht genug über ihn freuen. Sehen Sie denn nicht selbst, daß man Ihnen in jeder Beziehung entgegenkommt? Sie brauchen nur zu sagen, welchen Anteil Sie möchten.

FRAU KAUROWA: Ich habe schon erklärt, daß ich nicht die Absicht habe, zwischen den Anteilen zu wählen...

BALAGALAJEW: Sie haben weder die Absicht, zwischen den Anteilen zu wählen noch überhaupt auf etwas einzugehen. Ich bitte Sie! Ich muß Ihnen sagen, Anna Iljinischna, daß ich am Ende meiner Kräfte bin. Wenn wir auch heute wieder zu keinem Ergebnis gelangen, dann lehne ich es ab, mich weiter als Vermittler zwischen Ihnen zu betätigen. Sollen die Gerichte entscheiden! Teilen Sie uns wenigstens mit, was Sie denn nun eigentlich wollen!

FRAU KAUROWA: Ich will gar nichts, Nikolai Iwanytsch! Ich verlasse mich ganz auf Sie, Nikolai Iwanytsch!

BALAGALAJEW: Und dabei haben Sie kein Vertrauen zu mir. Wir müssen doch endlich zu einem Ende kommen, Anna Iljinischna! Ich bitte Sie! Das zieht sich nun schon das dritte Jahr hin! So sagen Sie doch, wozu entschließen Sie sich?

FRAU KAUROWA: Was soll ich schon sagen, Nikolai Iwanytsch? Ich sehe, alle sind gegen mich. Ihr seid fünf, und ich bin allein. Ich bin eine Frau, mich kann man natürlich leicht einschüchtern; und einen anderen Schutz als Gott habe ich nicht. Ich bin in Ihrer Gewalt: Machen Sie mit mir, was sie wollen!

BALAGALAJEW: Das ist nun schon unverzeihlich! Sie reden Gott weiß was zusammen. Wir sind fünf, und Sie sind allein ... Ja, nötigen wir Sie denn zu etwas?

FRAU KAUROWA: Was denn sonst!

BALAGALAJEW: Das ist ja schauderhaft!

ALUPKIN *zu Balagalajew*: So geben Sie es doch auf!

BALAGALAJEW: Warten Sie, Anton Semjonytsch! – Anna Iljinischna, Teuerste, hören Sie zu! Sagen Sie uns, was Sie wollen! Vielleicht das Haus behalten und die Entschädigung für Ihren Bruder herunterdrücken? Um wieviel? Überhaupt, wie sind Ihre Bedingungen?

FRAU KAUROWA: Was soll ich Ihnen erwidern, Nikolai Iwanytsch? Wir werden uns hier sowieso nicht einigen. Der Herrgott wird entscheiden, Nikolai Iwanytsch!

BALAGALAJEW: Nun, hören Sie zu: Ich merke, Sie sind mit meinem Vorschlag nicht einverstanden ...

ALUPKIN: So antworten Sie schon!

SUSLOW *zu Alupkin*: Genug! Sie sehen doch, die Frau hat einen Dickkopf!

FRAU KAUROWA: Nun ja, natürlich nicht.

BALAGALAJEW: Gut! Dann sagen Sie uns, warum nicht?

FRAU KAUROWA: Das kann ich Ihnen nicht sagen.

BALAGALAJEW: Und wieso nicht?

FRAU KAUROWA: Ich kann es eben nicht.
BALAGALAJEW: Aber Sie verstehen mich vielleicht nicht?
FRAU KAUROWA: Ich verstehe Sie allzugut, Nikolai Iwanytsch!
BALAGALAJEW: Dann verraten Sie uns endlich, und darum bitte ich Sie zum letztenmal: Womit wären Sie zufrieden, auf welche Vorschläge würden Sie eingehen?
FRAU KAUROWA: Nein, da bitte ich um Entschuldigung! Mit Gewalt können Sie mit mir machen, was Sie wollen – ich bin eine Frau; aber mit meiner Einwilligung, nein, verzeihen Sie ... Eher will ich sterben als mich einverstanden erklären.
ALUPKIN: Sie wollen eine Frau sein? Sie sind der Teufel in Person! Da haben Sie es! Eine Querulantin sind Sie!
BALAGALAJEW: Anton Semjonytsch! } *Alle zugleich.*
FRAU KAUROWA: Ach, du meine Güte!
SUSLOW: Genug! Genug! } *Alle zugleich.*
MIRWOLIN: Genug! Genug!
ALUPKIN *zu Frau Kaurowa*: Hör zu! Ich bin ein alter Soldat. Was ich dir sage, sage ich nicht zum Spaß. Spiel dich nicht auf und komm zur Besinnung, sonst geht's dir schlecht. Ich scherze nicht, hast du verstanden? Ich würde ja nichts einwenden, wenn du etwas Vernünftiges vorzubringen hättest, aber du sperrst dich gegen alles wie ein störrischer Esel. Nimm dich in acht, Weibsbild, nimm dich in acht, sage ich dir!
BALAGALAJEW: Anton Semjonytsch! Ich muß gestehen ...
BESPANDIN: Nikolai Iwanytsch, das ist meine Sache! *Zu Alupkin.* Mein Herr! Gestatten Sie, daß ich mich erkundige, was Ihnen das Recht gibt ...
ALUPKIN: Wie? Sie treten für Ihre Schwester ein?
BESPANDIN: Nein, nicht für meine Schwester, meine Schwester ist für mich ... Ich pfeife auf sie! Es geht um die Familienehre!
ALUPKIN: Um Ihre Familienehre? Und womit habe ich Ihre Familienehre angetastet?
BESPANDIN: Was heißt – womit? Wie ich das finde! Ihrer Ansicht nach kann also jeder Hergelaufene ...
ALUPKIN: Wa-as, mein Herr?
BESPANDIN: Wa-as, mein Herr?

ALUPKIN: Folgendes: In einem fremden Hause zu krakeelen ist ungehörig. Sie sind Edelmann, und ich bin Edelmann. Würden Sie mir also gefälligst morgen...
BESPANDIN: Mit jeder beliebigen Waffe! Und sei es mit dem Messer!
BALAGALAJEW: Herrschaften, aber Herrschaften! Was soll das? Schämen Sie sich denn nicht? Ich bitte Sie. In meinem Hause...
BESPANDIN: Mich können Sie nicht einschüchtern, mein Herr!
ALUPKIN: Ich habe keine Angst vor Ihnen; und Ihre Schwester – einfach unanständig, auszusprechen, was sie ist!
FRAU KAUROWA: Ich bin einverstanden, ich bin mit allem einverstanden, meine Verehrten! Lassen Sie mich unterschreiben! Ich unterschreibe alles, was Sie wollen!
SUSLOW *zu Mirwolin*: Wo ist meine Mütze? Hast du nicht meine Mütze gesehen, Bester?
BALAGALAJEW: Herrschaften, aber Herrschaften!
GERASSIM *kommt herein und ruft*: Pjotr Petrowitsch Pechterjew!

Zehnter Auftritt

Dieselben und Pechterjew.

PECHTERJEW *tritt ein*: Seien Sie gegrüßt, mein lieber Nikolai Iwanytsch!
BALAGALAJEW: Habe die Ehre, Pjotr Petrowitsch! Wie geht's der Gattin?
PECHTERJEW *verneigt sich nach allen Seiten*: Meine Herrschaften! Meine Frau ist Gott sei Dank wohlauf. Cher Balagalajew, bitte entschuldigen Sie die Verspätung! Sie haben, wie ich sehe, ohne mich angefangen und auch sehr gut daran getan. Wie ist Ihr Befinden, Jewgeni Tichonytsch? Ferapont Iljitsch? Anna Iljinischna? *Zu Mirwolin.* Ah! Auch du dabei, du Kümmerling? – Nun, was ist, kommt die Angelegenheit voran?
BALAGALAJEW: Das kann man nicht gerade behaupten.

PECHTERJEW: Nein, wirklich? Und ich habe geglaubt ... Ach, Herrschaften, Herrschaften! Das ist nicht schön! Gestattet, daß ich alter Mann mit euch schelte. Man muß zu einem Schluß kommen, ja, zu einem Schluß!

BALAGALAJEW: Möchten Sie nicht einen Imbiß zu sich nehmen?

PECHTERJEW: Nein, danke. *Er nimmt Balagalajew beiseite und zeigt auf Alupkin.* Qui est ça?

BALAGALAJEW: Ein neuer Gutsbesitzer, ein gewisser Alupkin. Ich stelle ihn Ihnen vor. – Anton Semjonytsch, gestatten Sie, Sie mit unserem hochverehrten Pjotr Petrowitsch bekannt zu machen? – Alupkin, Anton Semjonytsch, aus dem Gouvernement Tambow.

ALUPKIN: Sehr erfreut.

PECHTERJEW: Willkommen in unseren Gegenden! – Aber warten Sie mal. Alupkin? Ich habe in Petersburg einen Alupkin gekannt. So einen großen stattlichen Mann, hatte den weißen Star auf einem Auge, war ein leidenschaftlicher Kartenspieler und baute immerfort Häuser. Ist er vielleicht mit Ihnen verwandt?

ALUPKIN: Nein, keineswegs. Ich habe keine Verwandten.

PECHTERJEW: Sie haben keine Verwandten? Was Sie nicht sagen! – Wie geht's Ihren Kleinen, Anna Iljinischna?

FRAU KAUROWA: Danke der Nachfrage, Pjotr Petrowitsch! Gott sei Dank gut.

PECHTERJEW: Ja, Herrschaften, was ist denn nun? Machen wir weiter, machen wir weiter! Plaudern können wir nachher! An welchem Punkt habe ich Sie unterbrochen?

BALAGALAJEW: Sie haben uns gar nicht unterbrochen, Pjotr Petrowitsch! Sie sind sogar genau im richtigen Augenblick gekommen. Die Sache ist nämlich die ...

PECHTERJEW: Was ist das? Pläne? *Er setzt sich an den Tisch.*

BALAGALAJEW: Ja, Pläne. Schauen Sie, Pjotr Petrowitsch, wir kommen einfach nicht weiter, das heißt, es gelingt uns nicht, zwischen Herrn Bespandin und seiner Schwester eine Einigung zu erzielen. Ich muß gestehen, ich fange an, an dem Erfolg zu zweifeln, und würde mich am liebsten mit der Angelegenheit nicht mehr befassen.

PECHTERJEW: Zu Unrecht, zu Unrecht, Nikolai Iwanytsch! Ein wenig Geduld! Der Adelsmarschall muß die verkörperte Geduld sein!

BALAGALAJEW: Sehen Sie, Pjotr Petrowitsch, der Gutshof bleibt mit Zustimmung beider Eigentümer unaufgeteilt und wird dem einen Anteil zugeschlagen; die Schwierigkeit besteht nun in folgendem: Welche Entschädigung setzt man als Ausgleich für den Gutshof fest? Ich schlage vor, das ganze Brachland hier...

PECHTERJEW: Dieses Brachland? Ja, Augenblick mal, ja, ja...

BALAGALAJEW: Und eben damit quälen wir uns jetzt ab. Er hier ist einverstanden, seine Schwester dagegen geht auf gar nichts ein, sie weigert sich sogar, uns ihre Wünsche darzulegen.

ALUPKIN: Mit einem Wort – man kommt nicht von der Stelle.

PECHTERJEW: Soso! Soso! Aber wissen Sie was, Nikolai Iwanytsch? Sie sind natürlich besser im Bilde als ich, und dennoch würde ich das Land an Ihrer Stelle anders aufteilen.

BALAGALAJEW: Und wie?

PECHTERJEW: Vielleicht ist das, was ich jetzt sagen werde, auch Unsinn; da müssen Sie mich alten Mann schon entschuldigen... Savez-vous, cher ami? Mir scheint, man sollte die Aufteilung... Darf ich um einen Bleistift bitten?

MIRWOLIN: Hier, bitte ergebenst.

PECHTERJEW: Danke. Ich, Nikolai Iwanytsch, würde die Linie so ziehen, schauen Sie! Von hier nach da, von da nach hierher, von dort nun nach da, und von da schließlich hierher.

BALAGALAJEW: Aber Pjotr Petrowitsch, ich bitte Sie! Erstens werden die Anteile nicht gleich sein...

PECHTERJEW: Und wennschon!

BALAGALAJEW: Und zweitens gibt es in diesem Teil überhaupt keine Heuschläge.

PECHTERJEW: Hat nichts zu sagen. Gras wächst überall.

BALAGALAJEW: Außerdem – Sie überlassen also das ganze Wäldchen einem Eigentümer?

FRAU KAUROWA: Ja, diesen Anteil würde ich mit Vergnügen nehmen!

BALAGALAJEW: Und wie unbequem es zum Beispiel für die Bauern sein wird, von hier nach da zu fahren!

PECHTERJEW: Alle Ihre Einwände lassen sich leicht widerlegen; im übrigen sind Sie natürlich besser im Bilde ... Entschuldigen Sie.

FRAU KAUROWA: Mir gefällt das aber sehr gut.

ALUPKIN: Was gefällt Ihnen sehr gut?

FRAU KAUROWA: Wie Pjotr Petrowitsch es aufgeteilt hat.

BESPANDIN: Erlauben Sie, daß ich's mir ansehe!

FRAU KAUROWA: Wie Sie wollen, ich jedenfalls bin mit Pjotr Petrowitschs Vorschlag einverstanden.

ALUPKIN: Schauderhaft! Sie hat sich noch gar nichts angesehen, aber sie redet!

FRAU KAUROWA: Und woher weißt du, Verehrter, ob ich mir etwas angesehen habe oder nicht?

ALUPKIN: Nun, wenn Sie es sich angesehen haben, dann sagen Sie doch: Welchen Anteil würden Sie nehmen?

FRAU KAUROWA: Welchen? Na, den mit dem Wäldchen, den Heuschlägen und recht viel Land.

ALUPKIN: Ja doch, am liebsten gleich alles!

SUSLOW *zu Alupkin*: Laß das!

PECHTERJEW *zu Bespandin*: Wie finden Sie meinen Vorschlag?

BESPANDIN: Ehrlich gestanden, nicht allzu gut. Im übrigen bin ich einverstanden, wenn man mir diesen Anteil gibt.

FRAU KAUROWA: Auch ich bin mit dem Anteil einverstanden.

ALUPKIN: Mit welchem?

FRAU KAUROWA: Nun, mit dem, den mein Bruder haben will.

SUSLOW: Da sage man noch, sie geht auf gar nichts ein!

PECHTERJEW: Gestatten Sie, gestatten Sie mal! Schließlich kann man nicht beiden ein und denselben Anteil zuweisen; einer von Ihnen muß sich aufopfern, muß Großmut beweisen und mit dem schlechteren Anteil vorliebnehmen.

BESPANDIN: Und darf ich fragen, welchem Teufel zuliebe ich Großmut beweisen soll?

PECHTERJEW: Welchem ... hm ... zuliebe ... Sie drücken sich aber reichlich sonderbar aus! Ihrer Schwester zuliebe!

BESPANDIN: Da haben wir den Salat!

PECHTERJEW: Vergessen Sie nicht, Ihre Schwester gehört zum

schwachen Geschlecht; sie ist eine Frau, und Sie sind ein Mann. Ferapont Iljitsch, sie ist doch eine Frau?
BESPANDIN: Halt, ich sehe, Sie kommen ins Philosophieren.
PECHTERJEW: Was finden Sie daran so Philosophisches?
BESPANDIN: Die Philosophie!
PECHTERJEW: Da muß ich mich aber wundern! Herrschaften, wundern Sie sich nicht auch?
ALUPKIN: Ich? Nein, ich wundere mich heute über gar nichts mehr. Und wenn Sie mir sagen, Sie haben Ihren leiblichen Vater verspeist, ich werde mich nicht wundern, sondern es Ihnen glauben.
BALAGALAJEW: Herrschaften, Herrschaften! Gestatten Sie mir, ein Wort zu sagen! Schon der aufs neue entflammte Widerstand der Parteien zeigt Ihnen, teuerster Pjotr Petrowitsch, daß Ihre Aufteilung nicht recht geglückt ist...
PECHTERJEW: Nicht recht geglückt!? Erlauben Sie, wieso denn nicht geglückt? Das muß erst bewiesen werden! Ich leugne ja nicht, Ihr Vorschlag mag ausgezeichnet sein; aber auch über meinen sollte man nicht urteilen, ohne genauer hingeschaut zu haben. Ich habe den Strich sozusagen en gros gezogen; natürlich kann ich mich in der oder jener Einzelheit geirrt haben. Selbstverständlich muß man die beiden Anteile einander angleichen, sich alles näher ansehen und überdenken; aber wieso denn nicht geglückt?
ALUPKIN *zu Suslow*: Was hat er da für einen Strich gezogen?
SUSLOW: Einen Strich en gros.
ALUPKIN: Und was bedeutet das?
SUSLOW: Weiß der Himmel! Scheint Deutsch zu sein.
BALAGALAJEW: Also gut, Pjotr Petrowitsch, sagen wir, Ihr Vorschlag ist ausgezeichnet, ist ganz vortrefflich; die Hauptsache bleibt aber doch, daß die Aufteilung gleichmäßig erfolgt. Das ist das Problem!
PECHTERJEW: Gewiß. Im übrigen sind Sie am besten im Bilde. Da kann ich mich mit Ihnen natürlich nicht messen. Sie meinen, mein Vorschlag ist mißglückt...
BALAGALAJEW: Aber nein, Pjotr Petrowitsch...
FRAU KAUROWA: Ich verstehe, warum Nikolai Iwanytsch auf dem seinen besteht!

BALAGALAJEW: Was wollen Sie damit sagen, meine Dame? Bitte, äußern Sie sich!

FRAU KAUROWA: Ich weiß schon, was ich sage!

BALAGALAJEW: Ich bestehe darauf, daß Sie sich näher erklären!

FRAU KAUROWA: Nikolai Iwanytsch hat die Absicht, Ferapont Iljitsch das Wäldchen für ein Butterbrot abzukaufen. Und da ist er eben bemüht, es ihm zuzuschlagen.

BALAGALAJEW: Anna Iljinischna, gestatten Sie, daß ich bemerke – Sie vergessen sich! Ist Ferapont Iljitsch vielleicht ein Kind? Und werden Sie Ihren Anteil nicht bekommen? Wer hat Ihnen überhaupt gesagt, daß ich dieses Wäldchen erwerben will? Und können Sie Ihrem Bruder etwa verbieten, sein Eigentum zu verkaufen?

FRAU KAUROWA: Nein, das kann ich nicht, aber es geht hier um etwas anderes, und zwar darum: Sie handeln nicht nach bestem Wissen und Gewissen, das heißt, nicht so, wie die Gerechtigkeit es verlangt, sondern wie es für Sie am vorteilhaftesten ist.

BALAGALAJEW: Oh, das geht zuweit!

ALUPKIN: Ah, jetzt sagen Sie dasselbe wie ich!

PECHTERJEW: All das ist, ich muß gestehen, dunkel und äußerst verworren.

BALAGALAJEW: Aber das muß doch jeden auf die Palme bringen! Was gibt es hier so Dunkles, Verworrenes? Also gut, ich habe die Absicht, Ferapont Iljitsch dieses Wäldchen abzukaufen; ich will vielleicht sogar seinen ganzen Anteil erwerben. Und was folgt daraus, wenn ich fragen darf? Ich handle nicht nach bestem Wissen und Gewissen? Daß Sie das über die Zunge bringen konnten! Anna Iljinischna ist eine Frau, ihr sehe ich es nach; aber Sie, Pjotr Petrowitsch... Verworren! Sie sollten sich erst einmal auschauen, ob das Gut auch richtig aufgeteilt ist. Und das muß es doch wohl sein, wenn ihr das Recht der Wahl überlassen wird!

PECHTERJEW: Sie sollten sich nicht so ereifern, Nikolai Iwanytsch!

BALAGALAJEW: Ich bitte Sie! Wenn man mich weiß der Himmel wessen verdächtigt, mich, den Adelsmarschall, der der schmeichelhaften Auszeichnung durch den Adel für würdig befunden wurde! Ich bitte Sie! Wie sollte ich mich nicht aufregen, wenn man meine Ehre antastet!

PECHTERJEW: Ihre Ehre tastet niemand an; außerdem – warum sollte man den eigenen Vorteil nicht mit dem des anderen vereinen, wenn niemand dadurch ein Unrecht geschieht, wie man zu sagen pflegt? Was aber den Adelsmarschall betrifft – glauben Sie mir, Nikolai Iwanytsch, nicht immer wird der Würdigste gewählt, und setzt man einen ab, dann heißt das noch lange nicht, daß er sich nicht bewährt hat. Im übrigen bezieht sich das alles natürlich nicht auf Sie.

BALAGALAJEW: Ich verstehe, Pjotr Petrowitsch! Ich verstehe, daß Sie auf sich selber anspielen und bei dieser Gelegenheit auch auf mich. Nun, versuchen Sie's doch! Die Wahl ist nicht mehr fern. Vielleicht öffnet der Adel diesmal endlich die Augen und erkennt Ihre wahren Vorzüge.

PECHTERJEW: Sollte der Adel mich durch sein Vertrauen ehren – ich sage nicht nein, verlassen Sie sich darauf!

FRAU KAUROWA: Dann werden wir einen wirklichen Adelsmarschall haben!

BALAGALAJEW: Oh, daran zweifle ich nicht! Aber Sie werden verstehen, daß es mir jetzt, nach all diesen beleidigenden Anspielungen, völlig unmöglich ist, mich weiterhin mit Ihren Angelegenheiten zu befassen, und aus diesem Grunde ...

BESPANDIN: Aber weshalb denn, Nikolai Iwanytsch?

PECHTERJEW: Nikolai Iwanytsch! So habe ich es wirklich nicht ...

BALAGALAJEW: Nein, jetzt müssen Sie mich schon entschuldigen. Welwizki, gib mir die Papiere herüber! Hier haben Sie Ihre Briefe, Ihre Pläne. Sehen Sie zu, wie Sie sich einigen, wenden Sie sich, wenn Sie wollen, an Pjotr Petrowitsch!

FRAU KAUROWA: Mit Vergnügen, mit Vergnügen!

PECHTERJEW: Ich lehne aber entschieden ab: Ich habe keineswegs die Absicht ... Ich bitte Sie!

BESPANDIN: Nikolai Iwanytsch, bitte tun Sie uns den Gefallen! Tragen Sie's uns oder vielmehr dem dämlichen Weibsbild da nicht nach. Sie ist an allem schuld.

BALAGALAJEW: Nein, davon will ich nichts hören! Ich wiederhole: Teilt, wie ihr wollt, mich geht das nichts mehr an. Meine Kräfte sind erschöpft.
BESPANDIN: Alles nur deinetwegen, du hirnloses Frauenzimmer! Hast alles durcheinandergebracht! Ja doch! Ich dir das Wäldchen zugleich mit den Heuschlägen und dem Gutshof abtreten?! Warum nicht gar? Da kannst du lange warten!
ALUPKIN: Gut, gut! Immer gib ihr, gib ihr!
FRAU KAUROWA: Pjotr Petrowitsch, nimm mich in Schutz, Verehrter! Du kennst ihn nicht – er ist fähig, mich umzubringen, der Unmensch, der Mörder, mein Verehrter! Er hat mich schon mehrmals zu vergiften versucht...
BESPANDIN: Schweig, du Irre! – Nikolai Iwanytsch, tun Sie mir den Gefallen!
FRAU KAUROWA *zu Pechterjew*: Teuerster! Verehrtester!
PECHTERJEW: Gestatten Sie, gestatten Sie! Was soll das schließlich und endlich?

Elfter Auftritt

Dieselben und Naglanowitsch.

NAGLANOWITSCH: Nikolai Iwanytsch! Ich komme zu Ihnen... Seine Exzellenz haben beliebt...
ALUPKIN: Ha, Sie? Sie sind wieder hinter mir her? Schon wieder des Ziegenbocks wegen? Ja?
NAGLANOWITSCH: Was wünschen Sie? Was haben Sie? Wer ist das?
ALUPKIN: Ah, Sie wollen mich nicht wiedererkennen? Alupkin, Alupkin, Gutsbesitzer.
NAGLANOWITSCH: Lassen Sie mich in Frieden! Ihr Ziegenbock hat den Weg über das Gericht genommen. Ich komme gar nicht zu Ihnen; ich komme zu Nikolai Iwanytsch.
PECHTERJEW: Ich bitte Sie, meine Dame, lassen Sie mich los!
FRAU KAUROWA: Teuerster! Tritt für mich ein und entscheide du über die Teilung!
ALUPKIN *zu Naglanowitsch*: Ich, mein Herr, lasse mich nicht

einschüchtern! Sie, mein Herr, haben mich beleidigt! Ich bin, verdammt noch mal, kein Ziegenbock!

NAGLANOWITSCH: Aber das ist doch einfach ein Verrückter!

BESPANDIN: Nikolai Iwanytsch, nehmen Sie die Papiere wieder an sich!

BALAGALAJEW: Halt, Herrschaften, halt! Hört zu! Entschuldigt, mir dreht sich alles im Kopf. Die Aufteilung, der Ziegenbock, ein halsstarriges Frauenzimmer, ein Gutsbesitzer aus dem Gouvernement Tambow, das überraschende Erscheinen des Polizeihauptmanns, morgen ein Duell, ich habe kein reines Gewissen, der Gutshof, das Wäldchen für ein Butterbrot, das Frühstück, der Lärm, das Durcheinander – nein, das ist zuviel. Seht es mir nach, Herrschaften... Ich bin nicht in der Lage... Ich verstehe nicht im geringsten, was Sie mir sagen, ich passe, ich kann nicht, ich kann nicht mehr. *Er geht.*

PECHTERJEW: Nikolai Iwanytsch! Nikolai Iwanytsch! Das ist aber denn doch ein starkes Stück! Der Herr des Hauses läßt uns einfach stehen. Was fangen wir nun an?

NAGLANOWITSCH: Was für ein Wirrwarr! *Zu Welwizki.* Geh und sage ihm, ich muß ihn in einer dienstlichen Angelegenheit sprechen.

Welwizki entfernt sich.

FRAU KAUROWA: Helf er sich! – Und du, wann nimmst du nun die Teilung vor?

PECHTERJEW: Ich? Ergebenster Diener! Wie kommen Sie darauf? Sie scheinen mich mit jemand zu verwechseln.

BESPANDIN: Und damit hat sich's! Ach, du! Fluch über alle Weiber – von heute bis in alle Ewigkeit! *Er geht.*

FRAU KAUROWA: Ich jedenfalls habe an alledem keine Schuld.

WELWIZKI *kommt zurück*: Nikolai Iwanytsch läßt sagen, er kann niemand empfangen – er legt sich zu Bett.

NAGLANOWITSCH: Da müssen ihn die Gäste aber tüchtig traktiert haben. Nun, nichts zu wollen, ich lasse ihm einen Zettel da. Meinen Respekt der gesamten Gesellschaft! *Er geht.*

ALUPKIN: Wir sprechen uns noch, mein Herr! Hören Sie? Meine Herrschaften, ich empfehle mich! *Er geht.*

PECHTERJEW: Warten Sie, wo wollen Sie denn hin? Wir kommen alle mit! Ich muß gestehen, so etwas hab ich noch nicht erlebt. *Er geht.*
FRAU KAUROWA: Pjotr Petrowitsch, Verehrtester! Schlichten Sie unseren Streit! *Sie folgt ihm.*
MIRWOLIN: Jewgeni Tichonytsch, was nun? Wir können schließlich nicht als einzige dableiben! Fahren auch wir!
SUSLOW: Warte, gedulde dich, bis er zu sich kommt! Dann setzen wir uns an den Kartentisch und spielen Preference.
MIRWOLIN: In Ordnung! Auch sollte man in solchen Fällen einen heben.
SUSLOW: Also gut, Mirwolin, tun wir das, heben wir einen! Ist das aber auch ein Frauenzimmer, was? Die steckt selbst meine Glafira Andrejewna in die Tasche! Das war nun die gütliche Teilung!

Ein Monat auf dem Lande
Komödie in fünf Akten

Personen

ARKADI SERGEJEWITSCH ISLAJEW, ein reicher Gutsbesitzer, sechsunddreißig Jahre
NATALJA PETROWNA, seine Frau, neunundzwanzig Jahre
KOLJA, ihr Sohn, zehn Jahre
WEROTSCHKA, ihre Erziehungsbefohlene, siebzehn Jahre
ANNA SEMJONOWNA ISLAJEWA, Islajews Mutter, achtundfünfzig Jahre
LISAWETA BOGDANOWNA, Gesellschafterin, siebenunddreißig Jahre
SCHAAF, Erzieher, ein Deutscher, fünfundvierzig Jahre
MICHAILO ALEXANDROWITSCH RAKITIN, ein Freund des Hauses, dreißig Jahre
ALEXEJ NIKOLAJEWITSCH BELJAJEW, Student, Lehrer Koljas, einundzwanzig Jahre
AFANASSI IWANOWITSCH BOLSCHINZOW, ein Nachbar, achtundvierzig Jahre
IGNATI ILJITSCH SPIGELSKI, Arzt, vierzig Jahre
MATWEJ, Diener, vierzig Jahre
KATJA, Dienstmädchen, zwanzig Jahre

Die Handlung spielt Anfang der vierziger Jahre auf Islajews Gut. Zwischen dem ersten und dem zweiten, dem zweiten und dritten, dem vierten und fünften Akt vergeht jeweils ein Tag.

Erster Akt

Die Bühne stellt einen Salon dar. Rechts ein Kartentisch und die Tür zum Herrenzimmer; geradeaus die Tür zur Halle; links zwei Fenster und ein runder Tisch. In den Ecken Sofas. Am Kartentisch spielen Anna Semjonowna, Lisaweta Bogdanowna und Schaaf Preference; am runden Tisch sitzen Natalja Petrowna und Rakitin. Natalja Petrowna stickt auf Kanevas, Rakitin hat ein Buch in der Hand. Die Wanduhr zeigt drei.

SCHAAF: Ich spiele Herz.

ANNA SEMJONOWNA: Schon wieder? Du spielst uns noch in Grund und Boden, Verehrter!

SCHAAF *phlegmatisch*: Herz-Acht.

ANNA SEMJONOWNA *zu Lisaweta Bogdanowna*: Nein, so was! Mit ihm kann man nichts spielen.

Lisaweta Bogdanowna lächelt.

NATALJA PETROWNA *zu Rakitin*: Warum haben Sie denn aufgehört? Lesen Sie weiter!

RAKITIN *hebt langsam das Buch*: „Monte-Cristo se redressa haletant..." Natalja Petrowna, interessiert Sie das?

NATALJA PETROWNA: Nicht im geringsten.

RAKITIN: Und wozu lesen wir es dann?

NATALJA PETROWNA: Aus folgendem Grund. Dieser Tage sagte eine Dame zu mir: „Sie haben Monte-Cristo nicht gelesen? Ach, lesen Sie ihn – einfach wunderbar!" Ich habe damals nichts erwidert, jetzt aber kann ich ihr sagen, ich habe ihn gelesen und nichts Wunderbares daran gefunden.

RAKITIN: Nun, wenn Sie sich schon jetzt davon überzeugen konnten...

NATALJA PETROWNA: Sind Sie aber faul!

RAKITIN: Ich bitte Sie, ich bin ja bereit! *Nachdem er die Stelle gefunden hat, an der er stehengeblieben war:* „Se redressa haletant et..."

NATALJA PETROWNA *unterbricht ihn*: Haben Sie heute Arkadi gesehen?

RAKITIN: Ich traf ihn auf dem Damm. Der wird gerade repariert. Er versuchte, den Arbeitern etwas klarzumachen, und watete – der größeren Klarheit halber – bis an die Knie im Sand.

NATALJA PETROWNA: Er macht sich überall mit allzu großem Feuer ans Werk. Er ist zu eifrig. Das ist ein Fehler. Finden Sie nicht?

RAKITIN: Ich teile Ihre Meinung.

NATALJA PETROWNA: Wie langweilig! Sie teilen immer meine Meinung. Lesen Sie weiter!

RAKITIN: Ah! Sie wollen also, daß ich Ihnen widerspreche? Bitte sehr!

NATALJA PETROWNA: Ich will ... Ich will ... Ich will, daß Sie selber etwas wollen. – Lesen Sie, habe ich gesagt!

RAKITIN: Zu Diensten! *Er greift aufs neue nach dem Buch.*

SCHAAF: Herz.

ANNA SEMJONOWNA: Wie? Schon wieder? Das ist nicht zum Aushalten! *Zu Natalja Petrowna.* Natascha, Natascha!

NATALJA PETROWNA: Was ist?

ANNA SEMJONOWNA: Stell dir vor, Schaaf spielt uns in Grund und Boden. In einem fort Herz-Sieben, Herz-Acht!

SCHAAF: Auch jetzt Herz-Sieben!

ANNA SEMJONOWNA: Hast du's gehört? Schauderhaft!

NATALJA PETROWNA: Ja, schauderhaft!

ANNA SEMJONOWNA: Wieder verloren! *Zu Natalja Petrowna.* Und wo steckt Kolja?

NATALJA PETROWNA: Er macht einen Spaziergang mit seinem neuen Lehrer.

ANNA SEMJONOWNA: Ah! Lisaweta Bogdanowna, ich schlage vor, wir machen gemeinsame Sache.

RAKITIN *zu Natalja Petrowna*: Mit was für einem Lehrer?

NATALJA PETROWNA: Ach ja! Ich habe ganz vergessen, es Ihnen zu erzählen. Wir haben in Ihrer Abwesenheit einen neuen Lehrer engagiert.

RAKITIN: An Stelle von Dufour?

NATALJA PETROWNA: Nein, einen Russen. Den Franzosen schickt uns die Fürstin aus Moskau.

RAKITIN: Und was ist das für einer, dieser Russe? Ein älterer Mann?

NATALJA PETROWNA: Nein, ein junger. Wir haben ihn übrigens nur für die Sommermonate genommen.
RAKITIN: Ah! Er konditioniert.
NATALJA PETROWNA: Ja, so nennt sich das wohl bei ihnen. Und wissen Sie was, Rakitin? Sie lieben es doch, die Menschen zu beobachten, sie zu analysieren, sich in sie zu vertiefen...
RAKITIN: Ich bitte Sie, wie kommen Sie...
NATALJA PETROWNA: Doch, doch. Wenden Sie ihm mal Ihre Aufmerksamkeit zu. Mir gefällt er. Mager, schlank, heiterer Blick, furchtloser Ausdruck. Sie werden ja sehen. Er ist allerdings ziemlich linkisch, und nach Ihrer Ansicht ist das ja ein Unglück.
RAKITIN: Natalja Petrowna, Sie setzen mir heute erbarmungslos zu.
NATALJA PETROWNA: Scherz beiseite, schenken Sie ihm Ihre Aufmerksamkeit. Mir scheint, aus ihm kann ein prächtiger Mensch werden. Im übrigen – weiß der Himmel!
RAKITIN: Sie machen mich neugierig...
NATALJA PETROWNA: Wahrhaftig? *Nachdenklich.* Lesen Sie weiter!
RAKITIN: „Se redressa haletant et..."
NATALJA PETROWNA *blickt sich plötzlich um*: Und wo ist Wera? Ich habe sie seit dem Morgen nicht mehr gesehen. *Mit einem Lächeln zu Rakitin.* Lassen Sie das Buch. Ich sehe, mit dem Lesen wird es heute nichts. Erzählen Sie mir lieber etwas.
RAKITIN: Bitte! Aber was soll ich Ihnen erzählen? Sie wissen, ich habe einige Tage bei den Krinizyns verbracht. Stellen Sie sich vor, unser junges Ehepaar langweilt sich bereits!
NATALJA PETROWNA: Woran wollen Sie das erkannt haben?
RAKITIN: Ja, läßt sich Langeweile denn verbergen? Alles andere ja, aber nicht Langeweile.
NATALJA PETROWNA *blickt ihn kurz an*: Alles andere ja?
RAKITIN *nach einem kleinen Schweigen*: Ich glaube schon.
NATALJA PETROWNA *senkt den Blick*: Was haben Sie also bei den Krinizyns gemacht?
RAKITIN: Gar nichts. Sich mit Freunden langweilen ist schreck-

lich. Sie fühlen sich wohl, fühlen sich nicht beengt, Sie lieben sie, nichts da, worüber Sie sich ärgern könnten, und dennoch – die Langeweile quält Sie. Ihr Herz preßt sich zusammen, als leide es Hunger.

NATALJA PETROWNA: Sie scheinen sich des öfteren mit Freunden zu langweilen.

RAKITIN: Als wüßten nicht auch Sie, was die Gegenwart eines Menschen bedeutet, den man liebt und der einen langweilt!

NATALJA PETROWNA *langsam*: Den man liebt ... Das ist ein großes Wort. Sie drücken sich irgendwie seltsam aus.

RAKITIN: Seltsam? Wieso denn seltsam?

NATALJA PETROWNA: Ja, diesen Fehler haben Sie an sich. Hören Sie zu, Rakitin: Sie sind natürlich sehr klug, aber... *Sie hält inne.* Aber manchmal reden wir miteinander, als klöppelten wir Spitzen. Haben Sie gesehen, wie man Spitzen klöppelt? In einem stickigen Zimmer, ohne daß man sich von der Stelle rührt! Spitzen sind etwas Wundervolles, und doch ist an einem heißen Tag ein Schluck frisches Wasser bei weitem schöner.

RAKITIN: Natalja Petrowna, Sie sind heute...

NATALJA PETROWNA: Was bin ich heute?

RAKITIN: Sie sind mir heute aus irgendeinem Grunde böse.

NATALJA PETROWNA: Oh, feinfühlige Menschen wie Sie sind trotz aller Feinfühligkeit nicht allzu scharfsichtig! Nein, ich bin Ihnen nicht böse.

ANNA SEMJONOWNA: Ah! Endlich hat er verloren! Hereingefallen! *Zu Natalja Petrowna.* Natascha, unser Bösewicht hat verloren!

SCHAAF *süßsauer*: Lisafet Bogdanowne ist schuld...

LISAWETA BOGDANOWNA *ärgerlich*: Entschuldigen Sie, ich konnte doch nicht wissen, daß Anna Semjonowna kein Herz hatte.

SCHAAF: Mit Lisafet Bogdanowne spiel ich nicht mehr zusammen.

ANNA SEMJONOWNA *zu Schaaf*: Aber was hat sie denn verbrochen?

SCHAAF *wiederholt in genau demselben Ton*: Mit Lisafet Bogdanowne spiel ich nicht mehr zusammen.

LISAWETA BOGDANOWNA: Was ich mir schon daraus mache! So was!

RAKITIN: Je länger ich Sie ansehe, Natalja Petrowna, desto weniger erkenne ich Sie heute wieder.

NATALJA PETROWNA *mit einer gewissen Neugier*: Tatsächlich?

RAKITIN: Ja. Ich finde Sie irgendwie verändert.

NATALJA PETROWNA: Wirklich? Dann tun Sie mir den Gefallen – Sie kennen mich doch – und erraten Sie, worin diese Veränderung besteht, was in mir vorgegangen ist! Ja?

RAKITIN: Augenblick – Sie müssen sich gedulden!

Kolja stürzt plötzlich aus der Halle geradeswegs auf Anna Semjonowna zu.

KOLJA: Großmama, Großmama! Sieh doch, was ich hier habe! *Er zeigt ihr einen Bogen und Pfeile.* Schau dir das an!

ANNA SEMJONOWNA: Zeig doch mal her, mein Herzchen. Ach, was für ein hübscher Bogen! Wer hat ihn dir gemacht?

KOLJA: Na, er, er. *Er zeigt auf Beljajew, der an der Tür zur Halle stehengeblieben ist.*

ANNA SEMJONOWNA: Da! Wie wunderbar er gemacht ist...

KOLJA: Ich habe damit schon auf einen Baum geschossen und sogar zweimal getroffen, Großmutter! *Er hüpft umher.*

NATALJA PETROWNA: Zeig mal her, Kolja!

KOLJA *stürzt zu ihr hin und sagt, während Natalja Petrowna sich den Bogen ansieht*: Ach, maman! Wie Alexej Nikolajewitsch auf die Bäume klettert! Er will es mich lehren. Auch schwimmen will er mich lehren. Er will mich alles, alles lehren! *Er hüpft umher.*

NATALJA PETROWNA *zu Beljajew*: Ich bin Ihnen für die Aufmerksamkeit, die Sie Kolja schenken, sehr dankbar...

KOLJA *fällt ihr mit Feuereifer ins Wort*: Ich liebe ihn sehr, maman, sehr!

NATALJA PETROWNA *streicht Kolja über den Kopf*: Ich habe ihn ein wenig verzärtelt. Machen Sie einen gewandten, fixen Jungen aus ihm.

Beljajew verneigt sich.

KOLJA: Alexej Nikolajitsch, gehen wir in den Pferdestall, bringen wir Favorit ein Stück Brot!
BELJAJEW: Gut, tun wir das!
ANNA SEMJONOWNA *zu Kolja*: Komm her, gib mir erst mal einen Kuß!
KOLJA *läuft davon*: Später, Großmama, später! *Er läuft in die Halle; Beljajew folgt ihm.*
ANNA SEMJONOWNA *blickt Kolja nach*: Was für ein liebes Kind! *Zu Schaaf und Lisaweta Bogdanowna.* Nicht wahr?
LISAWETA BOGDANOWNA: Aber gewiß!
SCHAAF *nach kurzem Schweigen*: Ich passe.
NATALJA PETROWNA *mit einiger Lebhaftigkeit zu Rakitin*: Nun, wie finden Sie ihn?
RAKITIN: Wen?
NATALJA PETROWNA *nach einer Pause*: Diesen ... russischen Hauslehrer.
RAKITIN: Ach, entschuldigen Sie, ich habe vergessen ... Ich war ganz mit der Frage beschäftigt, die Sie mir aufgegeben haben. *Natalja Petrowna blickt ihn mit einem kaum merklichen spöttischen Lächeln an.* Übrigens ist sein Gesicht ... tatsächlich ... Ja, er hat ein sympathisches Gesicht. Er gefällt mir. Nur scheint er sehr befangen zu sein.
NATALJA PETROWNA: Ja, das ist er.
RAKITIN *sieht sie an*: Aber ich bin mir trotz allem nicht im klaren ...
NATALJA PETROWNA: Wie wäre es, wenn wir uns seiner annehmen würden, Rakitin? Einverstanden? Geben wir seiner Erziehung einen Abschluß! Eine ausgezeichnete Gelegenheit für gesetzte, vernünftige Menschen, wie wir beide sind! Das sind wir doch – sehr vernünftig, nicht wahr?
RAKITIN: Dieser junge Mann beschäftigt Sie. Wenn er das wüßte, er wäre geschmeichelt.
NATALJA PETROWNA: Oh, keineswegs, glauben Sie mir! Man kann ihn nicht danach beurteilen, was unsereins an seiner Stelle täte. Er ist uns nicht im geringsten ähnlich, Rakitin! Darin besteht ja gerade das Unglück, mein Freund: Wir beschäftigen uns mit großem Eifer mit uns selbst und bilden uns hinterher ein, die Menschen zu kennen.

Rakitin: Die fremde Seele ist ein finsterer Wald. Aber was sollen diese Anspielungen? Warum sticheln Sie in einem fort an mir herum?

Natalja Petrowna: An wem sollte man denn herumsticheln, wenn nicht an seinen Freunden? Und Sie sind mein Freund, das wissen Sie! *Sie drückt ihm die Hand. Rakitin lächelt, und seine Miene hellt sich auf.* Mein alter Freund.

Rakitin: Ich fürchte nur, Sie könnten dieses alten Freundes überdrüssig werden.

Natalja Petrowna *lachend*: Überdrüssig wird man nur des Guten.

Rakitin: Mag sein. Nur wird einem dadurch nicht leichter.

Natalja Petrowna: Hören Sie auf! *Mit gesenkter Stimme.* Als ob Sie nicht wüßten, ce que vous êtes pour moi.

Rakitin: Natalja Petrowna, Sie spielen Katz und Maus mit mir. Doch die Maus beklagt sich nicht.

Natalja Petrowna: Sie armes Mäuschen!

Anna Semjonowna: Ich bekomme von Ihnen zwanzig Kopeken, Adam Iwanytsch. – Na also!

Schaaf: Mit Lisafet Bogdanowne spiel ich nicht mehr zusammen.

Matwej *kommt aus der Halle und meldet*: Ignati Iljitsch ist eingetroffen.

Spigelski *folgt ihm auf den Fersen*: Ärzte meldet man nicht. *Matwej geht.* Ergebensten Respekt der gesamten Familie! *Tritt auf Anna Semjonowna zu, um ihr die Hand zu küssen.* Guten Tag, gnädige Frau! Mir ahnt, Sie gewinnen?

Anna Semjonowna: Wo denken Sie hin! Ich habe das Verspielte mit Müh und Not wieder hereinbekommen. Gott sei Dank auch dafür! Und alles dieser Unmensch! *Sie zeigt auf Schaaf.*

Spigelski *zu Schaaf*: Adam Iwanytsch, und das bei Damen! Nicht eben schön von Ihnen. Ich kenn Sie nicht wieder!

Schaaf *brummt durch die Zähne*: Bei Damen, bei Damen ...

Spigelski *tritt auf den runden Tisch links zu*: Guten Tag, Natalja Petrowna! Guten Tag, Michailo Alexandrytsch!

Natalja Petrowna: Guten Tag, Doktor! Wie geht es Ihnen?

Spigelski: Die Frage laß ich mir gefallen. Dann sind Sie also wohlauf? Was sollte mir schon fehlen? Ein Arzt, der auf sich hält, ist niemals krank; höchstens, daß er mir nichts, dir nichts abkratzt. Haha!

NATALJA PETROWNA: Setzen Sie sich! Ich bin tatsächlich gesund, nur schlechter Laune. Aber auch das ist eine Art Unwohlsein.

SPIGELSKI *setzt sich neben Natalja Petrowna*: Gestatten Sie Ihren Puls... *Er fühlt ihr den Puls.* Ach, diese Nerven, immer die Nerven! Sie gehen zuwenig spazieren, Natalja Petrowna, und lachen zuwenig – das ist es! Michailo Alexandrytsch, was starren Sie mich an? Im übrigen kann ich Ihnen die weißen Tropfen verschreiben.

NATALJA PETROWNA: Ich würde gerne lachen... *Lebhaft.* Sie, Doktor, zum Beispiel haben eine böse Zunge, und darum liebe und schätze ich Sie, ja, wirklich! Erzählen Sie mir etwas Komisches. Michailo Alexandrytsch philosophiert heute in einem fort.

SPIGELSKI *der verstohlen zu Rakitin hinblickt*: Ah, man sieht, es sind nicht nur die Nerven, auch die Galle regt sich ein bißchen...

NATALJA PETROWNA: Da, auch Sie im selben Fahrwasser! Beobachten Sie mich, soviel Sie wollen, Doktor, aber bitte nicht laut! Wir wissen alle, daß Sie schrecklich scharfsinnig sind. Er auch – Sie alle beide!

SPIGELSKI: Ich gehorche.

NATALJA PETROWNA: Erzählen Sie uns etwas Komisches!

SPIGELSKI: Zu Diensten! Da hat man's! So mir nichts, dir nichts – wie der Blitz aus heiterem Himmel – etwas erzählen! Erlauben Sie mir, eine Prise Tabak zu nehmen. *Er schnupft.*

NATALJA PETROWNA: Welche Vorbereitungen!

SPIGELSKI: So bedenken Sie doch, meine verehrteste Natalja Petrowna, komisch und komisch ist zweierlei. Jedem das Seine! Herrn Chlopuschkin zum Beispiel, Ihrem Nachbarn, braucht man nur einen Finger zu zeigen, und schon lacht er Tränen und ist am Ersticken. Sie jedoch... Nun ja, aber gestatten Sie, daß ich anfange! Kennen Sie Platon Wassiljewitsch Werenizyn?

NATALJA PETROWNA: Ja, ich glaube, ich kenne ihn oder habe von ihm gehört.

SPIGELSKI: Er hat doch so eine verrückte Schwester! Ich für meinen Teil bin der Ansicht: Entweder sind beide verrückt, oder beide sind bei Verstande, denn zwischen Bruder und Schwester besteht keinerlei Unterschied. Aber nicht darum handelt es sich. Es handelt sich um das Schicksal, jawohl, um das Schicksal, um das allgegenwärtige Schicksal! Werenizyn also hat eine Tochter, wissen Sie, so richtig grün, mit blassen Augen, rotem Näschen und gelben Zähnen, kurz und gut – eine höchst liebenswerte Person; spielt auch Klavier und lispelt; mit einem Wort – alles, wie sich's gehört. Zweihundert leibeigene Seelen als Mitgift, dazu einhundertfünfzig von seiten der Tante. Die Tante lebt zwar noch und wird noch lange leben – das tun alle Verrückten –, aber es gibt schließlich keinen Kummer, dem man nicht abhelfen kann. Die Tante unterschrieb also ein Testament zugunsten ihrer Nichte, dabei goß ich ihr am Tage davor eigenhändig kaltes Wasser über den Kopf, was übrigens sinnlos war – sie ist nämlich nicht zu heilen. Nun ja, Werenizyn hatte also eine heiratsfähige Tochter, die sich sehen lassen konnte. Er zeigte sich mit ihr in der Gesellschaft, und es stellten sich auch Freier ein, darunter ein gewisser Perekusow; ein schwächlicher, schüchterner junger Mann, aber mit ausgezeichneten Lebensregeln. Dem Vater gefiel unser Perekusow; der Tochter auch. Man sollte meinen, was war da noch zu zögern? Mit Gott – zum Traualtar! Und in der Tat, alles ging ausgezeichnet: Platon Wassiljitsch Werenizyn klatschte Herrn Perekusow bereits auf ganz bestimmte Art, Sie wissen schon, auf Bauch und Schultern, als plötzlich mir nichts, dir nichts ein durchreisender Offizier auftauchte, Ardalion Protobekassow. Er erblickte Werenizyns Tochter auf einem Ball beim Adelsmarschall, tanzte mit ihr drei Polkas, sagte vermutlich mit zum Himmel erhobenen Augen: Oh, wie bin ich unglücklich!, und unser Fräulein war auf der Stelle von ihm hin. Es gab Tränen, Seufzer, Ach und Weh. Perekusow sah sie nicht mehr an, mit Perekusow sprach sie nicht mehr, das bloße Wort „Hochzeit" rief Krämpfe bei ihr hervor ... Herrgott im Himmel, war das eine Geschichte! Nun, sagt sich Werenizyn, von mir aus auch Protobekassow. Zumal auch er Vermögen hat. Protobekassow wird eingeladen; erweisen Sie uns sozusagen die Ehre... Protobekassow erweist sie ihnen; Protobekassow kommt, macht ihr den Hof, verliebt sich schließlich und trägt ihr Herz und Hand an. Und was meinen Sie? Sie glauben wohl, die Jungfer Werenizyna wäre mit Freuden darauf eingegangen? I wo, nichts dergleichen! Gottbewahre! Wieder Tränen, Seufzer, Anfälle. Der Vater weiß weder aus noch ein. Was soll das schließlich und endlich? Worauf will sie hinaus? Und was, glauben Sie, gibt sie ihm zur Antwort? „Ich, Väterchen", sagt sie, „weiß nicht, wen ich liebe, den oder jenen." – „Wie?" – „Bei Gott, ich weiß es nicht, und so heirate ich lieber keinen, obwohl ich sie mag!" Werenizyn bekommt natürlich einen cholerischen Anfall, und auch die Freier wissen nicht, woran sie sind. Sie aber läßt sich nicht umstimmen. – Da können Sie sehen, was für Wunder sich bei uns tun!

NATALJA PETROWNA: Ich finde daran nichts Erstaunliches. Als könnte man nicht zwei Menschen auf einmal lieben!

RAKITIN: Ach! Sie glauben...

NATALJA PETROWNA *langsam*: Ja, im übrigen, ich bin nicht ganz sicher... Vielleicht beweist das nur, daß man weder den einen noch den anderen liebt.

SPIGELSKI *der Tabak schnupft und bald zu Natalja Petrowna, bald zu Rakitin blickt*: Soso, soso!

NATALJA PETROWNA *lebhaft zu Spigelski*: Ihre Geschichte war sehr hübsch, aber zum Lachen gebracht haben Sie mich nicht.

SPIGELSKI: Ja, meine Gnädigste, wer könnte Sie jetzt zum Lachen bringen? Ich bitte Sie! Sie brauchen jetzt etwas ganz anderes.

NATALJA PETROWNA: Und das wäre?

SPIGELSKI *mit geheuchelt ergebener Miene*: Weiß der Kuckuck!

NATALJA PETROWNA: Ach, wie langweilig Sie sind! Nicht weniger als Rakitin.

SPIGELSKI: Ich bitte Sie! Zuviel der Ehre...

Natalja Petrowna macht eine ungeduldige Bewegung.

ANNA SEMJONOWNA *erhebt sich von ihrem Platz*: Na endlich! *Sie seufzt.* Ich habe schon ganz steife Beine bekommen. *Lisaweta Bogdanowna und Schaaf stehen ebenfalls auf.* Au!
NATALJA PETROWNA *erhebt sich und tritt zu ihnen*: Habt ihr es nötig, so lange dazusitzen ...

Auch Spigelski und Rakitin stehen auf.

ANNA SEMJONOWNA *zu Schaaf*: Du schuldest mir siebzig Kopeken, Verehrter. *Schaaf verneigt sich kühl.* Immer lassen wir uns nicht rupfen. *Zu Natalja Petrowna.* Du kommst mir heute ein bißchen blaß vor, Natascha! Fehlt dir etwas? – Spigelski, ist sie gesund?
SPIGELSKI *der mit Rakitin geflüstert hatte*: Oh, völlig gesund!
ANNA SEMJONOWNA: Na gut! – Ich strecke mich vor dem Mittagessen noch ein bißchen aus. Ich bin todmüde. Lisa, komm! Ach, die Beine, die Beine! *Sie geht mit Lisaweta Bogdanowna in die Halle; Natalja Petrowna begleitet sie bis zur Tür.*

Spigelski, Rakitin und Schaaf bleiben auf dem Proszenium.

SPIGELSKI *zu Schaaf, dem er die Tabakdose hinhält*: Nun, Adam Iwanytsch, *wie befinden Sie sich?**
SCHAAF *der feierlich eine Prise nimmt*: Gut. Und Sie?
SPIGELSKI: Ergebensten Dank, es geht. *Mit gedämpfter Stimme zu Rakitin.* Sie wissen also wirklich nicht, was Natalja Petrowna heute hat?
RAKITIN: Nein, wirklich nicht.
SPIGELSKI: Ja, wenn *Sie* es nicht wissen ... *Er dreht sich um und geht Natalja Petrowna entgegen, die von der Tür zurückkommt.* Ich habe ein kleines Anliegen an Sie, Natalja Petrowna.
NATALJA PETROWNA *die ans Fenster tritt*: Wahrhaftig? Und das wäre?
SPIGELSKI: Ich muß Sie unter vier Augen sprechen.
NATALJA PETROWNA: Ach was! Sie machen mir angst.

Rakitin hat Schaaf inzwischen untergefaßt, geht mit ihm auf und ab und flüstert ihm etwas auf deutsch zu. Schaaf lacht und entgegnet mit gedämpfter Stimme: „Ja, ja, ja, jawohl, jawohl, sehr gut." *

SPIGELSKI *mit gesenkter Stimme*: Eigentlich betrifft diese Angelegenheit nicht Sie allein...
NATALJA PETROWNA *blickt in den Garten*: Was wollen Sie mir also sagen?
SPIGELSKI: Die Sache ist die: Ein guter Bekannter von mir hat mich gebeten, Sie zu fragen... ich meine, mich nach Ihren Absichten hinsichtlich Ihrer Erziehungsbefohlenen zu erkundigen, hinsichtlich Wera Alexandrownas.
NATALJA PETROWNA: Nach meinen Absichten?
SPIGELSKI: Ich meine... Nun, um es geradeheraus zu sagen, mein Bekannter...
NATALJA PETROWNA: Hat er vielleicht die Absicht, um sie anzuhalten?
SPIGELSKI: Genau das ist es.
NATALJA PETROWNA: Sie scherzen wohl?
SPIGELSKI: Keineswegs.
NATALJA PETROWNA *lachend*: Ich bitte Sie, sie ist doch noch ein Kind. Was für ein seltsamer Auftrag!
SPIGELSKI: Weshalb denn seltsam, Natalja Petrowna? Mein Bekannter...
NATALJA PETROWNA: Sie sind ein großer Geschäftemacher, Spigelski... Und wer ist Ihr Bekannter?
SPIGELSKI *lächelnd*: Moment mal, Moment mal! Sie haben mir noch nichts Bestimmtes hinsichtlich...
NATALJA PETROWNA: Hören Sie auf, Doktor! Wera ist noch ein Kind. Das wissen Sie doch selber, Sie Diplomat! *Sie dreht sich um.* Aber da kommt sie ja gerade!

Wera und Kolja stürzen aus der Halle herein.

KOLJA *läuft auf Rakitin zu*: Rakitin, befiel ihnen, sie sollen uns Leim geben, Leim...
NATALJA PETROWNA *zu Wera*: Wo kommt ihr her? *Sie streichelt ihr die Wange.* Du hast ja ganz rote Backen...
WERA: Aus dem Garten. *Spigelski verneigt sich vor ihr.* Guten Tag, Ignati Iljitsch!
RAKITIN *zu Kolja*: Und wozu brauchst du Leim?
KOLJA: Wir brauchen ihn, wir brauchen ihn. Alexej Nikolajitsch macht uns einen Drachen. Sag ihnen...

RAKITIN *will klingeln*: Warte mal, gleich ...
SCHAAF: *Erlauben Sie!** Herr Kolja hat heute seine Lektion noch nicht gelesen. *Er nimmt Kolja an der Hand. Kommen Sie!**
KOLJA *niedergeschlagen*: *Morgen, Herr Schaaf, morgen ...**
SCHAAF *schroff*: *Morgen, morgen, nur nicht heute, sagen alle faulen Leute. Kommen Sie.**

Kolja versucht, sich zu widersetzen.

NATALJA PETROWNA *zu Wera*: Mit wem bist du denn so lange spazierengegangen? Ich habe dich seit dem Morgen nicht mehr gesehen.
WERA: Mit Alexej Nikolajitsch ... und mit Kolja ...
NATALJA PETROWNA: Ach so! *Sie dreht sich um.* Kolja, was soll das?
KOLJA *mit gedämpfter Stimme*: Herr Schaaf ... Mama ...
RAKITIN *zu Natalja Petrowna*: Sie fertigen einen Drachen an, und er soll hier seine Aufgabe machen.
SCHAAF *würdevoll*: *Gnädige Frau ...**
NATALJA PETROWNA *streng, zu Kolja*: Belieben Sie zu gehorchen, Sie sind heute genug umhergelaufen. Folgen Sie Herrn Schaaf!
SCHAAF *geht mit Kolja in die Halle*: *Es ist unerhört!**
KOLJA *flüstert im Gehen Rakitin zu*: Befiehl trotz allem, sie sollen uns Leim ...

Rakitin nickt.

SCHAAF *zieht Kolja hinter sich her*: *Kommen Sie, mein Herr!** *Sie entfernen sich in die Halle; Rakitin folgt ihnen.*
NATALJA PETROWNA *zu Wera*: Setz dich! Du bist sicher müde. *Sie setzt sich selbst.*
WERA *im Setzen*: Nein, wirklich nicht!
NATALJA PETROWNA *mit einem Lächeln zu Spigelski*: Spigelski, schauen Sie sie an, sie ist doch müde?
SPIGELSKI: Aber das ist für Wera Alexandrowna doch nur gesund!
NATALJA PETROWNA: Das meine ich nicht. *Zu Wera.* Und was habt ihr im Garten gemacht?

WERA: Wir haben gespielt, wir sind herumgerannt! Zuerst haben wir zugesehen, wie sie den Damm aufschütten, und später ist Alexej Nikolajitsch ganz, ganz hoch auf einen Baum geklettert, um ein Eichhörnchen herunterzuholen. Er hat den Wipfel immer hin- und hergeschaukelt. Uns ist dabei ganz komisch zumute gewesen. Das Eichhörnchen fiel schließlich herunter, und Tresor hätte es bald gefaßt. Es ist aber doch noch entkommen.
NATALJA PETROWNA *die Spigelski einen Blick zuwirft und lächelt*: Und dann?
WERA: Dann hat Alexej Nikolajitsch den Bogen für Kolja angefertigt. Und so schnell! Später hat er sich an eine weidende Kuh herangeschlichen und ist ihr auf den Rücken gesprungen. Die Kuh erschrak, schlug aus und rannte los. Er aber lachte nur. *Sie lacht selber.* Schließlich wollte Alexej Nikolajitsch einen Drachen für uns kleben; da sind wir eben hergekommen.
NATALJA PETROWNA *tätschelt ihr die Wange*: Ein Kind, ein Kind bist du, ein richtiges Kind. – Nicht wahr? Meinen Sie nicht, Spigelski?
SPIGELSKI *der Natalja Petrowna anblickt, langsam*: Ich pflichte Ihnen bei.
NATALJA PETROWNA: Na also!
SPIGELSKI: Aber das steht der Sache doch nicht im Wege. Im Gegenteil…
NATALJA PETROWNA: Finden Sie? *Zu Wera.* Nun, habt ihr euch gut amüsiert?
WERA: O ja! Alexej Nikolajitsch ist sehr lustig.
NATALJA PETROWNA: Soso. *Nach einem kleinen Schweigen.* Werotschka, wie alt bist du? *Wera sieht sie ein bißchen verwundert an.* Du Kind, du Kind!

Rakitin kommt aus der Halle.

SPIGELSKI *geschäftig*: Ach, das hätte ich fast vergessen! Ihr Kutscher ist krank, und ich habe ihn mir noch nicht angesehen.
NATALJA PETROWNA: Was hat er denn?
SPIGELSKI: Fieber; es besteht übrigens keinerlei Gefahr.

NATALJA PETROWNA *ihm nach*: Essen Sie bei uns zu Mittag, Doktor?

SPIGELSKI: Wenn Sie erlauben, ja. *Er geht in die Halle.*

NATALJA PETROWNA: Mont enfant, vous feriez bien de mettre une autre robe pour le diner. *Wera steht auf.* Komm doch mal her! *Sie küßt Wera auf die Stirn.* Du Kind, du Kind! *Wera küßt ihr die Hand und wendet sich ins Herrenzimmer.*

RAKITIN *indem er Wera zuzwinkert, leise*: Ich habe Alexej Nikolajitsch inzwischen alles geschickt, was er braucht.

WERA *mit gedämpfter Stimme*: Schönen Dank, Michailo Alexandrytsch! *Sie geht.*

RAKITIN *tritt auf Natalja Petrowna zu. Sie streckt ihm die Hand entgegen, die er sogleich drückt*: Endlich sind wir allein! Natalja Petrowna, sagen Sie, was ist nur mit Ihnen?

NATALJA PETROWNA: Nichts, nichts, Michel. Und wenn etwas war, dann ist es jetzt vorüber. Setzen Sie sich! *Rakitin setzt sich neben sie.* Bei wem kommt so etwas nicht vor? Trüben doch selbst den Himmel Wölkchen. Warum schauen Sie mich so an?

RAKITIN: Ich schaue Sie an, und ich bin glücklich.

NATALJA PETROWNA *lächelt ihm zu*: Öffnen Sie das Fenster, Michel! Wie schön es im Garten ist! *Rakitin erhebt sich und öffnet das Fenster.* Sei gegrüßt, Wind! *Sie lacht.* Er hat wohl nur darauf gewartet, hier einzudringen. *Sie schaut sich um.* Wie rasch er von dem Zimmer Besitz ergriffen hat! Jetzt läßt er sich nicht mehr vertreiben.

RAKITIN: Auch Sie sind jetzt weich und still wie der Abend nach einem Gewitter.

NATALJA PETROWNA *wiederholt nachdenklich die letzten Worte*: „Nach einem Gewitter." Hat es denn ein Gewitter gegeben?

RAKITIN *schüttelt den Kopf*: Es wollte sich eins zusammenziehen.

NATALJA PETROWNA: Wirklich? *Sie blickt ihn an. Nach kurzem Schweigen.* Wissen Sie was, Michel? Einen gutherzigeren Menschen als Sie kann ich mir nicht vorstellen. Wahrhaftig nicht! *Rakitin will sie unterbrechen.* Nein, lassen Sie mich ausreden! Sie sind nachsichtig, freundlich, beständig. Sie verändern sich nicht. Ich bin Ihnen sehr verpflichtet.

RAKITIN: Natalja Petrowna, warum sagen Sie mir das gerade jetzt?

NATALJA PETROWNA: Ich weiß nicht; mir ist heiter zumut, ich ruhe mich aus; verbieten Sie mir nicht, zu plappern...

RAKITIN *drückt ihr die Hand*: Sie sind lieb wie ein Engel.

NATALJA PETROWNA *lacht*: Heute früh hätten Sie das nicht gesagt. Aber hören Sie, Michel, Sie kennen mich, Sie müssen mich entschuldigen. Unsere Beziehungen sind so rein, so aufrichtig – und dennoch nicht ganz natürlich. Wir sind berechtigt, nicht nur Arkadi, sondern auch allen anderen offen in die Augen zu schauen. Ja! Aber... *Sie verfällt in Nachdenken.* Ebendarum ist mir manchmal schwer ums Herz, es ist mir peinlich; ich ärgere mich und bin – gleich einem Kind – bereit, meinen Unmut an einem anderen auszulassen, besonders an Ihnen. Ist diese Bevorzugung nicht lästig?

RAKITIN *lebhaft*: Im Gegenteil.

NATALJA PETROWNA: Ja, manchmal macht es Spaß, jemand, den man liebt, ein bißchen zu quälen, jemand, den man liebt... Auch ich kann wie Tatjana sagen: „Wozu sich verstellen?"

RAKITIN: Natalja Petrowna, Sie...

NATALJA PETROWNA *unterbricht ihn*: Ja, ich liebe Sie; aber wissen Sie was, Rakitin? Wissen Sie, was mir manchmal sonderbar erscheint? Ich liebe Sie, und dieses Gefühl ist so klar, so friedlich... Es erregt mich nicht, es erwärmt mich, aber... *Lebhaft.* Sie haben mich noch nie zum Weinen gebracht, und ich hätte, scheint mir, weinen müssen. *Sie hält inne.* Was bedeutet das?

RAKITIN *ein wenig traurig*: Eine solche Frage bedarf keiner Antwort.

NATALJA PETROWNA *nachdenklich*: Dabei kennen wir uns schon lange.

RAKITIN: Vier Jahre. Ja, wir sind alte Freunde.

NATALJA PETROWNA: Freunde? Nein, Sie sind für mich mehr als ein Freund.

RAKITIN: Natalja Petrowna, rühren Sie nicht daran. Ich fürchte für mein Glück, fürchte, es könnte Ihnen unter der Hand zerrinnen.

Natalja Petrowna: Nein, nein, nein! Die ganze Sache ist die, daß Sie zu gutherzig sind. Sie sehen mir allzuviel nach. Sie haben mich verwöhnt. Sie dürfen nicht so gutherzig sein, hören Sie?

Rakitin *mit einem Lächeln*: Zu Befehl!

Natalja Petrowna *blickt ihn an*: Ich weiß nicht, ob Sie... Ich jedenfalls wünsche mir kein anderes Glück. Viele können mich beneiden. *Sie streckt beide Hände zu ihm aus.* Hab ich nicht recht?

Rakitin: Ich bin in Ihrer Gewalt. Machen Sie mit mir, was Sie wollen.

In der Halle erklingt die Stimme Islajews: „Sie haben also nach ihm geschickt?"

Natalja Petrowna *indem sie sich rasch erhebt*: Er! Ich kann ihn jetzt nicht sehen. Leben Sie wohl! *Sie wendet sich ins Herrenzimmer.*

Rakitin *blickt ihr nach*: Was ist das? Der Anfang vom Ende oder einfach das Ende? *Nach kurzem Schweigen.* Oder ein Anfang?

Islajew tritt mit besorgter Miene ein und nimmt den Hut ab.

Islajew: Guten Tag, Michel!

Rakitin: Wir haben uns heute schon gesehen.

Islajew: Ach ja, entschuldige! Ich bin vor lauter Arbeit völlig durcheinander. *Er geht auf und ab.* Sonderbar! Der russische Bauer ist aufgeweckt, ist sehr verständig, ich schätze ihn. Und dennoch... Manchmal redet und redet man, setzt ihm auseinander, was man von ihm will... Alles scheint klar, und dabei – nicht der geringste Nutzen! Dem russischen Bauern fehlt dieses, dieses...

Rakitin: Aber du bist ja immer noch mit dem Damm beschäftigt?

Islajew: Dieses... Wie soll ich sagen? Diese Liebe zur Arbeit, die hat er nicht. Er läßt dich nicht einmal ausreden. „Jawohl, Väterchen..." Was heißt: Jawohl, wenn er nicht das geringste verstanden hat! Schau dir dagegen den Deutschen an – das ist etwas anderes! Der Russe hat keine Geduld. Und trotzdem schätze ich ihn. – Aber wo ist Natascha? Weißt du es nicht?

RAKITIN: Sie war eben noch hier.

ISLAJEW: Ja, wie spät ist es denn? Wird Zeit, zu Mittag zu essen. Ich bin seit dem Morgen auf den Beinen – ein Haufen Arbeit. Und dabei war ich heute noch nicht auf der Baustelle! Die Zeit vergeht zu rasch. Ein Jammer! Man schafft es einfach nicht! *Rakitin lächelt.* Ich sehe, es belustigt dich. Was kann man machen, mein Freund? Jedem das Seine. Ich bin ein positiver Mensch, der geborene Gutsbesitzer, und weiter nichts. Es hat eine Zeit gegeben, da träumte ich von anderem, fiel aber herein, mein Bester! Ich verbrannte mir die Finger – und wie! Wo bleibt denn Beljajew?

RAKITIN: Wer ist Beljajew?

ISLAJEW: Unser neuer Hauslehrer, der russische! Ist noch ein ziemlicher Wildling; macht nichts, er wird sich schon eingewöhnen. Nicht dumm, der Bursche! Ich habe ihn gebeten, sich auf der Baustelle umzusehen – ob sie vorankommen. *Beljajew tritt ein.* Aber da ist er ja! Nun? Was tut sich da? Sie faulenzen wohl?

BELJAJEW: Nein, sie arbeiten.

ISLAJEW: Sind sie mit dem zweiten Balkengebinde fertig?

BELJAJEW: Sie haben das dritte angefangen.

ISLAJEW: Haben Sie wegen der Balkenlage mit ihnen gesprochen?

BELJAJEW: Ja, habe ich.

ISLAJEW: Nun, und was sagen sie?

BELJAJEW: Daß sie's schon immer so gehalten haben.

ISLAJEW: Hm. Ist der Zimmermann Jermil dabei?

BELJAJEW: Ja.

ISLAJEW: Gut! Ich danke Ihnen! *Natalja Petrowna tritt ein.* Ah! Natascha! Guten Tag!

RAKITIN: Warum begrüßt du heute alle ein dutzendmal?

ISLAJEW: Ich habe dir doch gesagt, ich bin überanstrengt. Ach, bei dieser Gelegenheit – hab ich dir schon meine neue Kornschwinge gezeigt? Komm, gehen wir hin! Das ist interessant. Stell dir vor – ein wahrer Orkan! Wir schaffen es noch vor dem Mittagessen. Willst du?

RAKITIN: Also gut.

ISLAJEW: Und du, Natascha, möchtest du nicht mit?

NATALJA PETROWNA: Was verstehe ich schon von euren Kornschwingen! Geht mal allein, aber paßt auf, macht nicht zu lange!

ISLAJEW *der mit Rakitin geht*: Wir sind gleich wieder da.

Beljajew will ihnen folgen.

NATALJA PETROWNA *zu Beljajew*: Wo wollen Sie denn hin, Alexej Nikolajitsch?

BELJAJEW: Ich, ich...

NATALJA PETROWNA: Im übrigen, wenn Sie an die Luft gehen möchten...

BELJAJEW: Das nicht, ich bin schon den ganzen Morgen an der Luft gewesen!

NATALJA PETROWNA: Ah! In diesem Falle – setzen Sie sich! Bitte hierher. *Sie zeigt auf einen Stuhl.* Wir haben noch nicht vernünftig miteinander geplaudert, Alexej Nikolajitsch, uns noch nicht näher kennengelernt. *Beljajew verneigt sich und nimmt Platz.* Und das möchte ich.

BELJAJEW: Ich... ich fühle mich sehr geschmeichelt.

NATALJA PETROWNA *mit einem Lächeln*: Ich sehe, Sie fürchten sich vor mir. Aber warten Sie, wenn Sie mich erst näher kennengelernt haben, werden Sie's nicht mehr tun. Sagen Sie – wie alt sind Sie?

BELJAJEW: Einundzwanzig.

NATALJA PETROWNA: Leben Ihre Eltern noch?

BELJAJEW: Meine Mutter ist verstorben. Der Vater lebt.

NATALJA PETROWNA: Und ist Ihre Mutter schon lange tot?

BELJAJEW: Ja.

NATALJA PETROWNA: Aber Sie erinnern sich ihrer?

BELJAJEW: O ja, gewiß.

NATALJA PETROWNA: Und Ihr Vater lebt in Moskau?

BELJAJEW: Nein, auf dem Lande.

NATALJA PETROWNA: Ach so! Und haben Sie auch Brüder oder Schwestern?

BELJAJEW: Ja, eine Schwester.

NATALJA PETROWNA: Lieben Sie sie sehr?

BELJAJEW: O ja. Sie ist bedeutend jünger als ich.
NATALJA PETROWNA: Und wie heißt sie?
BELJAJEW: Natalja.
NATALJA PETROWNA *lebhaft*: Natalja? Sonderbar! Auch ich heiße Natalja. *Sie hält inne.* Sie lieben sie also sehr?
BELJAJEW: Ja.
NATALJA PETROWNA: Sagen Sie, wie finden Sie meinen Kolja?
BELJAJEW: Ein sehr netter Junge!
NATALJA PETROWNA: Nicht wahr? Und so anhänglich! Er ist Ihnen bereits sehr zugetan.
BELJAJEW: Ich will mir alle Mühe geben... Ich bin froh...
NATALJA PETROWNA: Sehen Sie, Alexej Nikolajitsch, ich möchte natürlich gern einen tüchtigen Menschen aus ihm machen. Ob mir das gelingt, weiß ich nicht, auf jeden Fall aber soll er stets mit Vergnügen an seine Kindheit zurückdenken. Möge er in Freiheit aufwachsen – das ist die Hauptsache. Ich selber bin anders erzogen worden, Alexej Nikolajitsch; mein Vater war zwar nicht böse, aber reizbar und streng. Alle im Hause, angefangen bei meiner Mutter, fürchteten sich vor ihm. Wir – mein Bruder und ich – pflegten uns jedesmal heimlich zu bekreuzigen, wenn man uns zu ihm rief. Gelegentlich herzte mich mein Vater auch einmal, doch ich erstarb, wie ich mich erinnere, selbst noch in seinen Armen vor Angst. Mein Bruder hat, als er erwachsen war... Aber Sie haben vielleicht von seinem Bruch mit dem Vater gehört? Ich werde diesen schrecklichen Tag niemals vergessen. Ich selbst blieb bis an das Ende meines Vaters eine gehorsame Tochter. Er nannte mich seinen Trost, seine Antigone – er war in seinen letzten Lebensjahren erblindet –, aber selbst die zärtlichsten Freundlichkeiten vermochten die Eindrücke meiner frühesten Jugend nicht auszulöschen. Ich fürchtete mich vor ihm, dem blinden alten Mann, und fühlte mich in seiner Gegenwart nie frei. Spuren dieser Verschüchterung, dieses andauernden Druckes sind vielleicht bis auf den heutigen Tag vorhanden. Ich weiß, ich erscheine auf den ersten Blick – wie soll ich sagen? – kühl, meinetwegen. Aber ich merke, ich erzähle Ihnen von mir, statt von Kolja zu sprechen. Ich wollte eigentlich nur sagen,

daß ich aus eigener Erfahrung weiß, wie gut es Kindern tut, in Freiheit aufzuwachsen. Sie zum Beispiel sind in Ihrer Kindheit doch nie beengt gewesen, nicht wahr?

BELJAJEW: Wie soll ich sagen? Nein, beengt hat mich natürlich niemand – weil sich niemand um mich gekümmert hat.

NATALJA PETROWNA *schüchtern*: Ja, hat denn Ihr Vater ...

BELJAJEW: Der hatte anderes zu tun. Er war meist unterwegs zu den Nachbarn, in Geschäften ... oder, wenn Sie wollen, nicht in Geschäften, sondern... Er erwarb durch sie, könnte man sagen, sein Brot, durch Gefälligkeiten.

NATALJA PETROWNA: Ach so! Und mit Ihrer Erziehung hat sich also niemand befaßt?

BELJAJEW: Ehrlich gestanden, nein. Im übrigen muß man es mir wohl anmerken. Ich fühle allzugut, woran es mir fehlt.

NATALJA PETROWNA: Mag sein, aber dafür ... *Sie hält inne und fährt dann ein wenig verlegen fort:* Ach, bei dieser Gelegenheit, Alexej Nikolajitsch, da hat gestern im Garten jemand gesungen. Waren Sie das?

BELJAJEW: Wann denn?

NATALJA PETROWNA: Abends, am Teich.

BELJAJEW: Ja, das war ich. *Hastig.* Ich habe nicht geglaubt... Der Teich ist doch so weit von hier entfernt ... Ich habe nicht geglaubt, das man es hören könnte.

NATALJA PETROWNA: Sie wollen sich doch nicht etwa entschuldigen? Sie haben eine sehr angenehme, klangvolle Stimme, und Sie singen ausgezeichnet. Haben Sie Musikunterricht gehabt?

BELJAJEW: Nein. Ich singe nach dem Gehör ... und nur einfache Lieder.

NATALJA PETROWNA: Sie singen aber wunderschön. Ich werde Sie irgendwann bitten ... nicht gleich, erst wenn wir uns näher kennengelernt haben, wenn wir uns nähergekommen sind. Wir werden uns doch näherkommen, Alexej Nikolajitsch, nicht wahr? Ich habe Vertrauen zu Ihnen, das beweist Ihnen schon mein Geplapper. *Sie reicht ihm die Hand, damit er sie ihr drücken kann. Beljajew ergreift sie zögernd, weiß nicht, was er mit ihr anfangen soll, schwankt ein wenig und küßt sie. Natalja Petrowna errötet und entzieht sie ihm. In diesem Augenblick kommt aus der Halle Spigelski herein, bleibt stehen und tritt einen Schritt zurück. Natalja Petrowna erhebt sich rasch, Beljajew ebenfalls. Natalja Petrowna verlegen.* Ach, Sie sind es, Doktor! Und wir, Alexej Nikolajitsch und ich, haben uns gerade... *Sie hält inne.*

SPIGELSKI *laut und ungezwungen*: Stellen Sie sich vor, Natalja Petrowna, was sich in Ihrem Hause tut! Da komme ich in die Gesindestube, frage nach dem kranken Kutscher, und siehe da – mein Kranker sitzt am Tisch und stopft sich einen Pfannkuchen mit Zwiebeln hinter die Backen! Da befasse sich einer mit der Medizin, hoffe auf die Krankheit und auf ein angemessenes Honorar!

NATALJA PETROWNA *gezwungen lächelnd*: Ach! In der Tat... *Beljajew will gehen.* Alexej Nikolajitsch, ich habe vergessen, Ihnen zu sagen...

WERA *stürzt aus der Halle herein*: Alexej Nikolajitsch! Alexej Nikolajitsch! *Sie erblickt Natalja Petrowna und hält plötzlich inne.*

NATALJA PETROWNA *ein wenig erstaunt*: Was ist denn? Was hast du?

WERA *zeigt, errötend und mit gesenkten Augen, auf Beljajew*: Er wird gewünscht.

NATALJA PETROWNA: Von wem?

WERA: Von Kolja. Ich meine, Kolja hat mich gebeten, ihn wegen des Drachens...

NATALJA PETROWNA: Ach was! *Mit gedämpfter Stimme zu Wera.* On n'entre pas comme cela dans une chambre. Cela ne convient pas. *Sie wendet sich an Spigelski.* Wie spät ist es denn, Doktor? Ihre Uhr geht immer richtig. Ist es nicht Zeit, Mittag zu essen?

SPIGELSKI: Moment, wenn Sie gestatten. *Er zieht die Uhr aus der Tasche.* Es ist, es ist jetzt, mit Verlaub, zwanzig Minuten nach vier.

NATALJA PETROWNA: Na bitte! Es ist Essenszeit. *Sie tritt an den Spiegel und ordnet ihr Haar. Inzwischen flüstert Wera Beljajew etwas zu. Beide lachen. Natalja Petrowna beobachtet sie im Spiegel. Spigelski blickt Natalja Petrowna von der Seite an.*

BELJAJEW *lachend, mit gedämpfter Stimme*: Nein wirklich?

WERA *nickend und ebenfalls mit gedämpfter Stimme*: Ja doch, ist einfach heruntergefallen.
NATALJA PETROWNA *mit gespielter Gleichgültigkeit zu Wera*: Was ist denn? Wer ist heruntergefallen?
WERA *verlegen*: Ach, niemand. Das heißt, Alexej Nikolajitsch hat eine Schaukel angebracht, und die Kinderfrau ist auf den Einfall gekommen...
NATALJA PETROWNA *ohne das Ende von Weras Antwort abzuwarten, zu Spigelski*: Ach, Spigelski, bei dieser Gelegenheit – kommen Sie doch mal her! *Sie nimmt ihn beiseite, wendet sich aber aufs neue an Wera.* Hat sie sich etwas getan?
WERA: Nein, nein.
NATALJA PETROWNA: Nun gut! Immerhin, Alexej Nikolajitsch, das hätten Sie nicht...
MATWEJ *tritt aus der Halle ein und meldet*: Das Essen ist aufgetragen.
NATALJA PETROWNA: Ah! Aber wo bleibt denn Arkadi Sergejitsch? Er und Michailo Alexandrowitsch werden sich wieder verspäten.
MATWEJ: Sie sind bereits im Speisezimmer.
NATALJA PETROWNA: Und Mamachen?
MATWEJ: Auch sie ist schon im Speisezimmer.
NATALJA PETROWNA: So! Gut, dann laßt uns gehen! *Sie zeigt auf Beljajew.* Wera, allez en avant avec monsieur!

Matwej geht. Beljajew und Wera folgen ihm.

SPIGELSKI *zu Natalja Petrowna*: Sie wollten mir etwas sagen?
NATALJA PETROWNA: Ach ja! Tatsächlich... Wissen Sie, über Ihren Vorschlag müssen wir uns noch unterhalten.
SPIGELSKI: Sie meinen... hinsichtlich Wera Alexandrownas?
NATALJA PETROWNA: Ja. Ich werde, ich will darüber nachdenken.

Sie wenden sich in die Halle.

Zweiter Akt

Die Bühne stellt einen Garten dar. Rechts und links unter Bäumen Bänke; geradeaus ein Himbeergebüsch. Katja und Matwej kommen von rechts herein. Katja hat einen Korb in den Händen.

MATWEJ: Was ist das also, Katerina Wassiljewna? Möchten Sie sich nicht endlich aussprechen? Ich bitte Sie dringend darum.

KATJA: Matwej Jegorytsch, ich kann wirklich...

MATWEJ: Katerina Wassiljewna, Sie wissen allzugut, wie groß meine Zuneigung zu Ihnen ist. Gewiß, ich bin ein ganzes Ende älter als Sie: Das stimmt und läßt sich nicht bestreiten, aber trotzdem bin ich noch in vollster Blüte und stehe meinen Mann. Von Charakter jedoch bin ich, wie Sie zu wissen belieben, sanft; was will man, sollte man meinen, mehr?

KATJA: Matwej Jegorytsch, glauben Sie mir, das alles fühle ich; ich bin Ihnen sehr dankbar, Matwej Jegorytsch ... Und dennoch ... Ich bin der Meinung, wir sollten noch warten.

MATWEJ: Ich bitte Sie, Katerina Wassiljewna, worauf denn noch warten? Gestatten Sie mir, zu bemerken, so haben Sie früher nicht gesprochen. Was aber die Achtung vor Ihnen betrifft, so kann ich mich, wie ich glaube, sozusagen für mich verbürgen. Ich werde Ihnen, Katerina Wassiljewna, eine Achtung entgegenbringen, wie man eine größere nicht verlangen kann. Außerdem trinke ich nicht und habe, nun ja, auch von der Herrschaft kein böses Wort gehört.

KATJA: Wirklich, Matwej Jegorytsch, ich weiß nicht, was ich Ihnen darauf erwidern soll.

MATWEJ: Hach, Katerina Wassiljewna, mit alledem haben Sie erst vor kurzem angefangen.

KATJA *ein wenig errötend*: Was heißt vor kurzem? Wieso vor kurzem?

MATWEJ: Nun, das weiß ich nicht so genau. Nur haben Sie mich früher... nur sind Sie früher anders mit mir umgegangen.

KATJA *nach einem Blick hinter die Kulissen, hastig*: Nehmen Sie sich in acht. Der Deutsche kommt!

MATWEJ *ärgerlich*: Hol ihn der und jener, den Kranich mit seinem langen Schnabel! – Mit Ihnen aber möchte ich mich noch unterhalten. *Er geht nach rechts ab.*

Katja will ebenfalls gehen – sie in das Himbeergebüsch. Von links kommt, eine Angelrute über der Schulter, Schaaf.

SCHAAF *hinter Katja her*: Wohin? Wohin, Katerin?

KATJA *bleibt stehen*: Ich muß Himbeeren pflücken, Adam Iwanytsch.

SCHAAF: Himbeeren? Himbeeren sind ein angenehmes Obst. Lieben Sie Himbeeren?

KATJA: Ja, das tu ich.

SCHAAF: Haha! Ich auch, ich auch. Ich liebe alles, was Sie lieben. *Als er merkt, daß sie gehen will.* Oh, Katerin, warten Sie ein bißchen!

KATJA: Aber ich habe doch keine Zeit. Die Haushälterin wird mit mir schelten.

SCHAAF: Ach was! Macht nichts! Sie sehen, auch ich will gerade ... *Er zeigt auf die Angel.* Wie nennt sich das? Fischen, verstehen Sie, fischen, das heißt also – Fische fangen. Lieben Sie Fische?

KATJA: O ja!

SCHAAF: Haha, ich auch, ich auch! Aber wissen Sie, Katerin, ich will Ihnen was sagen. Es gibt im Deutschen ein Liedchen. *Er singt: „Cathrinchen, Cathrinchen, wie lieb ich dich so sehr"!** Das heißt auf russisch: Katerinuschka, o Katerinuschka, wie hübsch du bist; ich liebe dich! *Er will sie mit der freien Hand umarmen.*

KATJA: Lassen Sie das, lassen Sie das, schämen Sie sich! Da kommt gerade die Herrschaft! *Sie rettet sich in das Himbeergebüsch.*

SCHAAF *der eine strenge Miene annimmt, mit gedämpfter Stimme*: *Das ist dumm ...**

Von rechts kommen Arm in Arm Natalja Petrowna und Rakitin.

NATALJA PETROWNA *zu Schaaf*: Sieh da! Adam Iwanytsch! Sie wollen angeln gehen?

SCHAAF: So ist es.

NATALJA PETROWNA: Und wo ist Kolja?
SCHAAF: Er ist bei Lisafet Bogdanowne, hat Unterricht in Klavier.
NATALJA PETROWNA: Aha! *Sie blickt sich um.* Sie sind allein?
SCHAAF: Jawohl.
NATALJA PETROWNA: Haben Sie Alexej Nikolajitsch gesehen?
SCHAAF: Nein, hab ich nicht.
NATALJA PETROWNA *nach einem Schweigen*: Wir kommen mit Ihnen mit, Adam Iwanytsch, wenn's Ihnen recht ist. Wir möchten zusehen, wie Sie angeln.
SCHAAF: Sehr erfreut.
RAKITIN *mit gedämpfter Stimme zu Natalja Petrowna*: Was haben Sie schon davon?
NATALJA PETROWNA *zu Rakitin*: Kommen Sie, kommen Sie, Sie beau ténébreux.

Alle drei gehen nach rechts ab.

KATJA *lugt vorsichtig aus dem Himbeergebüsch*: Sie sind fort. *Sie tritt hervor, bleibt eine kleine Weile stehen und denkt nach.* Schau einer den Deutschen an! *Sie seufzt und macht sich wieder ans Himbeerpflücken, wobei sie mit gedämpfter Stimme singt:*

„Nicht das Feuer flammt, nicht das Pech siedet,
Es flammt und siedet mein feurig' Herz ..."

Matwej Jegorytsch hat recht! *Sie fährt fort zu singen:*

„Es flammt und siedet mein feurig' Herz,
Nicht um des Vaters, nicht um der Mutter willen..."

Was für große Himbeeren! *Sie fährt fort:*

„Nicht um des Vaters, nicht um der Mutter willen..."

So was von Hitze! Geradezu schwül! *Sie fährt fort:*

„Nicht um des Vaters, nicht um der Mutter willen
Flammt und siedet mein ..."

Sie blickt sich plötzlich um, hält inne und verbirgt sich zur Hälfte in einem Busch. Von links kommen Beljajew und Werotschka. Beljajew hält den Drachen in der Hand.

BELJAJEW *während er an dem Himbeergebüsch vorbeigeht, zu Katja*: Warum hast du denn aufgehört, Katja? *Er singt:*

„Ein Mägdlein schön hat es dazu gebracht..."

KATJA *errötend*: Bei uns singt man das anders.
BELJAJEW: Wie denn? *Katja lacht und gibt keine Antwort.* Du pflückst, wie ich sehe, Himbeeren? Laß uns mal kosten!
KATJA *reicht ihm den Korb*: Nehmen Sie alle!
BELJAJEW: Weshalb denn gleich alle? – Wera Alexandrowna, möchten Sie? *Wera greift in den Korb; er auch.* So, das genügt. *Er will Katja den Korb zurückgeben.*
KATJA *stößt seine Hand zurück*: So nehmen Sie doch alle, behalten Sie sie!
BELJAJEW: Nein, danke, Katja. *Er gibt ihr den Korb zurück.* Danke! *Zu Wera.* Wera Alexandrowna, setzen wir uns auf diese Bank! *Er zeigt auf den Drachen.* Wir müssen den Schwanz anbinden. Sie werden mir dabei helfen. *Beide gehen auf die Bank zu und setzen sich. Beljajew drückt Wera den Drachen in die Hand.* Ja, so! Aber passen Sie auf, halten Sie ihn gerade! *Er macht sich an das Anbinden des Schwanzes.* Was ist denn?
WERA: Ich kann Sie so nicht sehen.
BELJAJEW: Wozu müssen Sie mich denn sehen?
WERA: Ich möchte sehen, wie Sie den Schwanz festmachen.
BELJAJEW: Ach so! Also gut, warten Sie mal! *Er richtet es so ein, daß sie es sehen kann.* Katja, warum singst du denn nicht? Sing doch weiter!

Katja fängt bald darauf mit gedämpfter Stimme an zu singen.

WERA: Sagen Sie, Alexej Nikolajitsch, haben Sie auch in Moskau Drachen steigen lassen?
BELJAJEW: Dazu hat man in Moskau keine Zeit! Halten Sie mal die Schnur! Ja, so! Glauben Sie, unsereins hat in Moskau nichts anderes zu tun?
WERA: Was machen Sie denn da?
BELJAJEW: Nun, wir lernen, wir hören uns die Vorlesungen der Professoren an.
WERA: Und was lehrt man Sie?
BELJAJEW: Alles.

WERA: Sie lernen wahrscheinlich sehr gut. Besser als alle anderen.
BELJAJEW: Nein, nicht allzugut. Besser als die anderen? Wo denken Sie hin! Ich bin faul.
WERA: Und wieso?
BELJAJEW: Weiß der Himmel! Bin offenbar als Faulpelz zur Welt gekommen.
WERA *nach einem Schweigen*: Wie ist das, haben Sie Freunde in Moskau?
BELJAJEW: Ja, sicher. – Hach, diese Schnur ist nicht fest genug!
WERA: Und lieben Sie sie?
BELJAJEW: Und ob! Lieben Sie Ihre Freunde vielleicht nicht?
WERA: Meine Freunde? Ich habe keine.
BELJAJEW: Also gut, ich meine – Ihre Freundinnen.
WERA *langsam*: Das schon.
BELJAJEW: Freundinnen haben Sie doch?
WERA: Ja, nur denke ich – ich weiß nicht warum – in letzter Zeit sonderbar wenig an sie. Nicht einmal Lisa Moschkinas Brief habe ich beantwortet, obwohl sie mich so darum bat.
BELJAJEW: Wieso sagen Sie eigentlich, Sie haben keine Freunde? Und was bin ich?
WERA *mit einem Lächeln*: Sie … Nun, Sie sind etwas anderes. *Nach einem Schweigen.* Alexej Nikolajitsch!
BELJAJEW: Ja?
WERA: Schreiben Sie Verse?
BELJAJEW: Nein. Wieso?
WERA: Nur so. *Nach einem Schweigen.* Bei uns im Pensionat gab es ein Mädchen, das schrieb welche.
BELJAJEW *zieht mit den Zähnen einen Knoten zusammen*: Ach was! Und gute?
WERA: Ich weiß nicht. Sie las sie uns vor, und wir weinten.
BELJAJEW: Weshalb denn das?
WERA: Aus Mitleid. Sie tat uns so leid.
BELJAJEW: Sind Sie in Moskau erzogen?
WERA: Ja, in Moskau, bei Frau Boljus. Natalja Petrowna hat mich erst voriges Jahr herkommen lassen.

BELJAJEW: Lieben Sie Natalja Petrowna?
WERA: Ja, sie ist so gut zu mir. Ich liebe sie. Sogar sehr.
BELJAJEW *spöttisch*: Und fürchten sie wohl auch ein wenig?
WERA *ebenfalls spöttisch*: Ein bißchen schon.
BELJAJEW *nach einer Pause*: Und wer hat Sie im Pensionat untergebracht?
WERA: Natalja Petrownas verstorbene Mutter. Ich bin in ihrem Hause aufgewachsen. Ich bin Waise.
BELJAJEW *läßt die Hände sinken*: Sie sind Waise? Und können sich weder an Vater noch Mutter erinnern?
WERA: Nein.
BELJAJEW: Auch mir ist die Mutter gestorben. Wir sind also beide Waisen. Was kann man machen! Verzagen dürfen wir trotzdem nicht.
WERA: Man sagt, Waisen befreunden sich rasch.
BELJAJEW *sieht ihr in die Augen*: Wirklich? Und was glauben Sie?
WERA *sieht ihm ebenfalls in die Augen und lächelt*: Ich glaube, es stimmt.
BELJAJEW *lacht und macht sich wieder an den Drachen*: Wenn ich nur wüßte, wie lange ich eigentlich schon hier bin!
WERA: Den achtundzwanzigsten Tag.
BELJAJEW: Was für ein Gedächtnis Sie haben! – So, der Drachen ist fertig. Schauen Sie sich an, was für einen Schwanz er hat! Wir müssen Kolja holen!
KATJA *tritt mit dem Korb auf sie zu*: Möchten Sie noch Himbeeren?
BELJAJEW: Nein, danke, Katja!

Katja geht schweigend beiseite.

WERA: Kolja ist bei Lisaweta Bogdanowna.
BELJAJEW: Wie kann man das Kind bei diesem Wetter im Zimmer festhalten!
WERA: Lisaweta Bogdanowna hätte uns nur gestört.
BELJAJEW: Aber ich spreche doch nicht von ihr...
WERA *rasch*: Kolja hätte ohne sie nicht mitkommen dürfen. Übrigens hat sie sich gestern sehr lobend über Sie geäußert.
BELJAJEW: Wahrhaftig?
WERA: Sie gefällt Ihnen wohl nicht?

BELJAJEW: Ach was! Soll sie ihren Tabak schnupfen, wohl bekomm's! – Warum seufzen Sie?
WERA *nach einer kleinen Weile*: Nur so. Wie klar der Himmel ist!
BELJAJEW: Seufzen Sie vielleicht deshalb? *Schweigen.* Oder langweilen Sie sich vielleicht?
WERA: Ich mich langweilen? Nein! Ich weiß manchmal selber nicht, warum ich seufze. Ich langweile mich keineswegs. Im Gegenteil! *Nach einem Schweigen.* Ich weiß nicht, ich bin möglicherweise nicht ganz gesund. Gestern ging ich nach oben, um ein Buch zu holen, und auf der Treppe, stellen Sie sich vor, setzte ich mich plötzlich auf eine Stufe und heulte los, Gott weiß warum. Und auch später traten mir immer wieder Tränen in die Augen. Was mag das bedeuten? Dabei fühl ich mich wohl ...
BELJAJEW: Das kommt vom Wachstum. Sie wachsen. Das gibt es. Darum also erschienen Ihre Augen gestern abend ein wenig verschwollen!
WERA: Sie haben es bemerkt?
BELJAJEW: Ja, sicher.
WERA: Sie merken aber auch alles.
BELJAJEW: O nein, durchaus nicht alles.
WERA *nachdenklich*: Alexej Nikolajitsch ...
BELJAJEW: Ja?
WERA *nach einem Schweigen*: Was wollte ich Sie doch gleich fragen? Ich habe wirklich vergessen, was es war!
BELJAJEW: Sind Sie so zerstreut?
WERA: Das nicht, aber ... Ach ja! Jetzt weiß ich es wieder. Sie bemerkten, glaube ich, Sie hätten eine Schwester?
BELJAJEW: Ja, das stimmt.
WERA: Sagen Sie – bin ich ihr ähnlich?
BELJAJEW: O nein! Sie sind viel hübscher.
WERA: Wie wäre das möglich! Ihre Schwester ... Ich möchte gern an ihrer Stelle sein.
BELJAJEW: Wie? Sie wünschen sich in unsere Hütte?
WERA: Ich wollte etwas anderes damit sagen, nämlich ... Ist Ihr Häuschen denn so klein?
BELJAJEW: Sehr klein. Kein Vergleich mit diesem hier!
WERA: Aber wozu auch so viele Zimmer?

BELJAJEW: Was heißt, wozu? Das werden Sie mit der Zeit schon noch mitbekommen.
WERA: Mit der Zeit? Wann?
BELJAJEW: Wenn Sie einem eigenen Hause vorstehen.
WERA *nachdenklich*: Meinen Sie?
BELJAJEW: Sie werden ja sehen! *Nach einem Schweigen.* Wie ist das also, soll ich Kolja holen, Wera Alexandrowna? Ja?
WERA: Warum nennen Sie mich nicht Werotschka?
BELJAJEW: Können Sie mich denn Alexej nennen?
WERA: Weshalb nicht? *Sie zuckt plötzlich zusammen.* Ach!
BELJAJEW: Was ist?
WERA *mit gedämpfter Stimme*: Natalja Petrowna kommt!
BELJAJEW *auch mit gedämpfter Stimme*: Wo denn?
WERA *deutet mit dem Kopf die Richtung an*: Hier – auf diesem Weg; mit Michailo Alexandrytsch.
BELJAJEW *aufstehend*: Gehen wir zu Kolja! Er wird seine Lektion wohl beendet haben.
WERA: Ja, gehen wir! Ich fürchte, sie schilt sonst mit mir.

Beide stehen auf und verschwinden rasch nach links. Katja verbirgt sich wieder im Himbeergebüsch. Von rechts nähern sich Natalja Petrowna und Rakitin.

NATALJA PETROWNA *bleibt stehen*: Gehen da nicht Herr Beljajew und Werotschka?
RAKITIN: Ja, sie sind es.
NATALJA PETROWNA: Sie scheinen auf der Flucht vor uns zu sein.
RAKITIN: Möglich.
NATALJA PETROWNA *nach einem Schweigen*: Ich finde, Werotschka sollte nicht... so allein mit einem jungen Mann im Garten... Natürlich, sie ist noch ein Kind; und dennoch ist es unpassend. Ich werde es ihr sagen.
RAKITIN: Wie alt ist sie?
NATALJA PETROWNA: Siebzehn! Immerhin schon siebzehn! – Wie heiß es heute ist! Ich bin müde. Setzen wir uns! *Sie setzen sich auf die Bank, auf der Wera und Beljajew gesessen haben.* Ist Spigelski weggefahren?
RAKITIN: Ja.

NATALJA PETROWNA: Schade, daß Sie ihn nicht davon abgehalten haben! Ich weiß nicht, wie dieser Mann darauf verfallen ist, Kreisarzt zu werden ... Er ist so spaßig. Er bringt mich immer zum Lachen.
RAKITIN: Und ich habe geglaubt, daß Sie heute dazu nicht aufgelegt sind.
NATALJA PETROWNA: Warum haben Sie das geglaubt?
RAKITIN: Nur so.
NATALJA PETROWNA: Weil mir heute alles Gefühlvolle nicht zusagt? Das stimmt! Ich warne Sie: Mich kann heute nichts, aber auch gar nichts rühren. Das hindert mich jedoch nicht, zu lachen; im Gegenteil. Außerdem hatte ich mit Spigelski etwas zu besprechen.
RAKITIN: Darf man fragen – was?
NATALJA PETROWNA: Nein, darf man nicht. Sie wissen ohnehin alles, was ich denke und was ich tue. Das ist langweilig.
RAKITIN: Entschuldigen Sie. Ich habe angenommen ...
NATALJA PETROWNA: Ich möchte wenigstens ein Geheimnis vor Ihnen haben, und sei es noch so belanglos.
RAKITIN: Ich bitte Sie! Aus Ihren Worten könnte man schließen, ich wüßte buchstäblich alles ...
NATALJA PETROWNA *unterbricht ihn*: Etwa nicht?
RAKITIN: Sie belieben sich über mich lustig zu machen.
NATALJA PETROWNA: Sie wissen also wirklich nicht alles, was in mir vorgeht? In solchem Falle gratuliere ich Ihnen! Wie? Ein Mensch, der mich von morgens bis abends beobachtet...
RAKITIN: Soll das ein Vorwurf sein?
NATALJA PETROWNA: Ein Vorwurf? *Nach einem Schweigen.* Nein, aber ich sehe jetzt mit aller Deutlichkeit: Sie sind nicht eben scharfsichtig.
RAKITIN: Mag sein. Da ich Sie aber von morgens bis abends beobachte, gestatten Sie mir eine Bemerkung...
NATALJA PETROWNA: Betrifft sie mich? Dann tun Sie mir den Gefallen!
RAKITIN: Werden Sie mir auch nicht böse sein?
NATALJA PETROWNA: Aber nein! Ich würde gern, aber ich kann nicht.
RAKITIN: Seit einiger Zeit, Natalja Petrowna, befinden Sie sich

in einem Zustand ständiger Gereiztheit, und diese Gereiztheit ist gewollt, innerlich: Es ist, als rängen Sie mit sich und wüßten nicht weiter. Vor meiner Reise zu den Krinizyns hab ich das nicht bemerkt; das haben Sie erst seit kurzem an sich. *Natalja Petrowna zirkelt mit dem Sonnenschirm im Sand zu ihren Füßen.* Sie seufzen manchmal so tief – wie so ein müder, sehr müder Mensch, dem es durchaus nicht gelingen will, sich auszuruhen.

NATALJA PETROWNA: Und was schließen Sie daraus, Herr Beobachter?

RAKITIN: Gar nichts. Es beunruhigt mich nur.

NATALJA PETROWNA: Ergebensten Dank für die Anteilnahme!

RAKITIN: Und außerdem...

NATALJA PETROWNA *ein wenig ungeduldig*: Bitte, wechseln wir das Thema!

Schweigen.

RAKITIN: Sie haben heute nicht die Absicht, auszufahren?

NATALJA PETROWNA: Nein.

RAKITIN: Warum denn nicht? Das Wetter ist doch gut.

NATALJA PETROWNA: Keine Lust. *Schweigen.* Sagen Sie, Sie kennen doch Bolschinzow?

RAKITIN: Unseren Nachbarn? Afanassi Iwanytsch?

NATALJA PETROWNA: Ja.

RAKITIN: Was soll die Frage? Wir haben doch erst vorgestern hier, in Ihrem Hause, Preference mit ihm gespielt!

NATALJA PETROWNA: Was ist das für ein Mensch, möchte ich wissen.

RAKITIN: Bolschinzow?

NATALJA PETROWNA: Ja doch, Bolschinzow!

RAKITIN: Ich muß gestehen, das habe ich nun wirklich nicht erwartet!

NATALJA PETROWNA *ungeduldig*: Was haben Sie nicht erwartet?

RAKITIN: Daß Sie mich je nach Bolschinzow fragen würden! Ein dummer, dicker, schwerfälliger Mensch – sonst ist nichts Schlechtes von ihm zu sagen.

NATALJA PETROWNA: Er ist weder so dumm noch so schwerfällig, wie Sie glauben.
RAKITIN: Mag sein. Ich räume ein, ich habe diesen Herrn nicht allzu aufmerksam studiert.
NATALJA PETROWNA *ironisch*: Sie haben ihn nicht beobachtet?
RAKITIN *mit gezwungenem Lächeln*: Wie sind Sie denn darauf verfallen...
NATALJA PETROWNA: Nur so!

Wieder Schweigen.

RAKITIN: Schauen Sie, Natalja Petrowna, wie schön sich diese dunkelgrüne Eiche vor dem dunkelblauen Himmel ausnimmt! Sie ist ganz von Sonne überflutet; und was für satte Farben! Wieviel unerschütterliches Leben und Kraft in ihr steckt! Besonders, wenn Sie sie mit jener jungen Birke vergleichen... Die scheint sich völlig in Licht aufzulösen; die kleinen Blätter flimmern und glänzen schwach – als schmölzen sie dahin; und dennoch ist auch sie schön...
NATALJA PETROWNA: Wissen Sie was, Rakitin? Ich habe längst bemerkt... Sie haben ein sehr feines Gefühl für die sogenannten Schönheiten der Natur und vermögen sehr geschmackvoll, sehr klug von ihnen zu reden, so geschmackvoll, so klug, daß ich mir vorstelle, die Natur müßte Ihnen für Ihre ausgesucht-glückliche Ausdrucksweise unsagbar dankbar sein; Sie stellen ihr nach wie ein parfümierter Marquis auf roten Absätzen einer Dorfschönen... Nur eins ist fatal: Manchmal scheint mir, sie könnte Ihre feinsinnigen Bemerkungen ebensowenig zu schätzen wissen wie die Dorfschöne die höfischen Komplimente des Marquis; die Natur ist viel einfacher und sogar gröber, als Sie vermuten, denn die ist, Gott sei Dank, gesund... Birken schmelzen nicht dahin und fallen nicht in Ohnmacht wie nervenschwache Damen.
RAKITIN: Quelle tirade! Die Natur ist gesund... das heißt mit anderen Worten – ich bin ein kränkliches Wesen.
NATALJA PETROWNA: Nicht Sie allein sind es, allzu gesund sind wir beide nicht.

RAKITIN: Oh, diese Methode, dem anderen auf unschuldigste Art die unangenehmsten Dinge zu sagen, ist mir bekannt... Statt ihm zum Beispiel ins Gesicht zu erklären: Du, mein Freund, bist dumm!, braucht man nur gutmütig zu lächeln und zu bemerken: Wir beide, Sie und ich, sind ja doch dumm!

NATALJA PETROWNA: Sie sind beleidigt? Nicht doch, was für ein Unsinn! Ich wollte damit nur sagen, daß wir beide – der Ausdruck kränklich gefällt Ihnen nicht –, daß wir beide alt, sehr alt sind.

RAKITIN: Wieso denn alt? Ich fühle mich nicht alt.

NATALJA PETROWNA: Jetzt hören Sie aber mal zu! Da sitzen wir beide auf dieser Bank... Vielleicht haben hier vor einer Viertelstunde zwei wirklich junge Menschen gesessen.

RAKITIN: Beljajew und Werotschka? Natürlich, sie sind jünger als wir. Ein Unterschied von wenigen Jahren, das ist alles. Deswegen sind wir noch nicht alt.

NATALJA PETROWNA: Der Unterschied zwischen uns und ihnen besteht nicht nur in den Jahren.

RAKITIN: Aha! Ich verstehe. Sie beneiden sie um ihre naiveté, um ihre Frische, ihre Unschuld; mit einem Wort – um ihre Dummheit...

NATALJA PETROWNA: Meinen Sie? Sie glauben also, sie sind dumm? Ich sehe, bei Ihnen sind heute alle dumm. Nein, Sie verstehen mich nicht. Und außerdem – dumm! Was das schon ausmacht! Was ist denn Gutes am Verstand, wenn er nicht unterhält? Es gibt nichts Ermüdenderes als einen unfrohen Verstand.

RAKITIN: Hm. Warum sprechen Sie nicht offen und ohne Umschweife? Ich unterhalte Sie also nicht – das wollen Sie doch sagen? Aber weshalb lassen Sie es den Verstand als solchen entgelten, wenn ich gefehlt habe?

NATALJA PETROWNA: Das ist alles nicht das Richtige... *Katja kommt aus dem Himbeergebüsch hervor.* Du hast wohl Himbeeren gepflückt, Katja?

KATJA: Jawohl.

NATALJA PETROWNA: Zeig doch mal her! *Katja tritt auf sie zu.* Wunderbar, die Himbeeren! Und so rot! Die Wangen freilich sind noch röter. *Katja lächelt und senkt die Augen.* Gut, geh schon!

Katja geht.

RAKITIN: Noch so ein junges Wesen in Ihrem Geschmack!
NATALJA PETROWNA: Natürlich. *Sie steht auf.*
RAKITIN: Wo wollen Sie hin?
NATALJA PETROWNA: Erstens will ich nach Werotschka sehen – wird Zeit, daß sie nach Hause kommt –, und zweitens gefällt mir, ehrlich gestanden, unsere Unterhaltung nicht. Besser, wir stellen unsere Betrachtungen über die Natur und die Jugend für einige Zeit ein.
RAKITIN: Sie möchten vielleicht allein ein Stückchen gehen?
NATALJA PETROWNA: Ehrlich gesagt – ja. Wir sehen uns bald wieder. Im übrigen scheiden wir doch wohl als Freunde? *Sie reicht ihm die Hand.*
RAKITIN *erhebt sich*: Und ob! *Er drückt ihr die Hand.*
NATALJA PETROWNA: Auf Wiedersehen! *Sie öffnet den Schirm und wendet sich nach links.*
RAKITIN *geht eine Weile auf und ab*: Was hat sie nur? *Nach einem Schweigen.* Ach, nichts, eine Grille! – Eine Grille? Früher habe ich das an ihr nicht bemerkt. Im Gegenteil, ich kenne kein weibliches Wesen, das ausgeglichener im Umgang wäre. Was ist also die Ursache? *Er geht wieder auf und ab und bleibt plötzlich stehen.* Nein, wie komisch die Menschen sind, die nur einen Gedanken im Kopf, ein einziges Ziel, eine einzige Beschäftigung im Leben haben – wie zum Beispiel ich. Sie hat recht: Man beobachtet von morgens bis abends Kleinigkeiten und wird selber kleinlich ... Stimmt alles; aber ich kann ohne sie nicht leben, in ihrer Gegenwart bin ich mehr als glücklich; man kann dieses Gefühl nicht einmal Glück nennen, ich gehöre ganz ihr, und von ihr zu scheiden wäre für mich ohne jede Übertreibung dasselbe wie vom Leben scheiden. – Was hat sie? Was bedeutet diese innere Unruhe, diese unwillkürliche Bissigkeit ihrer Reden? Wird sie meiner allmählich überdrüssig? Hm ... *Er setzt sich.* Ich habe mir nie etwas vorgemacht; ich weiß sehr gut, auf welche Weise sie mich liebt; aber ich habe gehofft, daß die-

ses ruhige Gefühl sich mit der Zeit ... Gehofft! Habe ich denn das Recht, zu hoffen, darf ich das? Ich gebe zu, meine Lage ist ziemlich komisch, beinah verachtungswürdig. *Nach einem Schweigen.* Aber wozu solche Worte? Sie ist eine anständige Frau, und ich bin kein Schürzenjäger. *Mit bitterem Spott.* Leider! *Er erhebt sich rasch.* Nun aber genug! Fort aus dem Kopf mit diesem ganzen Unsinn! *Er geht auf und ab.* Was für ein wunderbarer Tag heute! *Nach einem Schweigen.* Wie geschickt sie mich an der empfindlichsten Stelle getroffen hat! Meine „ausgesucht-glückliche Ausdrucksweise"... Sie ist sehr klug, besonders wenn sie schlechte Laune hat. Doch was ist das nur für eine plötzliche Verehrung der Unschuld und der Einfachheit? Dieser russische Lehrer... Sie spricht recht oft von ihm. Ehrlich gesagt, ich finde nichts Besonderes an ihm. Ein Student wie alle Studenten. Sollte sie sich etwa... Unmöglich! Sie ist schlechter Laune, weiß selber nicht, was sie will, und da gibt sie es eben mir – gehen doch auch Kinder auf ihre Kinderfrau los ... Welch schmeichelhafter Vergleich! Aber man muß sie gewähren lassen. Ist dieser Anfall trübseliger Unruhe vorbei, wird sie als erste über das hochaufgeschossene Küken, diesen frischen Jüngling lachen ... Ihre Erklärung, Michailo Alexandrytsch, mein Freund, ist gar nicht so übel, aber stimmt sie auch? Weiß der Himmel! Wir werden ja sehen! Es wäre nicht das erstemal, daß Sie, mein Bester, nach langem Widerstreit mit sich selbst all Ihre Annahmen und Überlegungen plötzlich verwerfen, ruhig die Hände in den Schoß legen und ergeben warten, was weiter kommt. Vorerst aber geben Sie zu, daß Ihnen ziemlich unangenehm und bitter zumute ist. So ist nun mal Ihr Handwerk... *Er blickt sich um.* Ha! Da kommt er ja selber, unser unbefangener Jüngling! Genau im richtigen Augenblick. Ich habe noch kein einzigesmal vernünftig mit ihm gesprochen. Will doch mal sehen, was für ein Mensch das ist. *Von links kommt Beljajew auf die Bühne.* Ah, Alexej Nikolajitsch! Auch Sie sind draußen und genießen die frische Luft?

BELJAJEW: Jawohl!

RAKITIN: Das heißt, ganz frisch ist die Luft, genaugenommen, heute ja nicht; eine Bullenhitze; aber hier im Schatten, unter diesen Linden, läßt es sich aushalten. *Nach einem Schweigen.* Haben Sie Natalja Petrowna gesehen?

BELJAJEW: Ja, ich bin ihr soeben begegnet. Sie ist mit Wera Alexandrowna ins Haus gegangen.

RAKITIN: Dann habe ich Sie vorhin hier gesehen? Mit Wera Alexandrowna, vor etwa einer halben Stunde?

BELJAJEW: Jawohl. Ich bin mit ihr spazierengegangen.

RAKITIN: Ach so! *Er faßt ihn unter.* Nun, wie gefällt Ihnen das Leben auf dem Lande?

BELJAJEW: Ich liebe das Dorf. Nur eins ist schlimm: Es gibt hier wenig zu jagen.

RAKITIN: Sie sind Jäger?

BELJAJEW: Ja. Und Sie?

RAKITIN: Ich? Nein, ich bin, ehrlich gestanden, ein schlechter Schütze. Ich bin zu faul.

BELJAJEW: Faul bin ich auch, allerdings nicht zu faul, um auf Jagd zu gehen.

RAKITIN: Ah! Sie sind zu faul – zum Lesen?

BELJAJEW: Nein, ich lese gern. Ich bin zu faul, lange zu arbeiten; besonders, wenn ich mich mit ein und demselben Gegenstand beschäftigen muß.

RAKITIN *lächelnd*: Und wenn Sie sich mit Damen unterhalten? Da auch?

BELJAJEW: Ha! Sie machen sich über mich lustig... Vor Damen fürchte ich mich eher.

RAKITIN *ein wenig verlegen*: Wie kommen Sie darauf... Warum sollte ich mich über Sie lustig machen?

BELJAJEW: Ach was, ist weiter kein Unglück. *Nach einem Schweigen.* Sagen Sie, wo bekommt man hier Schießpulver?

RAKITIN: Nun, ich denke – in der Stadt; es wird dort heimlich unter dem Decknamen Mohn gehandelt. Brauchen Sie gutes?

BELJAJEW: Nein, es kann auch Flintenpulver sein. Ich brauche es nicht zum Schießen, ich brauche es für ein Feuerwerk.

RAKITIN: Ach! Sie verstehen sich darauf?

BELJAJEW: Ja. Ich habe auch schon einen Platz gefunden – hinter dem Teich. Natalja Petrowna feiert, wie ich hörte, in einer Woche ihren Namenstag; da käme das wohl zupaß.

RAKITIN: Natalja Petrowna wird eine solche Aufmerksamkeit sehr angenehm sein – Sie gefallen ihr, Alexej Nikolajitsch, muß ich Ihnen sagen.
BELJAJEW: Sehr schmeichelhaft. – Ach, bei dieser Gelegenheit, Michailo Alexandrytsch, Sie halten da, glaube ich, diese Zeitschrift. Können Sie sie mir zum Lesen leihen?
RAKITIN: Aber bitte, mit Vergnügen. Es stehen auch gute Verse darin.
BELJAJEW: Ich bin kein Liebhaber von Versen.
RAKITIN: Und weshalb nicht?
BELJAJEW: Ich weiß nicht recht. Komische Verse erscheinen mir gekünstelt, und außerdem gibt es davon nicht viele; und die gefühlvollen ... na ja ... ich traue ihnen nicht ganz.
BELJAJEW: Sie ziehen Erzählungen vor?
BELJAJEW: Ja, gute Erzählungen mag ich; vor allem aber die kritischen Artikel – die packen mich.
RAKITIN: Wieso?
BELJAJEW: Sie sind von einem warmherzigen Menschen geschrieben...
RAKITIN: Und Sie selbst – betätigen Sie sich literarisch?
BELJAJEW: O nein! Wozu schreiben, wenn der Herrgott einem kein Talent gegeben hat! Das hieße nur, sich zum Gespött der Leute machen. Und was dabei erstaunlich ist, was ich Sie mir freundlichst zu erklären bitte, ist folgendes: Da erscheint mancher klug, greift er aber zur Feder – zum Davonlaufen! Nein, wie sollte unsereins schreiben können – Gott gebe, das Geschriebene zu verstehen!
RAKITIN: Wissen Sie was, Alexej Nikolajitsch? Nur wenige junge Leute haben soviel gesunden Menschenverstand wie Sie.
BELJAJEW: Ergebensten Dank für das Kompliment! *Nach einem Schweigen.* Ich habe für das Feuerwerk diese Stelle hinter dem Teich gewählt, weil ich römische Kerzen herzustellen verstehe, die auf dem Wasser brennen...
RAKITIN: Das muß sehr hübsch sein. – Entschuldigen Sie, Alexej Nikolajitsch, darf ich Sie etwas fragen? Können Sie Französisch?

BELJAJEW: Nein. Ich habe zwar Paul de Kocks „Die Milchfrau von Montfermeil" – Sie haben vielleicht von diesem Roman gehört – für fünfzig Rubel in Papiergeld übersetzt; aber ich kann kein Wort Französisch. Stellen Sie sich vor: Quatre-vingt-dix habe ich mit vier-zwanzig-zehn wiedergegeben. Die Not, wissen Sie, zwang mich dazu. Aber schade! Ich würde gern Französisch können. Nur die verdammte Faulheit! Ich wünschte, ich könnte George Sand in Französisch lesen. Die Aussprache allerdings ... Wie wird man mit der Aussprache fertig? An, on, en, un – eine Katastrophe!

RAKITIN: Nun, da gäbe es schon noch Abhilfe.

BELJAJEW: Entschuldigen Sie, wie spät haben wir's?

RAKITIN *sieht auf die Uhr*: Halb zwei.

BELJAJEW: Warum Lisaweta Bogdanowna Kolja nur so lange am Klavier festhält? Er möchte sicher gerne ein bißchen herumlaufen.

RAKITIN *freundlich*: Aber man muß doch auch lernen, Alexej Nikolajitsch.

BELJAJEW *mit einem Seufzer*: Das hätten Sie nicht sagen, das hätte ich nicht hören dürfen, Michailo Alexandrytsch. Natürlich, wenn alle solche Taugenichtse wären wie ich ...

RAKITIN: Nicht doch!

BELJAJEW: Aber ich weiß doch selber, daß ...

RAKITIN: Und ich weiß im Gegenteil, und zwar mit aller Bestimmtheit, daß gerade das, was Sie als Ihren Fehler ansehen, anderen gefällt – Ihre Ungezwungenheit, Ihr freies Wesen.

BELJAJEW: Wem zum Beispiel?

RAKITIN: Nun, sagen wir, Natalja Petrowna.

BELJAJEW: Natalja Petrowna? Aber gerade in ihrer Gegenwart verliere ich mein freies Wesen, wie Sie das nennen.

RAKITIN: Ach! Tatsächlich?

BELJAJEW: Michailo Alexandrytsch, ich bitte Sie, ist Erziehung schließlich nicht das Wichtigste am Menschen? Sie haben gut reden! Wirklich, ich verstehe Sie nicht ... *Hält plötzlich inne.* Was ist das? Da hat im Garten wohl ein Wachtelkönig gerufen? *Er will gehen.*

RAKITIN: Kann sein. – Aber wo wollen Sie denn hin?
BELJAJEW: Das Gewehr holen. *Er wendet sich nach links, ihm entgegen kommt Natalja Petrowna.*
NATALJA PETROWNA *erblickt ihn und lächelt plötzlich*: Wohin, Alexej Nikolajitsch?
BELJAJEW: Ich...
RAKITIN: Er will das Gewehr holen. Er hat im Garten einen Wachtelkönig rufen hören.
NATALJA PETROWNA: Nein, bitte schießen Sie nicht im Garten. Lassen Sie den armen Vogel leben. Außerdem könnten Sie Großmutter erschrecken.
BELJAJEW: Zu Befehl!
NATALJA PETROWNA *lachend*: Ach, Alexej Nikolajitsch, schämen Sie sich denn nicht? „Zu Befehl" – was ist das für ein Ausdruck! Wie kann man – so sprechen? Aber warten Sie – Michailo Alexandrytsch hier und ich werden uns Ihrer Erziehung annehmen. Ja doch! Wir haben uns schon wiederholt über Sie unterhalten. Ich warne Sie, wir haben uns gegen Sie verschworen. Sie erlauben mir doch, mich Ihrer Erziehung anzunehmen?
BELJAJEW: Ich bitte Sie... Ich...
NATALJA PETROWNA: Vor allem – seien Sie nicht schüchtern, das paßt nicht im geringsten zu Ihnen. Ja, wir werden uns Ihrer annehmen. *Sie zeigt auf Rakitin.* Wir beide sind alt, und Sie sind ein junger Mann... Ist es nicht so? Sie werden sehen, wie gut alles geht. Sie beschäftigen sich mit Kolja, und ich... und wir uns mit Ihnen.
BELJAJEW: Ich bin Ihnen sehr dankbar.
NATALJA PETROWNA: Na also! – Worüber haben Sie sich denn mit Michailo Alexandrytsch unterhalten?
RAKITIN *lächelt*: Er hat mir erzählt, wie er ein französisches Buch übersetzt hat, ohne ein Wort Französisch zu können.
NATALJA PETROWNA: Aha! Nun gut, dann werden wir Ihnen auch Französisch beibringen. Bei dieser Gelegenheit – was haben Sie mit dem Drachen gemacht?
BELJAJEW: Ich habe ihn ins Haus gebracht. Mir schien, es war Ihnen... irgendwie nicht recht.
NATALJA PETROWNA *ein wenig verlegen*: Aber weshalb denn?

Weil ich Werotschka... weil ich Werotschka ins Haus geholt habe? Nein, das ist... Nein, da irren Sie sich. *Lebhaft.* Im übrigen, wissen Sie was? Kolja wird seinen Klavierunterricht jetzt hinter sich haben. Gehen wir hin, holen wir ihn, Werotschka und den Drachen – wollen Sie? Und machen uns alle zusammen zur Wiese auf. Ja?
BELJAJEW: Mit Vergnügen, Natalja Petrowna.
NATALJA PETROWNA: Na, wunderbar! Also kommen Sie schon, kommen Sie! *Sie hält ihm den Arm hin.* So fassen Sie mich doch unter! Wie ungeschickt Sie sind! Kommen Sie, rasch. *Sie gehen schnell nach links ab.*
RAKITIN *blickt ihnen nach*: Welche Lebhaftigkeit, welche Fröhlichkeit! Diesen Ausdruck habe ich auf ihrem Gesicht noch nie gesehen. Was für eine plötzliche Wandlung! *Nach einem Schweigen.* Souvent femme varie. Aber ich ... ich gehe ihr heute entschieden wider den Strich. Das ist klar. *Nach einem Schweigen.* Ach was! Mal sehen, wie's weitergeht. *Langsam.* Sollte sie wirklich ... *Er winkt ab.* Unmöglich! Aber dieses Lächeln, dieser freundliche, sanfte, helle Blick ... Ach, der Herrgott lasse mich nicht die Qualen der Eifersucht erfahren, besonders nicht die einer sinnlosen! *Er blickt sich plötzlich um.* Bah, bah, bah! Was führt die her? *Von links kommen Spigelski und Bolschinzow. Rakitin geht ihnen entgegen.* Guten Tag, Herrschaften! Sie, Spigelski, habe ich heute, ehrlich gesagt, nicht erwartet. *Er drückt ihnen die Hand.*
SPIGELSKI: Ich selber hatte... Ich habe selber nicht geahnt... Aber da sah ich bei ihm herein – *er zeigt auf Bolschinzow* –, und er sitzt schon im Wagen und ist auf dem Sprung hierher. Nun, da machte ich gleich kehrt und fuhr mit ihm zurück.
RAKITIN: Dann – herzlich willkommen!
BOLSCHINZOW: Ich hatte tatsächlich die Absicht...
SPIGELSKI *lenkt von seinen Worten ab*: Ihre Leute haben uns gesagt, die Herrschaften sind alle im Garten. Im Salon jedenfalls war niemand.
RAKITIN: Und Natalja Petrowna sind Sie nicht begegnet?
SPIGELSKI: Wann?
RAKITIN: Nun, jetzt eben.

SPIGELSKI: Nein. Wir sind nicht geradeswegs vom Haus hierher gekommen. Afanassi Iwanytsch wollte nachsehen, ob es im Wäldchen Pilze gibt.

BOLSCHINZOW *befremdet*: Ich...

SPIGELSKI: Aber ja, wir wissen doch, daß Sie ein großer Liebhaber von Birkenröhrlingen sind. – Natalja Petrowna ist also ins Haus gegangen? Gut, dann können ja auch wir umkehren.

BOLSCHINZOW: Natürlich.

RAKITIN: Ja, Sie ist nach Hause gegangen, um alle zu einem Spaziergang abzuholen. Ich glaube, sie wollen einen Drachen steigen lassen.

SPIGELSKI: Aha! Na wunderbar! Bei solchem Wetter muß man an die Luft.

RAKITIN: Sie können gleich hierbleiben. Ich gehe hin und sage ihr, daß Sie gekommen sind.

SPIGELSKI: Wozu die Mühe? Ich bitte Sie, Michailo Alexandrytsch!

RAKITIN: Nicht doch! Ich muß ohnedies hin...

SPIGELSKI: Ach so! Nun, dann wollen wir Sie nicht aufhalten. Sie wissen – keine Umstände!

RAKITIN: Auf Wiedersehen, Herrschaften! *Er geht nach links ab.*

SPIGELSKI: Auf Wiedersehen! *Zu Bolschinzow.* Nun, Afanassi Iwanytsch...

BOLSCHINZOW *fällt ihm ins Wort*: Wie sind Sie nur auf die Pilze verfallen, Ignati Iljitsch? Ich kann mich nur wundern; was denn für Pilze?

SPIGELSKI: Ich hätte Ihrer Ansicht nach wohl sagen sollen, mein Afanassi Iwanytsch hat es mit der Angst bekommen und wollte sich, statt geradeaus zu gehen, auf Umwegen heranschleichen?

BOLSCHINZOW: Stimmt schon, aber immerhin – Pilze! Ich weiß nicht, vielleicht irre ich mich...

SPIGELSKI: Bestimmt tun Sie das, mein Freund! Denken Sie lieber über folgendes nach: Da sind wir beide hergekommen... auf Ihren Wunsch. Passen Sie also auf! Blamieren Sie sich nicht!

BOLSCHINZOW: Ignati Iljitsch, Sie haben mir doch... Ich

meine, Sie haben mir gesagt... Ich möchte endgültig wissen, welche Antwort...

SPIGELSKI: Verehrtester Afanassi Iwanytsch! Von Ihrem Dorf bis hierher sind es rund fünfzehn Werst. Und auf jeder Werst haben Sie mich mindestens dreimal dasselbe gefragt. Ja, reicht Ihnen das noch nicht aus? Also hören Sie, aber merken Sie sich: Ich erzähle Ihnen das jetzt zum letztenmal! Natalja Petrowna hat sich folgendermaßen geäußert: „Ich..."

BOLSCHINZOW *nickt*: Ja.

SPIGELSKI *ärgerlich*: Ja? Was heißt – ja? Ich habe doch noch gar nichts gesagt. „Ich", hat sie also erwidert, „kenne Herrn Bolschinzow nur wenig, er scheint jedoch ein guter Mensch zu sein; andererseits habe ich keineswegs die Absicht, Werotschka zu nötigen; soll er meinetwegen öfter herkommen, und wenn er es verdient..."

BOLSCHINZOW: Verdient? Hat sie gesagt – verdient?

SPIGELSKI: „... wenn er es verdient und ihre Neigung gewinnt, werden Anna Semjonowna und ich uns nicht widersetzen..."

BOLSCHINZOW: Nicht widersetzen? Das hat sie wörtlich gesagt? Nicht widersetzen?

SPIGELSKI: Ja doch, ja, ja! Was sind Sie für ein sonderbarer Mensch! „Werden wir uns ihrem Glück nicht widersetzen."

BOLSCHINZOW: Hm.

SPIGELSKI: „Ihrem Glück..." Jawohl; aber beachten Sie, Afanassi Iwanytsch, worin jetzt Ihre Aufgabe besteht. Jetzt müssen Sie Wera Alexandrowna persönlich davon überzeugen, daß die Ehe mit Ihnen ein Glück für sie wäre; Sie müssen sich ihre Neigung verdienen.

BOLSCHINZOW *zwinkernd*: Ja, ja doch, verdienen... gewiß; da bin ich ganz Ihrer Meinung.

SPIGELSKI: Sie haben darauf bestanden, daß ich Sie unbedingt gleich heute herbringe. Nun, man wird ja sehen, wie Sie operieren.

BOLSCHINZOW: Operieren? Ja, ja doch, man muß operieren, man muß es sich verdienen; gewiß! Da ist nur eins, Ignati Iljitsch. Gestatten Sie, Ihnen als meinen besten Freund eine

Schwäche von mir zu bekennen: Ich habe, wie Sie sagten, gewünscht, daß Sie mich heute herbringen...

SPIGELSKI: Nicht gewünscht, sondern verlangt, unabweislich darauf bestanden!

BOLSCHINZOW: Also gut, meinetwegen, gebe ich zu. Aber sehen Sie, zu Hause ... da bin ich in der Tat ... zu Hause schien mir, ich sei zu allem bereit; aber jetzt befällt mich Verzagtheit.

SPIGELSKI: Ja, weshalb denn?

BOLSCHINZOW *mit einem finsteren Blick*: Das Risiko.

SPIGELSKI: Wa-as?

BOLSCHINZOW: Das Risiko. Das große Risiko. Ich, Ignati Iljitsch, muß Ihnen als ...

SPIGELSKI *fällt ihm ins Wort*: ... als meinem besten Freund gestehen ... Wissen wir, wissen wir! Aber wie weiter?

BOLSCHINZOW: Genau das ist es; ich gebe es zu. Ich muß Ihnen gestehen, Ignati Iljitsch, daß ich ... mit Damen im allgemeinen und mit dem weiblichen Geschlecht überhaupt sozusagen wenig zu tun gehabt habe; ich, Ignati Iljitsch, bekenne ganz offen, mir fällt einfach nichts ein, worüber man mit einer Person weiblichen Geschlechts, besonders mit einem jungen Mädchen, sprechen könnte. Zumal unter vier Augen.

SPIGELSKI: Sie setzen mich in Erstaunen. Ich für meinen Teil weiß nichts, worüber man mit einer Person weiblichen Geschlechts, besonders mit einem jungen Mädchen, nicht sprechen könnte. Zumal unter vier Augen.

BOLSCHINZOW: Ja, Sie ... Ich bitte, wie sollte ich da mitkommen? Und eben aus diesem Grunde wende ich mich an Sie, Ignati Iljitsch. Es heißt, das Schwerste in solchen Dingen sei der Anfang; könnten Sie mir also nicht, wie soll ich sagen, zwecks Einleitung des Gesprächs eine angenehme Wendung verraten, eine Bemerkung zum Beispiel – das würde mir genügen. Dann mach ich schon irgendwie weiter.

SPIGELSKI: Eine Wendung, Afanassi Iwanytsch, verrate ich Ihnen nicht, weil Ihnen das nichts nützen würde. Wohl aber kann ich Ihnen, wenn Sie wollen, einen Rat geben.

BOLSCHINZOW: Tun Sie mir den Gefallen, mein Bester. Und was meine Dankbarkeit betrifft ... Sie wissen doch ...
SPIGELSKI: Hören Sie auf, hören Sie auf! Schachere ich denn mit Ihnen?
BOLSCHINZOW *mit gedämpfter Stimme*: Des Dreigespanns wegen können Sie ganz beruhigt sein.
SPIGELSKI: So hören Sie schon auf! Schauen Sie, Afanassi Iwanytsch ... Sie sind unleugbar ein in jeder Beziehung vortrefflicher Mensch – *Bolschinzow deutet eine Verneigung an* –, ein Mann von außerordentlichen Qualitäten ...
BOLSCHINZOW: Ich bitte Sie!
SPIGELSKI: Außerdem besitzen Sie wohl, wenn ich nicht irre, dreihundert leibeigene Seelen?
BOLSCHINZOW: Dreihundertzwanzig.
SPIGELSKI: Und nicht verpfändet?
BOLSCHINZOW: Ich habe keine Kopeke Schulden.
SPIGELSKI: Na bitte! Ich habe Ihnen öfter erklärt, Sie sind ein ganz vortrefflicher Mann und ein Freier, der sich sehen lassen kann. Aber nun sagen Sie mir, Sie haben zu Damen kaum irgendwelche Beziehungen gehabt ...
BOLSCHINZOW *mit einem Seufzer*: So ist es. Ich bin, könnte man sagen, dem weiblichen Geschlecht von Kindesbeinen an aus dem Wege gegangen, Ignati Iljitsch.
SPIGELSKI *mit einem Seufzer*: Da sehen Sie's! Das ist bei einem Ehemann zwar kein Fehler, im Gegenteil; und dennoch muß man in gewissen Fällen, zum Beispiel bei der ersten Liebeserklärung, etwas zu sagen wissen. Ist es nicht so?
BOLSCHINZOW: Ganz Ihrer Meinung.
SPIGELSKI: Sonst könnte Wera Alexandrowna womöglich glauben, Sie fühlen sich einfach nicht wohl – und weiter nichts. Dazu hat Ihre Figur, obwohl auch sie sich in jeder Beziehung sehen lassen kann, nicht das geringste an sich, das, wissen Sie, in die Augen springen würde, und das wird heute verlangt.
BOLSCHINZOW *mit einem Seufzer*: Das wird heute verlangt.
SPIGELSKI: Jedenfalls gefällt das den Mädchen. Nun ja, und schließlich Ihr Alter ... Mit einem Wort: Mit Liebenswürdigkeiten kommen wir nicht weiter. Über angenehme Wendun-

gen brauchen Sie also nicht nachzudenken. Das ist keine zuverlässige Stütze. Aber Sie haben eine andere, viel festere und sicherere Stütze, und zwar Ihre Qualitäten, verehrter Afanassi Iwanytsch, und Ihre dreihundertzwanzig leibeigenen Seelen. Ich an Ihrer Stelle würde zu Wera Alexandrowna einfach sagen ...

BOLSCHINZOW: Unter vier Augen?

SPIGELSKI: Oh, unbedingt! Ich würde also sagen: Wera Alexandrowna! *Man merkt an den Bewegungen von Bolschinzows Lippen, daß er jedes Wort Spigelskis im Flüsterton nachspricht.* Ich liebe Sie und bitte Sie um Ihre Hand. Ich bin ein gutmütiger, einfacher, sanfter und keineswegs armer Mann. Sie werden bei mir völlige Freiheit genießen; ich werde mich bemühen, Ihnen in jeder Weise gefällig zu sein. Belieben Sie sich über mich zu erkundigen und mir ein bißchen mehr Aufmerksamkeit zu schenken als bisher; und geben Sie mir Antwort – welche Sie wollen und wann Sie wollen. Ich bin bereit zu warten; es wird mir sogar ein Vergnügen sein.

BOLSCHINZOW *wiederholt laut die letzten Worte*: Ein Vergnügen sein. – Ja, ja, ja, ganz Ihrer Meinung. Nur folgendes, Ignati Iljitsch. Sie haben, glaube ich, den Ausdruck „sanft" gebraucht, ich sei sozusagen ein sanfter Mensch ...

SPIGELSKI: Wieso, sind Sie es etwa nicht?

BOLSCHINZOW: Das schon ... und dennoch scheint mir ... Ist das auch angebracht, Ignati Iljitsch? Wäre es nicht besser, ich sagte zum Beispiel ...

SPIGELSKI: Zum Beispiel?

BOLSCHINZOW: Zum Beispiel ... zum Beispiel ... *Nach einem Schweigen.* Im übrigen kann man wohl auch „sanft" dazu sagen.

SPIGELSKI: Ach, Afanassi Iwanytsch, hören Sie zu! Je einfacher Sie sich ausdrücken, je weniger Sie Ihre Sätze ausschmücken, desto besser wird alles gehen, glauben Sie mir! Und vor allem bestehen Sie nicht, bestehen Sie nicht auf einer Antwort! Wera Alexandrowna ist noch sehr jung; Sie könnten sie verängstigen. Lassen Sie ihr Zeit, sich Ihren Antrag gut zu überlegen. Ja, und noch etwas! Das hätte ich bald vergessen. Sie haben mir doch erlaubt, Ihnen Ratschläge zu erteilen... Mein bester Afanassi Iwanytsch, es kommt bei Ihnen ab und zu vor, daß Sie „Krucht" und „Fost" statt „Frucht" und „Kost" sagen. Nun ja, weshalb auch nicht, kann man ja machen. Nur, wissen Sie, sind „Frucht" und „Kost" wohl doch gebräuchlicher; sie sind sozusagen mehr eingeführt. Oder Sie nannten, wie ich mich noch erinnere, in meiner Gegenwart einen gastfreundlichen Gutsbesitzer einen „Bongibant". „Was der für ein Bongibant ist!" sagten Sie. Natürlich, auch das ist ein hübsches Wort, nur hat es leider keinerlei Sinn. Sie wissen, ich bin in Hinsicht des französischen Dialekts selber nicht allzu firm, aber so viel verstehe ich davon. Vermeiden Sie also jede Schönrederei, und ich verbürge mich für den Erfolg. *Er blickt sich um.* Da kommen sie übrigens alle! *Bolschinzow will sich entfernen.* Wo wollen Sie denn hin? Wieder in die Pilze? *Bolschinzow lächelt, wird rot und bleibt.* Hauptsache – Mut!

BOLSCHINZOW *hastig*: Aber Wera Alexandrowna weiß doch noch nichts davon?

SPIGELSKI: Das fehlte noch!

BOLSCHINZOW: Im übrigen hoffe ich auf Sie... *Er schneuzt sich.*

Von links treten hinzu: Natalja Petrowna, Wera, Beljajew mit dem Drachen, Kolja, dahinter Rakitin und Lisaweta Bogdanowna. Natalja Petrowna ist in bester Laune.

NATALJA PETROWNA *zu Bolschinzow und Spigelski*: Ah, guten Tag, meine Herren! Guten Tag, Spigelski! Ich habe Sie heute nicht erwartet, freue mich aber immer, wenn Sie kommen. Guten Tag, Afanassi Iwanytsch!

Bolschinzow verneigt sich ein wenig verlegen.

SPIGELSKI *der auf Bolschinzow zeigt, zu Natalja Petrowna*: Dieser Herr hier wünschte mich unbedingt zu Ihnen mitzunehmen...

NATALJA PETROWNA *lachend*: Ich bin ihm sehr verbunden. Aber muß man Sie denn erst zwingen, herzukommen?

SPIGELSKI: Ich bitte Sie! Aber... ich bin doch erst heute früh... von hier... Ich bitte Sie!...

NATALJA PETROWNA: Er hat sich verheddert, jetzt hat er sich verheddert, der Herr Diplomat!

SPIGELSKI: Ich, Natalja Petrowna, bin äußerst angenehm berührt, Sie, soweit ich das festzustellen vermag, so fröhlich gestimmt zu sehen.

NATALJA PETROWNA: Aha! Sie halten es also für erforderlich, das festzustellen. Ja, ist das denn bei mir so selten?

SPIGELSKI: Oh, ich bitte Sie, das nicht, aber ...

NATALJA PETROWNA: Monsieur le diplomate, Sie verheddern sich immer mehr.

KOLJA *der sich die ganze Zeit ungeduldig neben Beljajew und Wera hin und her gedreht hat*: Was ist denn nun, maman, wann lassen wir den Drachen endlich steigen?

NATALJA PETROWNA: Sobald du willst ... Alexej Nikolajitsch und du, Wera – kommt, gehen wir auf die Wiese! *Sie wendet sich an die übrigen.* Euch, Herrschaften, wird das nicht allzusehr interessieren, glaube ich. Lisaweta Bogdanowna und Sie, Rakitin – nehmen Sie sich inzwischen unseres guten Afanassi Iwanytsch an!

RAKITIN: Warum glauben Sie denn, daß uns das nicht interessiert, Natalja Petrowna?

NATALJA PETROWNA: Ihr seid zu klug dazu. Euch muß das als leerer Zeitvertreib erscheinen. Im übrigen – wie ihr wollt. Wir hindern euch nicht, uns zu folgen. *Zu Beljajew und Werotschka.* Gehen wir! *Natalja Petrowna, Wera, Beljajew und Kolja gehen nach rechts ab.*

SPIGELSKI *nachdem er Rakitin etwas verwundert angesehen hat, zu Bolschinzow*: Unser guter Afanassi Iwanytsch, reichen Sie also Lisaweta Bogdanowna den Arm!

BOLSCHINZOW *hastig*: Mit dem größten Vergnügen ... *Er faßt Lisaweta Bogdanowna unter.*

SPIGELSKI *zu Rakitin*: Und ich gehe, wenn Sie erlauben, mit Ihnen, Michailo Alexandrytsch. *Er faßt ihn unter.* Da, wie sie die Allee entlang stürmen! Kommen Sie, sehen wir uns an, wie sie den Drachen steigen lassen, obwohl wir eigentlich zu klug dazu sind... Afanassi Iwanytsch, möchten Sie nicht vorangehen?

BOLSCHINZOW *im Gehen zu Lisaweta Bogdanowna*: Das Wetter ist heute, könnte man sagen, sehr angenehm.
LISAWETA BOGDANOWNA *geziert*: Ach, sehr!
SPIGELSKI *zu Rakitin*: Ich habe mit Ihnen etwas zu besprechen, Michailo Alexandrytsch. *Rakitin lacht plötzlich.* Was haben Sie?
RAKITIN: Ach, nichts Besonderes. Ich muß lachen, weil wir in die Nachhut geraten sind.
SPIGELSKI: Die Vorhut, wissen Sie, wird allzu leicht zur Nachhut. Das ist nur eine Frage des Richtungswechsels.

Alle gehen nach rechts ab.

Dritter Akt

Derselbe Schauplatz wie im ersten Akt. Durch die Tür zur Halle treten Rakitin und Spigelski.

SPIGELSKI: Was ist denn nun, Michailo Alexandrytsch, helfen Sie mir, tun Sie mir den Gefallen!
RAKITIN: Wie soll ich Ihnen denn helfen, Ignati Iljitsch?
SPIGELSKI: Was heißt – wie? Ich bitte Sie! Versetzen Sie sich in meine Lage, Michailo Alexandrytsch! Im Grunde geht mich die ganze Geschichte natürlich nichts an; ich habe, kann man sagen, mehr in dem Wunsch gehandelt, anderen einen Gefallen zu tun … Meine Gutmütigkeit stürzt mich noch ins Verderben!
RAKITIN *lachend*: Nun, damit hat es noch Zeit!
SPIGELSKI *ebenfalls lachend*: Weiß man noch nicht, jedenfalls ist meine Lage ausgesprochen peinlich. Ich habe Bolschinzow auf Natalja Petrownas Wunsch hergebracht und ihm auch mit ihrer Erlaubnis die Antwort mitgeteilt, und jetzt schmollt man auf der einen Seite mit mir, als hätte ich eine Dummheit gemacht, während mir auf der anderen Seite Bolschinzow keine Ruhe läßt. Er wird gemieden, mit mir spricht man nicht, und …

RAKITIN: Hatten Sie es nötig, das auf sich zu nehmen, Ignati Iljitsch? Bolschinzow ist, unter uns gesagt, doch einfach ein Dummkopf.

SPIGELSKI: Da haben wir den Salat! Unter uns gesagt! Wenn das keine Neuigkeit ist! Aber seit wann heiraten nur die Klugen? Man sollte den Dummköpfen, wenn auch sonst vielleicht, dann wenigstens beim Heiraten nicht im Wege stehen. Sie sagen, ich hätte es auf mich genommen... Nein, keineswegs. Es kam vielmehr so: Ein guter Bekannter bittet mich, ein Wort für ihn einzulegen. Ja, was denn? Sollte ich etwa ablehnen? Ich bin ein gutmütiger Mensch und kann nicht nein sagen. Ich führe den Auftrag meines Bekannten also aus, und man erwidert mir: „Ergebensten Dank, belieben Sie sich nicht weiter zu bemühen..." Ich verstehe und bemühe mich nicht weiter. Dann schlagen sie mir plötzlich selber vor, ihn herbeizuschaffen, und ermuntern mich sozusagen dazu. Ich gehorche, und man ist entrüstet. Was habe ich denn verbrochen?

RAKITIN: Ja, wer behauptet denn, daß Sie etwas verbrochen haben? Ich wundere mich nur über eins: Warum legen Sie sich so ins Zeug?

SPIGELSKI: Warum, warum! Weil der Mensch mir keine Ruhe läßt!

RAKITIN: Ich bitte Sie!

SPIGELSKI: Außerdem ist er ein alter Freund von mir.

RAKITIN *mit ungläubigem Lächeln*: Ja? Nun, das ist etwas anderes.

SPIGELSKI *ebenfalls lächelnd*: Im übrigen will ich Ihnen nichts vormachen. Mit Ihnen kann man nicht Verstecken spielen. Nun ja, er hat mir versprochen... das eine Beipferd von mir lahmt nämlich, und da hat er mir eben...

RAKITIN: Ein anderes versprochen?

SPIGELSKI: Nein, ehrlich gestanden, ein ganzes Dreigespann.

RAKITIN: Hätten Sie's doch gleich gesagt!

SPIGELSKI *lebhaft*: Aber glauben Sie bitte nicht... Ich wäre auf keinen Fall darauf eingegangen, in einer solchen Angelegenheit zu vermitteln, das ist ganz gegen meine Natur – *Rakitin lächelt* –, würde ich Bolschinzow nicht als grundehrliche

Haut kennen. Im übrigen wünsche ich mir jetzt nur eins: Man soll mir klipp und klar sagen – ja oder nein!

RAKITIN: So weit ist es schon?

SPIGELSKI: Wo denken Sie hin! Nicht von der Heirat ist die Rede, sondern von der Erlaubnis, herzukommen, sie öfter zu besuchen ...

RAKITIN: Aber wer kann das verbieten?

SPIGELSKI: Sie sind mir einer! Verbieten! Natürlich, einem anderen würde es ... Aber Bolschinzow ist ein schüchterner Mensch, eine unschuldige Seele, die geradeswegs aus dem Goldenen Zeitalter der Asträa zu uns verschlagen zu sein scheint, nur daß er nicht ganz so primitiv ist. Er traut sich nichts zu, man muß ihm ein bißchen Mut machen. Außerdem hat er die edelsten Absichten.

RAKITIN: Und auch die Pferde sind gut.

SPIGELSKI: Ja, auch die. *Er schnupft und hält Rakitin die Tabakdose hin.* Mögen Sie?

RAKITIN: Nein, danke!

SPIGELSKI: So ist das alles, Michailo Alexandrytsch! Sie sehen, ich will Ihnen nichts vormachen. Wozu auch? Alles liegt klar auf der Hand. Ein Mann mit ehrlichen Lebensregeln, vermögend und sanft ... Paßt er euch – gut. Paßt er euch nicht, dann sagt es doch!

RAKITIN: Alles wunderschön, zugegeben; aber was habe ich damit zu tun? Ich sehe wirklich keine Möglichkeit zu helfen.

SPIGELSKI: Ach, Michailo Alexandrytsch! Als wüßten wir nicht, daß Natalja Petrowna Sie sehr schätzt und sogar manchmal auf Sie hört. Wirklich, Michailo Alexandrytsch – *er legt den Arm um seine Schultern –,* zeigen Sie sich als Freund, legen Sie ein gutes Wort für uns ein ...

RAKITIN: Und Sie meinen, er ist der passende Mann für Werotschka?

SPIGELSKI *nimmt eine ernste Miene an*: Ich bin davon überzeugt. Sie glauben nicht ... Nun, Sie werden ja sehen. In der Ehe, das wissen Sie doch selber, ist ein solider Charakter die Hauptsache. Und wer könnte solider sein als Bolschinzow! *Er blickt sich um.* Aber da scheint Natalja Petrowna selber zu kommen ... Mein Bester, mein Vater und Wohltäter! Zwei

Füchse als Beipferde, ein Brauner in der Mitte! Sehen Sie zu, was sich machen läßt!

RAKITIN *lächelnd*: Also gut, gut...

SPIGELSKI: Sehen Sie zu, ich verlasse mich auf Sie! *Er rettet sich in die Halle.*

RAKITIN *blickt ihm nach*: So was von Pfiffikus, dieser Doktor! Werotschka... und Bolschinzow! Im übrigen, warum eigentlich nicht? Es gibt noch seltsamere Ehen. Ich erfülle seinen Auftrag, und das Weitere geht mich nichts an. *Er dreht sich um; aus dem Herrenzimmer tritt Natalja Petrowna ein, erblickt ihn und bleibt stehen.*

NATALJA PETROWNA *unentschlossen*: Sie... sind es... Ich glaubte Sie im Garten...

RAKITIN: Es scheint Ihnen unangenehm zu sein...

NATALJA PETROWNA *unterbricht ihn*: Oh, nicht doch! *Sie geht zum Proszenium.* Sie sind allein?

RAKITIN: Spigelski ist eben aus dem Zimmer gegangen.

NATALJA PETROWNA *mit leicht gerunzelten Brauen*: Ah, so! Der Talleyrand des Kreises... Was hat er Ihnen erzählt? Treibt er sich immer noch hier herum?

RAKITIN: Dieser Talleyrand, wie Sie ihn nennen, scheint bei Ihnen in Ungnade gefallen zu sein. Gestern haben Sie ihn doch noch...

NATALJA PETROWNA: Er ist komisch; er ist spaßig, das stimmt; aber... er mischt sich in fremde Angelegenheiten. Und das ist unangenehm. Außerdem ist er bei aller Katzbuckelei sehr dreist und aufdringlich. Ein großer Zyniker.

RAKITIN *tritt auf sie zu*: Sie haben sich gestern anders über ihn geäußert...

NATALJA PETROWNA: Mag sein. *Lebhaft.* Was hat er Ihnen denn nun erzählt?

RAKITIN: Er hat... von Bolschinzow zu mir gesprochen.

NATALJA PETROWNA: Ah! Von diesem Dummkopf?

RAKITIN: Auch über ihn haben Sie sich gestern anders ausgelassen.

NATALJA PETROWNA *gezwungen lächelnd*: Gestern ist nicht heute.

RAKITIN: Das gilt für alle, aber offenbar nicht für mich.

Natalja Petrowna *senkt die Augen*: Wieso?
Rakitin: Für mich gilt heute dasselbe wie gestern.
Natalja Petrowna *streckt eine Hand zu ihm aus*: Ich verstehe Ihren Vorwurf, aber Sie irren sich. Gestern hätte ich nicht zugegeben, daß ich Ihnen etwas abzubitten habe... *Rakitin will sie unterbrechen.* Widersprechen Sie nicht! Ich und Sie, wir wissen beide, was ich damit sagen will! Aber heute gesteh ich es ein. Ich habe mir heute vieles durch den Kopf gehen lassen. Glauben Sie mir, Michel, was für törichte Gedanken mich auch beschäftigen mögen, was ich auch sagen oder tun mag, ich verlasse mich auf niemand so wie auf Sie. *Mit gedämpfter Stimme.* Ich... liebe niemand... so wie Sie... *Ein kurzes Schweigen.* Sie glauben mir nicht?
Rakitin: Ich glaube Ihnen! Aber Sie scheinen heute traurig zu sein. Was haben Sie?
Natalja Petrowna *hört ihm nicht zu und fährt fort*: Von einem jedenfalls habe ich mich überzeugt, Rakitin: Man kann in keinem Fall für sich geradestehen und sich für nichts verbürgen. Wir finden uns oft genug in unserer Vergangenheit nicht zurecht – wie könnten wir da für die Zukunft garantieren! Die Zukunft läßt sich nicht in Ketten legen.
Rakitin: Das stimmt.
Natalja Petrowna *nach langem Schweigen*: Hören Sie zu, ich will offen zu Ihnen sein, und ich werde Sie vielleicht ein wenig betrüben. Aber ich weiß: Meine Verschlossenheit würde Sie noch ärger enttäuschen. Ich gestehe Ihnen, Michel, dieser junge Student... dieser Beljajew hat einen ziemlichen Eindruck auf mich gemacht...
Rakitin *mit gedämpfter Stimme*: Ich wußte es.
Natalja Petrowna: Sie haben es bemerkt? Schon lange?
Rakitin: Seit gestern.
Natalja Petrowna: Aha!
Rakitin: Sie erinnern sich, ich habe schon vorgestern von der Veränderung gesprochen, die in Ihnen vorgegangen ist. Ich wußte damals noch nicht den Grund dafür. Aber gestern, nach unserer Unterhaltung... und dann auf dieser Wiese... Wenn Sie sich hätten sehen können! Ich kannte Sie nicht wieder; Sie waren wie verwandelt. Sie lachten, sprangen,

tollten herum wie ein kleines Mädchen; Ihre Augen glänzten, die Wangen glühten; und mit welch zutraulicher Neugier, welch freudiger Aufmerksamkeit Sie ihn anblickten, wie Sie lächelten... *Er sieht sie an.* Selbst jetzt erhellt die Erinnerung noch Ihr Gesicht... *Er wendet sich ab.*

NATALJA PETROWNA: Nein, Rakitin, wenden Sie sich um Gottes willen nicht von mir ab. Hören Sie zu: Warum übertreiben? Dieser Mann hat mich mit seiner Jugend angesteckt, das ist alles. Ich selbst bin nie jung gewesen, Michel, von meiner Kindheit an bis jetzt... Sie kennen doch mein ganzes Leben... Vor lauter Ungewohnheit ist mir all das zu Kopf gestiegen wie Wein, aber ich weiß, es wird ebenso rasch vorübergehen, wie es gekommen ist. Darüber lohnt sich nicht einmal zu reden. *Nach einem Schweigen.* Nur wenden Sie sich nicht von mir ab, entziehen Sie mir nicht Ihre Hand. Helfen Sie mir...

RAKITIN *mit gedämpfter Stimme*: Ihnen helfen... Ein grausames Wort! *Laut.* Sie wissen selber nicht, was mit Ihnen vorgeht, Natalja Petrowna. Sie sind überzeugt, daß es nicht einmal lohnt, darüber zu reden, aber Sie bitten mich um Hilfe. Offenbar fühlen Sie, daß Sie sie brauchen!

NATALJA PETROWNA: Wie soll ich sagen... Ich wende mich an Sie als meinen Freund.

RAKITIN *bitter*: Nun gut... Ich will versuchen, Ihr Vertrauen zu rechtfertigen, Natalja Petrowna, aber lassen Sie mir Zeit, mich ein wenig zu sammeln...

NATALJA PETROWNA: Sich zu sammeln? Ja, droht Ihnen denn irgendeine... Unannehmlichkeit? Hat sich denn etwas geändert?

RAKITIN *bitter*: O nein! Alles ist beim alten.

NATALJA PETROWNA: Was glauben Sie denn, Michel? Nehmen Sie etwa an...

RAKITIN: Ich nehme gar nichts an.

NATALJA PETROWNA: Verachten Sie mich so sehr?

RAKITIN: Hören Sie um Gottes willen auf! Reden wir lieber von Bolschinzow. Der Doktor, wissen Sie, erwartet eine Antwort hinsichtlich Werotschkas.

NATALJA PETROWNA *traurig*: Sie sind böse auf mich.

RAKITIN: Ich? O nein. Aber Sie tun mir leid.
NATALJA PETROWNA: Das ist ja nun schon wirklich kränkend. Michel, schämen Sie sich nicht? *Rakitin schweigt. Sie zuckt mit den Schultern und fährt verärgert fort:* Sie sagen, der Doktor erwartet eine Antwort? Wer hat ihn denn gebeten, sich einzumischen?
RAKITIN: Er hat mir versichert, Sie selbst ...
NATALJA PETROWNA *unterbricht ihn:* Mag sein, mag sein... Obzwar ich ihm, wie ich mich zu erinnern glaube, nichts Positives gesagt habe. Außerdem können sich meine Absichten ja auch ändern. Und schließlich – mein Gott, was das schon für ein Unglück ist! Spigelski befaßt sich mit allerlei Geschäften, und in einem solchen Handwerk braucht nicht alles zu gelingen.
RAKITIN: Er will nur wissen, wie die Antwort ...
NATALJA PETROWNA: Wie die Antwort lautet? *Nach einem Schweigen.* Michel, genug jetzt, geben Sie mir Ihre Hand! Was soll dieser gleichgültige Blick, was diese kalte Höflichkeit? Was habe ich verbrochen? Denken Sie nach – ist es meine Schuld? Ich bin zu Ihnen gekommen in der Hoffnung, einen guten Rat zu hören, ich schwankte keinen Augenblick, ich dachte nicht daran, Ihnen etwas zu verbergen. Und Sie ... Ich sehe, ich hätte nicht so offen zu Ihnen sein sollen. Sie wären nie im Leben darauf gekommen... Sie hatten keinerlei Verdacht. Sie haben mich getäuscht. Und jetzt denken Sie Gott weiß was von mir.
RAKITIN: Ich? Ich bitte Sie!
NATALJA PETROWNA: So geben Sie mir schon die Hand ... *Er rührt sich nicht; sie fährt ein wenig gekränkt fort.* Sie wenden sich also von mir ab? Passen Sie auf, desto schlimmer für Sie! Im übrigen mache ich Ihnen keine Vorwürfe ... *Bitter.* Sie sind eifersüchtig!
RAKITIN: Dazu, Natalja Petrowna, habe ich kein Recht. Ich bitte Sie!
NATALJA PETROWNA *nach einem Schweigen:* Wie Sie meinen. Und was Bolschinzow betrifft – ich habe noch nicht mit Werotschka gesprochen.
RAKITIN: Ich kann sie Ihnen gleich herschicken.

Natalja Petrowna: Warum denn gleich? Im übrigen, wie Sie wollen.

Rakitin *wendet sich zur Tür des Herrenzimmers*: Wünschen Sie also, daß ich sie herschicke?

Natalja Petrowna: Michel, zum letztenmal ... Sie haben eben gesagt, ich tue Ihnen leid. Man sieht, wie leid ich Ihnen tue! Glauben Sie wirklich ...

Rakitin *kühl*: Soll ich sie herschicken?

Natalja Petrowna *ärgerlich*: Ja! *Rakitin geht ins Herrenzimmer. Natalja Petrowna verharrt einige Zeit regungslos, setzt sich dann, nimmt ein Buch vom Tisch, schlägt es auf und läßt es in den Schoß sinken.* Dieser auch! Ja, was ist denn das nur? Er ... auch! Und ich habe auf ihn gehofft. Und Arkadi? Mein Gott, ihn habe ich einfach vergessen! *Sie richtet sich auf.* Ich sehe, es ist Zeit, mit alledem Schluß zu machen ... *Aus dem Herrenzimmer kommt Wera.* Ja, es ist Zeit.

Wera *zaghaft*: Sie haben mich rufen lassen, Natalja Petrowna?

Natalja Petrowna *blickt sich rasch um*: Ah! Werotschka! Ja, ich habe dich rufen lassen.

Wera *tritt auf sie zu*: Fühlen Sie sich nicht wohl?

Natalja Petrowna: Ich? Doch. Aber wieso?

Wera: Es kam mir so vor ...

Natalja Petrowna: Nein, das hat nichts zu sagen. Mir ist nur ein bißchen heiß. Das ist alles. – Setz dich! *Wera setzt sich.* Hör zu, Wera; du bist doch im Augenblick nicht beschäftigt?

Wera: Nein.

Natalja Petrowna: Ich frage dich danach, weil ich mit dir sprechen ... etwas Ernstes mit dir besprechen muß. Siehst du, mein Herz, du warst bis jetzt noch ein Kind; aber du bist siebzehn, und du bist klug ... Es wird Zeit, daß du an deine Zukunft denkst. Du weißt, ich liebe dich wie eine Tochter; mein Haus wird immer das deine bleiben, und dennoch bist du in den Augen der anderen eine Waise; du bist nicht reich. Du kannst es mit der Zeit satt bekommen, ewig bei fremden Menschen zu leben ... Hör also zu: Möchtest du selbständig, möchtest du Herrin im eigenen Hause sein?

Wera *langsam*: Ich verstehe Sie nicht, Natalja Petrowna.

NATALJA PETROWNA *nach einem Schweigen*: Man bewirbt sich bei mir um deine Hand. *Wera blickt Natalja Petrowna verwundert an.* Das hast du nicht erwartet; ich gebe zu, es kommt mir selbst ein wenig seltsam vor. Du bist noch so jung ... Ich brauche dir nicht zu sagen – ich habe nicht die geringste Absicht, dich zu nötigen. Meiner Ansicht nach ist es für dich zum Heiraten noch zu früh; ich halte es nur für meine Pflicht, dir mitzuteilen ... *Wera deckt plötzlich die Hände vor das Gesicht.* Wera, was hast du? Du weinst? *Sie greift nach ihrer Hand.* Du zitterst am ganzen Körper? Fürchtest du dich denn vor mir, Wera?

WERA *dumpf*: Ich bin in Ihrer Gewalt, Natalja Petrowna.

NATALJA PETROWNA *nimmt Wera die Hände vom Gesicht*: Wera, schämst du dich nicht deiner Tränen? Schämst du dich nicht, zu sagen, du bist in meiner Gewalt? Für wen hältst du mich? Ich spreche zu dir wie zu einer Tochter, und du ... *Wera küßt ihr die Hände.* Wie? Sie sind in meiner Gewalt? Dann belieben Sie auf der Stelle in Lachen auszubrechen. Ich befehle es Ihnen! *Wera lächelt unter Tränen.* Na also! *Natalja Petrowna legt Wera den Arm um die Schultern und zieht sie an sich.* Wera, mein Kind, sei zu mir, wie du zu deiner Mutter wärst, oder nein, stell dir lieber vor, ich bin deine ältere Schwester, und laß uns beide über all diese Wunderdinge reden. Willst du?

WERA: Ich bin bereit.

NATALJA PETROWNA: Gut, dann hör zu! – Rück näher! Ja, so! – Erstens: Da du – sozusagen – meine Schwester bist, brauch ich dir nicht zu versichern, daß dieses Haus das deine ist – solche Äuglein sind überall zu Hause. Das heißt, es darf dir einfach nicht in den Kopf kommen, daß du irgendwem auf der Welt zur Last fällst und man dich los sein will. Hörst du? Aber nun erscheint eines schönen Tages deine Schwester bei dir und sagt: Stell dir vor, Wera, es hält jemand um dich an ... Wie? Was erwiderst du ihr darauf? Daß du noch sehr jung bist, daß du noch gar nicht ans Heiraten denkst?

WERA: Jawohl.

NATALJA PETROWNA: So sag doch nicht „Jawohl" zu mir! Sagt man zu seiner Schwester „Jawohl"?

WERA *lächelnd*: Also gut. – Ja.
NATALJA PETROWNA: Deine Schwester ist mit dir einverstanden, der Freier wird abgewiesen, und damit Schluß. Wenn es nun aber ein guter Mensch ist, ein vermögender, wenn er bereit ist, zu warten, und nur um die Erlaubnis bittet, dich dann und wann zu sehen, in der Hoffnung, dir mit der Zeit zu gefallen?
WERA: Und wer ist dieser Freier?
NATALJA PETROWNA: Aha! Du bist also neugierig! Errätst du es nicht?
WERA: Nein.
NATALJA PETROWNA: Du hast ihn heute gesehen. *Wera wird feuerrot.* Er ist allerdings kein allzu schöner Mann und nicht mehr sehr jung. – Bolschinzow.
WERA: Afanassi Iwanytsch?
NATALJA PETROWNA: Ja, Afanassi Iwanytsch.
WERA *blickt Natalja Petrowna eine Weile an, bricht dann plötzlich in Lachen aus und hält wieder inne*: Sie scherzen wohl?
NATALJA PETROWNA *lächelnd*: Nein, aber ich sehe, Bolschinzow hat hier nichts zu bestellen. Wärst du bei seinem Namen in Tränen ausgebrochen, dann hätte er noch hoffen können; doch du hast gelacht. Ihm bleibt nur eins – sich mit Gott heimwärts zu trollen.
WERA: Entschuldigen Sie, aber das habe ich wirklich nicht erwartet. Heiratet man denn in seinem Alter?
NATALJA PETROWNA: Ja, was meinst du denn, wie alt er ist? Keine fünfzig Jahre! Er steht im besten Mannesalter.
WERA: Mag sein. Aber er hat ein so komisches Gesicht...
NATALJA PETROWNA: Nun, reden wir nicht mehr von ihm. Gestorben und begraben. Gott helfe ihm! Im übrigen – ich verstehe dich: Ein Mann wie Bolschinzow kann einem kleinen Mädchen in deinen Jahren nicht gefallen. Ihr wollt alle aus Liebe heiraten, nicht aus Vernunftgründen, ist es nicht so?
WERA: Natalja Petrowna, ja, haben denn... haben nicht auch Sie Arkadi Sergejewitsch aus Liebe geheiratet?
NATALJA PETROWNA *nach einem Schweigen*: Doch, natürlich aus Liebe. *Sie schweigt aufs neue und preßt Wera die Hand.* Ja,

Wera ... Ich habe dich eben ein kleines Mädchen genannt, aber die kleinen Mädchen haben recht. *Wera senkt die Augen.* Also – beschlossene Sache! Bolschinzow kommt nicht in Frage. Ehrlich gestanden, es wäre mir selber nicht ganz angenehm gewesen, sein schwammiges, altes Gesicht neben deinem frischen zu sehen, obwohl er im übrigen ein sehr anständiger Mensch ist. Siehst du nun ein, wie unrecht du hattest, mich zu fürchten? Wie rasch sich alles erledigt hat! *Vorwurfsvoll.* Wahrhaftig, du hast mich behandelt wie deine Wohltäterin! Du weißt, wie ich dieses Wort hasse ...

WERA *umarmt sie*: Verzeihen Sie mir, Natalja Petrowna!

NATALJA PETROWNA: Na also! Du fürchtest mich wirklich nicht mehr?

WERA: Nein. Ich fürchte Sie nicht. Ich liebe Sie.

NATALJA PETROWNA: Gut, dann hab Dank! Wir sind jetzt also vertraute Freundinnen und werden einander nichts mehr verbergen. Wenn ich dich nun aber frage: Werotschka, sag mir aufs Ohr – willst du Bolschinzow nur darum nicht heiraten, weil er bedeutend älter als du und kein schöner Mann ist?

WERA: Ja, genügt das denn nicht, Natalja Petrowna?

NATALJA PETROWNA: Sicher. Und einen anderen Grund gibt es nicht?

WERA: Ich kenne ihn doch gar nicht.

NATALJA PETROWNA: Stimmt alles; aber du weichst meiner Frage aus.

WERA: Einen anderen Grund gibt es nicht.

NATALJA PETROWNA: Tatsächlich? Wenn es so ist, würde ich dir raten, alles noch einmal zu überdenken. Ich weiß, es ist nicht leicht, sich in Bolschinzow zu verlieben, aber er ist, ich wiederhole, ein guter Mensch. Ja, wenn du schon jemand lieben würdest – das wäre etwas anderes. Aber dein Herz schweigt wohl noch?

WERA *schüchtern*: Wie bitte?

NATALJA PETROWNA: Du liebst wohl noch niemand?

WERA: Ich liebe Sie, Kolja; ich liebe auch Anna Semjonowna.

NATALJA PETROWNA: Nein, du verstehst mich nicht, ich spreche von einer anderen Liebe ... Zum Beispiel – hat dir von den jungen Leuten, denen du hier oder bei unseren Freunden begegnet bist, denn kein einziger gefallen?

WERA: Das nicht ... manche schon, aber ...

NATALJA PETROWNA: Ich habe zum Beispiel bemerkt, daß du auf dem Abendvergnügen bei den Krinizyns dreimal mit diesem langen Offizier getanzt hast ... Wie heißt er doch noch?

WERA: Mit einem Offizier?

NATALJA PETROWNA: Ja, er hat so einen starken Schnurrbart.

WERA: Ach, der! Nein, der gefällt mir nicht.

NATALJA PETROWNA: Und Schalanski?

WERA: Schalanski ist ein netter Kerl, aber er hat ... Ich glaube, er hat anderes im Sinn als mich.

NATALJA PETROWNA: Was denn?

WERA: Er ... er denkt wohl eher an Lisa Welskaja.

NATALJA PETROWNA *sieht sie kurz an*: Ach! Das hast du bemerkt? *Schweigen.* Nun, und Rakitin?

WERA: Michailo Alexandrowitsch liebe ich sehr ...

NATALJA PETROWNA: Ja, wie einen Bruder. Und Beljajew zum Beispiel?

WERA *errötend*: Alexej Nikolajitsch? Der gefällt mir.

NATALJA PETROWNA *während sie Wera beobachtet*: Ja, ein netter Bursche. Nur ist er immer so scheu ...

WERA *unschuldig*: Nein, das kann ich nicht sagen.

NATALJA PETROWNA: Ach was!

WERA: Mit mir unterhält er sich. Das scheint Ihnen vielleicht nur darum, weil er ... weil er Sie fürchtet. Er kennt Sie doch noch nicht richtig!

NATALJA PETROWNA: Woher weißt du denn, daß er mich fürchtet?

WERA: Er hat es mir gesagt.

NATALJA PETROWNA: Ach, er hat es dir gesagt!? Zu dir ist er also offener als zu anderen?

WERA: Ich weiß nicht, wie er zu anderen ist, zu mir jedenfalls ... Vielleicht liegt es daran, daß wir beide Waisen sind. Außerdem bin ich ... in seinen Augen ... ein Kind.

NATALJA PETROWNA: Meinst du? Im übrigen gefällt er auch mir sehr gut. Er hat vermutlich ein sehr gutes Herz.
WERA: Ach, das beste auf der Welt! Wenn Sie wüßten, wie ihn alle im Hause lieben! Er ist so freundlich. Mit jedermann spricht er, ist allen gegenüber hilfsbereit. Vorgestern hat er eine alte Bettlerin auf seinen Armen von der Landstraße bis ins Krankenhaus getragen... Eines Tages hat er eine Blume für mich gepflückt – an einem solchen Steilhang, daß ich vor Angst sogar die Augen schloß; ich glaubte, er stürzt bestimmt ab und bricht sich das Genick. Aber er ist ja so gewandt! Das werden Sie gestern auf der Wiese selber bemerkt haben.
NATALJA PETROWNA: Ja, das stimmt.
WERA: Wissen Sie noch, über was für einen Graben er sprang, als er hinter dem Drachen herlief? Das macht ihm gar nichts aus!
NATALJA PETROWNA: Und er hat die Blume für dich tatsächlich an einer so gefährlichen Stelle gepflückt? Offenbar liebt er dich!
WERA *nach einem Schweigen*: Und er ist immer fröhlich, immer guter Laune...
NATALJA PETROWNA: Immerhin sonderbar, daß er in meiner Gegenwart...
WERA *unterbricht sie*: Aber ich sage Ihnen ja, daß er Sie gar nicht kennt! Warten Sie, ich bringe es ihm bei. Ich mache ihm klar, daß er Sie nicht zu fürchten braucht – so ist es doch? – und daß Sie so lieb sind...
NATALJA PETROWNA *gezwungen lachend*: Ich danke dir!
WERA: Sie werden sehen... Er hört nämlich auf mich, obwohl ich jünger bin als er.
NATALJA PETROWNA: Ich habe nicht gewußt, daß du so gut mit ihm befreundet bist. Und dennoch, Wera, nimm dich in acht, sei vorsichtig: Er ist natürlich ein vortrefflicher junger Mann, aber du weißt, in deinem Alter... da ist das nichts. Man könnte glauben... Ich habe es dir schon gestern gesagt – erinnerst du dich? –, im Garten. *Wera senkt die Augen.* Andererseits möchte ich dich auch nicht hindern, deinen Neigungen zu folgen; dazu glaube ich zu fest an dich und

ihn. Aber immerhin ... Sei mir meiner Pedanterie wegen nicht böse, meine Liebe. Es ist nun mal die Art von uns Älteren, der Jugend mit Ermahnungen in den Ohren zu liegen. Im übrigen brauche ich dir das alles gar nicht erst zu sagen, denn er gefällt dir doch nur, und weiter nichts, nicht wahr?

WERA *blickt schüchtern auf*: Er ...

NATALJA PETROWNA: Jetzt siehst du mich wieder an wie vorhin. Sieht man denn so seine Schwester an? Wera, hör zu, beug dich zu mir vor! *Sie liebkost sie.* Und wenn nun deine Schwester, deine wirkliche, leibliche Schwester, dich aufs Ohr fragen würde: Werotschka, du bist also wirklich in niemand verliebt? Was würdest du ihr darauf erwidern? *Wera sieht Natalja Petrowna unentschlossen an.* Diese Augen wollen mir etwas sagen ... *Wera drückt das Gesicht plötzlich an Natalja Petrownas Brust. Natalja Petrowna erblaßt, schweigt eine Weile und fährt fort:* Du liebst ihn? Sag schon, du liebst ihn?

WERA *ohne den Kopf zu heben*: Ach, ich weiß selber nicht, was sich mit mir tut.

NATALJA PETROWNA: Ärmste! Du bist verliebt! *Wera schmiegt sich noch enger an Natalja Petrownas Brust.* Du bist verliebt. Und er? Wera, und er?

WERA *die immer noch nicht aufblickt*: Warum fragen Sie mich ... Ich weiß es nicht ... Vielleicht ... Ich weiß es nicht, ich weiß es nicht. *Natalja Petrowna zuckt zusammen und erstarrt. Wera hebt den Kopf und bemerkt plötzlich die Veränderung in ihrem Gesicht.* Natalja Petrowna, was haben Sie?

NATALJA PETROWNA *kommt zu sich*: Ich ... nichts ... Wie? ... Nein, nichts.

WERA: Natalja Petrowna, Sie sind so blaß ... Was haben Sie nur? Erlauben Sie, daß ich klingle ... *Sie steht auf.*

NATALJA PETROWNA: Nein, nein, laß das! Das hat nichts zu sagen, das geht vorüber. Da – es ist schon vorüber!

WERA: Gestatten Sie wenigstens, daß ich jemand rufe ...

NATALJA PETROWNA: Ich möchte ... im Gegenteil ... allein sein. Laß mich allein, hörst du? Wir sprechen noch miteinander. Geh jetzt!

WERA: Sie sind mir doch nicht böse, Natalja Petrowna?

NATALJA PETROWNA: Ich? Weshalb denn? Nicht im geringsten. Im Gegenteil, ich bin dir für dein Vertrauen dankbar. Nur laß mich jetzt bitte allein! *Wera greift nach ihrer Hand, aber Natalja Petrowna wendet sich ab, als habe sie Weras Bewegung nicht bemerkt.*

WERA *mit Tränen in den Augen*: Natalja Petrowna ...

NATALJA PETROWNA: Ich bitte dich, laß mich allein! *Wera geht langsam ins Herrenzimmer hinüber. Allein geblieben, verharrt Natalja Petrowna eine Zeitlang regungslos.* Jetzt ist mir alles klar. Diese Kinder lieben einander. *Sie hält inne und streicht mit der Hand über das Gesicht.* Nun ja, desto besser. Gott gebe ihnen Glück! *Sie lacht.* Und ich ... ich konnte glauben ... *Sie hält wieder inne.* Sie hat sich rasch verplappert. Ich gestehe, das habe ich nicht vermutet. Ich gestehe, ich bin von dieser Neuigkeit überrascht. Aber wartet, noch ist nicht alles zu Ende. Mein Gott, was rede ich da? Was ist mit mir? Ich kenne mich nicht wieder. So weit ist es mit mir gekommen? *Nach einem Schweigen.* Was tu ich? Ich will das arme Mädchen ... mit einem alten Mann verheiraten! Ich schicke den Doktor vor ... der ahnt es, spielt darauf an ... Arkadi, Rakitin ... Aber ich bin ja ... *Sie schaudert und hebt plötzlich den Kopf.* Was soll das, wahrhaftig! Ich auf Wera eifersüchtig? Bin ich ... bin ich etwa in ihn verliebt? *Nach einem Schweigen.* Du zweifelst noch daran? Du bist es, Unglückliche! Wie das geschehen konnte – ich weiß es nicht. Es ist, als hätte man mir Gift gegeben. Alles ist plötzlich durcheinander, in alle Winde verstreut, wie weggeblasen ... Er fürchtet mich. Alle fürchten mich. Was macht er sich aus mir? Was soll er mit jemand wie mir? Er ist jung, und sie ist jung. Ich dagegen ... *Bitter.* Wie könnte er mich richtig einschätzen! Sie sind beide dumm, wie sich Rakitin ausdrückt ... Ach, wie ich diesen Klugredner hasse! Und Arkadi, mein vertrauensseliger, guter Arkadi! Mein Gott, mein Gott, schick mir den Tod! *Sie steht auf.* Ich glaube, ich verliere den Verstand. Aber wozu übertreiben! Nun ja, ich bin betroffen ... Das ist mir neu, das geschieht mir zum erstenmal! Ja, zum erstenmal! Zum erstenmal liebe ich jetzt! *Sie setzt sich wieder.* Er muß abreisen. Ja! Und Rakitin auch. Wird Zeit, daß ich mich besinne. Ich bin einen Schritt vom Wege abgewichen – und nun ... So weit ist es mit mir gekommen! Was hat mir nur an ihm gefallen? *Sie überlegt.* Das ist es, dieses furchtbare Gefühl ... Arkadi! Ja, ich werde in seine Arme flüchten, ihn anflehen, mir zu verzeihen, mich zu schützen, mich zu retten. Ihn ... und niemand sonst! Alle anderen sind für mich Fremde und müssen Fremde für mich bleiben. Aber gibt es denn ... gibt es denn keinen anderen Ausweg? Dieses Mädchen ist ein Kind. Sie kann sich täuschen. All das ist schließlich und endlich kindisch ... Woher habe ich ... Ich werde mich mit ihm aussprechen, ihn fragen ... *Vorwurfsvoll.* Wie? Du hoffst noch? Du willst noch hoffen können? Und worauf? Mein Gott, gib, daß ich mich nicht selber verachten muß! *Sie neigt den Kopf auf die Hände.*

Aus dem Herrenzimmer tritt, blaß und aufgeregt, Rakitin ein.

RAKITIN *geht auf Natalja Petrowna zu*: Natalja Petrowna ... *Sie rührt sich nicht. Vor sich hin.* Was mag zwischen ihr und Wera vorgefallen sein? *Laut.* Natalja Petrowna ...

NATALJA PETROWNA *hebt den Kopf*: Wer da? Ach, Sie?

RAKITIN: Wera Alexandrowna hat mir gesagt, Ihnen sei unwohl. Ich ...

NATALJA PETROWNA *wendet sich ab*: Mir fehlt nichts. Wie kommt sie darauf ...

RAKITIN: Nein, Natalja Petrowna, das stimmt nicht; sehen Sie sich doch an!

NATALJA PETROWNA: Also gut, mag sein. Aber was haben Sie damit zu tun? Was wollen Sie? Warum sind Sie gekommen?

RAKITIN *mit bewegter Stimme*: Ich will Ihnen sagen, warum ich gekommen bin. Ich möchte Sie um Verzeihung bitten. Vor einer halben Stunde habe ich mich Ihnen gegenüber unsagbar grob und dumm benommen. Verzeihen Sie mir! Sehen Sie, Natalja Petrowna, so bescheiden die Wünsche und ... und die Hoffnungen eines Menschen auch sein mögen, er muß, und sei es nur für einen Augenblick, die Gewalt über sich verlieren, wenn sie ihm plötzlich als unerfüllbar vor Augen stehen. Aber ich bin zur Besinnung gekommen, ich habe meine Lage und meine Schuld begriffen und wünsche mir nur eins – daß Sie mir verzeihen. *Er setzt sich still neben sie.* Sehen Sie mich an, wenden auch Sie sich nicht ab! Sie haben Ihren früheren Rakitin vor sich, Ihren Freund, jemanden, der nichts verlangt außer der Erlaubnis, Ihnen als Stütze zu dienen, wie Sie sich einmal ausdrückten. Entziehen Sie mir nicht Ihr Vertrauen, verfügen Sie über mich und vergessen Sie, daß ich irgendwann ... Vergessen Sie alles, was Sie beleidigen konnte ...

NATALJA PETROWNA *die die ganze Zeit regungslos zu Boden gestarrt hat*: Ja, ja ... *Sie hält inne.* Ach, entschuldigen Sie, Rakitin, ich habe nicht gehört, was Sie gesagt haben.

RAKITIN *traurig*: Ich sagte ... ich bat Sie um Verzeihung, Natalja Petrowna. Ich fragte, ob Sie mir gestatten wollen, Ihr Freund zu bleiben.

NATALJA PETROWNA *dreht sich langsam zu ihm um und legt ihm beide Hände auf die Schultern*: Rakitin, sagen Sie, was ist mit mir?

RAKITIN *nach einem Schweigen*: Sie sind verliebt.

NATALJA PETROWNA *wiederholt langsam seine Worte*: Ich bin verliebt... Aber das ist doch Wahnsinn, Rakitin! Das ist unmöglich. Ja, kann denn das so plötzlich ... Sie sagen, ich bin verliebt... *Sie verstummt.*

RAKITIN: Ja, Sie sind verliebt, Sie Arme. Machen Sie sich nichts vor.

NATALJA PETROWNA *ohne ihn anzublicken*: Was soll ich denn nun tun?

RAKITIN: Ich bin bereit, es Ihnen zu sagen, Natalja Petrowna, wenn Sie mir versprechen ...

NATALJA PETROWNA *unterbricht ihn, wobei sie ihn auch weiterhin nicht anblickt*: Wissen Sie, daß dieses kleine Mädchen, Wera, ihn liebt? Sie sind ineinander verliebt.

RAKITIN: In diesem Falle gibt es einen Grund mehr ...

NATALJA PETROWNA *unterbricht ihn aufs neue*: Ich habe es längst vermutet, und eben hat sie es selber gestanden ... jetzt eben.

RAKITIN *mit gedämpfter Stimme, als spreche er zu sich selbst*: Arme Frau!

NATALJA PETROWNA *streicht mit der Hand über das Gesicht*: Nun wird es aber Zeit, daß ich mich besinne. Sie wollten mir, glaube ich, etwas sagen ... Raten Sie mir um Gottes willen, was ich machen soll, Rakitin.
RAKITIN: Ich bin bereit, Natalja Petrowna, aber unter einer Bedingung.
NATALJA PETROWNA: Sagen Sie, unter welcher?
RAKITIN: Versprechen Sie mir, daß Sie an meinen guten Absichten nicht zweifeln werden. Sagen Sie mir, daß Sie an meinen uneigennützigen Wunsch, Ihnen zu helfen, glauben; kommen auch Sie mir zu Hilfe. Ihr Vertrauen wird mir die Kraft dazu geben; sonst gestatten Sie mir, lieber zu schweigen.
NATALJA PETROWNA: Sprechen Sie, sprechen Sie schon!
RAKITIN: Sie haben keine Zweifel an mir?
NATALJA PETROWNA: Sprechen Sie!
RAKITIN: Gut, dann hören Sie zu: Er muß abreisen. *Natalja Petrowna blickt ihn schweigend an.* Ja, er muß abreisen. Ich will Ihnen nicht ... mit Ihrem Mann, mit Ihren Pflichten kommen. In meinem Munde wären solche Worte ... nicht am Platze. Aber diese Kinder lieben einander. Das haben Sie mir soeben selber gesagt; und nun stellen Sie sich vor – Sie zwischen ihnen! Sie würden doch zugrunde gehen!
NATALJA PETROWNA: Er muß abreisen... *Nach einem Schweigen.* Und Sie? Bleiben Sie hier?
RAKITIN *verlegen*: Ich? Ich? *Nach einem Schweigen.* Auch ich muß fort. Um Ihrer Ruhe, um Ihres Glücks, um Werotschkas Glücks willen müssen sowohl er als auch ich abreisen... alle beide und für immer.
NATALJA PETROWNA: Rakitin! Es war so weit mit mir gekommen, daß ich ... beinah bereit gewesen wäre, dieses arme Mädchen, diese mir von meiner Mutter anvertraute Waise einem dummen, lächerlichen alten Mann zur Frau zu geben! Ich verlor nur den Mut, Rakitin; die Worte erstarben mir auf den Lippen, als sie bei meinem Vorschlag in Lachen ausbrach. Aber ich besprach mich mit diesem Doktor, ich gestattete ihm, vielsagend zu lächeln; ich ertrug dieses Lä-

cheln, seine Liebenswürdigkeiten, seine Anspielungen. Oh, ich fühle, ich stehe am Rande des Abgrunds! Retten Sie mich!

RAKITIN: Natalja Petrowna, Sie sehen, ich hatte recht. *Sie schweigt, und er fährt hastig fort:* Er muß fort. Wir müssen beide fort. Eine andere Rettung gibt es nicht.

NATALJA PETROWNA *verzagt*: Und wozu danach noch leben?

RAKITIN: Mein Gott, so weit ist es mit Ihnen gekommen? Natalja Petrowna, Sie werden gesunden, glauben Sie mir. All das geht vorüber. Wieso – wozu noch leben?

NATALJA PETROWNA: Ja, ja doch, wozu noch leben, wenn alle mich verlassen?

RAKITIN: Und... Ihre Familie? *Natalja Petrowna senkt die Augen.* Hören Sie! Wenn Sie wollen, kann ich nach seiner Abreise noch einige Tage bleiben, damit Sie...

NATALJA PETROWNA *finster*: Aha! Ich verstehe. Sie bauen auf die Gewohnheit, auf die frühere Freundschaft. Sie hoffen, ich komme zu mir und kehre zu Ihnen zurück. Nicht wahr? Ich verstehe.

RAKITIN *errötend*: Natalja Petrowna! Warum beleidigen Sie mich?

NATALJA PETROWNA *bitter*: Ich verstehe, aber Sie irren sich.

RAKITIN: Wie? Und das nach Ihren Versprechungen, nachdem ich allein um Ihretwillen, um Ihres Glücks und schließlich um Ihrer Lage in der Gesellschaft willen...

NATALJA PETROWNA: Ach was! Seit wann sind Sie um meine Lage in der Gesellschaft besorgt? Warum haben Sie bisher nicht davon gesprochen?

RAKITIN *erhebt sich*: Natalja Petrowna, ich reise noch heute, ich reise auf der Stelle ab, und Sie werden mich nie wiedersehen. *Er will gehen.*

NATALJA PETROWNA *streckt die Hände zu ihm aus*: Michel, verzeihen Sie mir! Ich weiß nicht, was ich rede. Sie sehen, in welcher Lage ich mich befinde. Verzeihen Sie mir!

RAKITIN *kehrt rasch zu ihr zurück und ergreift ihre Hände*: Natalja Petrowna...

NATALJA PETROWNA: Ach, Michel, mir ist so unerträglich schwer zumute... *Sie lehnt sich an seine Schulter und drückt das*

Taschentuch an die Augen. Helfen Sie mir, ich bin ohne Sie verloren ...

In diesem Augenblick öffnet sich die Tür, und Islajew und Anna Semjonowna treten aus der Halle ein.

ISLAJEW *laut*: Ich war schon immer der Meinung ... *Beim Anblick Rakitins und Natalja Petrownas bleibt er verwundert stehen. Natalja Petrowna blickt sich um und geht rasch hinaus. Rakitin verharrt in äußerster Verlegenheit auf der Stelle. Zu Rakitin.* Was soll das heißen? Was war das für eine Szene?

RAKITIN: Ach, nichts ... das ist ...

ISLAJEW: Fühlt sich Natalja Petrowna vielleicht nicht wohl?

RAKITIN: Das nicht, aber ...

ISLAJEW: Und warum ist sie so rasch gegangen? Worüber habt ihr hier gesprochen? Ich glaube, sie weinte ... und du hast sie getröstet. Was war denn?

RAKITIN: Nichts, wirklich nichts.

ANNA SEMJONOWNA: Aber wieso denn nichts, Michailo Alexandrytsch? *Nach einem Schweigen.* Ich geh mal hin und seh nach ihr. *Sie will ins Herrenzimmer.*

RAKITIN *hält sie auf*: Nein, bitte, lassen Sie sie jetzt lieber in Ruhe!

ISLAJEW: Aber was hat denn das alles zu bedeuten? So sag es doch endlich!

RAKITIN: Nichts, ich schwöre dir ... Hört zu, ich verspreche, euch noch heute alles zu erklären. Mein Wort darauf. Aber jetzt fragt mich bitte nichts, wenn ihr mir vertraut. Und beunruhigt Natalja Petrowna nicht!

ISLAJEW: Also gut ... nur bleibt es seltsam. Das hat es bei Natascha bisher nicht gegeben. Das ist irgendwie ungewöhnlich.

ANNA SEMJONOWNA: Vor allem – was kann Natascha zum Weinen gebracht haben? Und warum ist sie gegangen? Sind wir denn Fremde?

RAKITIN: Was sagen Sie da! Ich bitte Sie! Aber hört zu – ehrlich gesagt, wir haben unser Gespräch nicht beendet. Ich muß euch beide bitten ... Laßt uns einige Zeit allein.

ISLAJEW: Ach so ist das! Ihr habt also ein Geheimnis?

RAKITIN: Ja, aber du wirst es erfahren.
ISLAJEW *nach kurzem Nachdenken*: Kommen Sie, Mamachen, lassen wir sie allein. Sollen sie ihre geheimnisvolle Unterredung beenden.
ANNA SEMJONOWNA: Aber...
ISLAJEW: Kommen Sie, kommen Sie! Sie hören doch, er verspricht, uns alles zu erklären.
RAKITIN: Du kannst ganz ruhig sein...
ISLAJEW *kühl*: Oh, ich bin ganz ruhig! *Zu Anna Semjonowna.* Gehen wir! *Beide gehen.*
RAKITIN *blickt ihnen nach und tritt rasch an die Tür zum Herrenzimmer*: Natalja Petrowna, Natalja Petrowna, bitte, kommen Sie heraus!
NATALJA PETROWNA *kommt aus dem Herrenzimmer; sie ist sehr blaß*: Was haben sie gesagt?
RAKITIN: Schon gut, beruhigen Sie sich... Sie waren tatsächlich ein wenig erstaunt. Ihr Mann glaubte, Ihnen sei unwohl... Er hat Ihre Erregung bemerkt... Setzen Sie sich; Sie halten sich ja nur mit Mühe auf den Beinen... *Natalja Petrowna setzt sich.* Ich habe ihm gesagt... Ich habe ihn gebeten, Sie nicht zu beunruhigen... und uns allein zu lassen.
NATALJA PETROWNA: Und er ist darauf eingegangen?
RAKITIN: Ja. Ich mußte allerdings versprechen, ihm morgen alles zu erklären. – Warum sind Sie gegangen?
NATALJA PETROWNA *bitter*: Warum! – Aber was wollen Sie ihm denn sagen?
RAKITIN: Ich... ich werde schon etwas finden. Jetzt aber geht es nicht darum... Wir müssen diesen Aufschub nutzen. Sie sehen, so kann es nicht weitergehen. Solche Aufregungen vertragen Sie nicht... auch ist das Ihrer nicht würdig... ich selbst... Aber nicht davon ist die Rede. Wenn Sie nur fest bleiben, ich für meinen Teil... Hören Sie, Sie sind doch meiner Meinung...
NATALJA PETROWNA: In welcher Hinsicht?
RAKITIN: In Hinsicht... daß er und ich arbeiten müssen? Sind Sie es? Dann dürfen wir nicht zögern. Wenn Sie erlauben, spreche ich jetzt gleich mit Beljajew. Er ist ein edelmütiger Mensch, er wird verstehen...

NATALJA PETROWNA: Sie wollen mit ihm sprechen? Sie? Aber was wollen Sie ihm denn sagen?

RAKITIN *verlegen*: Ich ...

NATALJA PETROWNA *nach einem Schweigen*: Hören Sie zu, Rakitin, finden Sie nicht, wir führen uns wie Irre auf? Ich war erschrocken und habe Sie erschreckt – und alles vielleicht nur irgendwelcher Dummheiten wegen.

RAKITIN: Wie?

NATALJA PETROWNA: Nein, wirklich! Was ist nur mit uns beiden? Wie lange ist es denn her, da war in diesem Hause alles still und ruhig ... und plötzlich ... wie ein Blitz aus heiterem Himmel! Wahrhaftig, wir sind alle von Sinnen. Schluß jetzt, genug der Possen! Seien wir wie früher! Und Arkadi brauchen Sie nichts zu erklären; ich selber will ihm von unseren Streichen erzählen; wir werden zusammen darüber lachen. Ich brauche keinen Vermittler zwischen meinem Mann und mir.

RAKITIN: Natalja Petrowna, jetzt machen Sie mir aber angst. Sie lächeln und sind dabei blaß wie der Tod. So erinnern Sie sich doch, was Sie mir vor einer Viertelstunde gesagt haben!

NATALJA PETROWNA: Man sagt mancherlei! Im übrigen verstehe ich, worauf Sie hinauswollen. Sie entfesseln diesen Sturm, um wenigstens nicht allein in den aufgewühlten Fluten unterzugehen.

RAKITIN: Wieder ein Vorwurf, wieder ein Verdacht, Natalja Petrowna. Gott verzeih Ihnen ... aber Sie martern mich. Oder bereuen Sie vielleicht Ihre Offenherzigkeit?

NATALJA PETROWNA: Ich bereue gar nichts.

RAKITIN: Ja, wie soll ich Sie dann verstehen?

NATALJA PETROWNA *lebhaft*: Rakitin, wenn Sie Beljajew auch nur ein einziges Wort in meinem Namen oder über mich sagen, dann werde ich's Ihnen niemals verzeihen.

RAKITIN: Ach! Das ist es! Natalja Petrowna, da seien Sie unbesorgt. Ich werde Herrn Beljajew weder ein Wort sagen, noch mich von ihm verabschieden, wenn ich abreise. Ich habe nicht die Absicht, Ihnen meine Dienste aufzudrängen.

NATALJA PETROWNA *verlegen*: Sie glauben vielleicht, ich habe meine Meinung hinsichtlich seiner Abreise ... geändert?

RAKITIN: Ich glaube gar nichts.
NATALJA PETROWNA: Ich bin im Gegenteil von der Notwendigkeit seiner Abreise, wie Sie sagen, so überzeugt, daß ich ihm persönlich zu kündigen gedenke. *Nach einem Schweigen.* Ja, ich selber werde ihm kündigen.
RAKITIN: Sie?
NATALJA PETROWNA: Ja, ich. Und zwar gleich. Bitte, schicken Sie ihn zu mir!
RAKITIN: Wie? Sofort?
NATALJA PETROWNA: Ja, sofort. Ich bitte Sie darum, Rakitin! Sie sehen, ich bin wieder ruhig. Außerdem wird man mich jetzt nicht stören. Das muß man wahrnehmen. Ich wäre Ihnen sehr dankbar... Ich habe vor, ihn über dies und jenes auszufragen.
RAKITIN: Ich bitte Sie, er wird Ihnen doch nichts sagen! Er hat mir selber gestanden, er fühle sich in Ihrer Gegenwart nicht frei.
NATALJA PETROWNA *mißtrauisch*: Ach was? Sie haben sich also schon mit ihm über mich unterhalten? *Rakitin zuckt mit den Schultern.* Also gut, entschuldigen Sie, entschuldigen Sie, Michel, und schicken Sie ihn zu mir. Sie werden sehen, ich kündige ihm, und damit ist ein Schlußstrich gezogen. Alles wird vorübergehen und vergessen werden wie ein böser Traum. Bitte, schicken Sie ihn her! Ich muß mich unbedingt mit ihm aussprechen. Sie werden mit mir zufrieden sein. Erfüllen Sie meine Bitte!
RAKITIN *der die ganze Zeit kein Auge von ihr gelassen hat, traurig und kühl*: Gewiß. Ihr Wunsch ist mir Befehl. *Er geht auf die Hallentür zu.*
NATALJA PETROWNA *ihm nach*: Ich danke Ihnen, Michel!
RAKITIN *wendet sich um*: Oh, wenn Sie sich wenigstens nicht bei mir bedanken würden! *Er betritt rasch die Halle.*
NATALJA PETROWNA *allein, nach einem Schweigen*: Er ist ein Mann von edler Gesinnung. Aber hab ich ihn je geliebt? *Sie erhebt sich.* Er hat recht. Der andere muß fort. Aber wie soll ich ihm kündigen? Ich will nur wissen, ob ihm dieses halbe Kind wirklich gefällt. Vielleicht sind das alles nur Dummheiten. Wie konnte ich in solche Erregung geraten? Wozu all

diese Ergüsse? Nun, es ist nicht mehr zu ändern. Ich bin gespannt, was er mir erwidern wird. Aber abreisen muß er – unbedingt, unbedingt! Er wird mir vielleicht gar nicht antworten wollen ... Er fürchtet mich doch ... Was kann man machen? Aber desto besser. Ich brauche auch nicht viel mit ihm zu reden ... *Sie drückt die Hand an die Stirn.* Ich habe Kopfschmerzen. Ob ich's auf morgen verschiebe? Wahrhaftig! Heute scheint mir in einem fort, man beobachtet mich... So weit ist es mit mir gekommen! Nein, lieber gleich mit alldem Schluß machen. Eine letzte Anstrengung, und ich bin frei! O ja! Ich dürste nach Freiheit und Ruhe. *Aus der Halle kommt Beljajew.* Er ist es ...

BELJAJEW *tritt auf sie zu*: Natalja Petrowna, Michailo Alexandrytsch hat mir gesagt, Sie wünschen mich zu sprechen ...

NATALJA PETROWNA *mit einiger Überwindung*: Ja, das stimmt. Ich muß mich mit Ihnen ... aussprechen.

BELJAJEW: Aussprechen?

NATALJA PETROWNA *ohne ihn anzusehen*: Ja, aussprechen. *Nach einem Schweigen.* Gestatten Sie, Ihnen zu sagen, Alexej Nikolajitsch, ich bin ... ich bin mit Ihnen unzufrieden.

BELJAJEW: Darf ich fragen, aus welchem Grunde?

NATALJA PETROWNA: Hören Sie zu! Ich ... ich weiß wirklich nicht, wie ich anfangen soll. Übrigens muß ich Sie darauf aufmerksam machen, daß meine Unzufriedenheit nicht durch irgendein Versäumnis ... in Ihrem Aufgabenbereich hervorgerufen wurde. Im Gegenteil, die Art, in der Sie mit Kolja umgehen, gefällt mir.

BELJAJEW: Aber was kann es sonst sein?

NATALJA PETROWNA *streift ihn mit einem Blick*: Kein Grund, sich zu erregen. Ihre Schuld ist nicht allzu groß. Sie sind jung; Sie haben vermutlich noch nie in einem fremden Haus gelebt. Sie konnten nicht voraussehen ...

BELJAJEW: Natalja Petrowna, worum ...

NATALJA PETROWNA: Sie wollen wissen, worum es sich denn nun handelt? Ich verstehe Ihre Ungeduld. Gut, ich muß Ihnen also sagen, daß mir Werotschka – *sie sieht ihn kurz an* – alles gestanden hat.

BELJAJEW *verwundert*: Wera Alexandrowna? Was kann Ihnen

Wera Alexandrowna schon gestanden haben? Und was habe ich damit zu tun?

NATALJA PETROWNA: Sie wollen also wirklich nicht wissen, was sie gestanden haben kann? Sie erraten es nicht?

BELJAJEW: Ich? Keine Ahnung!

NATALJA PETROWNA: Dann bitte ich um Entschuldigung. Wenn Sie tatsächlich keine Ahnung haben, muß ich mich bei Ihnen entschuldigen. Ich glaubte... Aber ich habe mich geirrt. Gestatten Sie mir indessen zu bemerken, daß ich Ihnen nicht traue. Ich verstehe, was Sie zu dieser Aussage zwingt... Und ich weiß Ihre Verschwiegenheit durchaus zu schätzen.

BELJAJEW: Natalja Petrowna, ich kann Ihnen entschieden nicht folgen.

NATALJA PETROWNA: Wahrhaftig? Wollen Sie mir allen Ernstes einreden, Sie hätten von der Zuneigung Weras, dieses Kindes, zu Ihnen nichts bemerkt?

BELJAJEW: Von Wera Alexandrownas Zuneigung zu mir? Ich weiß einfach nicht, was ich Ihnen darauf erwidern soll. Ich bitte Sie! Mir scheint, ich bin zu Wera Alexandrowna immer wie zu...

NATALJA PETROWNA: Wie zu allen anderen gewesen, nicht wahr? *Nach kurzem Schweigen.* Wie dem auch sei, ob Sie es nun wirklich nicht wissen oder sich nur so stellen, es handelt sich um folgendes: Dieses halbe Kind ist in Sie verliebt. Sie selber hat es mir gestanden. Und nun frage ich Sie als ehrlichen Menschen: Was gedenken Sie zu tun?

BELJAJEW *verwirrt*: Was ich zu tun gedenke?

NATALJA PETROWNA *kreuzt die Arme*: Ja.

BELJAJEW: Das kommt alles so überraschend, Natalja Petrowna...

NATALJA PETROWNA *nach einem Schweigen*: Alexej Nikolajitsch, ich sehe, ich habe die ganze Angelegenheit... falsch angefaßt. Sie verstehen mich nicht. Sie glauben, ich bin über Sie verärgert... während ich... nur etwas aufgeregt bin. Und das ist ganz natürlich. Beruhigen Sie sich! Setzen wir uns! *Beide setzen sich.* Ich will offen zu Ihnen sein, Alexej Nikolajitsch, und hoffe, daß auch Sie mir ein wenig mehr Vertrauen ent-

gegenbringen. Sie haben wirklich keinen Grund, sich mir gegenüber so zurückzuhalten. Wera liebt Sie. Daran sind natürlich nicht Sie schuld; ich bin bereit, das einzuräumen. Aber sehen Sie, Alexej Nikolajitsch, sie ist eine Waise und meine Erziehungsbefohlene; ich bin verantwortlich für sie, für sie, für ihre Zukunft, für ihr Glück. Sie ist noch jung, und ich bin überzeugt, daß das Gefühl, das Sie bei ihr hervorgerufen haben, sehr bald erlöschen kann; in ihrem Alter liebt man nicht allzu beständig. Sie werden verstehen, daß ich mich verpflichtet fühle, Sie zu warnen. Mit dem Feuer zu spielen ist immerhin nicht ungefährlich. Doch ich bin sicher, daß sich Ihr Verhalten ihr gegenüber, nun, da Sie von ihrer Zuneigung zu Ihnen wissen, ändern wird und Sie ein Stelldichein mit ihr oder gemeinsame Spaziergänge im Garten unterlassen werden. Nicht wahr? Ich kann mich doch auf Sie verlassen? – Vor einer so offenen Aussprache mit einem anderen wäre ich zurückgeschreckt.
BELJAJEW: Natalja Petrowna, glauben Sie mir, ich weiß Ihr ...
NATALJA PETROWNA: Aber ich sage Ihnen doch, daß ich keinerlei Zweifel an Ihnen habe. Außerdem bleibt alles unter uns.
BELJAJEW: Ich muß gestehen, Natalja Petrowna, alles, was Sie mir da gesagt haben, erscheint mir so sonderbar... Ich darf an Ihren Worten natürlich nicht zweifeln, und dennoch ...
NATALJA PETROWNA: Hören Sie zu, Alexej Nikolajitsch! Alles, was ich Ihnen gesagt habe, habe ich in der Annahme gesagt, daß es von Ihrer Seite nicht das geringste gibt... *Sie unterbricht sich selbst.* Andernfalls... Natürlich, allzu genau kenn ich Sie nicht, aber so weit schon, daß ich keinen Grund habe, mich Ihren Absichten entgegenzustellen. Sie sind nicht eben reich, doch Sie sind jung, Sie haben eine Zukunft, und wenn zwei Menschen einander lieben ... Ich wiederhole, ich habe mich verpflichtet gefühlt, Sie – als ehrlichen Menschen – in Hinsicht auf Ihre Bekanntschaft mit Wera auf die Folgen aufmerksam zu machen, wenn Sie jedoch...
BELJAJEW *befremdet*: Ich weiß wahrhaftig nicht, was Sie damit sagen wollen, Natalja Petrowna.

NATALJA PETROWNA *rasch*: Oh, glauben Sie mir, ich erwarte kein Geständnis von Ihnen, ich werde ohnehin ... ich werde aus Ihrem Verhalten ersehen, woran ich bin. *Sie blickt ihn kurz an.* Im übrigen muß ich Ihnen sagen, daß es Wera schien, auch Sie seien ihr gegenüber nicht ganz gleichgültig.

BELJAJEW *nach einem Schweigen, indem er sich erhebt*: Natalja Petrowna, ich sehe, ich kann in Ihrem Haus nicht bleiben.

NATALJA PETROWNA *aufbrausend*: Ich finde, die Entscheidung darüber hätten Sie mir überlassen können. *Sie steht auf.*

BELJAJEW: Sie waren offen zu mir. Erlauben Sie, daß auch ich offen zu Ihnen bin. Ich liebe Wera Alexandrowna nicht; jedenfalls nicht so, wie Sie annehmen.

NATALJA PETROWNA: Ja, habe ich denn ... *Sie hält inne.*

BELJAJEW: Und wenn ich Wera Alexandrowna gefalle, wenn sie glaubt, auch ich sei ihr gegenüber nicht gleichgültig, wie Sie sich ausdrücken – ich will nicht, daß sie sich täuscht; ich werde ihr die Wahrheit sagen, ihr sagen, wie es sich verhält. Aber Sie werden selber einsehen, Natalja Petrowna, daß es mir nach einer solchen Aussprache schwerfallen muß, hier zu bleiben: Meine Lage wäre denn doch zu peinlich. Ich brauche Ihnen nicht zu versichern, wie ungern ich Ihr Haus verlasse. Doch mir bleibt nichts anderes übrig. Ich werde mich immer mit Dankbarkeit an Sie erinnern ... Gestatten Sie, daß ich mich entferne. Ich werde noch die Ehre haben, mich von Ihnen zu verabschieden.

NATALJA PETROWNA *mit geheuchelter Gleichgültigkeit*: Wie Sie meinen, aber das habe ich, ehrlich gestanden, nicht erwartet. Das war wahrhaftig nicht der Grund, warum ich mich mit Ihnen aussprechen wollte. Ich wollte Sie nur warnen. Wera ist noch ein Kind ... Ich habe alledem vielleicht zuviel Bedeutung beigemessen. Ich sehe nicht ein, wieso Sie abreisen müssen. Im übrigen – wie Sie meinen.

BELJAJEW: Natalja Petrowna! Es ist mir wirklich unmöglich, länger hier zu bleiben.

NATALJA PETROWNA: Der Abschied von uns scheint Ihnen recht leichtzufallen!

BELJAJEW: Nein, Natalja Petrowna, das tut er nicht.

NATALJA PETROWNA: Ich bin es nicht gewöhnt, jemand gegen

seinen Willen zurückzuhalten. Aber, ehrlich gesagt, das ist mir sehr unangenehm.

BELJAJEW *nach einem Zögern*: Natalja Petrowna, ich möchte Ihnen nicht die kleinste Unannehmlichkeit bereiten. Ich bleibe.

NATALJA PETROWNA *mißtrauisch*: Ach was? *Nach einem Schweigen.* Ich habe nicht erwartet, daß Sie Ihren Entschluß so bald ändern würden. Ich bin Ihnen dankbar, aber... Erlauben Sie, daß ich darüber nachdenke. Vielleicht haben Sie recht; vielleicht sollten Sie tatsächlich abreisen. Ich werde es mir überlegen und Sie benachrichtigen. Erlauben Sie, daß ich Sie bis heute abend in Unkenntnis belasse?

BELJAJEW: Ich bin bereit, zu warten, solange es Ihnen beliebt. *Er verneigt sich und will gehen.*

NATALJA PETROWNA: Versprechen Sie mir...

BELJAJEW *bleibt stehen*: Was, bitte?

NATALJA PETROWNA: Sie wollten sich, glaube ich, mit Wera aussprechen. Ich weiß nicht, ob sich das schickt. Im übrigen werde ich Sie von meiner Entscheidung unterrichten. Ich neige allmählich dazu, daß Sie tatsächlich abreisen müssen. Auf Wiedersehen inzwischen! *Beljajew verneigt sich aufs neue und geht in die Halle. Natalja Petrowna blickt ihm nach.* Ich bin beruhigt! Er liebt sie nicht. *Sie geht auf und ab.* Ich habe ihn also, statt ihm zu kündigen, gebeten, zu bleiben? Und er will bleiben. Aber was sage ich Rakitin? Was habe ich getan? *Nach einem Schweigen.* Was gibt mir eigentlich das Recht, die Liebe dieses armen Mädchens auszuposaunen? Wie? Ich selbst habe ein Geständnis, ein halbes Geständnis aus ihr herausgelockt und gehe hinterher so mitleidlos, so brutal vor. *Sie deckt die Hände vor das Gesicht.* Vielleicht begann auch er sie zu lieben. Mit welchem Recht habe ich diese aufblühende Blume zertreten? Aber stimmt es denn, habe ich sie zertreten? Er kann mich belogen haben. Wollte doch auch ich ihn belügen! ... O nein! Dazu ist er zu edelmütig. Der ist anders als ich! Warum hatte ich es so eilig, alles auf der Stelle auszuplaudern? *Sie seufzt.* Nun ja, was man so alles tut! Wenn ich vorausgesehen hätte... Wie habe ich mich verstellt, was habe ich zusammengelogen! Er dagegen... Wie kühn und frei er zu mir sprach! Ich mußte mich im stillen vor ihm verneigen. Das ist ein Mann! So habe ich ihn noch nicht gekannt ... Er muß abreisen. Wenn er bleibt ... Ich fühle, dann kommt es so weit, daß ich jede Achtung vor mir selbst verliere. Er muß fort, oder ich bin verloren! Ich schreibe ihm, bevor er Wera wiedergesehen hat. Er muß abreisen! *Sie geht rasch ins Herrenzimmer.*

Vierter Akt

Die Bühne stellt einen großen leeren Anbau dar. Kahle Wände, unebener Steinfußboden; sechs Ziegelsteinsäulen, drei auf jeder Seite, geweißt, aber mit abblätterndem Putz, stützen die Decke. Links zwei offene Fenster und eine Tür, die zum Garten geht. Rechts eine Tür zu einem Korridor, der in das Hauptgebäude führt; geradeaus eine Eisentür zur Vorratskammer. Neben der ersten Säule rechts eine grüne Gartenbank; in der einen Ecke einige Spaten, Gießkannen und Blumentöpfe. Es ist Abend. Rote Sonnenstrahlen fallen durch die Fenster auf den Fußboden.

KATJA *kommt durch die Tür rechts, tritt rasch ans Fenster und späht eine Zeitlang in den Garten:* Nein, nichts zu sehen. Dabei haben sie mir gesagt, er ist in die Orangerie gegangen. Hm, dann wird er wohl noch drin sein. Ich werde also warten, bis er vorbeikommt. Einen anderen Weg hat er nicht. *Sie seufzt und lehnt sich ans Fenster.* Man sagt, er reist ab. *Sie seufzt aufs neue.* Wie werden wir ohne ihn auskommen? Das arme Fräulein! Wie sehr sie mich gebeten hat. Nun, warum soll ich ihr den Gefallen nicht tun? Mag er sich zum Abschied mit ihr aussprechen! Wie mild es heute ist! Ah, ich glaube, es fängt an zu regnen ... *Sie schaut wieder aus dem Fenster und prallt plötzlich zurück.* Ob sie etwa hierher wollen? Tatsächlich, sie kommen her. Ach, du meine Güte! *Sie will fortlaufen, erreicht jedoch nicht mehr die Korridortür, als aus dem Garten schon Lisaweta Bogdanowna und Spigelski eintreten. Sie verbirgt sich hinter einer Säule.*

SPIGELSKI *schüttelt die Regentropfen vom Hut:* Hier können wir den Regen abwarten. Er wird nicht lange anhalten.
LISAWETA BOGDANOWNA: Meinetwegen.
SPIGELSKI *blickt sich um:* Was ist das für ein Gebäude? Etwa die Vorratskammer?
LISAWETA BOGDANOWNA *zeigt auf die eiserne Tür:* Nein, die Vorratskammer befindet sich dort. Diesen Flur hier soll Arkadi Sergejewitschs Vater erbaut haben, nachdem er aus fremden Landen zurückgekehrt war.
SPIGELSKI: Aha! Ich sehe, was los ist: Venedig, verehrter Herr! *Er setzt sich auf die Bank.* Lassen wir uns nieder! *Lisaweta Bogdanowna setzt sich.* Geben Sie zu, Lisaweta Bogdanowna, dieser Regen kam reichlich ungelegen. Er hat unsere Aussprache an der empfindlichsten Stelle unterbrochen.
LISAWETA BOGDANOWNA *mit niedergeschlagenen Augen:* Ignati Iljitsch ...
SPIGELSKI: Aber niemand hindert uns, die Unterhaltung wieder aufzunehmen. Bei dieser Gelegenheit: Sie sagen, Anna Semjonowna ist heute schlechter Laune?
LISAWETA BOGDANOWNA: Ja. Sie hat sogar das Mittagessen bei sich im Zimmer eingenommen.
SPIGELSKI: Ach was! Man denke, welch ein Unglück!
LISAWETA BOGDANOWNA: Sie hat Natalja Petrowna heute früh in Tränen aufgelöst angetroffen ... mit Michailo Alexandrytsch ... Er ist hier natürlich wie zu Hause, aber immerhin ... Im übrigen hat er versprochen, alles zu erklären.
SPIGELSKI: Aha! Nun, sie regt sich unnötig auf. Michailo Alexandrytsch ist meiner Ansicht nach nie ein gefährlicher Mann gewesen und ist es jetzt noch weniger denn je.
LISAWETA BOGDANOWNA: Und wieso?
SPIGELSKI: Nun ja, er redet allzu klug. Bei dem einen bringt es ein Ausschlag ans Tageslicht, bei diesen Neunmalklugen besorgt es die Zunge, das Geschwätz. Vor den Schwätzern, Lisaweta Bogdanowna, brauchen Sie sich auch künftig nicht zu fürchten – die sind ungefährlich; gefährlich sind die, die eher schweigsam und etwas dümmlich sind, viel Temperament und einen breiten Nacken haben.

LISAWETA BOGDANOWNA *nach einem Schweigen*: Sagen Sie, ist Natalja Petrowna tatsächlich nicht ganz gesund?
SPIGELSKI: Sie ist genauso krank wie Sie und ich.
LISAWETA BOGDANOWNA: Sie hat zu Mittag nichts gegessen.
SPIGELSKI: Den Appetit benimmt nicht nur Krankheit.
LISAWETA BOGDANOWNA: Sie haben bei Bolschinzow gespeist?
SPIGELSKI: Ja. Ich war bei ihm. Und bin, bei Gott, nur Ihretwegen zurückgekehrt.
LISAWETA BOGDANOWNA: Schon gut, lassen wir das! – Wissen Sie auch, Ignati Iljitsch, daß Natalja Petrowna Ihnen aus irgendeinem Grunde böse ist? Sie hat sich bei Tisch nicht allzu vorteilhaft über Sie geäußert.
SPIGELSKI: Tatsächlich? Man sieht, die Damen haben es eben nicht gern, wenn unsereins scharfe Augen hat. Tu, was man von dir verlangt, komm ihnen zu Hilfe und verstell dich auch noch, als ob du nicht das geringste merkst. Schau einer an, was die sich so denken! Aber warten wir ab. Vermutlich trägt auch Rakitin die Nase nicht mehr so hoch?
LISAWETA BOGDANOWNA: Ja, auch er scheint sich heute nicht allzu wohl in seiner Haut zu fühlen.
SPIGELSKI: Hm. Und Wera Alexandrowna? Und Beljajew?
LISAWETA BOGDANOWNA: Alle, ausnahmslos alle sind schlecht gelaunt. Ich komme beim besten Willen nicht dahinter, was sie heute haben.
SPIGELSKI: Wer viel weiß, wird vor der Zeit alt, Lisaweta Bogdanowna. Im übrigen – Gott helfe ihnen. Sprechen wir lieber von unseren eigenen Angelegenheiten! – Da, der Regen hat immer noch nicht aufgehört. – Einverstanden?
LISAWETA BOGDANOWNA *senkt kokett die Augen*: Wonach fragen Sie mich eigentlich, Ignati Iljitsch?
SPIGELSKI: Hach, Lisaweta Bogdanowna, gestatten Sie mir die Bemerkung: Wozu sich zieren, warum plötzlich die Augen senken? Wir sind doch beide nicht mehr ganz jung! Diese Umstände, diese Seufzer, diese Empfindsamkeit – all das paßt nicht zu uns. Reden wir lieber ruhig und sachlich, wie sich's für Leute in unserem Alter gehört. Die Sache ist näm-

lich die: Wir gefallen einander. Jedenfalls nehme ich an, daß auch ich Ihnen gefalle.

LISAWETA BOGDANOWNA *ein wenig geziert*: Ignati Iljitsch, nein, wirklich...

SPIGELSKI: Schon gut, schon gut. Nun ja, für Sie als Frau gehört es sich wohl auch – *er vollführt eine Handbewegung* –, gewisse Fisimatenten zu machen. Mit einem Wort: Wir gefallen einander. Aber auch sonst passen wir gut zusammen. Von mir muß ich natürlich bekennen, ich bin bescheidener Herkunft; aber auch Sie sind schließlich nicht gerade vornehmen Bluts. Ich bin auch nicht reich; anderenfalls hätte ich mich... *Er grient.* Doch meine Praxis ist in Ordnung, nicht alle meine Patienten sterben; Sie besitzen, nach Ihren eigenen Worten, fünfzehntausend in bar – all das läßt sich nicht übel an, wie Sie zugeben werden. Außerdem kann ich mir denken, daß Sie es satt haben, ewig als Gouvernante in fremden Häusern zu leben, und Ihnen das Abmühen mit der Alten, das Verlieren im Preference und das Zum-Munde-Reden ebenfalls keinen Spaß machen. Ich für meinen Teil bin des Junggesellendaseins nicht eigentlich müde, werde aber doch alt und, nun ja, von den Köchinnen ausgeplündert; mit einem Wort, da paßt, wissen Sie, alles zusammen. Die Schwierigkeit, Lisaweta Bogdanowna, besteht nur darin: Wir kennen uns doch noch gar nicht, oder, besser gesagt, Sie kennen mich nicht. Ich für meinen Teil kenne Sie. Ihr Charakter ist mir bekannt. Ich behaupte nicht, Sie hätten keinerlei Fehler. Sie sind in all den Jahren des Mädchentums ein bißchen versauert, was aber noch kein Unglück ist. In den Händen eines guten Ehemannes ist die Frau wie Wachs. Ich wünsche aber, daß auch Sie mich vor der Hochzeit wirklich kennenlernen; sonst machen Sie mir hinterher womöglich Vorwürfe... Ich will Sie nicht betrügen.

LISAWETA BOGDANOWNA *mit Würde*: Ignati Iljitsch, mir scheint, auch ich habe Gelegenheit gehabt, über Ihren Charakter ins klare zu kommen.

SPIGELSKI: Sie? Nein, hören Sie auf! Das ist nicht Frauensache. Sie glauben zum Beispiel sicherlich, daß ich ein fröhliches Naturell, daß ich ein Spaßmacher bin, nicht wahr?

LISAWETA BOGDANOWNA: Sie sind mir immer als sehr liebenswürdiger Mensch erschienen ...

SPIGELSKI: Das ist es ja eben! Da sehen Sie, wie leicht man sich täuschen kann. Sie haben, nur weil ich vor fremden Leuten Possen reiße, ihnen Anekdoten erzähle und gefällig bin, sogleich entschieden, ich sei ein fröhlicher Charakter. Wenn ich sie, diese fremden Menschen, nicht brauchte, würde ich sie keines Blickes würdigen. Mache ich doch, wissen Sie, soweit das nicht mit allzu großen Gefahren verbunden ist, sie selber zum Gespött. Im übrigen rede ich mir nichts ein; ich weiß, gewisse Herrschaften, die mich auf Schritt und Tritt brauchen und sich ohne mich langweilen, fühlen sich berechtigt, die Nase über mich zu rümpfen; indessen bleibe auch ich ihnen nichts schuldig. Nehmen wir zum Beispiel Natalja Petrowna. Glauben Sie vielleicht, ich durchschaue sie nicht? *Er ahmt sie nach.* „Verehrter Doktor, ich kann sie wirklich gut leiden ... Sie haben eine so böse Zunge ..." Haha, turtel nur, turtel, mein Täubchen! Hach, diese großen Damen! Sie lächeln einem zu und kneifen die Augen zusammen, auf ihrem Gesicht aber steht Widerwille geschrieben. Mach was, sie rümpfen über unsereins eben die Nase! Ich verstehe, warum sie sich heute so abfällig über mich äußert! Weiß Gott, diese großen Damen sind ein seltsames Volk! Weil sie sich jeden Tag mit Eau de Cologne waschen und ihre Worte so nebenher und gleichsam absichtslos fallenlassen – bück dich mal gefälligst und lies sie auf! –, bilden sie sich ein, man könne sie nicht festnageln. Habt ihr euch so gedacht! Ihr seid genauso sterblich, genauso sündhaft wie wir anderen!

LISAWETA BOGDANOWNA: Ignati Iljitsch! Sie setzen mich in Erstaunen!

SPIGELSKI: Ich wußte, daß ich Sie in Erstaunen setzen würde. Sie sehen also, ich bin durchaus kein so fröhlicher, vielleicht nicht einmal ein allzu gutherziger Mensch. Ich möchte in Ihren Augen aber auch nicht als jemand gelten, der ich nicht bin. Sosehr ich mich vor all diesen Herrschaften auch verrenke, als Narren hat mich noch niemand angesehen, noch niemand hat es gewagt, mir einen Nasenstüber zu geben.

Ich darf sogar sagen, sie fürchten mich ein wenig; sie wissen, daß ich zurückbeiße. Eines Tages – drei Jahre mag es her sein – steckte mir so ein Gutsherr und Schwarzerdebesitzer in seiner Dummheit bei Tisch einen Rettich ins Haar. Und was meinen Sie, was geschah? Ich forderte ihn sogleich zum Duell – ohne mich, wissen Sie, zu erregen, auf höflichste Art. Der Schwarzerdebesitzer bekam vor lauter Schreck beinahe einen Schlaganfall; der Hausherr nötigte ihn, sich zu entschuldigen. Der Effekt war außerordentlich! Ich wußte, ehrlich gestanden, im voraus, daß er die Forderung nicht annehmen würde. Sie sehen, Lisaweta Bogdanowna, an Ehrgefühl fehlt es mir keineswegs; aber mein Leben hat sich nun mal nicht anders gefügt. – Auch mit meinen Talenten ist kein Staat zu machen; das Studium schaffte ich mit Ach und Krach. Als Arzt tauge ich nicht viel, da will ich Ihnen nichts vormachen, und wenn Sie mir einmal erkranken, dann soll Sie lieber ein anderer behandeln. Ja, hätte ich Talent und die entsprechende Erziehung, ich wäre kurzerhand in die Hauptstadt gezogen. Nun, einen besseren Arzt brauchen die hiesigen Bewohner natürlich auch gar nicht. Was indessen mein eigentliches Naturell betrifft, da warne ich Sie im voraus, Lisaweta Bogdanowna: Zu Hause bin ich finster, schweigsam und anspruchsvoll; ich habe es gern, wenn man mir gefällig ist, wenn man sich meine Gewohnheiten merkt und mir schmackhaftes Essen vorsetzt; im übrigen bin ich weder eifersüchtig noch geizig, und in meiner Abwesenheit können Sie machen, was Ihnen beliebt. Von so etwas wie einer romantischen Liebe kann zwischen uns, wie Sie verstehen werden, keine Rede sein; ansonsten bilde ich mir ein, es läßt sich noch unter einem Dach mit mir leben. Hauptsache, man ist mir gefällig und weint nicht in meiner Gegenwart, das kann ich nicht leiden. Im übrigen bin ich kein Nörgler. So, das wäre meine Beichte. Und nun – was haben Sie darauf zu erwidern?

LISAWETA BOGDANOWNA: Was soll ich darauf erwidern, Ignati Iljitsch? Wenn Sie sich nicht absichtlich angeschwärzt haben ...

SPIGELSKI: Womit habe ich mich denn angeschwärzt? Vergessen Sie nicht, ein anderer an meiner Stelle hätte sich über seine Fehler ausgeschwiegen, zumal Sie sie ja nicht bemerkt hatten; nach der Hochzeit aber – aus, zu spät, hast du dir so gedacht! Aber dazu bin ich zu stolz. *Lisaweta Bogdanowna sieht ihn an.* Ja, ja, zu stolz, und wenn Sie mich noch so anschauen. Ich habe nicht die Absicht, mich vor meiner zukünftigen Frau zu verstellen oder sie zu belügen; ich täte es auch nicht, wenn es um hunderttausend und nicht um fünfzehntausend ginge; vor einem Fremden dagegen mache ich schon eines Sackes Mehl wegen einen Bückling. Das ist nun mal meine Art. Vor einem Fremden blecke ich freundlich die Zähne und denke mir: Was bist du für ein Dummkopf, mein Bester, auf so einen Köder hereinzufallen! Zu Ihnen aber spreche ich, wie ich denke. Das heißt, erlauben Sie, auch Ihnen sage ich nicht alles, was ich denke, aber jedenfalls belüg ich Sie nicht. Ich muß Ihnen natürlich als ziemlicher Kauz erscheinen, aber warten Sie ab, irgendwann erzähle ich Ihnen mein ganzes Leben, und Sie werden sich wundern, daß ich noch so beisammen bin. Auch Sie haben in Ihrer Kindheit sicherlich nicht von goldenen Schüsseln gegessen, und dennoch, meine Teure, Sie können sich nicht vorstellen, was wirkliche, auswegslose Armut bedeutet. Im übrigen erzähle ich Ihnen das alles mal zu gegebener Zeit. Jetzt aber überdenken Sie lieber, was ich die Ehre hatte, Ihnen vorzutragen. Überlegen Sie sich die Angelegenheit gründlich, wenn Sie allein sind, und teilen Sie mir Ihre Entscheidung mit. Sie sind, soweit ich feststellen konnte, eine vernünftige Frau. Bei dieser Gelegenheit: Wie alt sind Sie eigentlich?

LISAWETA BOGDANOWNA: Ich ... ich ... bin dreißig.

SPIGELSKI *gelassen*: Das stimmt aber nicht. Sie sind gut vierzig.

LISAWETA BOGDANOWNA *errötend*: Durchaus nicht vierzig, sondern sechsunddreißig.

SPIGELSKI: Immerhin nicht dreißig. Auch das, Lisaweta Bogdanowna, müssen Sie sich abgewöhnen, um so mehr, als eine verheiratete Frau mit sechsunddreißig Jahren keineswegs alt ist. Tabak sollten Sie ebenfalls nicht schnupfen. *Er steht auf.* Der Regen scheint aufgehört zu haben.

LISAWETA BOGDANOWNA *steht ebenfalls auf*: Ja, er hat aufgehört.
SPIGELSKI: Sie geben mir also in den nächsten Tagen Antwort?
LISAWETA BOGDANOWNA: Ich teile Ihnen meinen Entschluß gleich morgen mit.
SPIGELSKI: Das lobe ich mir! Gescheit ist eben gescheit! Bravo, Lisaweta Bogdanowna! So, und jetzt geben Sie mir Ihren Arm! Gehen wir ins Haus.
LISAWETA BOGDANOWNA *bietet ihm den Arm*: Gut, gehen wir!
SPIGELSKI: Bei dieser Gelegenheit: Ich habe Ihnen noch nicht die Hand geküßt, und das gehört sich ja wohl... Na schön, aus diesem Anlaß mag's ja noch hingehen! *Er küßt ihr die Hand. Lisaweta Bogdanowna errötet.* So, das wär's! *Er wendet sich in Richtung der Gartentür.*
LISAWETA BOGDANOWNA *bleibt stehen*: Sie glauben also, Ignati Iljitsch, Michailo Alexandrytsch ist ungefährlich?
SPIGELSKI: Ja, das glaube ich.
LISAWETA BOGDANOWNA: Wissen Sie was, Ignati Iljitsch? Natalja Petrowna ist seit einiger Zeit... Mir scheint, Herr Beljajew... Sie wendet ihm viel Aufmerksamkeit zu, nicht wahr? Und auch Werotschka... Was halten Sie davon? Ob das nicht der Grund ist, daß sie heute alle...
SPIGELSKI *unterbricht sie*: Eins habe ich vergessen, Ihnen zu sagen, Lisaweta Bogdanowna! Ich bin zwar selbst entsetzlich neugierig, kann aber neugierige Frauen nicht ausstehen. Dazu muß ich mich näher erklären: Meiner Ansicht nach soll eine Frau zwar neugierig und aufmerksam sein (das ist für ihren Mann sogar sehr nützlich), aber nur in betreff der anderen... Sie verstehen: in betreff der anderen. Wenn Sie aber meine Meinung über Natalja Petrowna, Wera Alexandrowna, Herrn Beljajew und überhaupt die hiesigen Hausbewohner wissen wollen, dann hören Sie zu, ich singe Ihnen ein Liedchen! Meine Stimme ist zwar miserabel, aber ich hoffe, Sie sehen es mir nach.
LISAWETA BOGDANOWNA *verwundert*: Ein Liedchen?
SPIGELSKI: Ja, hören Sie zu! Hier die erste Strophe:

„Großmutter hatte ein graues Böcklein,
Großmutter hatte ein graues Böcklein,
  Habt acht, schau an, ein graues Böcklein!
  Habt acht, schau an, ein graues Böcklein!"

Die zweite Strophe:

„Dem Böcklein fiel ein, sich im Walde zu tummeln,
Dem Böcklein fiel ein, sich im Walde zu tummeln,
  Habt acht, schau an, sich im Walde zu tummeln!
  Habt acht, schau an, sich im Walde zu tummeln!"

LISAWETA BOGDANOWNA: Ich verstehe beim besten Willen nicht...
SPIGELSKI: Warten Sie ab! Hier die dritte Strophe:

„Die grauen Wölfe fraßen das Böcklein,
Die grauen Wölfe fraßen das Böcklein",

er vollführt einen kleinen Luftsprung

„Habt acht, schau an, sie fraßen das Böcklein!
Habt acht, schau an, sie fraßen das Böcklein!"

So, und nun kommen Sie! Ich muß mich, beiläufig gesagt, noch mit Natalja Petrowna unterhalten. Hoffentlich beißt sie mich nicht. Wenn ich nicht irre, braucht sie mich noch. Gehen wir! *Sie gehen in den Garten.*
KATJA *tritt vorsichtig hinter der Säule hervor*: Endlich sind sie gegangen! Ist dieser Doktor aber auch boshaft! Da hat er geredet und geredet – und was hat er geredet! Und wie er erst singt! Ich fürchte, Alexej Nikolajitsch ist inzwischen ins Haus zurückgekehrt... Daß sie ausgerechnet hierher kommen mußten! *Sie tritt ans Fenster.* Und Lisaweta Bogdanowna, wie? Wird Doktorsfrau! *Sie lacht.* Schau einer an! Nun, darum beneide ich sie nicht. *Sie schaut aus dem Fenster.* Wie frisch gewaschen das Gras ist! Wie gut es duftet! Das ist der Faulbeerbaum... Ach, da kommt er ja! *Nach einer Pause.* Alexej Nikolajitsch! Alexej Nikolajitsch...
BELJAJEW *hinter den Kulissen*: Wer ruft mich? Ach, du bist es, Katja? *Er kommt ans Fenster.* Was willst du denn?

KATJA: Kommen Sie hier herein! Ich habe Ihnen etwas zu sagen.
BELJAJEW: Ach so! Bitte schön. *Er tritt vom Fenster zurück und erscheint gleich darauf in der Tür.* Hier bin ich.
KATJA: Sie sind nicht naß geworden?
BELJAJEW: Nein. Ich habe mit Potap im Treibhaus gesessen. Sag, ist er nicht dein Onkel?
KATJA: Jawohl, mein Onkel.
BELJAJEW: Wie hübsch du heute ausschaust! *Katja lächelt und senkt die Augen. Er holt einen Pfirsich aus der Tasche.* Willst du?
KATJA *lehnt ab*: Ergebensten Dank; essen Sie ihn nur selber.
BELJAJEW: Habe ich dir einen Korb gegeben, als du mir gestern die Himbeeren hinhieltest? Nimm nur, ich habe ihn für dich gepflückt – wirklich!
KATJA: Also danke schön! *Sie nimmt den Pfirsich.*
BELJAJEW: Na, siehst du! – Was wolltest du mir denn sagen?
KATJA: Das Fräulein ... Wera Alexandrowna hat mich gebeten ... Sie wünscht Sie zu sprechen.
BELJAJEW: Aha! Gut, dann geh ich gleich hin.
KATJA: Nein, bitte nicht. Sie kommt hierher. Sie muß mit Ihnen reden.
BELJAJEW *ein wenig erstaunt*: Sie kommt hierher?
KATJA: Jawohl! Hier, wissen Sie ... Hier schaut niemand herein. Hier wird man nicht gestört. *Sie seufzt.* Sie liebt Sie, Alexej Nikolajitsch, sehr. Sie ist so herzensgut. Ich geh und hole sie, ja? Sie warten doch?
BELJAJEW: Ja, natürlich!
KATJA: Sie wird sofort ... *Sie wendet sich zum Gehen, bleibt aber stehen.* Alexej Nikolajitsch, stimmt es, daß Sie uns verlassen?
BELJAJEW: Ich? N-nein. Wer hat dir das gesagt?
KATJA: Sie fahren also nicht fort? Na, Gott sei Dank! *Verlegen.* Wir sind gleich da! *Sie entfernt sich durch die Tür, die zum Hause führt.*
BELJAJEW *bleibt eine Weile unbeweglich*: Seltsame Dinge gehen mit mir vor! Ich muß gestehen, das habe ich am allerwenigsten erwartet. Wera liebt mich, Natalja Petrowna weiß es, Wera hat selbst alles gestanden... Seltsam, seltsam! Wera ist

so ein liebes, gutes Kind; doch... was bedeutet zum Beispiel dieser Zettel? *Er holt einen kleinen Zettel aus der Tasche hervor.* Von Natalja Petrowna, mit Bleistift. „Reisen Sie nicht ab, fassen Sie keinerlei Entschlüsse, bevor ich mit Ihnen gesprochen habe." Worüber will sie mit mir sprechen? *Nach einem Schweigen.* Was für dumme Gedanken mir durch den Kopf gehen! Ich muß gestehen, all das verwirrt mich außerordentlich. Wenn mir jemand vor einem Monat gesagt hätte, daß ich... daß ich... Ich kann nach diesem Gespräch mit Natalja Petrowna noch immer nicht zu mir kommen. Warum klopft mir das Herz? Und jetzt will mich auch noch Wera sehen. Was sage ich ihr? Wenigstens erfahre ich, worum es sich handelt. Vielleicht ist Natalja Petrowna über mich verärgert. Aber weswegen? *Er sieht sich wieder den Zettel an.* All das ist sonderbar, sehr sonderbar. *Die Tür wird leise geöffnet. Er verbirgt rasch den Zettel. Auf der Schwelle erscheinen Wera und Katja. Er tritt auf sie zu. Wera ist sehr blaß, hat die Augen gesenkt und rührt sich nicht von der Stelle.*

KATJA: Haben Sie keine Angst, Fräulein, gehen Sie auf ihn zu; ich halte Wache. Haben Sie keine Angst! *Zu Beljajew.* Ach, Alexej Nikolajitsch! *Sie macht die Fenster zu, geht in den Garten und schließt die Tür hinter sich ab.*

BELJAJEW: Wera Alexandrowna! Sie wollten mich sprechen. Kommen Sie, setzen Sie sich! *Er faßt sie an der Hand und führt sie zu der Bank. Wera setzt sich.* Ja, so! *Er sieht sie erstaunt an.* Sie haben geweint?

WERA *ohne die Augen zu heben:* Hat nichts zu sagen. Ich bin gekommen, um Sie um Verzeihung zu bitten, Alexej Nikolajitsch!

BELJAJEW: Und weswegen?

WERA: Ich habe gehört, Sie hatten eine unangenehme Auseinandersetzung mit Natalja Petrowna... und reisen ab. Man hat Ihnen gekündigt.

BELJAJEW: Wer hat Ihnen das gesagt?

WERA: Natalja Petrowna selbst. Ich traf sie nach der Auseinandersetzung mit Ihnen. Sie erklärte mir, Sie selber wünschten nicht länger bei uns zu bleiben. Ich glaube aber dennoch, man hat Ihnen gekündigt.

BELJAJEW: Sagen Sie, hat sich das im Hause schon herumgesprochen?

WERA: Nein, nur Katja weiß es. Ich mußte es ihr sagen. Ich wollte mit Ihnen sprechen, Sie um Verzeihung bitten. Sie können sich denken, wie schwer mir jetzt zumute ist. Ich bin doch die Ursache von allem, Alexej Nikolajitsch; ich allein bin die Schuldige.

BELJAJEW: Sie, Wera Alexandrowna?

WERA: Ich konnte beim besten Willen nicht erwarten, daß Natalja Petrowna... Im übrigen trage ich ihr nichts nach. Tragen auch Sie mir nichts nach und... Heute morgen war ich noch ein dummes Kind, während ich jetzt... *Sie hält inne.*

BELJAJEW: Es ist noch nichts entschieden, Wera Alexandrowna. Vielleicht bleibe ich.

WERA *traurig*: Sie sagen, es ist noch nichts entschieden, Alexej Nikolajitsch. Nein, es ist entschieden, alles ist aus. Da, wie Sie jetzt zu mir sind; erinnern Sie sich, wie Sie noch gestern im Garten... *Nach einem Schweigen.* Ach, ich sehe, Natalja Petrowna hat Ihnen alles verraten.

BELJAJEW *verlegen*: Wera Alexandrowna...

WERA: Sie hat es Ihnen gesagt, das sehe ich doch. Sie wollte mich fangen, und ich dummes Ding ging ihr auch gleich ins Netz. Aber auch sie hat sich verraten. So ein Kind bin ich denn doch nicht mehr. *Mit gedämpfter Stimme.* O nein!

BELJAJEW: Was wollen Sie damit sagen?

WERA *nach einem kurzen Blick auf ihn*: Alexej Nikolajitsch, stimmt es, daß Sie uns aus eigenem Willen verlassen?

BELJAJEW: Ja.

WERA: Warum? *Beljajew schweigt.* Sie antworten mir nicht?

BELJAJEW: Wera Alexandrowna, Sie haben sich nicht geirrt. Natalja Petrowna hat mir alles gesagt!

WERA *mit schwacher Stimme*: Was zum Beispiel?

BELJAJEW: Wera Alexandrowna! Es ist mir wahrhaftig unmöglich... Sie werden mich verstehen.

WERA: Hat sie Ihnen vielleicht gesagt, daß ich Sie liebe?

BELJAJEW *unentschlossen*: Ja.

WERA *rasch*: Das ist aber nicht wahr...

BELJAJEW *verlegen*: Wie?

WERA *bedeckt das Gesicht mit den Händen und murmelt durch die Finger*: Jedenfalls kann ich mich nicht erinnern, daß ich es ihr gestanden habe. *Sie hebt den Kopf.* Oh, wie grausam sie mit mir umgegangen ist! Und Sie... Das also ist es, warum Sie fort wollen?

BELJAJEW: Wera Alexandrowna, bedenken Sie doch selber...

WERA *nach einem Blick auf ihn*: Er liebt mich nicht! *Sie deckt aufs neue die Hände vor das Gesicht.*

BELJAJEW *setzt sich neben sie und greift nach ihren Händen*: Wera Alexandrowna, geben Sie mir Ihre Hand. Hören Sie zu, es darf keine Mißverständnisse zwischen uns geben. Ich liebe Sie wie eine Schwester; ich liebe Sie, weil man Sie lieben muß, weil man nicht anders kann. Entschuldigen Sie, wenn ich... Ich habe mich noch nie in einer solchen Lage befunden. Ich will Sie nicht kränken... Ich möchte mich vor Ihnen nicht verstellen; ich weiß, daß ich Ihnen gefalle, daß Sie mich liebgewonnen haben... Aber fragen Sie sich doch selber: Was kann dabei herauskommen? Ich bin gerade zwanzig und habe keinen Groschen Geld. Bitte, seien Sie mir nicht böse! Ich weiß wirklich nicht, was ich Ihnen noch sagen soll.

WERA *nimmt die Hände vom Gesicht und sieht ihn an*: Mein Gott, als hätte ich irgend etwas verlangt! Aber warum nur so grausam, so unbarmherzig... *Sie hält inne.*

BELJAJEW: Wera Alexandrowna, ich wollte Sie nicht betrüben...

WERA: Ich mache Ihnen keinen Vorwurf, Alexej Nikolajitsch. Was können Sie dafür! Ich allein bin schuld! Und dafür werde ich eben bestraft! Ich mache auch ihr keinen Vorwurf; ich weiß, sie ist eine herzensgute Frau, aber sie konnte sich nicht bezwingen... Sie verlor den Kopf.

BELJAJEW *verständnislos*: Sie verlor den Kopf?

WERA *dreht sich zu ihm um*: Natalja Petrowna liebt Sie, Beljajew.

BELJAJEW: Wie bitte?

WERA: Sie ist in Sie verliebt.

BELJAJEW: Was sagen Sie da?

WERA: Ich weiß, was ich sage. Der heutige Tag hat mich älter gemacht. Ich bin kein Kind mehr, glauben Sie mir. Sie beliebte eifersüchtig zu werden – auf mich! *Mit bitterem Lächeln.* Wie finden Sie das?

BELJAJEW: Aber das ist doch unmöglich!

WERA: Unmöglich? Und wieso verfiel sie darauf, mir plötzlich diesen Herrn – wie heißt er doch noch –, diesen Bolschinzow als Freier vorzuschlagen? Warum schickte sie mir den Doktor auf den Hals, warum versuchte sie, mich zu überreden? Oh, ich weiß, was ich sage! Wenn Sie gesehen hätten, Beljajew, wie sich ihr Gesicht veränderte, als ich ihr sagte... Oh, Sie können sich nicht vorstellen, wie schlau, wie listig sie mir dieses Geständnis entlockte! Ja, sie liebt Sie; das liegt klar auf der Hand...

BELJAJEW: Wera Alexandrowna, ich versichere Ihnen, Sie irren sich.

WERA: Nein, ich irre mich nicht. Glauben Sie mir, ich irre mich nicht. Wenn sie Sie nicht liebt, warum mußte sie mich dann so foltern? Was habe ich ihr getan? *Bitter.* Die Eifersucht entschuldigt alles. Was ist da lange zu reden! Und warum entläßt sie Sie denn jetzt? Sie glaubt, daß Sie... daß wir beide... Oh, sie kann beruhigt sein! Sie können bleiben! *Sie bedeckt das Gesicht mit den Händen.*

BELJAJEW: Sie hat mir bis jetzt nicht gekündigt, Wera Alexandrowna. Ich habe Ihnen schon gesagt, es ist noch nichts entschieden...

WERA *hebt plötzlich den Kopf und blickt ihn an*: Tatsächlich?

BELJAJEW: Ja. – Aber warum schauen Sie mich so an?

WERA *als spreche sie zu sich selbst*: Aha, ich verstehe... Ja, ja doch... sie hofft noch...

Die Tür zum Korridor wird rasch geöffnet, und auf der Schwelle erscheint Natalja Petrowna. Beim Anblick Weras und Beljajews bleibt sie stehen.

BELJAJEW: Was haben Sie da gesagt?

WERA: Ja, jetzt ist mir alles klar. Sie hat sich's überlegt, sie hat verstanden, ich bin ihr nicht gefährlich. Und in der Tat! Wer bin ich schon? Ein dummes Mädel! Während sie...

BELJAJEW: Wera Alexandrowna, wie können Sie annehmen...

WERA: Und wer weiß denn schließlich, ob sie nicht recht hat. Vielleicht lieben Sie sie wirklich ...
BELJAJEW: Ich?
WERA *erhebt sich*: Ja, Sie! Warum werden Sie rot?
BELJAJEW: Ich, Wera Alexandrowna?
WERA: Lieben Sie sie, oder könnten Sie sie liebgewinnen? – Sie geben keine Antwort?
BELJAJEW: Aber ich bitte Sie, was soll ich Ihnen darauf erwidern? Wera Alexandrowna, Sie sind so erregt ... Beruhigen Sie sich um Gottes willen ...
WERA *wendet sich von ihm ab*: Oh, Sie behandeln mich wie ein Kind. Sie würdigen mich nicht mal einer vernünftigen Antwort. Sie wollen mich einfach los sein. Sie vertrösten mich! *Sie will gehen, erblickt aber plötzlich Natalja Petrowna und bleibt stehen.* Natalja Petrowna ...

Beljajew blickt sich rasch um.

NATALJA PETROWNA *macht einige Schritte auf sie zu*: Ja, ich. *Sie fährt ein wenig gezwungen fort:* Ich bin gekommen, um dich nach Hause zu holen, Werotschka.
WERA *langsam und kühl*: Wieso sind Sie darauf verfallen, mich gerade hier zu vermuten? Sie haben mich also gesucht?
NATALJA PETROWNA: Ja, ich habe dich gesucht. Du bist unvorsichtig, Werotschka. Ich habe dich schon wiederholt ermahnt ... Auch Sie, Alexej Nikolajitsch, haben Ihr Versprechen vergessen. Sie haben mich getäuscht.
WERA: So hören Sie doch endlich auf, Natalja Petrowna, hören Sie endlich auf! *Natalja Petrowna sieht sie erstaunt an.* Hören Sie auf, mit mir zu reden, als wäre ich ein Kind. *Mit gedämpfter Stimme.* Ich bin seit heute erwachsen ... und genau so eine Frau wie Sie.
NATALJA PETROWNA *verwirrt*: Wera ...
WERA *beinah im Flüsterton*: Er hat Sie nicht getäuscht. Nicht er hat sich um dieses Stelldichein mit mir bemüht. Er liebt mich doch nicht, das wissen Sie, Sie haben darum auch keinen Grund zur Eifersucht.
NATALJA PETROWNA *mit wachsendem Befremden*: Wera!
WERA: Glauben Sie mir ... und verzichten Sie fortan auf alle

Winkelzüge. Die haben keinen Zweck mehr. Ich durchschaue sie jetzt alle bis auf den Grund. Glauben Sie mir! Ich, Natalja Petrowna, bin für Sie nicht die Erziehungsbefohlene mehr, die Sie – *ironisch* – gleich einer älteren Schwester überwachen. *Sie rückt auf sie zu.* Ich bin in Ihren Augen die Rivalin.

NATALJA PETROWNA: Wera, Sie vergessen sich ...

WERA: Mag sein, aber wer hat mich so weit gebracht? Ich verstehe selber nicht, woher ich die Kühnheit nehme, so mit Ihnen zu reden. Vielleicht tu ich es nur, weil ich nichts mehr für mich erhoffe, weil Sie mich zu zertreten beliebten. Und das ist Ihnen gelungen – restlos. Aber hören Sie zu: Ich habe nicht die Absicht, Verstecken mit Ihnen zu spielen, wie Sie es mit mir getan haben. Sie sollen wissen, ich habe ihm – *sie zeigt auf Beljajew* – alles gesagt.

NATALJA PETROWNA: Was konnten Sie ihm schon sagen?

WERA *ironisch*: Was? Nun, alles, was ich bemerkt habe. Sie hofften, mich auszuhorchen, ohne sich selbst zu verraten. Sie haben sich verrechnet, Natalja Petrowna. Sie haben Ihre Kräfte überschätzt ...

NATALJA PETROWNA: Wera, Wera, kommen Sie zu sich ...

WERA *die noch näher auf sie zurückt, im Flüsterton*: So sagen Sie mir doch, daß ich mich irre. Sagen Sie mir, daß Sie ihn nicht lieben. Hat doch auch er zugegeben, daß er mich nicht liebt! *Natalja Petrowna schweigt verlegen. Wera bleibt einige Zeit unbeweglich und faßt sich dann plötzlich an die Stirn.* Natalja Petrowna, verzeihen Sie mir! Ich ... ich weiß selber nicht, was mit mir vorgeht; seien Sie nachsichtig, verzeihen Sie mir ... *Sie bricht in Tränen aus und entfernt sich rasch durch die Tür zum Korridor.*

Schweigen.

BELJAJEW *tritt auf Natalja Petrowna zu*: Natalja Petrowna, ich kann Ihnen versichern ...

NATALJA PETROWNA *blickt unbeweglich zu Boden und streckt die Hand zu ihm aus*: Sprechen Sie nicht weiter, Alexej Nikolajitsch! Es stimmt, Wera hat recht. Es ist ... es ist Zeit, daß ich mit dem Versteckspielen aufhöre. Ich bin schuldig, sowohl

vor ihr als auch vor Ihnen. Sie haben das Recht, mich zu verachten. *Beljajew macht eine unwillkürliche Bewegung.* Ich habe mich in meinen eigenen Augen erniedrigt. Mir bleibt nur noch ein Mittel, Ihre Achtung zurückzugewinnen: Offenheit, völlige Offenheit, einerlei, welche Folgen das hat. Außerdem sehe ich Sie zum letztenmal und spreche zum letztenmal mit Ihnen. Ich liebe Sie. *Sie blickt ihn noch immer nicht an.*
BELJAJEW: Sie, Natalja Petrowna ...
NATALJA PETROWNA: Ja, ich. Ich liebe Sie. Wera irrt sich nicht und hat nicht gelogen. Ich habe Sie gleich am Tage Ihrer Ankunft liebgewonnen, weiß das aber erst seit gestern. Ich habe nicht die Absicht, mein Verhalten zu rechtfertigen. Es war meiner nicht würdig; aber jetzt können Sie es wenigstens verstehen und mich entschuldigen. Ja, ich war eifersüchtig auf Wera; ja, ich sah sie in Gedanken als Bolschinzows Frau, um sie aus Ihrer und meiner Nähe zu entfernen; ja, ich nutzte den Vorteil meiner Jahre und meiner Stellung, um ihr Geheimnis zu erkunden, und verriet mich – das hatte ich natürlich nicht erwartet – dabei selbst. Ich liebe Sie, Beljajew; aber eins müssen Sie wissen: Nur der Stolz nötigt mir dieses Geständnis ab; die Komödie, die ich bislang spielte, empörte mich am Ende selbst. Sie können nicht länger bleiben ... Im übrigen würden Sie sich nach dem, was ich Ihnen soeben gesagt habe, in meiner Gegenwart vermutlich recht unwohl fühlen und werden selber bestrebt sein, so bald wie möglich von hier fortzukommen. Davon bin ich überzeugt. Und diese Überzeugung gibt mir Mut. Ich gestehe, ich möchte nicht, daß Sie mich in schlechter Erinnerung behalten. Und nun wissen Sie alles. Ich habe Ihnen vielleicht den Weg vertreten; Sie hätten, wenn das alles nicht geschehen wäre, Werotschka möglicherweise liebgewonnen ... Für mich gibt es nur eine Entschuldigung, Alexej Nikolajitsch. All das lag nicht in meiner Macht. *Sie verstummt. Sie hat die ganze Zeit mit ziemlich gleichmäßiger, ruhiger Stimme gesprochen, ohne Beljajew anzublicken. Schweigen. Dann fährt sie einigermaßen bewegt, aber immer noch, ohne ihn anzusehen, fort:* Sie geben keine Antwort? Nun, ich kann Sie verstehen. Sie haben mir nichts zu sagen. Die Lage eines Menschen, der – ohne zu lieben –

sich eine Liebeserklärung anhören muß, ist ziemlich bedrükkend. Ich danke Ihnen für Ihr Schweigen. Glauben Sie mir, als ich Ihnen sagte, daß ich Sie liebe, spielte ich nicht mehr Verstecken ... wie bis dahin; ich machte mir nichts vor, im Gegenteil: Ich wollte endlich die Maske abwerfen, die mir, wie ich versichern kann, ungewohnt war. Und wozu hätte ich auch noch Verstecken spielen und mich zieren sollen, da doch alles klar auf der Hand lag; wozu hätte ich mich noch verstellen sollen, da es doch niemand mehr gab, dem ich etwas vorzumachen brauchte? Zwischen uns ist alles zu Ende. Ich halte Sie nicht länger auf. Sie können gehen, ohne mir ein Wort zu sagen, selbst ohne sich von mir zu verabschieden. Ich würde das nicht als Unhöflichkeit ansehen, im Gegenteil: Ich wäre Ihnen nur dankbar. Es gibt Fälle, wo Zartgefühl unpassend, ja schlimmer als eine Ungezogenheit ist ... Sie sehen, es war uns nicht beschieden, einander kennenzulernen. Leben Sie wohl! Ja, es war uns nicht beschieden, einander wirklich kennenzulernen ... Aber ich hoffe, ich bin von nun an wenigstens kein Alpdruck, kein listiges, tückisches Wesen mehr für Sie. Leben Sie wohl – für immer. *Beljajew ist erregt, will etwas sagen und findet keine Worte.* Sie gehen nicht?

BELJAJEW *verneigt sich, wendet sich zum Gehen und kehrt nach kurzem inneren Kampf zurück*: Nein, ich kann nicht ... *Natalja Petrowna schlägt zum erstenmal die Augen zu ihm auf.* So kann ich nicht gehen! Hören Sie zu, Natalja Petrowna! Sie haben soeben gesagt, Sie möchten nicht, daß ich eine unvorteilhafte Erinnerung an Sie zurückbehalte, aber ebenso will auch ich nicht, daß Sie an mich zurückdenken, als wäre ich ... Mein Gott, ich weiß einfach nicht, wie ich mich ausdrücken soll. Natalja Petrowna, verzeihen Sie mir. Ich verstehe mit Damen nicht umzugehen. Ich habe bisher ... ganz andere Frauen gekannt. Sie sagen, es sei uns nicht beschieden gewesen, einander wirklich kennenzulernen; aber ich bitte Sie, konnte ich – ein schlichter, beinahe ungebildeter dummer Junge – denn auch nur daran denken, mich Ihnen zu nähern? Bedenken Sie – wer sind Sie, und wer bin ich? Wie hätte ich es wagen dürfen, mir einzubilden ... Sie bei Ihrer

Erziehung... Aber was rede ich erst von Erziehung... Sehen Sie mich doch an! Dieses alte Jäckchen und Ihre duftenden Kleider! Ich bitte Sie! Nun ja, ich habe mich vor Ihnen gefürchtet, und ich fürchte Sie noch. Ich habe Sie, ohne jede Übertreibung, als höheres Wesen angesehen, und auf einmal sagen Sie mir, Sie lieben mich. Sie, Natalja Petrowna! Mich! Ich fühle, mein Herz hämmert, wie es noch nie gehämmert hat; nicht nur, weil ich verwundert bin, nicht nur, weil es meiner Eigenliebe schmeichelt – was bedeutet in diesem Augenblick schon die Eigenliebe! Nein, so... so kann ich einfach nicht gehen!

NATALJA PETROWNA *nach einem Schweigen, als spreche sie zu sich selbst*: Was habe ich angerichtet!

BELJAJEW: Natalja Petrowna, um Gottes willen, glauben Sie mir...

NATALJA PETROWNA *mit veränderter Stimme*: Alexej Nikolajitsch, würde ich Sie nicht als edelmütigen Menschen kennen, dem die Lüge verhaßt ist – ich könnte mir Gott weiß was denken. Ich könnte womöglich meine Offenheit bereuen. Aber ich glaube Ihnen. Ich möchte meine Gefühle vor Ihnen nicht verbergen: Ich danke Ihnen für das, was Sie mir eben gesagt haben. Ich weiß jetzt, warum wir uns nicht nähergekommen sind... An und für sich hat Sie also nichts an mir abgestoßen... Nur meine Stellung. *Sie hält inne.* Nun, alles dient natürlich zum besten... Jedenfalls wird es mir jetzt leichterfallen, mich von Ihnen zu trennen. Leben Sie wohl! *Sie will gehen.*

BELJAJEW *nach einem Schweigen*: Natalja Petrowna, ich weiß, ich darf hier nicht bleiben... aber ich kann Ihnen einfach nicht erklären, was in mir vorgeht. Sie lieben mich... Ich schrecke geradezu zurück, es auszusprechen. All das ist für mich so neu. Mir scheint, ich höre und sehe Sie zum erstenmal, aber eins fühle ich – ich muß fort. Ich fühle, daß ich mich für nichts verbürgen kann...

NATALJA PETROWNA *mit schwacher Stimme*: Ja, Beljajew, Sie müssen fort. Jetzt, nach dieser Aussprache, können Sie es. Und ist es denn, trotz meines ganzen Verhaltens, nicht in der Tat... Oh, glauben Sie mir, hätt ich all das, was Sie mir eben gesagt haben, nur im entferntesten geahnt – dieses Geständnis wäre nie über meine Lippen gekommen, Beljajew. Ich wollte nur all diesen Mißverständnissen ein Ende bereiten, ich wollte bereuen, mich selber strafen, ich wollte den letzten Faden endgültig zwischen uns zerreißen. Hätte ich mir vorstellen können ... *Sie deckt die Hände vor das Gesicht.*

BELJAJEW: Ich glaube Ihnen, Natalja Petrowna, ich glaube Ihnen. Hätte ich mir denn selbst vor einer Viertelstunde ... hätte ich mir denn vorstellen können ... Erst heute, während unseres letzten Beisammenseins vor dem Mittagessen, habe ich zum erstenmal etwas Ungewöhnliches, noch nie Gekanntes, verspürt – als presse jemand mein Herz in der Hand ... und mir wurde so warm in der Brust ... Vorher bin ich Ihnen tatsächlich ausgewichen, als hätte ich Sie nicht recht gemocht; als Sie mir aber heute sagten, Wera Alexandrowna habe den Eindruck ... *Er hält inne.*

NATALJA PETROWNA *mit einem unwillkürlichen glücklichen Lächeln*: Genug, genug, Beljajew; wir haben jetzt an anderes zu denken. Wir dürfen nicht vergessen, daß wir uns zum letztenmal sprechen ... daß Sie morgen abreisen ...

BELJAJEW: O ja! Gleich morgen! Jetzt kann ich es noch ... All das geht vorüber ... Sie sehen, ich will nicht übertreiben ... Ich reise ab. Alles Weitere steht in Gottes Hand! Ich nehme eine Erinnerung mit, die ich nie vergessen werde – daß Sie mich geliebt haben. Aber wieso habe ich das nicht schon früher erkannt? Da sehen Sie mich jetzt an ... Ja, bin ich denn irgendwann Ihrem Blick ausgewichen? Habe ich mich denn durch Ihre Gegenwart einschüchtern lassen?

NATALJA PETROWNA *lächelnd*: Sie haben mir soeben gesagt, daß Sie sich vor mir fürchten.

BELJAJEW: Ich? *Nach einem Schweigen.* Tatsächlich ... Ich staune über mich selbst. Ich ... ich rede so kühn mit Ihnen? Ich kenne mich nicht wieder.

NATALJA PETROWNA: Und Sie täuschen sich nicht?

BELJAJEW: Worin?

NATALJA PETROWNA: Darin, daß Sie mich ... *Sie zuckt zusammen.* O Gott, was tu ich! Hören Sie zu, Beljajew, kommen Sie mir zu Hilfe! In einer solchen Lage hat sich noch keine Frau befunden. Das geht wahrhaftig über meine Kraft ... Mag sein, daß es das Beste ist, wenn alles gleich sein Ende findet; aber wir haben uns wenigstens erkannt ... Geben Sie mir die Hand – und leben Sie wohl! Für immer!

BELJAJEW *ergreift ihre Hand*: Natalja Petrowna! Ich weiß nicht, was ich Ihnen zum Abschied sagen soll. Mein Herz ist übervoll. Geb Ihnen Gott ... *Er hält inne und drückt ihre Hand an seine Lippen.* Leben Sie wohl! *Er wendet sich zur Tür, die in den Garten führt.*

NATALJA PETROWNA *blickt ihm nach*: Beljajew ...

BELJAJEW *dreht sich um*: Natalja Petrowna ...

NATALJA PETROWNA *nach kurzem Schweigen, mit schwacher Stimme*: Bleiben Sie!

BELJAJEW: Wie bitte?

NATALJA PETROWNA: Bleiben Sie ... und möge Gott uns richten! *Sie verbirgt den Kopf in den Händen.*

BELJAJEW *geht rasch auf sie zu und streckt die Hände zu ihr aus*: Natalja Petrowna ...

In diesem Augenblick öffnet sich die Tür zum Garten, und auf der Schwelle erscheint Rakitin. Er starrt die beiden eine Weile an und tritt dann plötzlich auf sie zu.

RAKITIN *laut*: Natalja Petrowna, man sucht Sie überall.

Natalja Petrowna und Beljajew schauen sich um.

NATALJA PETROWNA *nimmt die Hände vom Gesicht und kommt gleichsam zu sich*: Ach, Sie sind es. Wer sucht mich? *Beljajew ist verlegen, verneigt sich vor Natalja Petrowna und will gehen.* Sie gehen, Alexej Nikolajitsch? Vergessen Sie also nicht, Sie wissen ... *Er verneigt sich ein zweites Mal und geht in den Garten.*

RAKITIN: Arkadi sucht Sie! Ehrlich gesagt, ich habe nicht erwartet, Sie hier zu finden. Als ich aber vorbeikam ...

NATALJA PETROWNA *lächelnd*: ... hörten Sie unsere Stimmen. Ich bin Alexej Nikolajitsch zufällig hier begegnet ... und hatte eine kleine Aussprache mit ihm. Heute ist offenbar ein Tag der Aussprachen, aber jetzt können wir ins Haus gehen. *Sie wendet sich zur Korridortür.*

Rakitin *ein wenig erregt*: Darf ich fragen ... welchen Entschluß ...

Natalja Petrowna *stellt sich erstaunt*: Welchen Entschluß? Ich verstehe Sie nicht.

Rakitin *nach langem Schweigen, betrübt*: In solchem Falle ... verstehe ich alles.

Natalja Petrowna: Wie sollte es anders sein! Wieder diese geheimnisvollen Anspielungen! Nun ja, ich hatte eine Aussprache mit ihm, und jetzt ist alles wieder in Ordnung. Es waren doch nur Dummheiten, Übertreibungen. Alles, worüber wir uns unterhalten haben, war Kinderei. Das müssen wir jetzt vergessen.

Rakitin: Ich frage Sie nicht aus, Natalja Petrowna.

Natalja Petrowna *mit gespielter Ungezwungenheit*: Ich wollte Ihnen noch etwas sagen. Was war es doch bloß? Ich komme nicht darauf ... Einerlei! Gehen wir! All das ist aus und vorbei.

Rakitin *blickt sie unverwandt an*: Ja, alles ist aus. Wie ärgerlich Sie jetzt über sich selbst ... und über Ihre heutige Offenheit mir gegenüber sein müssen. *Er wendet sich ab.*

Natalja Petrowna: Rakitin ... *Er sieht sie aufs neue an; sie weiß offenbar nicht, was sie sagen soll.* Mit Arkadi haben Sie wohl noch nicht gesprochen?

Rakitin: Nein, wenn Sie erlauben ... Ich habe noch nicht die Zeit gefunden, mich darauf vorzubereiten. Sie verstehen, ich muß mir etwas ausdenken ...

Natalja Petrowna: Wie unerträglich das alles! Was wollen Sie alle von mir? Sie überwachen mich auf Schritt und Tritt. Rakitin, wirklich, ich schäme mich vor Ihnen ...

Rakitin: Oh, Natalja Petrowna, da machen Sie sich keine Sorgen. Wozu auch? Das ist durchaus normal. Wie man aber doch merkt, daß Herr Beljajew noch ein Neuling ist! Warum war er nur so durcheinander und flüchtete? Im übrigen – *rasch und mit gedämpfter Stimme* –, Sie werden sich beide mit der Zeit an das Verstellen gewöhnen. *Laut.* Gehen wir!

Natalja Petrowna will auf ihn zugehen, bleibt aber stehen. In diesem Augenblick ertönt hinter der Gartentür Islajews Stimme: „Sie sagen, er ist hier hineingegangen?" Gleich darauf treten Islajew und Spigelski ein.

ISLAJEW: Tatsächlich, da ist er ja! Bah, und auch Natalja Petrowna ist hier! *Er tritt auf sie zu.* Was hat das zu bedeuten? Die Fortsetzung der Aussprache von heute früh? Man sieht, es handelt sich um eine wichtige Angelegenheit.
RAKITIN: Ich bin Natalja Petrowna hier zufällig begegnet...
ISLAJEW: Zufällig? *Er blickt sich um.* Sehr einleuchtend – an einem so viel besuchten Ort!
NATALJA PETROWNA: Auch du hast schließlich hergefunden.
ISLAJEW: Ich habe nur hergefunden, weil ich... *Er hält inne.*
NATALJA PETROWNA: Weil du mich suchtest?
ISLAJEW *nach einem Schweigen*: Ja, weil ich dich suchte. Möchtest du nicht ins Haus zurückkehren? Der Tee steht bereit. Es wird bald dunkel.
NATALJA PETROWNA *greift nach seinem Arm*: Gut, gehen wir.
ISLAJEW *schaut sich um*: Im übrigen könnte man aus diesem Raum hier zwei anständige Zimmer für die Gärtner machen. Oder auch eine zweite Gesindestube. Was meinen Sie dazu, Spigelski?
SPIGELSKI: Aber sicher!
ISLAJEW: Nehmen wir den Weg durch den Garten, Natascha! *Er wendet sich zur Gartentür. Rakitin hat er während des ganzen Auftritts kein einziges Mal angesehen. Auf der Schwelle dreht er sich halb um.* Was ist denn, Herrschaften? Gehen wir doch Tee trinken! *Er und Natalja Petrowna gehen.*
SPIGELSKI *zu Rakitin*: Nun ja, Michailo Alexandrytsch, kommen Sie. Reichen Sie mir den Arm. Man sieht, uns beiden ist nun mal beschieden, die Nachhut zu bilden.
RAKITIN *ärgerlich*: Ach, Herr Doktor, gestatten Sie mir, es auszusprechen – Sie gehen mir entschieden auf die Nerven.
SPIGELSKI *mit geheuchelter Gutmütigkeit*: Und erst mir selbst, Michailo Alexandrytsch! Haben Sie eine Ahnung! *Rakitin lächelt unwillkürlich.* Kommen Sie, kommen Sie schon. *Beide entfernen sich durch die Gartentür.*

Fünfter Akt

Derselbe Schauplatz wie im ersten und dritten Akt. Es ist Morgen. Islajew sitzt am Tisch und sieht Papiere durch. Plötzlich steht er auf.

ISLAJEW: Nein! Ich kann heute entschieden nicht arbeiten! Mein Kopf ist wie vernagelt. *Er geht auf und ab.* Ich muß gestehen, das habe ich nicht erwartet; ich habe nicht geglaubt, daß mich das so beunruhigen würde. Wie soll ich mich verhalten? Das ist die Frage. *Er überlegt und ruft plötzlich:* Matwej!
MATWEJ *tritt ein*: Sie befehlen?
ISLAJEW: Der Dorfälteste soll kommen. Und laß den Erdarbeitern am Damm sagen, sie möchten auf mich warten! – Geh!
MATWEJ: Zu Befehl! *Er geht.*
ISLAJEW *tritt aufs neue an den Tisch und blättert in den Papieren*: Ja, das ist die Frage!
ANNA SEMJONOWNA *kommt herein und geht auf Islajew zu*: Arkascha...
ISLAJEW: Ach! Sie sind es, Mamachen! Wie fühlen Sie sich?
ANNA SEMJONOWNA *setzt sich auf das Sofa*: Ich bin, Gott sei Dank, wohlauf. *Sie seufzt.* Ja! Wohlauf. *Sie seufzt lauter.* Gott sei Dank! *Als sie merkt, daß Islajew keine Notiz davon nimmt, seufzt sie noch anhaltender und stöhnt leise.*
ISLAJEW: Sie seufzen? Was haben Sie?
ANNA SEMJONOWNA *seufzt aufs neue, aber nun schon nicht mehr so laut*: Ach, Arkascha, als ob du nicht wüßtest, warum ich seufze!
ISLAJEW: Was wollen Sie damit sagen?
ANNA SEMJONOWNA *nach einem Schweigen*: Ich bin deine Mutter, Arkascha. Du bist natürlich ein erwachsener, verständiger Mensch; aber immerhin – ich bin und bleibe deine Mutter. Die Mutter – ein großes Wort!
ISLAJEW: Bitte, erklären Sie sich näher!
ANNA SEMJONOWNA: Du weißt, worauf ich anspiele, mein Lieber. Deine Frau Natascha... Sie ist gewiß eine vortreffliche Frau und hat sich bisher auch musterhaft aufgeführt, aber sie ist noch jung, Arkascha! Und Jugend...

ISLAJEW: Ich verstehe, worauf Sie hinauswollen. Ihnen scheint, ihre Beziehungen zu Rakitin...
ANNA SEMJONOWNA: Gottbewahre! Ich wollte keineswegs...
ISLAJEW: Sie haben mich nicht aussprechen lassen. Ihnen scheint, ihre Beziehungen zu Rakitin sind nicht ganz... Diese geheimnisvollen Unterredungen, diese Tränen – all das erscheint Ihnen sonderbar.
ANNA SEMJONOWNA: Wie ist denn das, Arkascha, hat er dir endlich gesagt, worum es bei diesen Unterredungen ging? Mir gegenüber hat er sich nicht geäußert.
ISLAJEW: Ich, Mamachen, habe ihn nicht gefragt, und er scheint es nicht allzu eilig zu haben, meine Neugier zu befriedigen.
ANNA SEMJONOWNA: Was gedenkst du denn nun zu tun?
ISLAJEW: Ich, Mamachen? Gar nichts.
ANNA SEMJONOWNA: Wie meinst du das?
ISLAJEW: So, wie ich es Ihnen sage – gar nichts werd ich tun.
ANNA SEMJONOWNA *erhebt sich*: Da bin ich, ehrlich gestanden, erstaunt. Du bist natürlich Herr in deinem Haus und weißt besser als ich, was richtig ist und was falsch. Bedenke aber, welche Folgen...
ISLAJEW: Mamachen, Ihre Besorgnisse sind wirklich unberechtigt.
ANNA SEMJONOWNA: Ich bin doch deine Mutter, mein Bester. Im übrigen – ganz wie du meinst. *Nach einem Schweigen.* Ehrlich gesagt, ich war in der Absicht gekommen, mich als Vermittlerin anzubieten...
ISLAJEW *lebhaft*: Nein, Mamachen, da möchte ich Sie doch bitten, sich nicht zu bemühen. Tun Sie mir den Gefallen!
ANNA SEMJONOWNA: Wie du willst, Arkascha, ganz wie du willst. Ich sage in Zukunft kein Wort mehr dazu. Ich habe dich gewarnt, ich habe meine Pflicht getan und werde von nun an schweigen – wie das Grab.

Eine kurze Pause.

ISLAJEW: Sie haben heute nicht die Absicht, auszufahren?
ANNA SEMJONOWNA: Ich muß dich jedenfalls warnen: Du bist zu vertrauensselig, mein Bester! Du legst an alle den eige-

nen Maßstab an! Glaube mir – wirkliche Freunde sind heute selten!

ISLAJEW *ungeduldig*: Mamachen...

ANNA SEMJONOWNA: Also gut, ich schweige schon! Wie sollte ich alte Frau da auch mitkommen? Wo ich vermutlich nicht alle fünf Sinne mehr beisammen habe und auch in anderen Lebensregeln erzogen worden bin, die ich dir einzuimpfen bemüht war... Aber schon gut, schon gut, mach dich an deine Arbeit, ich will dich nicht stören. Ich gehe. *Sie geht zur Tür und bleibt stehen.* Also? Aber gut, gut, tu, was du für richtig hältst! *Sie geht.*

ISLAJEW *blickt ihr nach*: Wieso sich nur die Menschen, die dich wirklich lieben, bemüßigt fühlen, der Reihe nach ihre Finger auf deine Wunde zu legen? Und das Spaßigste dabei ist – sie sind auch noch überzeugt, sie helfen dir damit! Nun, Mama trage ich es nicht nach – sie handelt wahrhaftig in bester Absicht. Wie sollte sie mir auch nicht einen Rat geben? Aber es geht hier um anderes... *Er setzt sich.* Wie soll ich vorgehen? *Er überlegt und steht auf.* Hach! Je einfacher, desto besser! Diplomatische Finessen sind nichts für mich. Ich bin der erste, der sich darin verheddert... *Er klingelt. Matwej tritt ein.* Weißt du, ob Michailo Alexandrowitsch im Hause ist?

MATWEJ: Jawohl, er ist da. Ich habe ihn eben im Billardzimmer gesehen.

ISLAJEW: Aha! Dann bitt ihn zu mir!

MATWEJ: Jawohl! *Er geht.*

ISLAJEW *geht auf und ab*: Solche Auseinandersetzungen bin ich nicht gewöhnt. Ich hoffe, sie wiederholen sich nicht. Ich bin zwar von kräftigem Schlag, aber das halte ich nicht aus. *Er greift sich an die Brust.* Puh!...

Aus der Halle kommt, verlegen, Rakitin.

RAKITIN: Du hast mich rufen lassen?

ISLAJEW: Ja. *Nach einem Schweigen.* Michel, du stehst in meiner Schuld.

RAKITIN: Ich?

ISLAJEW: Sicher! Hast du denn dein Versprechen vergessen? Ich meine... das mit Nataschas Tränen... und überhaupt...

Erinnerst du dich? Als Mamachen und ich euch überraschten, sagtest du, ihr hättet ein Geheimnis, du würdest mir aber alles erklären.
RAKITIN: Ich soll gesagt haben – ein Geheimnis?
ISLAJEW: Ja, das hast du gesagt.
RAKITIN: Aber was können wir schon für ein Geheimnis haben? Wir hatten eine Unterhaltung.
ISLAJEW: Worüber? Und warum hat sie geweint?
RAKITIN: Weißt du, Arkadi, es gibt im Leben einer Frau, selbst der glücklichsten, Augenblicke...
ISLAJEW: Halt, Rakitin, so geht es nicht! Ich kann dich in dieser Verfassung nicht sehen. Deine Verwirrung bedrückt mich ärger als dich. *Faßt ihn unter.* Wir sind doch alte Freunde. Du kennst mich von Kindesbeinen an und weißt, ich kann mich nicht verstellen. Aber auch du bist immer aufrichtig zu mir gewesen. Erlaube, dir eine einzige Frage zu stellen. Ich gebe dir mein Ehrenwort, ich werde die Aufrichtigkeit deiner Antwort nicht bezweifeln. Du liebst meine Frau? *Rakitin sieht Islajew rasch an.* Ich meine, liebst du sie so... mit einem Wort, liebst du sie mit einer Liebe, die man dem Ehemann... nicht gern gesteht?
RAKITIN *nach einem Schweigen, mit dumpfer Stimme*: Ja, ich liebe deine Frau... mit einer solchen Liebe.
ISLAJEW *ebenfalls nach einem Schweigen*: Michel, ich danke dir für deine Aufrichtigkeit. Du bist ein edelmütiger Mensch. Aber was wollen wir denn nun machen? Setz dich, bereden wir die Angelegenheit. *Rakitin setzt sich. Islajew geht auf und ab.* Ich kenne Natascha, ich weiß, was sie wert ist. Aber ich kenne auch meinen eigenen Wert. Mit dir, Michel, kann ich mich nicht messen – bitte, unterbrich mich nicht –, mit dir kann ich mich nicht messen. Du bist klüger, besser und, nicht zuletzt, anziehender als ich. Ich bin ein einfacher Mensch. Natascha liebt mich, glaube ich, aber sie hat auch Augen im Kopf... kurz, du mußt ihr gefallen. Und jetzt will ich dir etwas sagen: Eure gegenseitige Zuneigung habe ich längst bemerkt. Aber ich war immer sicher, daß ich mich auf euch verlassen kann, und solange nichts nach außen drang... Ach, ich verstehe mich nicht auszudrücken! *Er hält inne.*

Nach der gestrigen Szene aber und eurer zweiten Begegnung am Abend – wie soll ich mich da verhalten? Hätte wenigstens ich allein euch überrascht – doch nein, es fanden sich Zeugen: Mamachen, dieser Spitzbube Spigelski... Was sagst du also dazu, Michel?
RAKITIN: Du hast völlig recht, Arkadi.
ISLAJEW: Darum geht es nicht. Es geht um die Frage: Was tun? Ich muß dir sagen, Michel, ich bin zwar ein einfacher Mensch, aber so viel verstehe ich, daß man dem anderen das Leben nicht vergällen darf und daß es Fälle gibt, wo es Sünde wäre, auf seinen Rechten zu bestehen. Das, Verehrter, habe ich nicht aus Büchern, das sagt mir mein Gewissen. Sie freigeben? Nun ja... sie freigeben! Das will immerhin überlegt sein. Das ist zu einschneidend.
RAKITIN *erhebt sich*: Ich habe mir schon alles überlegt.
ISLAJEW: Ja, und?
RAKITIN: Ich muß abreisen, ich muß von hier fort.
ISLAJEW *nach einem Schweigen*: Meinst du? Ganz fort?
RAKITIN: Ja.
ISLAJEW *geht wieder auf und ab*: Was... was für ein Wort du aussprichst! Aber vielleicht hast du recht. Es wird uns schwerfallen, ohne dich auszukommen. Und es steht in den Sternen, ob das zum Ziele führt... Nun, das mußt du besser wissen als ich. Ich glaube, dein Gedanke ist richtig. Du bist mir gefährlich, Verehrter. *Mit traurigem Lächeln.* Ja, du bist mir gefährlich. Da habe ich eben... etwas vom Freigeben gesagt. Und dabei würde ich das vielleicht nicht überleben! Ich – und ohne Natascha... *Er winkt ab.* Und dann noch etwas, mein Bester: Ich bemerke seit einiger Zeit, besonders in der letzten, eine große Veränderung an ihr. Eine tiefe, ständige Erregtheit, die mich erschreckt. Nicht wahr, ich irre mich nicht?
RAKITIN *bitter*: O nein, du irrst dich nicht!
ISLAJEW: Na siehst du! – Du willst also fort?
RAKITIN: Ja.
ISLAJEW: Hm. Und wie plötzlich das über uns hereingebrochen ist! Warum mußtest du aber auch so verwirrt werden, als Mama und ich euch überraschten...

MATWEJ *tritt ein*: Der Dorfälteste ist gekommen.
ISLAJEW: Er soll warten! *Matwej geht.* Michel, du fährst doch aber nicht für lange weg? Das wäre Unsinn, Verehrter!
RAKITIN: Ich weiß es wirklich nicht, glaube aber ... für lange.
ISLAJEW: Hältst du mich etwa für einen Othello? Wahrhaftig, mir scheint, so ein Gespräch zwischen zwei Freunden hat es noch nie gegeben, seitdem die Welt besteht. Ich kann doch nicht so von dir scheiden!
RAKITIN *drückt ihm die Hand*: Du gibst mir Nachricht, wenn ich zurückkehren kann.
ISLAJEW: Dich kann hier doch niemand ersetzen! Etwa Bolschinzow, he?
RAKITIN: Es gibt auch andere...
ISLAJEW: Wen? Krinizyn? Diesen Gecken? Beljajew ist natürlich ein guter Kerl, aber du stehst über ihm wie ein Stern am Himmel.
RAKITIN *giftig*: Meinst du? Du kennst ihn nicht, Arkadi. Ich rate dir – achte auf ihn. Hörst du? Er ist ein sehr... ein sehr bemerkenswerter Mensch!
ISLAJEW: Bah! Darum also wolltet ihr – du und Natascha – euch seiner Erziehung annehmen! *Er blickt kurz zur Tür.* Aha! Es scheint, er ist gerade auf dem Weg hierher. *Rasch.* Also, mein Lieber, beschlossene Sache: Du fährst ... für kurze Zeit... und dieser Tage... Hat aber keine Eile – wir müssen Natascha vorbereiten... Mamachen werde ich schon beruhigen. Gott gebe dir Glück! Du hast mir einen Stein vom Herzen genommen. Umarmen wir uns, mein Freund! *Er umarmt ihn hastig und dreht sich zum eintretenden Beljajew um.* Ah, Sie sind es! Nun ... nun, wie geht's?
BELJAJEW: Es geht mir – Gott sei Dank, Arkadi Sergejewitsch.
ISLAJEW: Und Kolja? Wo ist Kolja?
BELJAJEW: Bei Herrn Schaaf.
ISLAJEW: Aha! Na, wunderbar! *Er greift nach dem Hut.* Aber nun, Herrschaften, lebt wohl! Ich bin heut noch nirgends gewesen – weder auf dem Damm noch auf der Baustelle. Und auch die Papiere hab ich noch nicht durchgesehen. *Er klemmt sie unter den Arm.* Auf Wiedersehen! – Matwej! Matwej! Du kommst mit! *Er geht.*

Rakitin verharrt nachdenklich auf dem Proszenium.

BELJAJEW *tritt auf Rakitin zu*: Wie fühlen Sie sich heute, Michailo Alexandrytsch?
RAKITIN: Danke! Wie gewöhnlich. Und Sie?
BELJAJEW: Ich bin bei bester Gesundheit.
RAKITIN: Das sieht man!
BELJAJEW: Woran denn?
RAKITIN: Nun, einfach... an Ihrem Gesicht. – Ei, Sie haben ja heute einen neuen Gehrock an! Und was sehe ich!? Eine Blume im Knopfloch! *Beljajew errötet und entfernt sie rasch.* Aber weshalb denn, ich bitte Sie! Es sah so nett aus... *Nach einem Schweigen.* Bei dieser Gelegenheit, Alexej Nikolajitsch: Sollten Sie etwas brauchen – ich fahre morgen in die Stadt.
BELJAJEW: Morgen?
RAKITIN: Ja. Und von da vielleicht nach Moskau.
BELJAJEW *erstaunt*: Nach Moskau? Aber Sie haben mir doch, ich glaube, erst gestern, gesagt, Sie hätten die Absicht, etwa einen Monat zu bleiben...
RAKITIN: Ja, aber gewisse Angelegenheiten... Es hat sich da ein Umstand ergeben...
BELJAJEW: Und bleiben Sie längere Zeit fort?
RAKITIN: Ich weiß nicht, vielleicht.
BELJAJEW: Gestatten Sie die Frage: Weiß Natalja Petrowna von Ihrer Absicht?
RAKITIN: Nein. Und warum fragen Sie gerade nach ihr?
BELJAJEW: Ich? *Ein wenig verlegen.* Nur so.
RAKITIN *der sich nach allen Seiten umblickt, nach einem Schweigen*: Alexej Nikolajitsch, außer uns scheint doch wohl niemand im Zimmer zu sein – ist es da nicht sonderbar, wenn wir einander eine Komödie vorspielen? Finden Sie nicht?
BELJAJEW: Ich verstehe Sie nicht, Michailo Alexandrytsch.
RAKITIN: Im Ernst? Sie verstehen wirklich nicht, warum ich abreise?
BELJAJEW: Nein.
RAKITIN: Das ist merkwürdig. Im übrigen bin ich bereit, es Ihnen zu glauben. Vielleicht ist Ihnen der Grund tatsächlich nicht bekannt. Soll ich ihn Ihnen nennen?

BELJAJEW: Tun Sie mir den Gefallen!
RAKITIN: Sehen Sie, Alexej Nikolajitsch – ich hoffe übrigens auf Ihre Diskretion –, Sie haben mich gerade mit Arkadi Sergejewitsch angetroffen. Wir hatten eine ziemlich wichtige Unterredung. Und eben im Ergebnis dieser Unterredung beschloß ich abzureisen. Und wissen Sie, warum? Ich sage Ihnen all das, weil ich Sie für einen Menschen von edler Gesinnung halte. Er glaubt... nun ja... er glaubt, ich liebe Natalja Petrowna. Wie finden Sie das? Welch seltsamer Einfall, nicht wahr? Aber ich bin ihm dankbar, weil er sich nicht verstellt, zum Beispiel nicht versucht hat, uns zu beobachten, sondern mich offen und ehrlich darauf angesprochen hat. Und jetzt sagen Sie mir, was würden Sie an meiner Stelle tun? Natürlich ist sein Verdacht in keiner Weise begründet, aber es beunruhigt ihn... Nun, ein anständiger Mensch muß um des Friedens seiner Freunde willen hin und wieder auf sein Vergnügen verzichten können. Eben das ist es, warum ich abreise. Ich bin überzeugt, daß Sie meinen Entschluß billigen. Nicht wahr? Sie würden ... Sie würden an meiner Stelle doch ebenso handeln? Auch Sie würden abreisen?
BELJAJEW *nach einem Schweigen*: Vielleicht.
RAKITIN: Sehr angenehm, das zu hören. Natürlich, ich kann nicht bestreiten, meine Absicht, mich zu entfernen, hat auch eine komische Seite – ich schätze mich sozusagen selber als gefährlich ein; aber sehen Sie, Alexej Nikolajitsch, die Ehre einer Frau ist etwas so Wichtiges ... Und außerdem – ich spreche selbstverständlich nicht von Natalja Petrowna – habe ich Frauen von reinem und unschuldigem Herzen gekannt, die trotz allen Verstandes richtige Kinder waren und gerade infolge ihrer Reinheit und Unschuld eher als andere dazu neigten, einer plötzlichen Leidenschaft zu verfallen. Wer weiß also... Jedenfalls kann Vorsicht in solchen Fällen nicht schaden, um so mehr, als ... Bei dieser Gelegenheit, Alexej Nikolajitsch: Sie leben vielleicht noch in der Vorstellung, Liebe ist das höchste Gut auf Erden?
BELJAJEW *kühl*: Ich habe da noch keine Erfahrung, glaube aber, daß es ein großes Glück ist, von einer Frau geliebt zu werden, die man selber liebt.

RAKITIN: Geb Gott, daß diese angenehme Überzeugung Ihnen recht lange erhalten bleibt! Meiner Ansicht nach, Alexej Nikolajitsch, ist jede Liebe, die glückliche wie die unglückliche, eine Katastrophe, sobald man sich ihr restlos hingibt. Warten Sie ab! Sie werden vielleicht noch erfahren, wie diese zarten Hände zu foltern verstehen, mit welch freundlicher Sorgfalt sie Ihr Herz in kleinste Teilchen zerpflücken. Warten Sie ab! Sie werden erfahren, wieviel brennender Haß sich hinter der flammendsten Liebe verbirgt! Sie werden an mich zurückdenken, wenn Sie sich – wie der Kranke nach der Gesundheit – nach Ruhe, nach der unsinnigsten, banalsten Ruhe sehnen und jeden sorglosen, freien Menschen beneiden... Warten Sie ab! Sie werden erfahren, was es bedeutet, sich an eine Schürze zu hängen, was es bedeutet, versklavt, ja, infiziert zu sein – und wie qualvoll und schmählich diese Sklaverei ist! Sie werden schließlich erfahren, welche Belanglosigkeiten man mit diesem hohen Preis erkauft... Wozu ich Ihnen aber all das sage, werden Sie mir nicht glauben. Die Sache ist nämlich die, daß mir sehr viel an Ihrer Zustimmung liegt. Nun ja, man muß in solchen Fällen vorsichtig sein.

BELJAJEW *der die ganze Zeit kein Auge von Rakitin gewandt hat*: Ich danke Ihnen für die Lektion, obwohl ich ihrer nicht bedurfte, Michailo Alexandrytsch!

RAKITIN *greift nach seiner Hand*: Entschuldigen Sie bitte, ich hatte nicht die Absicht... Mir kommt es am allerwenigsten zu, wem auch immer, Lektionen zu erteilen. Ich bin einfach in Fahrt gekommen...

BELJAJEW *leicht ironisch*: Ohne jeden Anlaß?

RAKITIN *ein wenig verwirrt*: Ja – ohne jeden besonderen Anlaß. Ich wollte nur ... Sie, Alexej Nikolajitsch, hatten bisher keine Gelegenheit, die Frauen näher kennenzulernen. Die Frauen sind ein sehr eigenwilliges Volk.

BELJAJEW: Ja, von wem sprechen Sie denn?

RAKITIN: Ach... von niemand im besonderen.

BELJAJEW: Von den Frauen im allgemeinen also?

RAKITIN *gezwungen lächelnd*: Ja, so wird es wohl sein. Ich weiß wahrhaftig nicht, wieso ich in diesen belehrenden Ton ver-

fallen bin; aber erlauben Sie mir, Ihnen zum Abschied denn doch einen guten Rat zu geben. *Er hält inne und winkt ab.* Hach! Im übrigen – was bin ich schon für ein Ratgeber! Entschuldigen Sie bitte mein Geschwätz!
BELJAJEW: Ich bin Ihnen im Gegenteil ...
RAKITIN: Aus der Stadt brauchen Sie also nichts?
BELJAJEW: Danke, nein! Aber ich bedaure, daß Sie abreisen.
RAKITIN: Ergebensten Dank. Glauben Sie mir, daß auch ich ... *Natalja Petrowna und Wera treten durch die Tür zum Herrenzimmer ein. Wera ist äußerst traurig und blaß.* Sehr erfreut, Ihre Bekanntschaft gemacht zu haben. *Er drückt ihm aufs neue die Hand.*
NATALJA PETROWNA *blickt beide eine Zeitlang an und geht dann auf sie zu*: Guten Tag, meine Herren.
RAKITIN *dreht sich rasch um*: Guten Tag, Natalja Petrowna. Guten Tag, Wera Alexandrowna.

Beljajew verneigt sich schweigend vor Natalja Petrowna und Wera. Er ist verlegen.

NATALJA PETROWNA *zu Rakitin*: Was machen Sie Gutes?
RAKITIN: Im Grunde – gar nichts.
NATALJA PETROWNA: Und wir – Wera und ich – waren schon im Garten. Es ist heute draußen so schön! Wie süß die Linden duften! Wir sind in einem fort unter ihnen auf und ab gegangen. Das Summen der Bienen über unseren Köpfen tat so wohl ... *Schüchtern zu Beljajew.* Wir haben gehofft, Sie dort zu treffen.

Beljajew schweigt.

RAKITIN *zu Natalja Petrowna*: Aha! Heute beachten auch Sie die Reize der Natur! *Nach einem Schweigen.* Alexej Nikolajitsch konnte heute nicht in den Garten kommen. Er hat den neuen Gehrock an ...
BELJAJEW *leicht gereizt*: Natürlich, ich habe doch nur einen, und der hätte im Garten womöglich Schaden nehmen können. Das wollen Sie doch wohl sagen?
RAKITIN *errötend*: O nein. Ich hatte etwas ganz anderes im Sinn ... *Wera geht wortlos zum Sofa rechts, setzt sich und macht sich*

an ihre Handarbeit. Natalja Petrowna lächelt Beljajew gezwungen zu. Ein kurzes, ziemlich bedrückendes Schweigen tritt ein. Dann fährt Rakitin mit giftiger Lässigkeit fort: Ach ja, Natalja Petrowna, ich habe ganz vergessen, Ihnen zu sagen – ich reise noch heute ab.

NATALJA PETROWNA *einigermaßen betroffen*: Sie reisen ab? Wohin denn?

RAKITIN: In die Stadt... in gewissen Angelegenheiten...

NATALJA PETROWNA: Ich hoffe, nicht für lange?

RAKITIN: Das hängt vom Fortgang dieser Angelegenheiten ab.

NATALJA PETROWNA: Sehen Sie also zu, daß Sie möglichst bald zurückkommen! *Zu Beljajew, ohne ihn anzublicken.* Diese Zeichnungen, die Kolja mir gezeigt hat – sind die von Ihnen?

BELJAJEW: Ja, von mir... lauter Belanglosigkeiten...

NATALJA PETROWNA: Im Gegenteil, sie sind sehr hübsch. Sie haben Talent.

RAKITIN: Ich sehe, Sie entdecken jeden Tag neue Vorzüge an Herrn Beljajew.

NATALJA PETROWNA *kühl*: Mag sein. Desto besser für ihn. *Zu Beljajew.* Sie haben vermutlich noch mehr Zeichnungen. Würden Sie sie mir zeigen?

Beljajew verneigt sich.

RAKITIN *der die ganze Zeit wie auf Kohlen steht*: Mir fällt gerade ein, ich muß packen. Auf Wiedersehen! *Er geht zur Tür in die Halle.*

NATALJA PETROWNA *ihm nach*: Aber Sie verabschieden sich doch noch von uns?

RAKITIN: Selbstverständlich.

BELJAJEW *nach einigem Zögern*: Michailo Alexandrytsch, warten Sie, ich komme mit. Ich muß Ihnen noch ein paar Worte sagen.

RAKITIN: Ach? *Beide gehen in die Halle.*

Natalja Petrowna bleibt in der Mitte der Bühne stehen; einige Zeit darauf setzt sie sich links.

NATALJA PETROWNA *nach einem Schweigen*: Wera!

WERA *ohne aufzublicken*: Was wünschen Sie?

NATALJA PETROWNA: Wera, um Gottes willen, sei nicht so abweisend ... um Gottes willen, Wera ... Werotschka ... *Wera gibt keine Antwort. Natalja Petrowna steht auf, überquert die ganze Bühne und sinkt lautlos auf die Knie vor ihr. Wera will sie aufrichten, wendet sich aber ab und bedeckt das Gesicht mit den Händen. Natalja Petrowna fährt, auf den Knien liegend, fort:* Wera, verzeih mir, weine nicht, Wera! Ich bin schuldig vor dir, ich bin schuldig. Kannst du mir nicht verzeihen?

WERA *unter Tränen*: Stehen Sie auf, stehen Sie auf ...

NATALJA PETROWNA: Ich stehe erst auf, wenn du mir verziehen hast. Dir ist schwer ums Herz, aber besinn dich ... besinn dich, Wera, ist mir denn leichter? Dir ist doch alles bekannt ... Der ganze Unterschied zwischen uns beiden besteht nur darin, daß du keinerlei Schuld vor mir hast, während ich ...

WERA *bitter*: Der ganze Unterschied! Nein, Natalja Petrowna, es gibt noch einen anderen ... Sie sind heute so weich, so freundlich, so gut ...

NATALJA PETROWNA *unterbricht sie*: Weil ich mich schuldig fühle ...

WERA: Wirklich? Nur darum?

NATALJA PETROWNA *richtet sich auf und setzt sich neben sie*: Ja, welchen anderen Grund kann es denn noch geben?

WERA: Natalja Petrowna, quälen Sie mich nicht weiter, fragen Sie mich nach nichts ...

NATALJA PETROWNA *nach einem Seufzer*: Wera, ich sehe, du kannst mir nicht verzeihen.

WERA: Sie sind heute so gut und weich, weil Sie fühlen, daß er Sie liebt.

NATALJA PETROWNA *verwirrt*: Wera!

WERA *wendet sich zu ihr um*: Ist das vielleicht nicht wahr?

NATALJA PETROWNA *traurig*: Glaube mir, Wera, wir sind beide unglücklich, ich nicht weniger als du!

WERA: Er liebt Sie!

NATALJA PETROWNA: Wera, warum quälen wir einander? Wird Zeit, daß wir zur Besinnung kommen! Bedenke die Lage, in der ich mich, in der wir beide uns befinden! Bedenke, daß hier – natürlich durch meine Schuld – bereits zwei Menschen von unserem Geheimnis wissen. *Sie hält inne.* Wera, sollten wir, statt uns gegenseitig durch Verdächtigungen und Vorwürfe zu martern, nicht lieber darüber nachdenken, wie wir aus dieser schwierigen Lage herauskommen, wie wir uns retten können? Glaubst du vielleicht, ich bin dieser Unruhe, diesen Aufregungen gewachsen? Oder hast du vergessen, wer ich bin? – Aber du hörst mir ja gar nicht zu!

WERA *blickt sinnend zu Boden*: Er liebt Sie...

NATALJA PETROWNA: Wera, er wird abreisen.

WERA *dreht sich um*: Ach, lassen Sie mich in Frieden.

Natalja Petrowna sieht sie unentschlossen an. In diesem Augenblick hört man im Herrenzimmer Islajews Stimme: „Natascha, he, Natascha, wo bist du?"

NATALJA PETROWNA *steht rasch auf und tritt an die Tür zum Herrenzimmer*: Hier. Was ist denn?

DIE STIMME ISLAJEWS: Komm doch mal her, ich muß dir etwas sagen.

NATALJA PETROWNA: Gut, gleich. *Sie kehrt zu Wera zurück und hält ihr die Hand hin. Wera rührt sich nicht. Natalja Petrowna seufzt und geht ins Herrenzimmer.*

WERA *allein, nach einem Schweigen*: Er liebt sie! Und ich muß in ihrem Hause bleiben. Oh! Das ist zuviel... *Sie deckt die Hände vor das Gesicht und verharrt regungslos.*

In der Tür, die zur Halle führt, zeigt sich der Kopf Spigelskis. Er sieht sich vorsichtig um und tritt auf Zehenspitzen auf Wera zu, die ihn nicht bemerkt.

SPIGELSKI *der eine Weile mit gekreuzten Armen und boshaftem Lächeln vor ihr steht*: Wera Alexandrowna! He, Wera Alexandrowna!

WERA *blickt auf*: Wer da? Sie, Doktor?

SPIGELSKI: Was haben Sie denn, mein Fräulein? Fehlt Ihnen was?

WERA: Nein, nein, nichts.

SPIGELSKI: Lassen Sie mich mal Ihren Puls fühlen. *Er fühlt*

ihren Puls. Hm, warum so rasch? Ach, mein Fräulein, mein Fräulein, alles nur, weil Sie nicht auf mich hören. Und dabei, sollte man meinen, wer ist Ihnen besser gesonnen als ich!
WERA *sieht ihn entschlossen an*: Ignati Iljitsch...
SPIGELSKI *rasch*: Ja, Wera Alexandrowna, ich höre. Aber ich bitte Sie, welch ein Blick... Nun, nun, ich höre.
WERA: Ist dieser Herr... Bolschinzow, Ihr Bekannter, tatsächlich ein guter Mensch?
SPIGELSKI: Mein Freund Bolschinzow? Der vortrefflichste, ehrlichste Mensch, den es gibt. Ein wahres Muster an Tugend.
WERA: Er ist also nicht böse?
SPIGELSKI: Ich bitte Sie, die Herzensgüte in Person! Das ist kein Mensch, das ist Teig. Man braucht ihn nur in die Hand zu nehmen und zu kneten. Einen zweiten von solcher Gutmütigkeit finden Sie selbst bei Tage nicht mit der Laterne. Eine Taube, kein Mensch!
WERA: Verbürgen Sie sich für ihn?
SPIGELSKI *legt die eine Hand aufs Herz und hebt die andere hoch*: Wie für mich selbst!
WERA: Wenn es so ist, können Sie ihm sagen... ich bin bereit, ihn zu heiraten.
SPIGELSKI *mit freudiger Verwunderung*: Wahrhaftig?
WERA: Aber möglichst bald, hören Sie? Möglichst bald!
SPIGELSKI: Wenn Sie wollen – gleich morgen. Aber ja doch! Bravo, Wera Alexandrowna! Bravo, Fräulein! Ich galoppiere sogleich zu ihm. Wird der sich aber freuen! Was für ein unvorhergesehener Umstand! Er hat doch von dem, was sich in Ihrem Herzen tut, nicht die geringste Ahnung. Wera Alexandrowna...
WERA *ungeduldig*: Danach habe ich Sie nicht gefragt, Ignati Iljitsch.
SPIGELSKI: Wie Sie meinen, Wera Alexandrowna, ganz wie Sie meinen. Jedenfalls werden Sie mit ihm glücklich werden und mir dankbar sein. Sie werden sehen... *Wera macht wieder eine ungeduldige Bewegung.* Gut, ich schweige schon, ich schweige. – Ich kann ihm also sagen...
WERA: Ja, können Sie, können Sie!

SPIGELSKI: Ausgezeichnet! Ich mache mich sogleich auf den Weg. Auf Wiedersehen! *Er horcht.* Apropos, es kommt jemand. *Er geht zum Herrenzimmer und schneidet auf der Schwelle eine erstaunte Grimasse.* Auf Wiedersehen! *Er geht.*
WERA *blickt ihm nach*: Alles auf der Welt, nur nicht hierbleiben. *Sie erhebt sich.* Ja, ich habe mich entschieden. In diesem Hause bleibe ich nicht, auf keinen Fall. Ich kann ihren sanften Blick, ihr Lächeln nicht mehr ertragen, ich kann nicht zusehen, wie sie in ihrem Glück dahinschmilzt und sich sonnt. Und glücklich ist sie – soviel Mühe sie sich auch gibt, traurig und betrübt zu erscheinen. Ihre Freundlichkeiten sind mir zuwider...

In der Tür zur Halle erscheint Beljajew. Er sieht sich um und tritt auf Wera zu.

BELJAJEW *mit gedämpfter Stimme*: Wera Alexandrowna, Sie sind allein?
WERA *blickt sich um, zuckt zusammen und entgegnet nach kurzem Schweigen*: Ja.
BELJAJEW: Ich freue mich, daß Sie allein sind. Sonst wäre ich nicht hereingekommen. Wera Alexandrowna, ich bin hier, um mich von Ihnen zu verabschieden.
WERA: Um sich zu verabschieden?
BELJAJEW: Ja, ich reise ab.
WERA: Sie reisen ab? Sie auch?
BELJAJEW: Ja, ich auch. *Mit starker innerer Bewegung.* Sehen Sie, Wera Alexandrowna, ich darf hier nicht bleiben. Meine Gegenwart hat ohnehin schon genug Unheil gestiftet. Abgesehen davon, daß ich, ohne zu wissen wieso, Ihre und Natalja Petrownas Ruhe gestört habe, bin ich auch als Störenfried in alte Freundschaftsbande eingedrungen. Ich trage die Schuld daran, daß Herr Rakitin abreist und Sie sich mit Ihrer Wohltäterin zerstritten haben. Wird Zeit, alldem ein Ende zu machen. Nach meiner Abreise wird, so hoffe ich, sich alles wieder beruhigen und in Ordnung kommen. Reichen Damen und jungen Mädchen den Kopf zu verdrehen, das ist nicht meine Sache. Sie werden mich vergessen, sich mit der Zeit vielleicht wundern, wie all das geschehen konnte ... Ich

wundere mich schon jetzt ... Ich will Sie nicht täuschen, Wera Alexandrowna: Ich fürchte mich, hierzubleiben, es ängstigt mich... Ich kann mich für nichts verbürgen. Ich bin all das, wissen Sie, nicht gewöhnt. Es ist mir peinlich... Mir scheint in einem fort, alle starren mich an. Und schließlich ist es für mich... nach alledem... unmöglich, mit Ihnen beiden...

WERA: Oh, machen Sie sich meinetwegen keine Sorgen! Ich bleibe nicht mehr lange hier.

BELJAJEW: Wie das?

WERA: Das ist mein Geheimnis. Ich würde Ihnen jedenfalls nicht im Wege stehen, glauben Sie mir!

BELJAJEW: Da haben Sie's! Wie sollte ich danach nicht abreisen? Fragen Sie sich doch selbst! Es ist, als hätte ich die Pest in dieses Haus eingeschleppt. Alle flüchten. Ist es nicht besser, wenn ich allein verschwinde, solange noch Zeit dazu ist? Ich hatte eben eine lange Unterhaltung mit Herrn Rakitin. Sie können sich nicht vorstellen, wieviel Bitterkeit aus seinen Worten sprach. Er hat sich nicht ohne Grund über meinen neuen Rock lustig gemacht... Er hat recht. Ja, ich muß fort. Glauben Sie mir, Wera Alexandrowna, ich kann den Augenblick nicht erwarten, da ich auf einem Bauernwagen auf der Landstraße dahinjagen werde. Ich ersticke hier, ich muß an die frische Luft. Mir fehlt die Kraft, zu sagen, wie bitter und gleichzeitig leicht mir zumute ist – wie jemandem, der eine lange Reise in überseeische Länder unternimmt: Der Abschied von den Freunden tut ihm weh, ihm ist ein wenig bange, aber das Meer rauscht so fröhlich, der Wind weht ihm so frisch ins Gesicht, daß sein Blut unwillkürlich rascher pulsiert, so schwer ihm das Herz auch sein mag. Ja, beschlossene Sache, ich reise. Ich kehre nach Moskau, zu den Gefährten zurück, werde arbeiten...

WERA: Sie lieben sie also, Alexej Nikolajitsch; Sie lieben sie und reisen dabei ab!

BELJAJEW: Nicht doch, Wera Alexandrowna, was soll das? Sehen Sie denn nicht, daß alles zu Ende ist? Alles. Es flammte auf und erlosch wie ein Funke. Scheiden wir als Freunde! Es wird Zeit. Ich bin zur Besinnung gekommen. Bleiben Sie gesund, werden Sie glücklich; wir sehen uns irgendwann wieder... Ich werde Sie nie vergessen, Wera Alexandrowna. Ich habe Sie sehr liebgewonnen, glauben Sie mir. *Er drückt ihr die Hand und fügt rasch hinzu*: Übergeben Sie diesen Zettel Natalja Petrowna...

WERA *sieht ihn verwundert an*: Einen Zettel?

BELJAJEW: Ja. Ich kann mich nicht mehr von ihr verabschieden.

WERA: Fahren Sie denn jetzt gleich?

BELJAJEW: Ja, gleich. Ich habe niemand etwas davon gesagt, außer Michailo Alexandrytsch. Er billigt meinen Entschluß. Ich breche auf der Stelle von hier zu Fuß nach Petrowskoje auf. In Petrowskoje warte ich auf ihn, und wir fahren dann gemeinsam in die Stadt. Von da schreibe ich; meine Sachen werden mir nachgeschickt. Sie sehen, alles ist schon bedacht... Im übrigen können Sie den Zettel ruhig lesen. Er enthält nur ein paar Worte.

WERA *nimmt den Zettel entgegen*: Sie reisen also tatsächlich ab?

BELJAJEW: Ja, ja. Geben Sie ihr den Zettel und sagen Sie ihr... Nein, sagen Sie ihr nichts. Wozu? *Er lauscht.* Man kommt. Leben Sie wohl! *Er stürzt zur Tür, verharrt einen Augenblick auf der Schwelle und eilt davon.*

Wera bleibt mit dem Zettel in der Hand zurück. Aus dem Salon kommt Natalja Petrowna.

NATALJA PETROWNA *tritt auf Wera zu*: Werotschka... *Sie schaut sie an und bleibt stehen.* Was hast du? *Wera hält ihr schweigend den Zettel hin.* Ein Zettel? Von wem?

WERA *dumpf*: Lesen Sie ihn.

NATALJA PETROWNA: Du machst mir angst. *Sie liest den Zettel, drückt plötzlich beide Hände ans Gesicht und sinkt in einen Sessel.*

Langes Schweigen.

WERA *nähert sich ihr*: Natalja Petrowna...

NATALJA PETROWNA *ohne die Hände vom Gesicht zu nehmen*: Er reist ab! Und hat nicht einmal Abschied von mir genommen! Oh! Von Ihnen hat er sich wenigstens verabschiedet!

WERA *traurig*: Er hat mich nicht geliebt.

NATALJA PETROWNA *nimmt die Hände vom Gesicht und steht auf*: So durfte er nicht abreisen. Ich wünsche ... Er kann doch nicht ... Was gibt ihm das Recht, alles so dumm abzubrechen ... Das grenzt doch geradezu an Verachtung ... Ich ... Woher weiß er denn, daß ich mich nie entschlossen hätte ... *Sie sinkt wieder in den Sessel.* Mein Gott, mein Gott!
WERA: Natalja Petrowna, Sie haben eben erst selbst gesagt, er muß fort. Erinnern Sie sich doch!
NATALJA PETROWNA: Ihnen ist jetzt wohl. Er fährt. Jetzt sind wir beide gleich ... *Die Stimme versagt ihr.*
WERA: Natalja Petrowna, Sie haben mir gerade erst gesagt ... Hier Ihre eigenen Worte: „Sollten wir, statt uns gegenseitig zu martern, nicht lieber darüber nachdenken, wie wir aus dieser Lage herauskommen, wie wir uns retten können?" Jetzt sind wir gerettet.
NATALJA PETROWNA *wendet sich beinahe haßerfüllt von ihr ab*: Ach was!
WERA: Natalja Petrowna, ich verstehe Sie. Aber seien Sie unbesorgt! Ich werde Sie nicht mehr lange mit meiner Gegenwart belästigen. Wir können nicht unter einem Dach leben.
NATALJA PETROWNA *will ihr die Hand hinhalten, läßt sie aber wieder in den Schoß sinken*: Warum sagst du das, Werotschka? Willst denn auch du mich verlassen? Ja, du hast recht – wir sind jetzt gerettet. Alles ist zu Ende, alles ist wieder gut ...
WERA *kühl*: Machen Sie sich keine Sorgen, Natalja Petrowna. *Wera blickt sie schweigend an.*

Aus dem Herrenzimmer tritt Islajew ein.

ISLAJEW *nachdem er Natalja Petrowna eine Weile angeblickt hat, mit gedämpfter Stimme zu Wera*: Weiß sie denn, daß er abreist?
WERA *befremdet*: Ja, sie weiß es.
ISLAJEW *vor sich hin*: Warum er sich nur so rasch ... *Laut.* Natascha ... *Er greift nach ihrer Hand. Sie hebt den Kopf.* Ich bin es, Natascha. *Sie versucht zu lächeln.* Fehlt dir etwas, mein Herz? Ich würde dir raten, dich auszustrecken, wirklich!
NATALJA PETROWNA: Mir fehlt nichts, Arkadi. Das hat nichts zu sagen.

ISLAJEW: Du bist aber blaß. Wirklich, höre auf mich, ruh dich ein bißchen aus!

NATALJA PETROWNA: Nun, meinetwegen. *Sie will sich erheben und kann nicht.*

ISLAJEW *hilft ihr*: Da hast du's! *Sie stützt sich auf seinen Arm.* Ich begleite dich, willst du?

NATALJA PETROWNA: Oh, so schwach bin ich noch nicht! Komm, Wera! *Sie wendet sich ins Herrenzimmer. Aus der Halle tritt Rakitin ein. Natalja Petrowna bleibt stehen.*

RAKITIN: Natalja Petrowna, ich komme, um mich...

ISLAJEW *unterbricht ihn*: Ah, Michel! Komm doch mal her! *Er nimmt ihn beiseite; mit gedämpfter Stimme und ärgerlich.* Warum hast du ihr alles brühwarm erzählt? Ich habe dich doch gewarnt! Wozu die Eile! Ich traf sie in einer solchen Erregung an...

RAKITIN *erstaunt*: Ich versteh dich nicht.

ISLAJEW: Du hast Natascha gesagt, daß du abreist...

RAKITIN: Und du glaubst, das ist der Grund ihrer Erregung?

ISLAJEW: St! Sie blickt zu uns. *Laut.* Gehst du nicht in dein Zimmer, Natascha?

NATALJA PETROWNA: Doch, ich geh schon.

RAKITIN: Leben Sie wohl, Natalja Petrowna!

Natalja Petrowna greift nach der Türklinke und gibt keine Antwort.

ISLAJEW *legt die Hand auf Rakitins Schulter*: Natascha, weißt du, das ist der vortrefflichste Mensch, den ich...

NATALJA PETROWNA *in einer plötzlichen Aufwallung*: Ja, ich weiß, er ist ein vortrefflicher Mensch; ihr alle seid vortreffliche Menschen, alle, alle... und dabei... *Sie deckt plötzlich die Hände vor das Gesicht, stößt mit dem Knie die Tür auf und geht rasch hinaus; Wera folgt ihr.*

Islajew setzt sich schweigend an den Tisch und stützt die Ellenbogen auf.

RAKITIN *blickt ihn eine Weile an und zuckt, bitter lächelnd, mit den Schultern*: Ist das eine Lage! Schön, kann man nur sagen! Wahrhaftig, geradezu herzerfrischend! Und dieser Abschied – nach vier Jahren Liebe... Gut, ausgezeichnet, geschieht mir Schwätzer ganz recht. Außerdem dient alles, Gott sei Dank, ja zum besten. War Zeit, mit diesen krankhaften, schwindsüchtigen Beziehungen Schluß zu machen. *Laut zu Islajew.* Nun, Arkadi, leb wohl!

ISLAJEW *blickt, Tränen in den Augen, auf*: Leb wohl, mein Freund! Es fällt mir ... denn noch ... nicht ganz leicht. Das hatte ich nicht erwartet, Freund. Diesen Sturm aus heiterem Himmel. Nun gut. Wird alles wieder werden. Hab immerhin Dank, hab Dank! Du bist ein wahrer Freund!

RAKITIN *durch die Zähne, vor sich hin*: Auch das noch! *Abgehackt.* Leb wohl! *Er will in die Halle; ihm entgegen eilt Spigelski herein.*

SPIGELSKI: Was ist passiert? Man sagt, Natalja Petrowna fühlt sich nicht wohl ...

ISLAJEW *erhebt sich*: Wer hat Ihnen das gesagt?

SPIGELSKI: Das Mädchen, das Stubenmädchen ...

ISLAJEW: Nein, Doktor, es ist nichts weiter. Ich glaube, man sollte Natascha jetzt besser nicht belästigen.

SPIGELSKI: Na, desto besser! *Zu Rakitin.* Man sagt, Sie fahren in die Stadt?

RAKITIN: Ja, in Geschäften.

SPIGELSKI: Ach, in Geschäften!

In diesem Augenblick stürzen Anna Semjonowna, Lisaweta Bogdanowna, Kolja und Schaaf aus der Halle herein.

ANNA SEMJONOWNA: Was ist denn? Was ist? Was ist mit Natascha?

KOLJA: Was ist mit Mama? Was hat sie?

ISLAJEW: Gar nichts hat sie. Ich habe sie eben gesehen. Aber was habt ihr?

ANNA SEMJONOWNA: Ich bitte dich, Arkascha, man hat uns gesagt, Natascha fühlt sich nicht wohl ...

ISLAJEW: Und ihr habt es, bedauerlicherweise, geglaubt.

ANNA SEMJONOWNA: Warum regst du dich denn so auf, Arkascha? Unsere Teilnahme ist doch verständlich.

ISLAJEW: Natürlich, natürlich.

RAKITIN: Jetzt muß ich aber aufbrechen.

ANNA SEMJONOWNA: Sie fahren fort?

RAKITIN: Ja, tu ich.

ANNA SEMJONOWNA *vor sich hin*: Aha! Jetzt ist mir alles klar.
KOLJA *zu Islajew*: Papa ...
ISLAJEW: Was willst du?
KOLJA: Warum ist Alexej Nikolajitsch fortgegangen?
ISLAJEW: Wohin denn fortgegangen?
KOLJA: Das weiß ich nicht. Er hat mir einen Kuß gegeben, hat die Mütze aufgesetzt und ist gegangen. Und dabei müßte jetzt der Russisch-Unterricht beginnen.
ISLAJEW: Wahrscheinlich kommt er gleich zurück. Im übrigen kann ich ja nach ihm schicken.
RAKITIN *mit gedämpfter Stimme zu Islajew*: Das brauchst du nicht, Arkadi. Er kommt nicht wieder.

Anna Semjonowna bemüht sich, die Unterhaltung mitzubekommen; Spigelski flüstert mit Lisaweta Bogdanowna.

ISLAJEW: Was soll das heißen?
RAKITIN: Auch er reist ab.
ISLAJEW: Er reist ab? Wohin?
RAKITIN: Nach Moskau.
ISLAJEW: Wieso denn das? Ja, sind denn heute alle von Sinnen?
RAKITIN *dämpft die Stimme noch mehr*: Unter uns gesagt: Werotschka hat sich in ihn verliebt ... und er, als ehrlicher Mensch, entschloß sich, das Haus zu verlassen. *Islajew sinkt mit ausgebreiteten Armen in einen Sessel.* Verstehst du nun, warum ...
ISLAJEW *springt auf*: Ich? Gar nichts versteh ich. Mir dreht sich alles im Kopf. Wie soll man das auch verstehen? Alle stieben auseinander wie aufgescheuchte Rebhühner, der eine dahin, der andere dorthin, und das nur darum, weil sie ehrliche Menschen sind ... alle zugleich, an ein und demselben Tage ...
ANNA SEMJONOWNA *manövriert sich seitlich heran*: Ja, was ist denn? Herr Beljajew, sagst du ...
ISLAJEW *fährt sie nervös an*: Gar nichts ist, Mutter, gar nichts! – Herr Schaaf, belieben Sie, sich an Stelle von Herrn Beljajew mit Kolja zu beschäftigen! Belieben Sie, ihn von hier fortzuschaffen!

SCHAAF: Ich gehorche. *Er nimmt Kolja an der Hand.*
KOLJA: Papa, aber...
ISLAJEW *schreit ihn an*: Mach, daß du fortkommst! *Schaaf und Kolja gehen.* Rakitin, ich begleite dich ein Stück. Ich lasse das Pferd satteln und erwarte dich auf dem Damm. – Und Sie, Mamachen, lassen Natascha vorerst um Gottes willen in Ruhe. Sie, Doktor, auch. – Matwej! Matwej! *Er geht eilig hinaus.*

Anna Semjonowna nimmt würdig und betrübt Platz. Lisaweta Bogdanowna stellt sich hinter sie. Anna Semjonowna hebt den Blick zum Himmel, wie um von allem loszukommen, was um sie herum vorgeht.

SPIGELSKI *verstohlen und zugleich durchtrieben zu Rakitin*: Was ist, Michailo Alexandrytsch, soll ich Sie nicht mit meinem neuen Dreigespann bis zur Landstraße fahren?
RAKITIN: Ach was! Sie haben die Pferdchen schon?
SPIGELSKI *bescheiden*: Ich hatte vorhin eine Unterredung mit Wera Alexandrowna... Sie brauchen nur zu befehlen!
RAKITIN: Meinetwegen! *Er verneigt sich vor Anna Semjonowna.* Anna Semjonowna, ich habe die Ehre...
ANNA SEMJONOWNA *immer noch hoheitsvoll und ohne sich zu erheben*: Leben Sie wohl, Michailo Alexandrytsch! Glückliche Reise!
RAKITIN: Danke ergebenst! – Lisaweta Bogdanowna... *Er verneigt sich vor ihr. Sie antwortet mit einem Knicks. Er entfernt sich in die Halle.*
SPIGELSKI *tritt auf Anna Semjonowna zu, um ihr die Hand zu küssen*: Leben Sie wohl, gnädige Frau.
ANNA SEMJONOWNA *weniger hoheitsvoll, aber immer noch streng*: Ach? Auch Sie wollen fort, Doktor?
SPIGELSKI: Jawohl. Die Kranken, wissen Sie, und überhaupt... Außerdem ist meine Anwesenheit, wie Sie sehen, ja nicht erforderlich. *Er verneigt sich und zwinkert Lisaweta Bogdanowna listig zu; sie antwortet mit einem Lächeln.* Auf Wiedersehen! *Er eilt Rakitin nach.*
ANNA SEMJONOWNA *wartet, bis er gegangen ist, kreuzt die Arme und wendet sich langsam zu Lisaweta Bogdanowna um*: Was halten Sie von alledem, meine Teuerste? Wie?

LISAWETA BOGDANOWNA *nach einem Seufzer*: Ich weiß wahrhaftig nicht, was ich dazu sagen soll, Anna Semjonowna!
ANNA SEMJONOWNA: Hast du's gehört? Auch Beljajew reist ab...
LISAWETA BOGDANOWNA *nach einem neuen Seufzer*: Ach, Anna Semjonowna, vielleicht bleibe auch ich nicht mehr lange hier. Auch ich verlasse das Haus. *Anna Semjonowna starrt sie mit unbeschreiblicher Verwunderung an. Lisaweta Bogdanowna steht vor ihr, ohne den Blick zu heben.*

Die Provinzlerin
Komödie in einem Akt

Personen

ALEXEJ IWANOWITSCH STUPENDJEW, Beamter der Kreisverwaltung, achtundvierzig Jahre
DARJA IWANOWNA, seine Frau, achtundzwanzig Jahre
MISCHA, ein entfernter Verwandter Darja Iwanownas, neunzehn Jahre
GRAF WALERJAN NIKOLAJEWITSCH LJUBIN, neunundvierzig Jahre
DER LAKAI DES GRAFEN, dreißig Jahre
WASSILJEWNA, Stupendjews Köchin, fünfzig Jahre
APOLLON, Stupendjews Bursche, siebzehn Jahre

Die Handlung spielt in einer Kreisstadt, im Hause der Stupendjews. Die Bühne stellt das Wohnzimmer im Hause eines wenig bemittelten Beamten dar. Geradeaus die Tür zum Flur, rechts die zum Herrenzimmer; links zwei Fenster und die Tür zum Gärtchen. In der linken Ecke ein niedriger Wandschirm; im Vordergrund ein Sofa, zwei Stühle, ein Tischchen und ein Stickrahmen; im Hintergrund rechts ein Pianino; davor ein Tisch und ein Stuhl.

Erster Auftritt

Vor dem Stickrahmen sitzt Darja Iwanowna. Sie ist sehr einfach, aber geschmackvoll gekleidet. Auf dem Sofa – Mischa. Er liest bescheiden in einem kleinen Buch.

DARJA IWANOWNA *ohne aufzublicken und im Sticken innezuhalten*: Mischa!
MISCHA *läßt das Büchlein sinken*: Sie wünschen?
DARJA IWANOWNA: Waren Sie ... bei Popow?

MISCHA: Jawohl.
DARJA IWANOWNA: Und was hat er gesagt?
MISCHA: Daß er alles herschicken wird, wie sich's gehört. Ich habe ihn besonders um den Rotwein gebeten. „Da seien Sie ganz beruhigt", hat er gesagt. *Nach einem Schweigen.* Darf ich mich erkundigen, Darja Iwanowna, erwarten Sie jemand?
DARJA IWANOWNA: Ja.
MISCHA *nach einem neuen Schweigen*: Und darf ich mich erkundigen – wen?
DARJA IWANOWNA: Sie sind recht neugierig. Im übrigen sind Sie nicht schwatzhaft – ich kann Ihnen also verraten, wen. Den Grafen Ljubin.
MISCHA: Wie, diesen reichen Herrn, der vor kurzem auf seinem Gut eingetroffen ist?
DARJA IWANOWNA: Genau.
MISCHA: Er wird heute tatsächlich in Kuleschkins Gasthof erwartet. Aber darf ich fragen – gehört er denn zu Ihrem Bekanntenkreis?
DARJA IWANOWNA: Jetzt nicht.
MISCHA: Aha! Dann hat er also früher dazu gehört?
DARJA IWANOWNA: Ist das eine Vernehmung?
MISCHA: Entschuldigen Sie. *Nach einem Schweigen.* Im übrigen – ich bin ja dumm. Er ist doch der Sohn Katerina Dmitrijewnas, Ihrer Wohltäterin?
DARJA IWANOWNA *sieht ihn kurz an*: Ja, meiner Wohltäterin. *Hinter den Kulissen hört man die Stimme Stupendjews: „Sie hat es verboten? Ja, weshalb denn?"* Was ist denn da los?

Zweiter Auftritt

Dieselben, dazu Stupendjew und Wassiljewna. Sie kommen aus dem Herrenzimmer herein; Stupendjew hemdsärmlig, in bloßer Weste und Hose; Wassiljewna mit einem Gehrock über dem Arm.

STUPENDJEW *zu Darja Iwanowna*: Dascha, stimmt es, daß du ihr verboten hast ... *Mischa steht auf und verneigt sich.* Ah, guten

Tag, Mischa, guten Tag! – Stimmt es, daß du diesem Weibsbild da verboten hast – *er zeigt auf Wassiljewna* –, mir heute meine gesteppte Joppe zu geben? Ja?

DARJA IWANOWNA: Nein, habe ich nicht.

STUPENDJEW *mit triumphierender Miene zu Wassiljewna*: Da! Was sagst du nun?

DARJA IWANOWNA: Ich habe ihr nur gesagt, sie möchte dich darum bitten, die Joppe heute nicht anzuziehen.

STUPENDJEW: Was hast du denn gegen meine Joppe? Sie ist so hübsch bunt gemustert! Und du hast sie mir selber geschenkt!

DARJA IWANOWNA: Ja, aber wie lange ist das schon her!

WASSILJEWNA: So ziehen Sie den Gehrock schon an, Alexej Iwanowitsch! Was heißt, in der Tat... hübsch bunt! An den Ellenbogen durchgescheuert und von hinten einfach nicht anzusehen!

STUPENDJEW *zieht den Gehrock an*: Und wer verlangt von dir, daß du mich von hinten ansiehst? – Langsam, langsam! – Hast du nicht gehört? Du sollst mich darum bitten!

WASSILJEWNA: Ja doch, Sie... *Sie geht.*

STUPENDJEW *hinter ihr her*: Rede nicht, Weibsbild!

Dritter Auftritt

Dieselben außer Wassiljewna.

STUPENDJEW: Hol's der Teufel, entsetzlich, wie's unter den Armen schneidet! Was es doch für gemeine Schneider gibt! Geradezu, als sollte man im nächsten Augenblick am Seil in die Höhe gezogen werden. Wahrhaftig, Dascha, ich verstehe nicht, wieso du darauf verfallen bist, mich mit dem Gehrock auszustaffieren; es geht doch schon auf zwölf, ich muß ohnehin gleich zum Dienst und den Frack anlegen.

DARJA IWANOWNA: Wir bekommen vielleicht Besuch.

STUPENDJEW: Besuch? Was denn für Besuch?

DARJA IWANOWNA: Den Grafen Ljubin. Du kennst ihn doch?

STUPENDJEW: Den Ljubin? Und ob! Und den erwartest du bei uns?

DARJA IWANOWNA: Ja. *Sie sieht ihn kurz an.* Was ist daran Erstaunliches?

STUPENDJEW: Nicht das geringste, da bin ich ganz mit dir einverstanden; gestatte indessen, mein Herz, daß ich bemerke – das ist völlig undenkbar!

DARJA IWANOWNA: Weshalb denn?

STUPENDJEW: Es ist eben undenkbar, völlig undenkbar! Aus welchem Anlaß sollte er kommen?

DARJA IWANOWNA: Er muß mit dir sprechen.

STUPENDJEW: Zugegeben, zugegeben; das beweist aber nichts, das beweist noch gar nichts. Er wird mich zu sich bestellen. Einfach zu sich bestellen.

DARJA IWANOWNA: Wir sind alte Bekannte; er hat mich im Hause seiner Mutter gesehen.

STUPENDJEW: Auch das beweist noch nichts. – Wie denkst du darüber, Mischa?

MISCHA: Ich? Ich denke gar nichts.

STUPENDJEW *zu seiner Frau*: Na, siehst du ... Er kommt nicht. Ich bitte dich, wie sollte er ...

DARJA IWANOWNA: Also gut, mag sein; mag sein; aber behalt den Gehrock an!

STUPENDJEW *nach einem Schweigen*: Im übrigen bin ich ganz mit dir einverstanden. *Er geht auf und ab.* Daher also habt ihr heute vom frühen Morgen an soviel Staub aufgewirbelt! Hach, ihr mit eurer Reinlichkeit! Und fein gemacht hast du dich auch!

DARJA IWANOWNA: Alexis, bitte, unterlaß die Bemerkungen!

STUPENDJEW: Ja doch, natürlich, keine Bemerkungen ... Da hat sich dieser Graf halb ruiniert und findet auf einmal den Weg zu uns! – Wie ist das, ist er noch jung?

DARJA IWANOWNA: Jünger als du.

STUPENDJEW: Hm ... Ganz deiner Meinung ... Also darum hast du gestern auf dem Klavier in einem fort ... nun ja ... *Er zuckt mit den Schultern.* Ja doch! *Er summt durch die Zähne.*

MISCHA: Ich war heute auf einen Sprung bei Kuleschkin. Es heißt, er wird dort erwartet.

STUPENDJEW: Er wird erwartet? Nun, von mir aus! *Zu seiner Frau.* Wieso hab ich ihn nie bei Katerina Dmitrijewna gesehen?
DARJA IWANOWNA: Er diente damals in Petersburg.
STUPENDJEW: Hm. Man sagt, er steht in hohem Rang. Und da glaubst du, er kommt zu uns? Ich bitte dich!

Vierter Auftritt

Dieselben und – aus dem Flur eintretend – Apollon; er trägt eine äußerst ungeschickt zugeschnittene hellblaue Livree mit weißen Knöpfen; sein Gesicht drückt stumpfsinniges Staunen aus.

APOLLON *geheimnisvoll zu Stupendjew*: Da fragt irgendein Herr nach Ihnen.
STUPENDJEW *zusammenzuckend*: Was für ein Herr?
APOLLON: Ich weiß nicht – so einer mit Hut und Backenbart.
STUPENDJEW *aufgeregt*: Bitt ihn herein. *Apollon sieht Stupendjew geheimnisvoll an und geht.* Etwa der Graf?

Fünfter Auftritt

Dieselben und – aus dem Flur eintretend – der Lakai des Grafen. Er ist reisemäßig, aber stutzerhaft gekleidet und behält den Hut auf dem Kopf. Durch die Tür spähen neugierig Wassiljewna und Apollon.

DER LAKAI *mit deutschem Akzent*: Bin ich hier richtig bei dem Beamten Herrn Stupendjew?
STUPENDJEW: Ja. Was wünschen Sie?
DER LAKAI: Sind Sie Herr Stupendjew?
STUPENDJEW: Ja. Was wünschen Sie?
DARJA IWANOWNA: Alexej Iwanytsch!
DER LAKAI: Graf Ljubin ist eingetroffen und läßt Sie zu sich bitten.

STUPENDJEW: Sie kommen also von ihm?
DARJA IWANOWNA: Alexej Iwanytsch, kommen Sie doch mal her!
STUPENDJEW *tritt zu ihr*: Was ist denn?
DARJA IWANOWNA: Sagen Sie ihm, er soll den Hut abnehmen!
STUPENDJEW: Meinst du? Hm. Ja... gut... *Er tritt auf den Lakaien zu.* Finden Sie nicht, daß es hier ein bißchen warm ist? *Er zeigt auf den Hut.*
DER LAKAI: Nein, keineswegs. Sie werden also gleich bei ihm erscheinen?
STUPENDJEW: Ich... *Darja Iwanowna macht ihm ein Zeichen.* Gestatten Sie, wer sind Sie eigentlich?
DER LAKAI: Ich bin bei Seiner Erlaucht vertraglich verpflichtet... als Kammerdiener.
STUPENDJEW *braust plötzlich auf*: Nimm den Hut ab, nimm den Hut ab, du, nimm den Hut ab, sage ich dir! *Der Lakai setzt langsam und würdevoll den Hut ab.* Und Seiner Erlaucht sagst du, ich werde gleich...
DARJA IWANOWNA *erhebt sich*: Sagen Sie dem Grafen, mein Mann ist beschäftigt und kann das Haus im Moment nicht verlassen. Wenn der Graf ihn zu sehen wünscht, soll er sich herbemühen. Gehen Sie!

Der Lakai geht.

Sechster Auftritt

Dieselben ohne den Lakaien.

STUPENDJEW *zu Darja Iwanowna*: Immerhin, Dascha, mir scheint, du hast da wohl doch... wie soll ich sagen... *Darja Iwanowna geht schweigend auf und ab.* Im übrigen bin ich ganz mit dir einverstanden. Den hab ich aber heruntergeputzt, was? Einfach fertiggemacht, wie man so sagt! So was von Unverschämtheit! *Zu Mischa.* War doch gut, wie?
MISCHA: Ausgezeichnet, Alexej Iwanytsch, ausgezeichnet!
STUPENDJEW: Na also!
DARJA IWANOWNA: Apollon!

Siebenter Auftritt

Dieselben und Apollon; dahinter Wassiljewna.

DARJA IWANOWNA *mustert Apollon*: Nein, du siehst in dieser Livree zu komisch aus. Schon besser, du zeigst dich nicht.
WASSILJEWNA: Wieso ist er denn komisch, Verehrte? Ein Mensch wie alle anderen und obendrein mein Neffe...
STUPENDJEW: Rede nicht, Weibsbild!
DARJA IWANOWNA *zu Apollon*: Dreh dich mal um! *Apollon dreht sich um.* Nein, du darfst dem Grafen entschieden nicht unter die Augen kommen. Geh und versteck dich irgendwo. Und du, Wassiljewna, setz dich bitte solange in den Flur!
WASSILJEWNA: Aber ich habe doch in der Küche zu tun, Verehrte!
STUPENDJEW: Wer hat dich denn geheißen, was zu tun, du närrisches Frauenzimmer?
WASSILJEWNA: Ich bitte Sie...
STUPENDJEW: Rede nicht, Weibsbild! Schäm dich! Marsch, alle beide!

Wassiljewna und Apollon gehen.

Achter Auftritt

Dieselben ohne Wassiljewna und Apollon.

STUPENDJEW *zu Darja Iwanowna*: Du glaubst also allen Ernstes, der Graf kommt her?
DARJA IWANOWNA: Ja.
STUPENDJEW *geht auf und ab*: Ich bin aufgeregt. Er wird verärgert sein... Ich bin aufgeregt.
DARJA IWANOWNA: Bitte, bleib möglichst ruhig und kaltblütig!
STUPENDJEW: Jawohl, aber ich bin aufgeregt. Mischa, und du? Bist du aufgeregt?

MISCHA: Ich? Nein.
STUPENDJEW: Aber ich... *Zu Darja Iwanowna.* Warum hast du nicht zugelassen, daß ich hingehe?
DARJA IWANOWNA: Nun, das ist meine Sache. Vergiß nicht – er braucht dich!
STUPENDJEW: Er braucht mich... Ich bin aufgeregt... Was ist denn?

Neunter Auftritt

Dieselben und Apollon.

APOLLON *mit äußerst beunruhigter Miene*: Ich hatte keine Zeit mehr, mich zu verstecken. Der Herr ist gekommen. Ich hatte keine Zeit mehr, mich zu verstecken.
STUPENDJEW *im Flüsterton*: Also los, verschwinde rasch hierhinein! *Er schiebt ihn ins Herrenzimmer.*
APOLLON: Ich hatte keine Zeit mehr, und Wassiljewna war in der Küche. *Er verschwindet.*

Zehnter Auftritt

Dieselben ohne Apollon.

LJUBINS STIMME *hinter den Kulissen*: Was soll das bedeuten? Niemand da? Warum ist dieser Bursche weggelaufen?
STUPENDJEW *voller Verzweiflung zu Darja Iwanowna*: Und Wassiljewna ist in der Küche!
LJUBINS STIMME: He, Bursche!
DARJA IWANOWNA: Mischa, gehen Sie, öffnen Sie ihm!

Elfter Auftritt

Dieselben und Graf Ljubin, der von Mischa eingelassen wird. Der Graf ist stutzerhaft und ein wenig ausgesucht gekleidet, wie alternde Salonlöwen es gewöhnlich sind.

MISCHA: Bitte, treten Sie näher!
GRAF LJUBIN: Wer ist hier Herr Stupendjew?
STUPENDJEW *verneigt sich verlegen*: Ich ... ich bin Stupendjew.
GRAF LJUBIN: Sehr angenehm – Graf Ljubin. Ich habe meinen Diener hergeschickt, Sie lehnten jedoch ab, mich zu beehren.
STUPENDJEW: Entschuldigen Sie, Euer Erlaucht! Ich ...
GRAF LJUBIN *dreht sich um und verneigt sich kühl vor Darja Iwanowna, die etwas zur Seite getreten ist*: Habe die Ehre! Ich muß gestehen, ich war erstaunt. Sie sind vermutlich beschäftigt, sehr beschäftigt?
STUPENDJEW: Jawohl, Euer Erlaucht, das bin ich.
GRAF LJUBIN: Mag alles sein, bestreite ich nicht; mir scheint jedoch, daß man gewissen Personen zuliebe seine Arbeit auch mal zurückstellen kann, besonders, wenn man ... darum gebeten wird ... *Aus dem Flur kommt Wassiljewna herein. Stupendjew bedeutet ihr durch Zeichen, daß sie gehen soll.* Wenn man ... *Ljubin blickt sich verwundert um; Wassiljewna starrt ihn an und läuft davon. Ljubin wendet sich lächelnd zu Stupendjew um.*
STUPENDJEW: Hat nichts zu sagen, Euer Erlaucht. Ist belanglos; ein weibliches Wesen, das gekommen und wieder gegangen ist; leider gekommen und glücklicherweise gegangen. Gestatten Sie, ich stelle Ihnen lieber meine Gattin vor.
GRAF LJUBIN *verneigt sich kühl, fast ohne sie anzusehen*: Ach? Sehr erfreut.
STUPENDJEW: Darja Iwanowna, Euer Erlaucht, Darja Iwanowna.
GRAF LJUBIN *unverändert kühl*: Sehr erfreut, sehr erfreut. Ich bin indessen gekommen ...
DARJA IWANOWNA *in bescheidenem Ton*: Sie kennen mich nicht wieder, Graf?
GRAF LJUBIN *sieht sie genauer an*: Ach, du lieber Gott! Gestat-

ten Sie, wahrhaftig ... Darja Iwanowna! Welch überraschende Begegnung! Wie lange ist es schon her ... Sie also sind es! Schau einer an!

DARJA IWANOWNA: Ja, Graf, wir haben uns lange nicht mehr gesehen. Ich muß mich seit damals sehr verändert haben, wenn Sie ...

GRAF LJUBIN: Ich bitte Sie, Sie sind nur noch hübscher geworden, während ich ... Doch das ist was anderes!

DARJA IWANOWNA *unschuldig*: Sie haben sich überhaupt nicht verändert, Graf.

GRAF LJUBIN: Oh, bitte nicht! Jetzt ist es mir aber äußerst angenehm, daß es Ihrem Gatten nicht möglich war, mich aufzusuchen: Das verschafft mir die Gelegenheit, unsere Bekanntschaft zu erneuern. Wir sind doch alte Freunde!

STUPENDJEW: Und dabei, Euer Durchlaucht, war es gerade sie ...

DARJA IWANOWNA *fällt ihm rasch ins Wort*: Alte Freunde! Sie, Graf, haben sich ... Ihrer alten Freunde ... in dieser ganzen Zeit wohl kaum ein einziges Mal erinnert.

GRAF LJUBIN: Ich? Im Gegenteil, ganz im Gegenteil! Ich gebe zu, ich konnte mich nicht recht darauf besinnen, wen Sie geheiratet haben. Meine verstorbene Mutter schrieb mir davon, und zwar kurz vor ihrem Ableben, aber dann ...

DARJA IWANOWNA: Wie hätten Sie uns in Petersburg, in der großen Welt, auch nicht vergessen sollen? Wir armen Kreisstadtbewohner dagegen vergessen nicht – *mit einem leichten Seufzer* –, wir vergessen nichts.

GRAF LJUBIN: Nein, ich kann Ihnen versichern ... *Nach einem Schweigen.* Glauben Sie mir, ich habe immer den lebhaftesten Anteil an Ihrem Schicksal genommen und freue mich, Sie nunmehr ... – *er sucht nach den richtigen Worten* – ... in einer gesicherten Lage zu sehen ...

STUPENDJEW *verneigt sich dankbar*: In einer unbedingt, in einer unbedingt gesicherten Lage, Euer Erlaucht. Wenn nur die Armut, der Mangel nicht wären – das ist der Haken!

GRAF LJUBIN: Nun ja, nun ja. *Nach einem Schweigen.* Aber gestatten Sie – *er wendet sich an Stupendjew* –, nach Ihrem Vor- und Vatersnamen zu fragen?

STUPENDJEW *mit einer Verbeugung*: Alexej Iwanytsch, Euer Erlaucht, Alexej Iwanytsch.

GRAF LJUBIN: Teuerster Alexej Iwanytsch, wir müssen uns über eine geschäftliche Angelegenheit unterhalten. Ich nehme an, daß das Ihre Gattin kaum interessieren wird. Wäre es da nicht besser, wir ziehen uns, wissen Sie, für kurze Zeit zurück und verhandeln unter vier Augen? Wie? Um uns vernünftig auszusprechen...

STUPENDJEW: Wie Euer Erlaucht beliebt. – Dascha...

Darja Iwanowna will gehen.

GRAF LJUBIN: O nein, ich bitte Sie, bemühen Sie sich nicht, bleiben Sie! Alexej Iwanytsch und ich können ja gehen, in sein Zimmer zum Beispiel. Einverstanden, Alexej Iwanytsch?

STUPENDJEW: In mein Zimmer... hm... das heißt ins Herrenzimmer...

GRAF LJUBIN: Ja, sicher, ins Herrenzimmer...

STUPENDJEW: Wie Euer Erlaucht beliebt, nur, daß sich dort...

GRAF LJUBIN *zu Darja Iwanowna*: Und wir, Darja Iwanowna, sehen uns, hoffe ich, noch wieder. *Darja Iwanowna knickst.* Auf Wiedersehen! *Zu Stupendjew.* Wo geht es hin – hierhinein? *Er zeigt mit dem Hut auf die Tür zum Herrenzimmer.*

STUPENDJEW: Jawohl, hierhinein... nur, daß sich dort, Euer Erlaucht...

GRAF LJUBIN *ohne ihm zuzuhören*: Na ausgezeichnet, ausgezeichnet. *Er geht ins Herrenzimmer, gefolgt von Stupendjew, der seiner Frau irgendwelche Zeichen macht; Darja Iwanowna blickt ihnen versonnen nach.*

Wenige Augenblicke darauf schießt aus dem Herrenzimmer Apollon herein und stürzt in den Flur. Darja Iwanowna zuckt zusammen, lächelt und versinkt aufs neue in Nachdenken.

Zwölfter Auftritt

Darja Iwanowna und Mischa.

MISCHA *tritt auf sie zu*: Darja Iwanowna!
DARJA IWANOWNA *fährt auf*: Ja, was ist?
MISCHA: Gestatten Sie, daß ich mich erkundige: Wie lange haben Sie Seine Erlaucht nicht gesehen?
DARJA IWANOWNA: Eine ganze Weile – zwölf Jahre.
MISCHA: Zwölf Jahre! Was Sie nicht sagen! Und haben Sie in dieser Zeit irgendwelche Nachrichten von ihm erhalten?
DARJA IWANOWNA: Ich? Nein. Er hat sich um mich genausowenig gekümmert wie um den Kaiser von China.
MISCHA: Was Sie nicht sagen! Aber wieso behauptet er dann, er habe lebhaftesten Anteil an Ihrem Schicksal genommen?
DARJA IWANOWNA: Das wundert Sie? Wie jung man sein muß, um sich darüber zu wundern! *Nach einem Schweigen.* Wie alt er geworden ist!
MISCHA: Alt?
DARJA IWANOWNA: Er schminkt und pudert sich... und färbt sich die Haare ... Und wieviel Falten, wieviel Falten er hat!
MISCHA: Was denn? Er färbt sich die Haare? Ei, ei, ei, so eine Schande! *Nach einem Schweigen.* Er scheint aber bald wieder gehen zu wollen.
DARJA IWANOWNA *dreht sich rasch zu ihm um*: Warum glauben Sie das?
MISCHA *senkt bescheiden die Augen*: Nur so.
DARJA IWANOWNA: Nein, er bleibt zum Mittagessen.
MISCHA *mit einem Seufzer*: Ach, wäre das schön!
DARJA IWANOWNA: Wieso?
MISCHA *bescheiden*: Das Essen, der Wein – alles umsonst... ich meine, wenn er nicht bleibt...
DARJA IWANOWNA *akzentuiert*: Nun ja. Aber hören Sie zu, Mischa, es handelt sich um folgendes. Sie werden bald herauskommen.
MISCHA *sieht sie aufmerksam an*: Jawohl.

DARJA IWANOWNA: Ja, also, lassen Sie mich bitte allein!
MISCHA: Jawohl.
DARJA IWANOWNA: Ich lade den Grafen zum Mittagessen ein, und Alexej Iwanytsch ...
MISCHA: Ich verstehe.
DARJA IWANOWNA *mit leicht gerunzelten Brauen*: Was verstehen Sie? Alexej Iwanytsch schicke ich zu Ihnen ...
MISCHA: Aha!
DARJA IWANOWNA: Und Sie halten ihn ... einige Zeit ... bei sich auf. Nicht allzulange. Sagen Sie ihm, ich habe – in seinem eigenen Interesse – mit dem Grafen zu sprechen. Verstehen Sie?
MISCHA: Jawohl.
DARJA IWANOWNA: Na also! Ich verlasse mich auf Sie! Sie können, wenn Sie wollen, einen Spaziergang mit ihm machen.
MISCHA: Natürlich! Weshalb nicht einen Spaziergang machen?
DARJA IWANOWNA: Eben, eben! Und nun gehen Sie und lassen Sie mich allein!
MISCHA: Jawohl. *Er wendet sich zum Gehen, bleibt aber stehen.* Denken Sie bitte auch an mich, Darja Iwanowna! Sie wissen doch, wie ergeben ich Ihnen bin – mit Leib und Seele, sozusagen ...
DARJA IWANOWNA: Wie soll ich das verstehen?
MISCHA: Ach, Darja Iwanowna, auch ich will doch so schrecklich gern nach Petersburg! Was soll ich hier ohne Sie anfangen? Tun Sie mir den Gefallen, Darja Iwanowna. Ich werde es Ihnen entgelten.
DARJA IWANOWNA *nach einem Schweigen*: Ich verstehe Sie nicht; ich weiß doch selber noch nicht, woran ich bin. Im übrigen – es ist gut, aber jetzt gehen Sie!
MISCHA: Jawohl! *Er richtet die Augen zum Himmel.* Ich werde es Ihnen entgelten, Darja Iwanowna! *Er geht in den Flur.*

Dreizehnter Auftritt

Darja Iwanowna allein.

DARJA IWANOWNA *bleibt eine Zeitlang unbeweglich*: Er beachtet mich nicht im geringsten – das ist klar. Er hat mich vergessen. Es scheint, ich habe mich verrechnet. Und wieviel Hoffnung habe ich in dieses Wiedersehen gesetzt! *Sie schaut sich um.* Bin ich tatsächlich dazu verurteilt, hier zu bleiben, ewig hier zu bleiben? Was kann man machen? *Nach einem Schweigen.* Im übrigen ist ja noch nichts entschieden. Er hat mich kaum angesehen... *Sie blickt in den Spiegel.* Ich färbe mir wenigstens nicht die Haare... Warten wir ab, warten wir ab! *Sie geht auf und ab, setzt sich dann ans Pianino und greift einige Akkorde.* Sie werden noch nicht so bald zum Vorschein kommen. Das Warten wird mich zermürben. *Sie setzt sich auf das Sofa.* Aber vielleicht bin ich tatsächlich in diesem öden Städtchen verkümmert. Woher soll ich das wissen? Wer in dieser Gesellschaft kann mir sagen, was aus mir geworden ist, wer mich fühlen lassen, wieviel ich verloren habe? Ich stehe zu meinem Unglück über ihnen, über ihnen allen. Für ihn indessen bin ich eine Provinzlerin, die Frau eines Beamten der Kreisverwaltung, die ehemalige Erziehungsbefohlene einer reichen Gutsherrin, die man dann, so gut es ging, unter die Haube brachte... während er in hohem Rang steht, ein vornehmer und reicher Herr ist... nun, allzu reich wiederum nicht, denn seine Angelegenheiten in Petersburg sind durcheinandergeraten. Er wird hier, wenn ich mich nicht täusche, länger als einen Monat zubringen. Er sieht gut aus, vielmehr... er hat gut ausgesehen; jetzt schminkt er sich und färbt sich die Haare. Man sagt, daß Jugenderinnerungen Menschen in seiner Lage besonders teuer sind... und er hat mich vor zwölf Jahren gekannt und mir den Hof gemacht. Nun ja, den Hof hat er mir natürlich nur gemacht, weil er nichts Besseres zu tun hatte, und dennoch... *Sie seufzt.* Ich erinnere mich, daß ich damals davon träumte... Doch wovon träumt man nicht mit sechzehn Jahren! *Sie richtet sich plötzlich auf.* Ach, du lieber Gott! Ich muß doch noch irgendwo einen Brief von ihm haben! Bestimmt! Aber wo? Wie ärgerlich, daß ich nicht früher daran gedacht habe! Im übrigen habe ich ja noch Zeit... *Nach einem Schweigen.* Warten wir ab. – Wie gelegen mir doch diese Noten und Bücher kommen! Ich muß lachen: Ich bereite mich vor wie ein General vor der Schlacht auf die Begegnung mit dem Feind... Wie ich mich aber auch in letzter Zeit verändert habe! Bin ich es, die so kühl, so ruhig überlegt, was jetzt zu tun ist? Die Not lehrt alles – auch sich mancherlei abgewöhnen. Nein, ich bin nicht ruhig, ich bin aufgeregt, aber nur, weil ich nicht weiß, ob es gelingen wird... Halt, stimmt das auch? Ich bin schließlich kein Kind mehr, und auch mir sind die Erinnerungen teuer geworden – einerlei, wie sie sein mögen –, denn andere werde ich nicht haben; die Hälfte meines Lebens, mehr als die Hälfte ist vorbei. *Sie lächelt.* Aber sie kommen ja noch immer nicht! – Worum bitte ich denn? Was will ich durchsetzen? Eine ausgesprochene Kleinigkeit! Uns die Übersiedelung nach Petersburg zu ermöglichen und meinem Mann eine Stelle zu beschaffen ist für ihn eine Kleinigkeit. Und Alexej Iwanytsch wird mit jeder Stelle zufrieden sein... Und das sollte ich nicht erreichen können? – Wenn es nicht gelingt, kommt mir auch nichts anderes zu, als in der Kreisstadt zu versauern. Dann habe ich kein besseres Los verdient. *Sie legt eine Hand an die Wange.* Ich bin von dieser Ungewißheit, von all diesen Überlegungen wie im Fieber; meine Wangen glühen. *Nach einem Schweigen.* Nun gut! Desto besser! *Sie hört Geräusche aus dem Herrenzimmer herüberdringen.* Sie kommen; die Schlacht beginnt... O Schüchternheit, so fehl am Platz, verlasse mich! *Sie nimmt ein Buch zur Hand und lehnt sich auf dem Sofa zurück.*

Vierzehnter Auftritt

Darja Iwanowna, Stupendjew und Graf Ljubin.

DER GRAF: Ich kann also auf Sie hoffen, teuerster Alexej Iwanytsch?

STUPENDJEW: Euer Erlaucht, ich für meinen Teil werde alles tun, was in meinen Kräften steht...

DER GRAF: Ich bin Ihnen sehr, sehr dankbar. Und die Papiere lasse ich Ihnen in kürzester Frist zukommen. Ich kehre noch heute nach Hause zurück, und morgen oder übermorgen...

STUPENDJEW: Schon recht, schon recht.

DER GRAF *tritt auf Darja Iwanowna zu*: Darja Iwanowna, bitte entschuldigen Sie: Ich kann heute zu meinem Bedauern nicht länger bleiben, hoffe aber, Sie ein anderes Mal...

DARJA IWANOWNA: Ja, essen Sie denn nicht bei uns zu Mittag, Graf? *Sie erhebt sich.*

DER GRAF: Ich bin Ihnen für die Einladung sehr verbunden, aber...

DARJA IWANOWNA: Und ich habe mich so gefreut... Ich habe gehofft, Sie würden wenigstens ein bißchen Zeit für uns übrig haben! Wir dürfen Sie aber natürlich nicht aufhalten.

DER GRAF: Sie sind zu lieb, aber wirklich... Wenn Sie wüßten, was ich alles zu erledigen habe!

DARJA IWANOWNA: Bedenken Sie, wie lange wir uns nicht gesehen haben – und wer weiß, wann wir uns wiedersehen werden! Sie sind doch ein so seltener Gast bei uns...

STUPENDJEW: Genau, Euer Erlaucht, sozusagen ein Phönix...

DARJA IWANOWNA *unterbricht ihn*: Außerdem schaffen Sie es nicht mehr, bis zum Mittagessen zu Hause zu sein; und bei uns... Ich kann Ihnen versichern, Sie werden bei uns besser essen als irgendwo sonst in der Stadt.

STUPENDJEW: Wir haben von Euer Erlaucht Ankunft doch gewußt!

DARJA IWANOWNA *unterbricht ihn aufs neue*: Sie sagen also zu, nicht wahr?

DER GRAF *ein wenig gezwungen*: Sie haben eine so nette Art zu bitten – ich kann Ihnen nichts abschlagen.

DARJA IWANOWNA: Na also! *Sie nimmt ihm den Hut aus der Hand und legt ihn aufs Pianino.*
DER GRAF *zu Darja Iwanowna*: Ich muß gestehen, als ich heute früh von zu Hause abfuhr, habe ich wirklich nicht erwartet, daß ich das Vergnügen haben würde, Sie wiederzusehen ... *Nach einem Schweigen.* Im übrigen ist Ihre Stadt, soweit ich feststellen konnte, nicht übel.
STUPENDJEW: Für eine Kreisstadt, Euer Erlaucht, geht's.
DARJA IWANOWNA *setzt sich*: Bitte, Graf, nehmen Sie doch Platz! *Der Graf setzt sich.* Sie können sich nicht vorstellen, wie erfreut, wie glücklich ich bin, Sie bei mir zu sehen. *Zu ihrem Mann.* Ach, bei dieser Gelegenheit, Alexis: Mischa wollte dich sprechen.
STUPENDJEW: Was will er denn?
DARJA IWANOWNA: Ich weiß nicht; aber es scheint sehr dringend zu sein. Geh bitte zu ihm.
STUPENDJEW: Aber wie soll ich denn ... jetzt, wo Seine Erlaucht ... Nein, das geht nicht.
DER GRAF: Oh, ich bitte Sie, tun Sie mir den Gefallen – keine Umstände! Sie lassen mich in äußerst angenehmer Gesellschaft zurück. *Er streicht gleichgültig mit der Hand über das Haar.*
STUPENDJEW: Was mag er so Wichtiges haben?
DARJA IWANOWNA: Er braucht dich; geh zu ihm, mon ami!
STUPENDJEW *nach einem Schweigen*: Wie du willst. Aber ich komme gleich zurück ... zu Euer Erlaucht. *Er verneigt sich; der Graf verneigt sich seinerseits. Stupendjew geht zum Flur und sagt vor sich hin*: Was will er nur plötzlich von mir?

Fünfzehnter Auftritt

Darja Iwanowna und der Graf. Ein kurzes Schweigen. Der Graf sieht Darja Iwanowna mit einem leisen Lächeln von der Seite an und wippt mit einem Bein.

DARJA IWANOWNA *senkt die Augen*: Gedenken Sie sich längere Zeit in unserer Gegend aufzuhalten, Euer Erlaucht?

DER GRAF: Zwei Monate oder so; sobald meine Angelegenheiten einigermaßen geordnet sind, reise ich ab.
DARJA IWANOWNA: Haben Sie sich in Spasskoje niedergelassen?
DER GRAF: Ja, auf Mamas Gut.
DARJA IWANOWNA: In demselben Haus?
DER GRAF: Ja. Ich muß gestehen, es läßt sich nicht mehr fröhlich darin leben. Es ist so alt und baufällig... Ich will es im nächsten Jahr abreißen lassen.
DARJA IWANOWNA: Sie sagen, es läßt sich nicht mehr fröhlich darin leben, Graf... Ich weiß nicht, meine Erinnerungen an dieses Haus sind außerordentlich angenehm. Wollen Sie es wirklich abreißen lassen?
DER GRAF: Es tut Ihnen wohl leid?
DARJA IWANOWNA: Und ob! Ich habe die schönste Zeit meines Lebens darin verbracht. Dazu die Erinnerungen an meine Wohltäterin, Ihre verstorbene Mutter... Sie verstehen...
DER GRAF *unterbricht sie*: Nun ja, ja, natürlich. *Nach einem Schweigen.* Tatsächlich, in alten Zeiten ging es dort fröhlich zu...
DARJA IWANOWNA: Sie haben also nicht vergessen...
DER GRAF: Was?
DARJA IWANOWNA *senkt aufs neue die Augen*: Die alten Zeiten!
DER GRAF *wendet sich nach und nach um und beginnt, Darja Iwanowna eine gewisse Aufmerksamkeit zu schenken*: Ich habe nichts vergessen, glauben Sie mir. – Sagen Sie bitte, Darja Iwanowna, wie alt waren Sie damals? Warten Sie, warten Sie... Sie wissen, Sie können mir Ihr Alter nicht verbergen!
DARJA IWANOWNA: Das will ich auch nicht. Ich, Graf, bin heute ebenso alt, wie Sie damals waren – achtundzwanzig Jahre.
DER GRAF: War ich damals wirklich schon achtundzwanzig? Mir scheint, Sie irren sich...
DARJA IWANOWNA: O nein, Graf, ich irre mich nicht. Ich erinnere mich allzu gut an alles, was mit Ihnen zusammenhängt...
DER GRAF *mit gezwungenem Lächeln*: Was bin ich danach für ein alter Mann!
DARJA IWANOWNA: Sie – ein alter Mann? Ich bitte Sie!

DER GRAF: Also gut, lassen wir das, lassen wir das; ich will Ihnen nicht widersprechen. *Nach einem Schweigen.* Ja, es war eine schöne Zeit! Erinnern Sie sich noch an unsere Morgenspaziergänge im Garten, in der Lindenallee, vor dem Frühstück? *Darja Iwanowna senkt aufs neue die Augen.* Nein, sagen Sie, erinnern Sie sich?

DARJA IWANOWNA: Ich habe Ihnen schon gesagt, Graf, wir Dorfbewohner vergessen das Vergangene nicht, besonders dann nicht, wenn es sich ... kaum wiederholt hat. Bei Ihnen ... ist das etwas anderes!

DER GRAF *immer lebhafter*: Nein, Darja Iwanowna, hören Sie, das dürfen Sie nicht glauben. Ich meine das im Ernst. Natürlich gibt es in den großen Städten sehr viele Zerstreuungen, besonders für einen jungen Menschen; natürlich ist dieses bunte, geräuschvolle Treiben ... Aber ich kann Ihnen versichern, Darja Iwanowna, die ersten, wissen Sie, die frühesten Eindrücke sind unauslöschlich, und manchmal, wenn das Herz – Sie verstehen –, das Herz ... inmitten dieses Wirbels der Leere müde wird, dann sehnt es sich so richtig zurück nach der ...

DARJA IWANOWNA: O ja, Graf, da bin ich mit Ihnen einer Meinung: Die ersten Eindrücke sind unauslöschlich. Das habe ich an mir selbst erfahren.

DER GRAF: Na bitte! *Nach einem Schweigen.* Geben Sie zu, Darja Iwanowna, Sie finden es hier vermutlich ziemlich langweilig?

DARJA IWANOWNA *gedehnt*: Das würde ich nicht sagen. Zuerst fiel es mir in der Tat ein wenig schwer, mich an die neue Lebensweise zu gewöhnen; aber dann ... Mein Mann ist ein so guter, vortrefflicher Mensch!

DER GRAF: O ja, da stimme ich mit Ihnen überein. Ein sehr, sehr ehrenwerter Mann; aber ...

DARJA IWANOWNA: Später ... gewöhnte ich mich eben daran. Man braucht nicht viel zum Glück. Die Häuslichkeit, das Familienleben – *mit gedämpfter Stimme* – und ein paar schöne Erinnerungen ...

DER GRAF: Und Sie haben solche Erinnerungen?

DARJA IWANOWNA: Ja, wie jeder andere; man kommt mit ihnen leichter über die Langeweile hinweg.

DER GRAF: Also langweilen Sie sich gelegentlich doch?
DARJA IWANOWNA: Wundert Sie das, Graf? Vergessen Sie nicht, ich hatte das Glück, im Hause Ihrer Mutter erzogen zu werden. Vergleichen Sie das, woran ich in meiner Jugend gewöhnt war, mit dem, was mich heute umgibt! Natürlich gaben mir weder mein Vermögen noch meine Herkunft, mit einem Wort – nichts gab mir das Recht, zu hoffen, mein Leben würde so weitergehen, wie es begann, aber Sie haben selber gesagt: Die ersten Eindrücke sind unauslöschlich. Man kann nicht mit Gewalt aus dem Gedächtnis streichen – *sie senkt den Kopf* –, was die Vernunft zu vergessen rät. – Ich will ganz offen zu Ihnen sein, Graf. Glauben Sie wirklich, ich fühle nicht, wie ärmlich ... und komisch Ihnen alles bei uns erscheinen muß? Dieser Lakai, der sich ständig auf der Flucht vor Ihnen befindet wie ein Hase; diese Köchin ... und ... und vielleicht auch ich selbst ...
DER GRAF: Sie, Darja Iwanowna? Erbarmen Sie sich, Sie scherzen! Ich versichere Ihnen ... im Gegenteil, ich bin erstaunt ...
DARJA IWANOWNA *rasch*: Ich werde Ihnen sagen, worüber Sie erstaunt sind, Graf. Sie wundern sich darüber, daß ich die Angewohnheiten meiner Jugend noch nicht ganz abgelegt, mich noch nicht völlig in eine Provinzlerin verwandelt habe. – Glauben Sie, dieses Erstaunen schmeichelt mir?
DER GRAF: Wie unschön Sie meine Worte auslegen, Darja Iwanowna!
DARJA IWANOWNA: Mag sein; aber lassen wir das, ich bitte Sie darum. Manche Wunden schmerzen, selbst wenn sie schon verheilt sind, bei jeder Berührung. Außerdem habe ich mich mit meinem Los längst abgefunden und lebe allein in meinem dunklen Winkel; hätte nicht Ihre Ankunft viele Erinnerungen in mir geweckt, mir wäre all das gar nicht in den Sinn gekommen. Zum mindesten hätte ich niemals davon gesprochen. Ich mache mir ohnehin schon Vorwürfe, weil ich, statt Sie nach Möglichkeit zu unterhalten ...
DER GRAF: Ja, für wen halten Sie mich denn, wenn ich fragen darf? Glauben Sie wirklich, ich weiß Ihr Vertrauen nicht zu würdigen, nicht zu schätzen? Doch Sie verleumden sich

selbst! Es ist unmöglich, ich will es einfach nicht wahrhaben, daß Sie bei Ihrem Verstand, bei Ihrer Bildung hier unbeachtet geblieben sind ...

DARJA IWANOWNA: Völlig unbeachtet, das versichere ich Ihnen, Graf! Und es bereitet mir keinerlei Kummer. Hören Sie zu: Ich bin stolz. Das ist das einzige, was mir von meiner Vergangenheit geblieben ist. Ich mache mir nichts daraus, Menschen zu gefallen, die mir nicht gefallen. Außerdem sind wir arm und hängen von den anderen ab; all das verhindert eine Annäherung – eine Annäherung, die mich nicht verletzen würde. Und eine solche Annäherung ist nicht möglich. Da ziehe ich schon die Einsamkeit vor. Außerdem schreckt mich das nicht – ich lese, ich beschäftige mich; zu meinem Glück habe ich in meinem Mann einen ehrlichen Partner gefunden.

DER GRAF: Ja, das merkt man sofort.

DARJA IWANOWNA: Natürlich hat mein Mann seine Seltsamkeiten ... Ich spreche das so unerschrocken aus, weil Sie diese – bei Ihrem scharfen Blick – unmöglich haben übersehen können; dennoch ist er ein vortrefflicher Mensch. Und ich würde mich über nichts beklagen, ich wäre mit allem zufrieden ... wenn ...

DER GRAF: Wenn ... was?

DARJA IWANOWNA: Wenn nicht ... gelegentlich ... gewisse unvorhergesehene Zufälle meine Ruhe stören würden.

DER GRAF: Ich wage es nicht, Ihnen zu folgen, Darja Iwanowna ... Was für Zufälle? Sie sprachen vorhin von Erinnerungen ...

DARJA IWANOWNA *sieht dem Grafen offen und unschuldig in die Augen*: Hören Sie zu, Graf, ich will Ihnen nichts vormachen. Darauf verstehe ich mich nicht, und Ihnen gegenüber wäre das einfach lächerlich. Glauben Sie allen Ernstes, daß es für eine Frau ohne Bedeutung ist, jemand wiederzusehen, den sie in ihrer Jugend in einer völlig anderen Welt, unter völlig anderen Umständen gekannt hat, ihn so vor sich zu sehen, wie ich Sie jetzt vor mir erblicke – *der Graf streicht unauffällig sein Haar zurecht* –, mit ihm zu sprechen, sich der Vergangenheit zu erinnern ...

Der Graf *unterbricht sie*: Und glauben Sie vielleicht, daß es für einen Mann, den das Schicksal sozusagen in alle Ecken und Enden der Welt gehetzt hat, daß es für ihn ohne Bedeutung ist, eine Frau wiederzusehen, die wie Sie... all diesen Zauber der Jugend, diesen... diesen Geist, diese Liebenswürdigkeit – cette grâce – bewahrt hat?

Darja Iwanowna *mit einem Lächeln*: Und dennoch hat diese Frau diesen Mann gerade noch überreden können, zum Mittagessen bei ihr zu bleiben!

Der Graf: Oh, Sie sind nachtragend! Aber nein, sagen Sie mir, glauben Sie wirklich, daß es für ihn nichts bedeutet?

Darja Iwanowna: Nein, das glaube ich nicht. Sie sehen, wie offen ich zu Ihnen bin. Es ist immer angenehm, an seine Jugend erinnert zu werden, besonders wenn nichts in ihr vorgefallen ist, was Anlaß zu einem Vorwurf sein könnte.

Der Graf: Und nun sagen Sie mir, was würde diese Frau diesem Mann erwidern, wenn er ihr versichert, daß er sie nie, niemals aus der Erinnerung verloren hat und über das Wiedersehen mit ihr – wie soll ich sagen – im Innersten bewegt ist?

Darja Iwanowna: Was sie erwidern würde?

Der Graf: Ja, was würde sie erwidern?

Darja Iwanowna: Sie würde erwidern, auch sie sei von seinen freundlichen Worten bewegt, und ihm – *sie hält ihm die Hand hin* – zur Erneuerung einer aufrichtigen, alten Freundschaft die Hand reichen.

Der Graf *greift nach ihrer Hand*: Vous êtes charmante! *Er will ihr die Hand küssen, aber Darja Iwanowna entzieht sie ihm.* Sie sind reizend, ganz reizend!

Darja Iwanowna *erhebt sich mit heiterer Miene*: Ach, wie ich mich freue! Wie ich mich freue! Ich habe so gefürchtet, Sie würden sich meiner nicht erinnern wollen, sich fehl am Platz, ja, peinlich berührt bei uns fühlen und uns womöglich aufdringlich finden.

Der Graf *bleibt sitzen und folgt ihr mit dem Blick*: Sagen Sie, Darja Iwanowna...

Darja Iwanowna *wendet sich halb zu ihm um*: Was denn?

Der Graf: Haben *Sie* Alexej Iwanytsch abgeraten, zu mir zu

kommen? *Darja Iwanowna nickt verschmitzt mit dem Kopf.* Sie? *Er steht auf.* Ich versichere Ihnen bei meiner Ehre, Sie werden es nicht bereuen!

DARJA IWANOWNA: Natürlich nicht! Ich habe Sie wiedergesehen...

DER GRAF: Nein, nein, so war das nicht gemeint.

DARJA IWANOWNA *unschuldig*: Nicht? Wie dann?

DER GRAF: Nun, daß es eine Sünde wäre, wenn Sie hier blieben. Das dulde ich nicht. Ich dulde nicht, daß eine solche Perle in diesem Krähwinkel verlorengeht. Ich werde Ihnen... ich werde Ihrem Mann eine Stellung in Petersburg verschaffen.

DARJA IWANOWNA: Hören Sie auf!

DER GRAF: Sie werden sehen!

DARJA IWANOWNA: Hören Sie auf, sage ich Ihnen!

DER GRAF: Sie glauben vielleicht, Darja Iwanowna, ich hätte dazu – *er sucht nach dem richtigen Wort* – ... äh... nicht genug influence?

DARJA IWANOWNA: Oh, j'en suis parfaitement persuadée!

DER GRAF: Tiens! *Dieser Ausdruck entfährt ihm unwillkürlich.*

DARJA IWANOWNA *lachend*: Sie sagten, wenn ich nicht irre: „Tiens!" Graf, haben Sie wirklich geglaubt, ich hätte mein Französisch vergessen?

DER GRAF: Nein, das nicht... mais quel accent!

DARJA IWANOWNA: Nicht doch!

DER GRAF: Und die Stellung verspreche ich Ihnen fest.

DARJA IWANOWNA: Tatsächlich? Im Ernst?

DER GRAF: Im Ernst, im Ernst, im vollsten Ernst.

DARJA IWANOWNA: Nun, desto besser! Alexej Iwanytsch wird Ihnen sehr, sehr dankbar sein. *Nach einem Schweigen.* Aber bitte, glauben Sie nicht...

DER GRAF: Was denn?

DARJA IWANOWNA: Nein, lassen wir das! Dieser Gedanke konnte Ihnen nicht kommen und hätte darum auch mir nicht kommen dürfen. Wir werden also vielleicht in Petersburg leben? Ach, welch ein Glück! Wie Alexej Iwanytsch sich freuen wird!

DER GRAF: Wir sehen uns dann recht oft, nicht wahr? – Da

schaue ich Sie nun an – Sie, Ihre Augen, Ihre Locken –, und mir will wahrhaftig scheinen, Sie sind erst sechzehn, und wir gehen wie einst im Garten spazieren, sous ces magnifiques tilleuls. Ihr Lächeln ist völlig unverändert, Ihr Lachen noch ebenso klangvoll, ebenso angenehm, aussi jeune qu'alors.

DARJA IWANOWNA: Und woher wollen Sie das wissen?

DER GRAF: Was heißt – woher? Glauben Sie, ich erinnere mich nicht daran?

DARJA IWANOWNA: Ich habe damals nicht gelacht. Mir war nicht nach Lachen zumute. Ich war traurig, nachdenklich, schweigsam – haben Sie das vergessen?

DER GRAF: Manchmal haben Sie aber auch gelacht.

DARJA IWANOWNA: Gerade Sie hätten das nicht vergessen dürfen, monsieur le comte. Ach, wie jung wir damals waren... besonders ich! Sie... Sie kamen bereits als glänzender junger Offizier zu uns aufs Gut... Wissen Sie noch, wie Ihre Mutter sich über Sie freute, wie sie sich an Ihnen nicht satt sehen konnte? Erinnern Sie sich, wie Sie selbst Ihrer alten Tante, der unverheirateten Fürstin Lisa, den Kopf verdrehten? *Nach einem Schweigen.* Nein, ich habe damals nicht gelacht.

DER GRAF: Vous êtes adorable, plus adorable que jamais.

DARJA IWANOWNA: En vérité? Da sieht man, was Erinnerungen bedeuten! Damals haben Sie mir das nicht gesagt.

DER GRAF: Ich? Ich, der Sie...

DARJA IWANOWNA: Schon gut, hören Sie auf! Sonst muß ich annehmen, Sie wollen mir Komplimente machen; und das ist zwischen alten Freunden nicht angebracht.

DER GRAF: Ich? Ihnen Komplimente machen?

DARJA IWANOWNA: Ja, Sie. Glauben Sie etwa, Sie haben sich nicht stark verändert, seit ich Sie zum letzten Mal sah? – Aber reden wir lieber von etwas anderem! Erzählen Sie mir, was Sie machen und wie Sie in Petersburg leben – all das interessiert mich so... Sie beschäftigen sich doch weiter mit Musik, nicht wahr?

DER GRAF: Ja, aber, wissen Sie, mehr zwischendurch.

DARJA IWANOWNA: Und haben Sie immer noch eine so schöne Stimme?

DER GRAF: Eine schöne Stimme hab ich nie gehabt, aber ich singe noch.
DARJA IWANOWNA: Ach, ich erinnere mich, Sie hatten eine so wunderbare, sympathische Stimme ... Sie komponierten wohl auch, wenn ich nicht irre?
DER GRAF: Ja, damit beschäftige ich mich gelegentlich noch heute.
DARJA IWANOWNA: Und in welcher Art komponieren Sie?
DER GRAF: In der italienischen. Eine andere lasse ich nicht gelten. Pour moi – je fais peu; mais ce que je fais est bien. Bei dieser Gelegenheit: Auch Sie trieben doch Musik. Erinnern Sie sich, Sie sangen sehr nett und spielten sehr gut Klavier. Ich hoffe, Sie haben all das nicht aufgegeben?
DARJA IWANOWNA *zeigt auf das Pianino und auf die Noten, die darauf liegen*: Hier meine Antwort.
DER GRAF: Ah! *Tritt auf das Pianino zu.*
DARJA IWANOWNA: Nur ist mein Pianino leider sehr schlecht; dafür aber wenigstens nicht verstimmt. Es klirrt zwar, aber man bekommt keinen Katzenjammer.
DER GRAF *greift zwei, drei Akkorde*: Der Klang ist nicht übel. Ach, bei dieser Gelegenheit – ich habe einen Gedanken! Sie spielen doch à livre ouvert?
DARJA IWANOWNA: Wenn es nicht allzu schwer ist – ja!
DER GRAF: Oh! Es ist keineswegs schwer. Ich habe etwas hier, une bagatelle que j'ai composée, ein Duettino für Tenor und Sopran aus einer Oper von mir. Ich schreibe nämlich – Sie haben vielleicht schon davon gehört – eine Oper; zum Zeitvertreib, wissen Sie, sans aucune prétention.
DARJA IWANOWNA: Nein wirklich?
DER GRAF: Ja. Ich schicke also, wenn Sie erlauben, nach diesem Duettino, oder nein, ich hole es lieber selbst, und wir gehen es zusammen durch – einverstanden?
DARJA IWANOWNA: Und Sie haben es hier?
DER GRAF: Ja, im Gasthof.
DARJA IWANOWNA: Ach, Graf, ich flehe Sie an, bringen Sie es so rasch wie möglich her! Mein Gott, wie dankbar ich Ihnen bin! Bitte, holen Sie es!
DER GRAF *greift nach seinem Hut*: Sofort, sofort! Vous verrez,

cela n'est pas mal! Ich hoffe, diese Bagatelle wird Ihnen gefallen.

DARJA IWANOWNA: Wie sollte es anders sein! Nur bitte ich Sie im voraus um Nachsicht.

DER GRAF: Oh, ich bitte Sie! Im Gegenteil, ich muß ... *Im Gehen, von der Türschwelle aus.* Ach was! Es war Ihnen damals nicht nach Lachen zumut?

DARJA IWANOWNA: Mir scheint, Sie machen sich über mich lustig. Dabei könnte ich Ihnen etwas zeigen ...

DER GRAF: Was denn? Was denn?

DARJA IWANOWNA: Nun, etwas, das ich aufbewahrt habe. Ich bin neugierig, ob Sie es wiedererkennen.

DER GRAF: Ja, wovon sprechen Sie denn?

DARJA IWANOWNA: Das überlassen Sie vorerst mir! Gehen Sie jetzt und holen Sie Ihr Duettino, dann werden wir weitersehen.

DER GRAF: Vous êtes un ange. Ich bin gleich wieder da. Vous êtes un ange! *Er winkt ihr zu und verschwindet in den Flur.*

Sechzehnter Auftritt

Darja Iwanowna allein.

DARJA IWANOWNA *blickt ihm nach und ruft nach einem kurzen Schweigen aus*: Gesiegt! Gesiegt! – Tatsächlich? Und so rasch, so unerwartet! Ah! Je suis un ange – je suis adorable! Ich bin hier also noch nicht restlos verkümmert. Ich kann noch gefallen; selbst einem Mann wie ihm – *sie lächelt* –, wie ihm. Mein lieber Graf, ich kann Ihnen nicht verhehlen, Sie sind recht komisch und reichlich alt geworden. – Keine Miene hat er verzogen, als ich behauptete, er sei damals achtundzwanzig und nicht neununddreißig gewesen. Aber wie ruhig ich das auch vorbrachte! – Holen Sie also Ihr Duettino, wie Sie es nennen! Sie können überzeugt sein, daß ich es reizend finden werde. *Sie bleibt vor dem Spiegel stehen, blickt auf ihr Spiegelbild und streicht mit beiden Händen über ihre Taille.* Leb wohl, mein ärmliches Dorfschönenkleidchen, ich werde mich bald von dir trennen! Ich habe mich nicht umsonst um dich bemüht, nicht umsont das Muster für dich von der Frau Stadthauptmann erbettelt. Du hast mir einen großen Dienst erwiesen. Ich werde dich niemals wegwerfen. Aber anziehen werde ich dich in Petersburg nicht. *Sie macht sich vor dem Spiegel zurecht.* Mir scheint, für diese Schultern wäre auch Samt nicht zu schade...

Siebzehnter Auftritt

Darja Iwanowna. Die Tür zum Flur wird vorsichtig geöffnet, und im Spalt erscheint Mischas Kopf. Er blickt Darja Iwanowna eine Weile an und sagt, ohne einzutreten, mit gedämpfter Stimme: „Darja Iwanowna!"

DARJA IWANOWNA *dreht sich rasch zu ihm um*: Ach, Sie sind es, Mischa! Was ist denn? Ich habe jetzt keine Zeit.
MISCHA: Ich weiß, ich weiß. Ich komme auch gar nicht herein; ich wollte Sie nur warnen – Alexej Iwanytsch wird jeden Augenblick dasein.
DARJA IWANOWNA: Und warum sind Sie nicht mit ihm spazierengegangen?
MISCHA: Sind wir ja, Darja Iwanowna! Aber dann sagte er, er muß zum Dienst, und daran konnte ich ihn nicht hindern.
DARJA IWANOWNA: Und ist er zum Dienst gegangen?
MISCHA: Ja, er verschwand in seiner Dienststelle, kam aber gleich wieder heraus.
DARJA IWANOWNA: Und woher wissen Sie das?
MISCHA: Ich habe hinter einer Ecke aufgepaßt. *Er horcht.* Es scheint, er kommt. *Er verschwindet, taucht aber gleich darauf wieder auf.* Sie vergessen mich doch nicht?
DARJA IWANOWNA: Nein, nein!
MISCHA: Ihr Diener! *Er verschwindet.*

Achtzehnter Auftritt

Darja Iwanowna, ein wenig später Alexej Iwanowitsch.

DARJA IWANOWNA: Sollte Alexej Iwanowitsch auf einmal eifersüchtig geworden sein? Ausgerechnet jetzt! *Sie setzt sich. Aus dem Flur tritt Alexej Iwanytsch ein. Er ist verwirrt. Darja Iwanowna schaut sich um.* Ach, du bist es, Alexis?
STUPENDJEW: Ja, ich, mein Herzchen. – Ist der Graf etwa gegangen?
DARJA IWANOWNA: Ich glaubte, du bist im Dienst.
STUPENDJEW: Da war ich ja auch, aber nur, weißt du, um zu sagen, sie brauchten heute nicht mit mir zu rechnen. Wie könnte ich jetzt arbeiten, wo wir einen solchen Ehrengast bei uns haben! Aber wo ist er denn hin?
DARJA IWANOWNA *erhebt sich*: Hören Sie zu, Alexej Iwanytsch, wollen Sie eine gute Stelle in Petersburg haben? Eine Stelle mit gutem Gehalt?
STUPENDJEW: Ich? Und ob!
DARJA IWANOWNA: Sie sind also einverstanden?
STUPENDJEW: Natürlich. Welche Frage!
DARJA IWANOWNA: Dann lassen Sie mich allein!
STUPENDJEW: Was heißt – allein?
DARJA IWANOWNA: Allein mit dem Grafen. Er kommt gleich zurück. Er ist nur in den Gasthof gegangen, um sein Duettino zu holen.
STUPENDJEW: Sein Duettino?
DARJA IWANOWNA: Ja, sein Duettino. Er hat ein kleines Duett komponiert. Und das wollen wir gemeinsam proben.
STUPENDJEW: Und warum kann ich nicht dabeisein? Auch ich würde es gerne hören.
DARJA IWANOWNA: Ach, Alexej Iwanytsch! Sie wissen doch, alle Autoren sind furchtbar schüchtern; eine dritte Person ist für sie geradezu ein Unglück.
STUPENDJEW: Für die Autoren? Hm ... Eine dritte Person ... Nur weiß ich wirklich nicht, ob sich das gehört. Ich soll fortgehen? ... Der Graf könnte es am Ende übelnehmen.
DARJA IWANOWNA: Durchaus nicht, das versichere ich dir. Er

weiß, du bist ein vielbeschäftigter Mann und hast deinen Dienst; außerdem bist du zum Mittagessen ja wieder da.
STUPENDJEW: Zum Mittagessen? Ja, sicher!
DARJA IWANOWNA: Um drei Uhr.
STUPENDJEW: Um drei Uhr. Hm, ja. Da bin ich ganz mit dir einverstanden. Ja, zum Mittagessen. Um drei Uhr. *Er tritt von einem Bein auf das andere.*
DARJA IWANOWNA *nach einem Schweigen*: Was ist denn nun?
STUPENDJEW: Ich weiß nicht. Mir ist, als hätte ich Kopfweh. Hier, auf der linken Seite.
DARJA IWANOWNA: Wahrhaftig? Auf der linken Seite?
STUPENDJEW: Bei Gott! Hier, überall auf dieser Seite; ich weiß nicht recht... ich glaube, ich bleibe besser zu Hause.
DARJA IWANOWNA: Hör zu, mein Freund, du bist eifersüchtig auf den Grafen, das ist mir klar.
STUPENDJEW: Ich? Wie kommst du darauf? Das wäre doch zu dumm.
DARJA IWANOWNA: Natürlich wäre das dumm, daran gibt's keinerlei Zweifel; aber du bist auf ihn eifersüchtig.
STUPENDJEW: Ich?
DARJA IWANOWNA: Ja, du. Eifersüchtig auf einen Mann, der sich die Haare färbt!
STUPENDJEW: Der Graf färbt sich die Haare? Na und? Ich trage eine Perücke!
DARJA IWANOWNA: Da hast du recht. Und weil mir deine Ruhe wichtiger ist als alles andere, bleib meinetwegen hier. Aber Petersburg mußt du dir dann aus dem Sinn schlagen.
STUPENDJEW: Weshalb denn das? Hängt denn die Stelle in Petersburg... hängt sie von meiner Abwesenheit ab?
DARJA IWANOWNA: Ja, genau.
STUPENDJEW: Hm, sonderbar! Ich bin mit dir natürlich einverstanden, aber sonderbar bleibt es doch, das mußt du zugeben.
DARJA IWANOWNA: Mag sein.
STUPENDJEW: Wie merkwürdig... wie merkwürdig all das! *Er geht auf und ab.* Hm!
DARJA IWANOWNA: Jedenfalls mußt du dich rasch entscheiden. Der Graf muß gleich wieder hiersein.

STUPENDJEW: Wie merkwürdig all das! *Nach einem Schweigen.* Weißt du was, Dascha? Ich bleibe.
DARJA IWANOWNA: Wie du willst.
STUPENDJEW: Ja, hat dir denn der Graf etwas Bestimmtes über die Stelle gesagt?
DARJA IWANOWNA: Ich kann zu dem, was du schon weißt, nichts mehr hinzufügen. Bleib oder geh – ganz wie du willst!
STUPENDJEW: Und ist die Stelle gut?
DARJA IWANOWNA: Ja, das ist sie.
STUPENDJEW: Ich bin ganz mit dir einverstanden. Ich ... ich bleibe, ich bleibe einfach, Dascha. *Im Flur hört man die Stimme des Grafen, der eine Koloratur probiert. Da ist er! Nach kurzem Schwanken.* Also – um drei! Auf Wiedersehen! *Er eilt ins Herrenzimmer.*
DARJA IWANOWNA: Gott sei Dank!

Neunzehnter Auftritt

Darja Iwanowna und der Graf mit einer Notenrolle in der Hand.

DARJA IWANOWNA: Endlich! Ich habe mit Ungeduld auf Sie gewartet, Graf.
DER GRAF: Me voilà, me voilà, ma toute belle! Ich bin ein bißchen aufgehalten worden.
DARJA IWANOWNA: Zeigen Sie her, zeigen Sie her! Sie können sich nicht vorstellen, wie neugierig ich darauf bin! *Sie nimmt ihm die Rolle aus der Hand und sieht sie sich begierig an.*
DER GRAF: Erwarten Sie bitte, wissen Sie, nichts Außergewöhnliches! Ich habe Ihnen gleich gesagt, es handelt sich um eine Bagatelle, um eine ausgesprochene Bagatelle!
DARJA IWANOWNA *ohne vom Notenblatt aufzublicken*: Im Gegenteil, im Gegenteil. Oh, mais c'est charmant! Ach, wie hübsch diese Überleitung ist! *Sie zeigt mit dem Finger auf die betreffende Stelle.* Ach, ich bin in diese Überleitung verliebt!
DER GRAF *mit einem bescheidenen Lächeln*: Nun ja, sie ist wohl nicht ganz alltäglich.

DARJA IWANOWNA: Und dieses rentrée!
DER GRAF: Ach! Gefällt es Ihnen?
DARJA IWANOWNA: Aber sehr! Sehr hübsch! Kommen Sie, kommen Sie, verlieren wir keine Zeit! *Sie geht zum Pianino, setzt sich, richtet das Notengestell auf und legt die Noten darauf. Der Graf stellt sich hinter ihren Stuhl.* Andante?
DER GRAF: Ja, andante, andante amoroso, quasi cantando. *Er hüstelt.* Hm, hm ... Ich bin heute nicht bei Stimme. Sie müssen schon entschuldigen. Une voix de compositeur, vous savez!
DARJA IWANOWNA: Eine Ausrede! Und keine ganz neue! Was soll ich Ärmste danach sagen? Ich fange an. *Sie intoniert ein Ritornell.* Das ist aber schwer.
DER GRAF: Nicht für Sie!
DARJA IWANOWNA: Dafür ist der Text sehr hübsch.
DER GRAF: Ja. Ich habe ihn, wenn ich nicht irre, bei Metastasio gefunden. Ich weiß nicht, ist er deutlich genug geschrieben? *Er zeigt mit dem Finger auf die betreffende Stelle.* Das singt er, und er wendet sich dabei an sie:

> „La dolce tua immagine,
> O vergine amata,
> Dell'alma inamorata..."

Aber bitte, hören Sie zu! *Er singt eine Romanze in italienischem Geschmack; Darja Iwanowna begleitet ihn auf dem Klavier.*
DARJA IWANOWNA: Wunderbar, wunderbar! Oh, que c'est joli!
DER GRAF: Finden Sie?
DARJA IWANOWNA: Erstaunlich, geradezu erstaunlich!
DER GRAF: Dabei habe ich das nicht einmal so gesungen, wie es sich gehört. Aber, mein Gott, wie Sie mich begleitet haben! Ich versichere Ihnen: So hat mich noch niemand begleitet, niemand!
DARJA IWANOWNA: Sie schmeicheln mir.
DER GRAF: Ich? Das ist nicht meine Art, Darja Iwanowna. Glauben Sie mir, c'est moi qui vous le dit. Sie sind eine große Musikerin.
DARJA IWANOWNA *als wäre sie immer noch in die Noten vertieft*: Wie gut mir diese Passage gefällt! Wie neu das ist!

Der Graf: Nicht wahr?
Darja Iwanowna: Ja, ist denn die ganze Oper so gut?
Der Graf: Sie wissen – darüber befindet nicht der Autor. Mir scheint jedoch, das übrige ist nicht schlechter; eher besser.
Darja Iwanowna: Mein Gott! Wollen Sie mir nicht etwas aus dieser Oper vorspielen?
Der Graf: Ich wäre über alle Maßen froh und glücklich, könnte ich Ihrer Bitte entsprechen, Darja Iwanowna, aber leider spiele ich nicht Klavier und habe auch nichts anderes mitgebracht.
Darja Iwanowna: Wie schade! *Sie steht auf.* Also gut – das nächste Mal! Ich hoffe doch, Sie werden uns vor Ihrer Abreise noch öfter besuchen?
Der Graf: Ich? Ich würde, wenn Sie erlauben, am liebsten jeden Tag zu Ihnen kommen. Was aber mein Versprechen betrifft – Sie können sich auf mich verlassen.
Darja Iwanowna *unschuldig*: Was denn für ein Versprechen?
Der Graf: Ich verschaffe Ihrem Mann eine Stelle in Petersburg, dafür verbürge ich mich mit meinem Ehrenwort. Sie dürfen hier nicht bleiben. Ich bitte Sie, das wäre einfach eine Schande! Vous n'êtes pas faites, pour végéter ici – sozusagen. Sie sollen eine der glänzendsten Zierden unserer Gesellschaft werden, und ich will ... Ich werde stolz darauf sein, Sie als erster ... Aber mir scheint, Sie denken über etwas nach. Worüber, wenn ich fragen darf?
Darja Iwanowna *summt vor sich hin*: La dolce tua immagine...
Der Graf: Ah! Ich hab ja gewußt, daß diese Stelle Ihnen im Gedächtnis haftenbleiben würde. Überhaupt ist alles, was ich mache, très chantant.
Darja Iwanowna: Diese Stelle ist ausgesprochen hübsch. Aber entschuldigen Sie, Graf. Ich habe einfach nicht gehört, was Sie vorhin gesagt haben; daran ist Ihre Musik schuld.
Der Graf: Ich, Darja Iwanowna, habe gesagt, Sie müssen unbedingt nach Petersburg ziehen. Erstens in Ihrem eigenen und im Interesse Ihres Mannes und zweitens in meinem. Ich erlaube mir, dabei auch mich zu erwähnen, weil ... weil un-

sere alte, man kann schon sagen, uralte Bekanntschaft mir ein gewisses Recht dazu gibt. Ich, Darja Iwanowna, habe Sie nie vergessen und kann Ihnen heute mehr denn je versichern, ich bin Ihnen ehrlich zugetan, und diese neue Begegnung mit Ihnen ...

DARJA IWANOWNA *traurig*: Graf, warum sagen Sie das?

DER GRAF: Warum sollte ich nicht aussprechen, was ich empfinde?

DARJA IWANOWNA: Weil Sie in mir nicht ... Erwecken Sie nicht ...

DER GRAF: Was soll ich nicht erwecken, was? Sprechen Sie schon!

Zwanzigster Auftritt

Dieselben und Stupendjew, der in der Tür des Herrenzimmers erscheint.

DARJA IWANOWNA: Vergebliche Hoffnungen.

DER GRAF: Weshalb denn vergebliche? Und was für Hoffnungen?

DARJA IWANOWNA: Weshalb vergebliche? Ich will versuchen, offen zu Ihnen zu sein, Walerjan Nikolajitsch.

DER GRAF: Sie erinnern sich an meinen Vor- und Vatersnamen?

DARJA IWANOWNA: Sehen Sie, hier haben Sie mir ... einige Aufmerksamkeit geschenkt; in Petersburg aber werde ich Ihnen vielleicht so unbedeutend erscheinen, daß Sie bedauern könnten, was Sie für uns zu tun bereit sind.

DER GRAF: Ich bitte Sie, was sagen Sie da! Sie sind sich Ihres Wertes nicht bewußt. So verstehen Sie doch ... mais vous êtes une femme charmante! Ich sollte bedauern, was ich für Sie tue, Darja Iwanowna!

DARJA IWANOWNA *erblickt Stupendjew*: Für meinen Mann, wollen Sie sagen.

DER GRAF: Nun ja, für Ihren Mann. Bedauern? Nein, Sie sind sich über meine wirklichen Gefühle noch nicht im klaren ... auch ich ... meinerseits ... will offen zu Ihnen sein.

DARJA IWANOWNA *verlegen*: Graf...

DER GRAF: Sie kennen meine wahren Gefühle nicht, sage ich Ihnen; Sie kennen sie nicht.

STUPENDJEW *tritt rasch ein, nähert sich dem Grafen, der ihm den Rücken kehrt, und verneigt sich vor ihm*: Euer Erlaucht, Euer Erlaucht...

DER GRAF: Sie kennen meine Gefühle nicht, Darja Iwanowna!

STUPENDJEW *schreit*: Euer Erlaucht, Euer Erlaucht...

DER GRAF *dreht sich rasch um, mustert ihn eine Weile und entgegnet gelassen*: Ach, Sie sind es, Alexej Iwanytsch! Wo kommen Sie denn her?

STUPENDJEW: Aus dem Herrenzimmer, aus dem Herrenzimmer, Euer Erlaucht. Ich war nebenan im Herrenzimmer, Euer Erlaucht...

DER GRAF: Und ich habe geglaubt, Sie sind im Dienst! Ihre Gattin und ich haben hier musiziert. Sie sind der Glücklichste unter den Menschen, Herr Stupendjew. Ich sage Ihnen das so offen, so ohne Umschweife, weil ich Ihre Frau von Kindheit an kenne.

STUPENDJEW: Zu liebenswürdig, Euer Erlaucht.

DER GRAF: Ja, ja. Sie sind ein Glückspilz!

DARJA IWANOWNA: Mein Freund, du kannst dich beim Grafen bedanken.

DER GRAF *unterbricht sie rasch*: Permettez... Je le lui dirai moi-même... plus tard... quand nous serons plus d'accord. *Laut zu Stupendjew.* Sie sind ein Glückspilz! Lieben Sie die Musik?

STUPENDJEW: Gewiß, Euer Durchlaucht. Ich...

DER GRAF *zu Darja Iwanowna*: Ja... Sie wollten mir doch noch etwas zeigen, haben Sie es vergessen?

DARJA IWANOWNA: Ich?

DER GRAF: Ja, Sie. Vous avez déjà oubliée?

DARJA IWANOWNA *rasch und mit gedämpfter Stimme*: Il est jaloux et il comprend le français. Ach ja, tatsächlich. Jetzt fällt es mir ein; ich wollte Ihnen... ich wollte Ihnen unseren Garten zeigen; bis zum Mittagessen ist noch ein bißchen Zeit.

DER GRAF: Ach! *Nach einem Schweigen.* Ach! Sie haben einen Garten?

DARJA IWANOWNA: Ja, klein, aber mit vielen Blumen.
DER GRAF: Richtig, ich erinnere mich, für Blumen hatten Sie immer viel übrig. Zeigen Sie mir, zeigen Sie mir Ihren Garten, tun Sie mir den Gefallen! *Er geht zum Pianino, um den Hut zu holen.*
STUPENDJEW *auf Darja Iwanowna zutretend, mit gedämpfter Stimme*: Was soll das... was soll denn das... was soll das heißen? Wie?
DARJA IWANOWNA *mit gedämpfter Stimme*: Um drei Uhr oder – keine Stelle. *Sie läßt ihn stehen und nimmt den Sonnenschirm vom Tischchen.*
DER GRAF *kommt zurück*: Reichen Sie mir den Arm. *Gedämpft.* Ich verstehe Sie.
DARJA IWANOWNA *sieht ihn mit einem kaum merkbaren spöttischen Lächeln an*: Glauben Sie?
STUPENDJEW *gleichsam erwachend*: Ja, gestattet, gestattet... Ich komme mit!
DARJA IWANOWNA *bleibt stehen und blickt sich um*: Du willst mit, mon ami? Gut, komm mit, komm mit. *Sie und der Graf wenden sich zur Gartentür.*
STUPENDJEW: Ja... ich... ich gehe mit. *Er greift nach dem Hut und macht einige Schritte.*
DARJA IWANOWNA: Gut, komm mit. *Sie und der Graf gehen ab.*

Einundzwanzigster Auftritt

Stupendjew allein.

STUPENDJEW *macht ein paar weitere Schritte, knittert am Hut herum und wirft ihn auf den Fußboden*: Hol's der Teufel, ich bleibe! Ich bleibe! Ich komme nicht mit! *Er geht auf und ab.* Ich bin ein Mensch mit Willenskraft und für halbe Maßnahmen nicht zu haben. Ich will doch sehen, wie weit... Ich will alles bis zu Ende ertragen. Ich will mich mit eigenen Augen überzeugen. Darauf kommt es mir an. Das ist schließlich unerhört! Also gut, zugegeben, sie hat ihn in ihrer Kindheit gekannt; zugegeben, sie ist eine hochgebildete Frau – aber warum mich an der Nase herumführen? Weil ich nicht dieselbe Erziehung genossen habe? Erstens ist das nicht meine Schuld. Da redet sie mir von einer Stelle in Petersburg – was für ein Unsinn! Ja, kann man denn daran glauben? Warum nicht gar! Als hätte der Graf nichts Eiligeres zu tun, als mir eine Stelle zu besorgen! Und ist er denn überhaupt ein so großes Tier? Seine Vermögenslage ist ausgesprochen schlecht ... Also gut, nehmen wir an, er verschafft mir dort tatsächlich eine Stelle; aber weshalb denn den ganzen Tag dieses Tête à tête mit ihm? Das ist doch unschicklich! Schön, er hat es versprochen – aber damit auch Schluß! Um drei Uhr ... Sagt auch noch um drei – *er sieht auf die Uhr* –, und jetzt ist es erst Viertel nach zwei! *Er bleibt stehen.* Ach was, ich gehe in den Garten! *Er blickt hinaus.* Da, sie sind nicht zu sehen! *Er hebt den Hut auf und biegt ihn wieder zurecht.* Ich gehe, bei Gott, ich gehe! Hat sie doch selber zu mir gesagt – *er ahmt sie nach:* Gut, mon ami, komm mit! *Nach einem Schweigen.* Ja doch, hast du dir so gedacht! Nein, Verehrter, ich kenne dich. Du – und gehen? Von wegen gehen! So geh doch, geh! *Ärgerlich wirft er den Hut wieder auf den Fußboden.*

Zweiundzwanzigster Auftritt

Stupendjew und Mischa, der aus dem Flur kommt.

MISCHA *tritt auf Stupendjew zu*: Was haben Sie, Alexej Iwanytsch? Sie scheinen nicht eben gut gelaunt zu sein? *Er hebt den Hut auf, glättet ihn und legt ihn auf den Tisch.* Was ist denn?

STUPENDJEW: Laß mich in Frieden, Verehrter! Fall wenigstens du mir nicht auf die Nerven!

MISCHA: Ich bitte Sie, Alexej Iwanytsch, wie drücken Sie sich aus? Habe ich Sie irgendwie in Unruhe versetzt?

STUPENDJEW *nach einem Schweigen*: Du nicht, aber die da! *Er zeigt in Richtung des Gartens.*

MISCHA *blickt durch die Tür; dann in unschuldigem Ton*: Ja, wer denn, wenn ich fragen darf?
STUPENDJEW: Wer? Na, er!
MISCHA: Was heißt – na, er?
STUPENDJEW: Als ob du das nicht wüßtest! Dieser hereingeschneite Graf!
MISCHA: Und wieso versetzt er Sie in Unruhe?
STUPENDJEW: Wieso! Wieso! Er weicht seit heute früh nicht von ihrer Seite, singt mit ihr, geht mit ihr spazieren ... Glaubst du vielleicht, das ... das ist für mich angenehm? Ja? Für mich als Ehemann?
MISCHA: Das braucht einen Ehemann nicht zu stören.
STUPENDJEW: Wieso denn das? Hast du denn nicht gehört? Sie geht mit ihm spazieren, sie singt mit ihm ...
MISCHA: Und das ist alles? Ich bitte Sie, Alexej Iwanytsch, und darüber sind Sie – wie nannten Sie das – beunruhigt? All das geschieht doch sozusagen in Ihrem Interesse. Der Graf ist eine wichtige Persönlichkeit, hat Einfluß und kennt Darja Iwanowna von Kindheit an – ich bitte Sie, warum sollte man sich das nicht zunutze machen? Da müßten Sie sich ja schämen, einem Menschen von anständiger Gesinnung in die Augen zu sehen! Ich fühle, meine Ausdrucksweise ist stark, vielleicht zu stark, aber der Eifer, mit dem ich mich für Sie ...
STUPENDJEW: Scher dich mit deinem Eifer zum Teufel! *Er setzt sich und wendet sich ab.*
MISCHA: Alexej Iwanytsch! *Nach einem Schweigen.* Alexej Iwanytsch!
STUPENDJEW *ohne seine Haltung zu ändern*: Nun, was hast du?
MISCHA: Warum sitzen Sie hier herum? Gehen wir lieber spazieren!
STUPENDJEW *wie zuvor*: Ich will nicht.
MISCHA: Kommen Sie! Bei Gott, kommen Sie!
STUPENDJEW *dreht sich rasch zu ihm um und kreuzt die Arme*: Was willst du eigentlich von mir? He? Warum weichst du seit dem Morgen keinen Schritt von meiner Seite? Hat man dich etwa als Kinderfrau bei mir angestellt? Ja?
MISCHA *senkt die Augen*: Ja, hat man.

STUPENDJEW *erhebt sich*: Wer, wenn ich fragen darf?

MISCHA: Es geschah doch in Ihrem eigenen Interesse, Alexej Iwanytsch!

STUPENDJEW: Gestatten Sie, mein Herr, daß ich darauf bestehe: Wer hat Sie bei mir angestellt?

MISCHA *leise stöhnend*: Hören Sie mich um Gottes willen an, Alexej Iwanytsch! Ein paar Worte, nur ein paar Worte, Alexej Iwanytsch ... so genau kann ich es Ihnen jetzt nicht erklären. Mir scheint, es gibt Regen ... sie werden gleich zurückkommen.

STUPENDJEW: Es gibt Regen, und du forderst mich auf, spazierenzugehen!

MISCHA: Aber wir brauchen doch nicht direkt auf der Straße ... Ich bitte Sie, Alexej Iwanytsch, machen Sie sich keine Sorgen! Was haben Sie zu befürchten? Wir sind da, wir beobachten sie, und alles scheint auf so Wohlbekanntes hinauszulaufen ... Wir sind doch um drei Uhr zurück ...

STUPENDJEW: Wieso bringst du dich denn so um? Was hat sie dir gesagt?

MISCHA: Im Grunde nichts Besonderes – dies und das. Ich bitte Sie, Sie sind doch beide meine Wohltäter! Sie sind mein Wohltäter, und Darja Iwanowna ist meine Wohltäterin; außerdem ist sie mit mir verwandt. Wie sollte ich da nicht mit Feuereifer ... *Er faßt ihn unter.*

STUPENDJEW: Ich bleibe hier, verstanden? Ich gehöre hierher! Ich bin der Herr im Hause! Ich – und kein anderer! Ich werde ihren Plan durchkreuzen!

MISCHA: Natürlich sind Sie der Herr im Hause; wenn ich Ihnen nun aber sage, sie hat mir alles erklärt?

STUPENDJEW: Ja? Glaubst du vielleicht, sie macht dir nicht was vor? Du, mein Bester, bist noch zu jung und dumm. Du kennst die Frauen nicht!

MISCHA: Wie sollte ich! Nur bin ich ...

STUPENDJEW: Ich habe den Grafen hier auf frischer Tat ertappt und selber gehört, wie er auf sie eindrang: Sie, meine Dame, kennen meine Gefühle nicht; ich will sie Ihnen offenbaren ... Und du forderst mich auf, mit dir spazierenzugehen!

MISCHA *trübselig*: Es scheint bereits zu tröpfeln. – Alexej Iwanytsch! Alexej Iwanytsch!
STUPENDJEW: Was du einem aber auch zusetzt! *Nach einem Schweigen.* Tatsächlich, es tröpfelt schon!
MISCHA: Sie kommen, sie kommen! *Er faßt ihn aufs neue unter.*
STUPENDJEW *widersetzt sich*: Nein, da mache ich nicht mit, sage ich dir! *Nach einem Schweigen.* Hol's im übrigen der Teufel! Gehen wir!
MISCHA: Gestatten Sie, der Hut, der Hut...
STUPENDJEW: Was heißt hier Hut? Mach schon! *Sie eilen in den Flur.*

Dreiundzwanzigster Auftritt

Darja Iwanowna und der Graf kommen aus dem Garten.

DER GRAF: Charmant, charmant!
DARJA IWANOWNA: Finden Sie?
DER GRAF: Ihr Garten ist außerordentlich nett – wie alles andere hier. *Nach einem Schweigen.* Darja Iwanowna, ich muß gestehen, das habe ich nicht erwartet; ich bin bezaubert, einfach bezaubert.
DARJA IWANOWNA: Was haben Sie nicht erwartet, Graf?
DER GRAF: Das wissen Sie doch! Aber wann zeigen Sie mir diesen Brief?
DARJA IWANOWNA: Was wollen Sie damit?
DER GRAF: Was heißt – was ich damit will? Ich möchte wissen, ob ich schon damals dasselbe fühlte, in jenen schönen Zeiten, da wir beide noch so jung waren...
DARJA IWANOWNA: Graf, mir scheint, daran sollten wir lieber nicht rühren.
DER GRAF: Warum glauben Sie das? Merken Sie denn nicht, welchen Eindruck Sie auf mich gemacht haben, Darja Iwanowna?
DARJA IWANOWNA *verlegen*: Graf...
DER GRAF: Nein, hören Sie zu! Ich werde Ihnen die Wahrheit

sagen. Als ich herkam und Sie sah, glaubte ich, offen gestanden – bitte verzeihen Sie mir! –, glaubte ich zunächst, Sie wollten nur die Bekanntschaft mit mir erneuern ...

DARJA IWANOWNA *blickt auf*: Sie haben sich auch nicht geirrt.

DER GRAF: ... und ich verhielt mich ... ich verhielt mich darum ...

DARJA IWANOWNA *lächelnd*: Weiter, weiter, Graf!

DER GRAF: Später überzeugte ich mich, ich habe es mit einer ganz bezaubernden Frau zu tun, und muß ehrlich bekennen – Sie haben mir völlig den Kopf verdreht.

DARJA IWANOWNA: Sie machen sich über mich lustig, Graf!

DER GRAF: Ich mache mich über Sie lustig? Ich?

DARJA IWANOWNA: Ja, Sie! Setzen wir uns, Graf! Und lassen Sie mich Ihnen ein paar Worte sagen. *Sie setzt sich.*

DER GRAF *folgt ihrem Beispiel*: Sie glauben mir einfach nicht!

DARJA IWANOWNA: Sie wollen also, daß ich Ihnen glaube? Hören Sie auf! Als ob ich nicht wüßte, welcher Art der Eindruck ist, den ich auf Sie mache! Heute gefalle ich Ihnen, Gott weiß warum, und morgen haben Sie mich vergessen. *Er will sie unterbrechen, aber sie gebietet ihm Einhalt.* Versetzen Sie sich in meine Lage. Sie sind noch jung, Sie leben und glänzen in der großen Welt; bei uns sind Sie nur zufällig zu Gast ...

DER GRAF: Aber ...

DARJA IWANOWNA *fällt ihm ins Wort*: Im Vorübergehen haben Sie ein Auge auf mich geworfen. Sie wissen, wie verschieden unsere Lebenswege sind; was also kostet es Sie schon, mich Ihrer ... Ihrer Freundschaft zu versichern? Ich dagegen, Graf, die ich dazu verurteilt bin, mein Leben in Einsamkeit zu verbringen, muß Wert auf meinen Seelenfrieden legen, muß sehr genau mein Herz überwachen, wenn ich nicht mit der Zeit ...

DER GRAF *unterbricht sie*: Ihr Herz; vous dites – Ihr Herz! Ja, habe ich vielleicht keins? Und woher wissen Sie, ob ... dieses Herz nicht zum erstenmal zu sprechen begonnen hat? Sie sagen – Einsamkeit! Wieso denn Einsamkeit?

DARJA IWANOWNA: Ich habe mich schlecht ausgedrückt, Graf;

ich bin nicht allein – ich habe kein Recht, von Einsamkeit zu reden.

DER GRAF: Ich verstehe, ich verstehe – Ihr Mann... Aber ist denn... Was zwischen uns besteht, ist doch nur – wie soll ich sagen – de la sympathie. *Ein kurzes Schweigen.* Mich schmerzt, ehrlich gestanden, nur eins: daß Sie mir keine Gerechtigkeit widerfahren lassen, daß Sie so etwas wie einen... ich weiß nicht... wie einen falschen Menschen in mir sehen, daß Sie mir einfach nicht trauen!

DARJA IWANOWNA *nach einem Schweigen, wobei sie ihn aus den Augenwinkeln anschaut*: Ich soll Ihnen also glauben, Graf?

DER GRAF: Oh, vous êtes charmante! *Er greift nach ihrer Hand. Darja Iwanowna will sie ihm scheinbar entziehen, überläßt sie ihm dann aber doch. Der Graf bedeckt sie mit feurigen Küssen.* Ja, glauben Sie mir, Darja Iwanowna, glauben Sie mir! Ich täusche Sie nicht. Ich halte meine Versprechen. Sie werden in Petersburg leben... und... und... Sie werden sehen... nicht in Einsamkeit. Dafür verbürge ich mich. Sie sagen, ich werde Sie vergessen? Oh, eher Sie mich!

DARJA IWANOWNA: Walerjan Nikolajitsch!

DER GRAF: Ah, jetzt sehen Sie selbst, wie unangenehm, wie kränkend ein solcher Zweifel ist! Auch ich hätte ja glauben können, Sie verstellen sich, que ce n'est pas pour mes beaux yeux...

DARJA IWANOWNA: Walerjan Nikolajitsch!

DER GRAF *erhebt sich und fährt immer lebhafter fort*: Was geht es mich im übrigen an, was Sie von mir denken! Ich... ich muß Ihnen sagen, ich bin Ihnen von Herzen zugetan, bin einfach in Sie verliebt, leidenschaftlich, ja, leidenschaftlich verliebt und bereit, es auf den Knien zu beschwören.

DARJA IWANOWNA: Auf den Knien, Graf? *Sie erhebt sich.*

DER GRAF: Ja, auf den Knien, wenn es nicht irgendwie theatralisch anmuten würde.

DARJA IWANOWNA: Aber weshalb denn? Nein, ich gestehe, das muß – für eine Frau – sehr angenehm sein. *Sie dreht sich rasch zu Ljubin um.* Knien Sie nieder, Graf, wenn Sie sich wirklich nicht über mich lustig machen!

DER GRAF: Mit Vergnügen, Darja Iwanowna, wenn nur das

Sie dazu bringen kann, mir endlich zu glauben. *Er kniet nicht ohne Mühe nieder.*

DARJA IWANOWNA *wartet ab, bis er auf den Knien liegt, und tritt dann rasch auf ihn zu:* Ich bitte Sie, Graf, was soll das? Ich habe doch nur gescherzt; stehen Sie auf!

DER GRAF *versucht sich zu erheben und schafft es nicht:* Einerlei, lassen Sie nur! Je vous aime, Dorothée. Et vous?

DARJA IWANOWNA: Stehen Sie auf, ich bitte Sie! *In der Tür zum Flur zeigt sich Stupendjew, den Mischa vergeblich zurückzuhalten versucht.* Stehen Sie auf! *Sie macht Stupendjew und Mischa Zeichen und verbeißt sich mit Mühe das Lachen.* Stehen Sie auf! *Der Graf blickt sie verwundert an und bemerkt ihre Zeichen.* So stehen Sie doch auf, sage ich Ihnen.

DER GRAF *ohne aufzustehen:* Wem geben Sie da Zeichen?

DARJA IWANOWNA: Graf, stehen Sie um Gottes willen auf!

DER GRAF: Geben Sie mir Ihre Hand!

Vierundzwanzigster Auftritt

Dieselben, Stupendjew und Mischa. Stupendjew ist während dieses Gesprächs bis an den Grafen herangetreten. Mischa steht an der Türschwelle. Darja Iwanowna blickt auf den Grafen, auf ihren Mann und wirft sich mit schallendem Lachen in einen Sessel. Der Graf schaut sich verlegen um und sieht Stupendjew. Dieser verneigt sich.

DER GRAF *ärgerlich zu Stupendjew:* Helfen Sie mir aufstehen, mein Herr! Ich bin hier... irgendwie ausgerutscht. So helfen Sie mir doch!

Darja Iwanowna hört auf zu lachen.

STUPENDJEW *greift ihm unter die Arme und will ihm aufhelfen:* Jawohl, Euer Erlaucht! Entschuldigen Sie, wenn ich Ihnen...

DER GRAF *stößt ihn zurück und springt beherzt auf:* Ausgezeichnet, ausgezeichnet – ich brauche Sie nicht mehr. *Er tritt auf Darja Iwanowna zu.* Sehr schön von Ihnen, Darja Iwanowna, ich bin Ihnen sehr dankbar.

DARJA IWANOWNA *nimmt einen flehenden Ausdruck an*: Was habe ich denn verschuldet, Walerjan Nikolajitsch?

DER GRAF: Nicht das geringste, ich bitte Sie! Wenn etwas komisch ist, dann muß man eben lachen. Da mache ich Ihnen keinen Vorwurf, glauben Sie mir. Soweit ich aber bemerken konnte, war all das im voraus zwischen Ihnen und Ihrem Gatten verabredet.

DARJA IWANOWNA: Warum nehmen Sie das an, Graf?

DER GRAF: Warum? Weil man in solchen Fällen sonst nicht lacht und keine Zeichen macht.

STUPENDJEW *hat aufmerksam zugehört*: Erbarmen Sie sich, Euer Erlaucht, zwischen uns war nichts verabredet. Das versichere ich Ihnen, Euer Erlaucht.

Mischa zupft ihn am Rockschoß.

DER GRAF *mit bitterem Lachen zu Darja Iwanowna*: Nun, danach wird es Ihnen schwerfallen, es noch zu leugnen. *Nach einem Schweigen.* Im übrigen haben Sie das auch gar nicht nötig, ich habe es nicht anders verdient.

DARJA IWANOWNA: Graf...

DER GRAF: Bitte – keine Entschuldigung! *Nach einem Schweigen vor sich hin.* Welche Schande! Es gibt nur einen Ausweg aus dieser dummen Lage. *Laut zu Darja Iwanowna.* Darja Iwanowna?

DARJA IWANOWNA: Graf?

DER GRAF *nach einem Schweigen*: Sie glauben vielleicht, ich werde mein Wort jetzt nicht mehr halten, sofort abfahren und Ihnen diese Mystifikation nicht verzeihen? Ich wäre vielleicht dazu berechtigt, denn solche Scherze sollte man mit einem anständigen Menschen immerhin nicht treiben; Sie sollen aber wissen, mit wem Sie es zu tun hatten. Madame, je suis un galant homme. Darüber hinaus bin ich ein Verehrer des schönen Geschlechts, auch wenn ich mal einiges von ihm einstecken muß. Ich bleibe zum Mittagessen – sofern das Herrn Stupendjew nicht als Ärgernis erscheint – und wiederhole: Ich werde alles halten, was ich versprochen habe, nun erst recht.

DARJA IWANOWNA: Walerjan Nikolajitsch, ich hoffe, auch Sie

sind nicht gar zu schlechter Meinung von mir; nicht wahr, Sie glauben doch nicht, ich wüßte Ihre Großmut nicht zu schätzen und sei nicht bis ins tiefste Herz gerührt? Ich fühle mich schuldig vor Ihnen; aber Sie werden mich näher kennenlernen, so wie ich Sie jetzt kennengelernt habe, und ...

DER GRAF: Ich bitte Sie! Wozu die vielen Worte? All das ist Ihrer Dankbarkeit nicht wert ... Wie gut Sie aber Theater spielen!

DARJA IWANOWNA: Graf, Sie werden wissen, gut Theater spielen kann man nur dann, wenn man fühlt, daß man die Wahrheit ...

DER GRAF: Ah! Jetzt kommen Sie mir wieder damit! Nein, entschuldigen Sie, ein zweites Mal falle ich nicht herein. *Er wendet sich an Stupendjew.* Ich, mein Herr, muß Ihnen nach alldem sehr komisch vorkommen; ich werde mich trotzdem bemühen, meine Absicht, Ihnen zu nützen, durch die Tat zu beweisen.

STUPENDJEW: Euer Erlaucht, glauben Sie mir, ich ... *Beiseite.* Ich verstehe nicht das geringste.

DARJA IWANOWNA: Ist auch nicht nötig. Du brauchst dich nur bei Seiner Erlaucht zu bedanken.

STUPENDJEW: Euer Erlaucht, glauben Sie mir ...

DER GRAF: Schon gut, schon gut.

DARJA IWANOWNA: Und ich, Walerjan Nikolajitsch, beweise Ihnen meine Dankbarkeit in Petersburg.

DER GRAF: Und zeigen Sie mir den Brief?

DARJA IWANOWNA: Ja. Vielleicht sogar mit einer Antwort.

DER GRAF: Eh bien! Il n'y a pas à dire, vous êtes charmante après tout ... und ich bereue nichts.

DARJA IWANOWNA: Ich werde vielleicht nicht imstande sein, es auszudrücken ... *Der Graf wirft sich in Positur; sie lächelt.*

STUPENDJEW *beiseite, mit einem Blick auf die Uhr*: Ich bin doch, wie sich herausstellt, nicht um drei, sondern schon um dreiviertel zurückgekommen!

MISCHA *tritt schüchtern auf Darja Iwanowna zu*: Darja Iwanowna, und was ist mit mir? Mich haben Sie offenbar vergessen ... Und dabei – wie habe ich mich bemüht!

DARJA IWANOWNA *mit gedämpfter Stimme*: Ich habe Sie nicht

vergessen. *Laut.* Graf, gestatten Sie, Ihnen einen jungen Mann vorzustellen! *Mischa verneigt sich.* Ich nehme Anteil an seinem Schicksal, und wenn Sie ...

DER GRAF: Sie nehmen Anteil an seinem Schicksal? Das genügt ... Junger Mann, Sie können beruhigt sein. Wir werden Sie nicht vergessen.

MISCHA *kriecherisch*: Euer Erlaucht ...

Fünfundzwanzigster Auftritt

Dieselben, Apollon und Wassiljewna.

APOLLON *tritt aus dem Flur ein*: Das Essen ...

WASSILJEWNA *tritt hinter Apollon hervor*: Das Essen ist aufgetragen.

STUPENDJEW: Aha! – Euer Erlaucht, darf ich bitten?

DER GRAF *reicht Darja Iwanowna den Arm, zu Stupendjew*: Sie gestatten?

STUPENDJEW: Oh, tun Sie mir den Gefallen! *Der Graf und Darja Iwanowna wenden sich zur Tür.* Da bin ich doch nicht um drei, sondern schon um dreiviertel hier gewesen! Einerlei, ich verstehe nicht das geringste; bis auf eins – ich habe eine großartige Frau.

MISCHA: Kommen Sie, Alexej Iwanytsch!

DARJA IWANOWNA: Graf, ich bitte unseres provinzlerischen Mittagessens wegen im voraus um Entschuldigung.

DER GRAF: Schon gut, schon gut. Auf Wiedersehen in Petersburg, Sie Provinzlerin!

Anhang

Nachwort

Mit dem Namen Iwan Turgenjews (1818–1883) verbindet sich seit mehr als hundert Jahren die Vorstellung von einem der größten Erzähler der Weltliteratur. Weniger bekannt ist, daß der russische Schriftsteller eine Reihe von Gedichten, Poemen, Einaktern und Komödien geschrieben hat, die ihn auch als bedeutenden Lyriker und Dramatiker ausweisen. Während die lyrischen und dramatischen Werke Turgenjews literarische Laufbahn eröffneten, klang sein Schaffen mit einem Zyklus von Prosagedichten aus, der ein völlig neues Genre in der russischen Literatur begründete. Im Schatten seiner Romane und Erzählungen stehend, wurden diese meisterhaften lyrischen Skizzen – wie auch seine Komödien – lange Zeit von Edition, Kritik und Forschung vernachlässigt.

„Seit vier Jahren ... habe ich eine ganze Reihe kleiner Gedichte in Prosa (da ich leider kein Poet bin) auf lose Blätter hingeworfen. An das Publizieren dachte ich nie. – Nun bekam mein russischer Herausgeber irgendeine Notiz davon und überredete mich, einige fünfzig dieser ‚Senilia' (so hieß eigentlich der Titel) ihm für seine Revue ... abzutreten ... Eigentlich sind diese Dinger nichts anderes als die letzten Stoßseufzer (um höflich zu sprechen) eines alten Mannes." Mit diesen Worten erläuterte Turgenjew, der bei der Beurteilung seiner eigenen Werke oft zur Übertreibung neigte, seinem deutschen Freund Ludwig Pietsch in einem Brief vom 25. Dezember 1882 die Geschichte der Entstehung und Herausgabe der „Gedichte in Prosa".

In der Tat hatte der Dichter ursprünglich nicht beabsichtigt, die 1877 bis 1882 entstandenen lyrischen Skizzen, die er zunächst nur als Entwürfe für künftige größere Werke ansah, zu veröffentlichen. Auf Drängen Michail Stassjulewitschs, des Herausgebers der Petersburger Zeitschrift „Westnik Jewropy", gab er jedoch seine Zustimmung, daß fünfzig Miniaturen – in der Reihenfolge ihrer Entstehung – 1882 in der Dezembernummer abgedruckt wurden. Den Wunsch Stassjulewitschs, auch die restlichen „Gedichte in Prosa" publizieren zu dürfen, lehnte Turgenjew unter Hinweis auf den autobiographischen Charakter dieser Skizzen ab. Erst 1929/30 gelang es dem französischen Slawisten André Mazon, die übrigen einunddreißig Manuskripte des Zyklus im Pariser Turgenjew-Archiv einzusehen und unter dem Titel „Neue Gedichte in Prosa" herauszugeben. Wie bereits die vom Autor gewählten Titel „Posthuma" beziehungsweise „Senilia" verdeutlichen, handelt es sich bei Turgenjews „Gedichten in Prosa" um Arbeiten, in denen der Schriftsteller mit der Weisheit des Alters auf sein Leben zurückblickt und gleichsam die Bilanz seines großen, dem Ende entgegengehenden Schaffens zieht. In diesen knappen lyrischen Skizzen von hoher Sprachkunst spiegeln sich wichtige Themen und Motive seines vorausgehenden Wirkens als Schriftsteller, werden bedeutende philosophische, soziale, politische und psychologische Probleme behandelt. Eingebettet in schwermütige Erinnerungen, in elegische Betrachtungen über Weltall, Natur, Liebe, Tod und Krankheit, künden die Miniaturen auch von der schweren Lage der Bauern, vom Glauben an die Zukunft des russischen Volkes und von der opfermutigen revolutionären Jugend. Es sind also keineswegs nur die „letzten Stoßseufzer eines alten Mannes", die den Inhalt dieser Werke bestimmen. Dennoch ist für einen großen Teil der lyrischen Skizzen ein tragischer, zuweilen auch pessimistischer und fatalistischer Grundton kennzeichnend, der aus der Verzweiflung des einsamen, alternden und todkranken Dichters angesichts der Vergänglichkeit des Lebens und des unaufhaltsam nahenden Endes resultiert.

Viele dieser Gedanken und Gefühle fanden ihren Ausdruck in Träumen, Visionen, Halluzinationen oder anderen Elementen romantischer Natur. Auch sind die Miniaturen dieser Art reich an Allegorien und Symbolen. So tritt der Tod in den Traum- und Phantasievorstellungen des Verfassers in verschiedener Weise versinnbildlicht in Erscheinung: als blinde Greisin („Die Alte"), als unheimliches Insekt („Das Insekt"), als blasse schöne Frau („Begegnung") oder als unbewegliche Gestalt mit dem Stundenglas in der Hand („Die Sanduhr"). Fast naturwissenschaftlich exakt mutet dagegen die meisterhafte psychologische Studie über das Verhalten des Menschen in der Sterbestunde an („Was werde ich denken?"). Philosophisch lassen sich die Grundgedanken der „Gedichte in Prosa" keineswegs auf einen Nenner bringen. Ohne Zweifel spielt jedoch eine Idee, die auch in früheren Werken Turgenjews anklingt, eine dominierende Rolle: die Natur als ewige Elementarkraft, die weder Gut noch Böse, weder Vernunft noch Gerechtigkeit kennt und dem Menschen gnadenlos das Leben wieder nimmt, so wie sie es ihm als ihrem Geschöpf gegeben hat („Die Natur"). Das ist auch der tiefere Sinn des Dialogs zwischen Jungfrau und Finsteraarhorn, das Jahrtausende als kurzen Augenblick umfaßt („Zwiegespräch"), und des spöttisch-nachsichtigen Lächelns der tausendjährigen Eiche über die eitlen Vorstellungen des Menschen von Besitz und Zeit („*Meine* Bäume").

Dieser „kosmische Fatalismus" Turgenjews, der an Schopenhauer erinnert – dessen Einfluß auf den russischen Dichter freilich häufig überschätzt wird –, bildet aber nicht die einzige Ursache für die tragische und pessimistische Grundstimmung eines Teils der „Gedichte in Prosa". Auch die schwierigen Lebensumstände des Dichters in der Entstehungsperiode der „Senilia" dürften Problematik und Aussage beeinflußt haben.

Seine letzten Lebensjahre, in denen die Prosagedichte geschrieben wurden, verbrachte Turgenjew in Paris und in Bougival bei Paris, wohin er unmittelbar nach dem Deutsch-Französischen Krieg von 1870/71 übergesiedelt war, seiner Freundin Pauline Viardot und ihrer Familie folgend. Waren seine Beziehungen zu der großen französischen Sängerin, die verheiratet war, bereits vorher recht kompliziert, so vertiefte sich bei ihm mit fortschreitendem Alter das Gefühl der Einsamkeit, der „Nestlosigkeit", dem er in der Skizze „Ohne Nest", aber auch in „Altern" und „Die Tauben" ergreifenden dichterischen Ausdruck verlieh.

Hinzu kam, daß sich in diesem Zeitraum sein Gesundheitszustand zunehmend verschlechterte und sich Todesahnungen und Todesfurcht verstärkten. Nachdem ihn zunächst jahrelang die Gicht geplagt hatte, machte sich ab 1882 jene heimtückische Krankheit bemerkbar, die nach qualvollem Siechtum schließlich im September 1883 seinen Tod herbeiführte und erst nach der Obduktion als Rückenmarkkrebs erkannt wurde.

Eine Vorstellung von dem Ausmaß seiner Leiden vermittelt ein Brief des Dichters an Ludwig Pietsch vom 30. Juli 1882, in dem es heißt: „Meine Krankheit hat sich jetzt als chronisch festgesetzt, und wie lange sie sitzen bleiben wird – kann mir kein Arzt sagen ... Gehen und stehen kann ich nur eine kurze Zeit – zirka 5 Minuten, und das noch mit einer Maschine, die mir auf die linke clavicule ... drückt; sonst wird der Schmerz sehr unangenehm. Auch fühl ich ein beständiges Zahnwehreißen im *rechten* Schulterblatt, das gewöhnlich nachts sehr heftig wird und mich zwingt, zu Opiumeinspritzungen meine Zuflucht zu nehmen ... Die Erschütterung des Wagens, ja des Schreibens kann ich nur kurze Zeit ertragen. Resultat: An keine Arbeit, an keine Reise ist zu denken, und es kann so jahrelang dauern. Ob das Leben dabei als etwas sehr Wünschenswertes erscheint – überlaß ich Ihrem Scharfsinn zu entscheiden." Auf diesem biographischen Hintergrund entstand unter anderem das ergreifende Prosagedicht „Nessun maggior dolore" („Es gibt keinen größeren Schmerz"), in dem die Schönheit der Natur, der Kunst und des Frauenantlitzes einen erschütternden Kontrast bilden zur Gestalt des unheilbar Kranken, der alle zwei Stunden seine widerliche und nutzlose Medizin einnehmen muß.

Aber nicht nur Alter, Einsamkeit und Krankheiten verbittern in dieser Phase das Leben des Dichters, sondern auch die gegen ihn gerichteten Angriffe in der russischen und westeuropäischen Presse. In der reaktionären Literaturkritik seiner Heimat, die unter anderem seinen letzten Roman „Neuland" (1877) aus politischen Motiven verrissen hatte, warf man ihm gnadenlos Unkenntnis der russischen Verhältnisse, Schwund seiner dichterischen Kräfte und Verrat an der russischen Sprache vor. Gegen diese Verleumder mit ihrer Prinzipienlosigkeit, Boshaftigkeit und Nichtigkeit richteten sich die Prosagedichte „Der

Hohlkopf", „Der Korrespondent", „Das Reptil" und „Der Schriftsteller und der Kritiker", die ihn als brillanten Satiriker ausweisen.

Besonders schwer litt Turgenjew zu jener Zeit unter der Trennung von der geliebten Heimat, die er bereits 1863 als freiwilliger Emigrant verlassen hatte und in die er nach seiner schweren Erkrankung nicht einmal mehr besuchsweise zurückkehren konnte. Als aufmerksamer Beobachter der politischen und sozialen Entwicklung in seinem Vaterland erfüllten ihn die russischen Verhältnisse mit drückender Sorge und ließen ihn „beim Anblick all dessen, was daheim geschieht", fast verzweifeln („Die russische Sprache"). In „Neuland" wurden diese Zustände wie folgt geschildert: „Halb Rußland verhungert ... Studentenhilfskassen werden verboten, überall Herumschnüffelei, Unterdrückung, Denunziantentum, Lug und Trug – keinen Schritt können wir tun." Voll Trauer und Zorn gedachte Turgenjew in seiner lyrischen Skizze „Die Drossel 2" der vielen russischen Menschen, die jene „unfähigen Befehlshaber" des zaristischen Staates im Russisch-Türkischen Krieg von 1877 geopfert hatten, weil sie die Absicht hegten, das „Kreuz über der Kuppel der Hagia Sophia" zu errichten, das heißt das türkische Konstantinopel zu erobern („Das Dorf").

Turgenjews „Gedichte in Prosa" enthalten auch aktive, lebensbejahende Elemente, die der Dialektik der ewigen Erneuerung des Lebens im Sinne Goethes verpflichtet sind. Sie zeigen sich in den hellen Visionen von Jugend und Schönheit („Ein Gastmahl beim Höchsten Wesen", „Steh still!", „Der Stein"), vor allem aber in dem humanistischen Glauben an die – freilich zwiespältig empfundene – Kraft der Liebe und die Ideen der Menschlichkeit, Gerechtigkeit und Freiheit („Der Bettler", „Die Wahrheit und das Wahre"). Besonders die Liebe wird zu den entscheidenden Lebensantrieben gerechnet. Sie ist „stärker als der Tod und die Todesangst" („Der Spatz"). Die Natur mit ihren Gesetzen vermag den Dichter nicht nur elegisch zu stimmen, sie schenkt ihm auch neuen Lebensmut („Noch gebe ich nicht auf!", „U-äh ... U-äh ..."). Keinen Hort der Zuflucht und des Trostes bedeutete für den Autor der „Senilia" die Religion („Christus", „Das Gebet"), der er zeit seines Lebens indifferent und zurückhaltend gegenüberstand. Dafür waren ihm in jenen „Tagen des Zweifels, des bedrückenden Nachdenkens über das Schicksal meiner Heimat" Halt und Stütze die „große, kraftvolle, wahrhaftige und biegsame russische Sprache" und der damit verbundene Glaube an die Zukunft des russischen Volkes („Die russische Sprache").

Die schwere Lage dieses Volkes schilderte er mit tiefem Mitgefühl und echter Volksverbundenheit in den lyrischen Skizzen „Die Kohlsuppe", „Mascha", „Zwei Nabobs" und „Aufhängen", die in Thematik und Tendenz an seine „Aufzeichnungen eines Jägers" erinnern. Gerade diese Werke verdeutlichen, daß der Dichter trotz seines „tragischen Pessimismus" die „lebendige Beziehung zur Wirklichkeit", die an seinen Romanen und Erzählungen so geschätzt wurde, auch in den Prosagedichten keineswegs verloren hatte.

Wie in den „Aufzeichnungen eines Jägers" begnügte sich Turgenjew auch in diesem Zyklus nicht damit, nur die bedrückenden Verhältnisse und ihre Opfer darzustellen. Er zeigte auch jene geistigen und moralischen Potenzen des russischen Volkes, die für ihn eine Garantie für dessen künftige Entwicklung bildeten. Zu den besten Eigenschaften des russischen Nationalcharakters gehörten nach Ansicht des Dichters vor allem das Mitgefühl, die Großmut und die Opferbereitschaft der einfachen Menschen, die weder durch Armut noch durch den Tod erstickt werden können („Zwei Nabobs", „Aufhängen"). Scharf kontrastieren hierzu solch negative Charakterzüge wie Egoismus, Boshaftigkeit und Verleumdungssucht, die in erster Linie für die Vertreter der herrschenden Schichten kennzeichnend waren („Der Egoist", „Der Zufriedene"). In den „Gedichten in Prosa" setzte Turgenjew wie zuvor bereits in den Romanen „Vorabend" und „Neuland" der charakterstarken russischen Frau ein bleibendes Denkmal. In der lyrischen Skizze „J. P. Wrewskaja zum Gedenken", die dokumentarischen Charakter hat, erzählt er schlicht und ergreifend das Schicksal der Baronesse Wrewskaja, mit der er persönlich befreundet gewesen war und die als Krankenschwester im Russisch-Türkischen Krieg von 1877 in Bulgarien dem Typhus erlag. Diese Gestalt gehört zu jenen Turgenjewschen Frauen und

Mädchen, die, erfüllt von großer seelischer Kraft, von Opfermut und von Liebe zu den Mitmenschen, auf ein kleines individuelles Glück verzichten, um ihr Leben einer großen Idee zu weihen.

Eine weitere Variation dieses Themas gestaltete der Dichter in „Die Schwelle" (1878), dem aussagestärksten Prosagedicht dieses Zyklus. Wie schon im Roman „Neuland" (1877) verbindet sich hier die Gestalt der charaktervollen Frau mit dem heroischen Bild der revolutionären Jugend Rußlands, die in der Volkstümlerbewegung der siebziger Jahre einen verzweifelten Kampf gegen die zaristischen Unterdrücker führte. In der Miniatur „Der Arbeiter und der Mann mit den weißen Händen" hatte Turgenjew – wie bereits in dem Roman „Neuland" – den tragischen Zwiespalt zwischen der jungen revolutionären Volkstümlerintelligenz und dem einfachen Volk anklingen lassen. Obwohl er revolutionäre Ziele und Methoden ablehnte, beeindruckte ihn angesichts der Verkommenheit der besitzenden Klassen, der Korruptheit der Beamtenschaft und der heuchlerischen Verlogenheit der Liberalen in Rußland der Opfermut und die ideale Gesinnung der jungen Revolutionäre.

In „Die Schwelle" wird das visionäre Bild eines russischen Mädchens gezeichnet, das bewußt „Kälte, Hunger, Haß, Spott, Verachtung, Beschimpfungen, Gefängnis, Krankheit und schließlich den Tod" auf sich nimmt, um sich dem Befreiungskampf zu widmen. Obwohl dieses Prosagedicht in romantischer Manier zeitlos-abstrakt gehalten ist, wurde es vom Dichter mit Rücksicht auf die strenge Zensur aus dem Sammelband von 1882 vor dem Druck herausgenommen. Dennoch kursierte es in handgeschriebenen Exemplaren innerhalb der fortschrittlichen Intelligenz, und bei der Beerdigung Turgenjews am 5. September 1883 wurde es in Petersburg zusammen mit einer Flugblattproklamation von den revolutionären Mitgliedern der Geheimorganisation „Narodnaja wolja" illegal verbreitet. In diesem Flugblatt hieß es: „Turgenjew diente der Revolution mit seinem Werk ... er liebte die revolutionäre Jugend, nannte sie ‚heilig' und ‚selbstlos'." Erst nach der russischen Revolution von 1905 konnte „Die Schwelle" legal in Rußland veröffentlicht werden. In Deutschland machte sich die

Arbeiterbewegung um die Verbreitung und Propagierung dieses Werkes verdient. Bereits vor der Jahrhundertwende wurde es wiederholt publiziert. So erschien die erste deutsche Übersetzung der „Schwelle" 1890 in der SPD-Zeitschrift „Die neue Zeit", der 1896 eine weitere Ausgabe in Clara Zetkins „Die Gleichheit" folgte. Nicht enthalten war dieses Prosagedicht in den ersten deutschen Sammlungen der „Senilia", die – auf der Grundlage der russischen Originalausgabe von 1882 – noch zu Lebzeiten des Dichters (1883) in vier parallel und unabhängig voneinander erscheinenden Separatausgaben (so auch vom Leipziger Reclam-Verlag) veröffentlicht wurden.

Vielschichtig wie die Thematik und der Ideengehalt der „Gedichte in Prosa" ist auch ihre ästhetische Struktur. Bedingt durch die komplizierte weltanschauliche Situation des Verfassers in dieser Periode, schließt die künstlerische Methode, die der Gestaltung des Zyklus zugrunde liegt, sowohl realistische wie auch romantische Elemente und die entsprechenden Darstellungsmittel ein. Auch von der äußeren Form und der inneren Komposition her gleichen sich die Prosagedichte nur wenig. So begegnet man Genreformen wie der Skizze, der Kurzgeschichte, der Fabel, dem dramatischen Dialog, dem lyrischen Nekrolog, dem satirischen Porträt, der stilisierten Legende, der Autorreflektion, der patriotischen Hymne.

Daß jeder Miniatur des Zyklus der Rang eines selbständigen Kunstwerkes zukommt und dies auch bei der Lektüre zu berücksichtigen ist, darauf hat Turgenjew selbst in seiner Vorrede „An den Leser" hingewiesen, die auszugsweise in der russischen Erstausgabe von 1882 zitiert wurde: „Mein guter Leser! Überfliege diese Gedichte nicht hintereinander, wahrscheinlich wird es langweilig werden und das Buch Dir aus den Händen fallen. Lies sie vielmehr einzeln: heute das eine, morgen das andere. Irgendeines wird vielleicht etwas in Deiner Seele wachrufen."

Obwohl der französische Dichter Charles Baudelaire (1821 bis 1867) mit seinen „Petits poèmes en prose" (1869), die auch Turgenjew gekannt haben dürfte, das Prosagedicht in der europäischen Literatur als erster populär machte, besteht kein

Zweifel, daß Turgenjew mit seiner „Senilia" zumindest für die russische Literatur ein neues Genre begründete.

Trotz aller divergierenden Merkmale, ihrer thematischen und ästhetischen Vielfalt weisen seine „Gedichte in Prosa" einige Momente auf, die sie zu einer Einheit verbinden. Ein Kennzeichen dieses Genres ist die meisterhafte Verschmelzung der freien und der gebundenen Rede zu einer rhythmischen Prosa, die zwar auch in anderen Werken des Dichters anklingt, hier aber ihren Höhepunkt findet. Viele „Gedichte in Prosa" sind nach den Gesetzen musikalischer Komposition aufgebaut und weisen einen lyrischen Erzählstil auf. Unter den sprachlichen Mitteln, die der Dichter einsetzt, fallen besonders die aphoristischen Wendungen ins Auge, die in der russischen Sprache und Publizistik später teilweise den Charakter geflügelter Worte bekamen. Kennzeichnend für die Prosagedichte Turgenjews sind die Komprimiertheit, Kürze und lakonische Schlichtheit, mit der aus der Altersweisheit des Dichters geborene Gedanken – Intimes, Allgemeinmenschliches und Gesellschaftliches – in einer Art lyrischem Tagebuch aufgezeichnet worden sind. Diese Fähigkeit Turgenjews, mit der ihm eigenen unverwechselbaren lyrischen Intonation und stilistischen Meisterschaft bedeutende Ideen knapp zu gestalten, hat ihre Vorbildwirkung bis heute nicht verloren.

Im Gegensatz zu den „Gedichten in Prosa" gehören die Komödien zum Frühschaffen Turgenjews. Dieser eröffnete seine literarische Laufbahn mit dem romantischen Versdrama „Steno" (1834), das er später selbst als „sklavische Nachahmung des Byronschen ‚Manfred'" bezeichnete. Obwohl er in den folgenden Jahren bis 1843 hauptsächlich Gedichte schrieb, interessierte sich der junge Turgenjew für die Probleme der Dramatik und des Theaters. So übertrug er als Achtzehnjähriger Shakespeares „Othello" und „König Lear" ins Russische. Daneben studierte er die Geschichte und Theorie des Dramas und betätigte sich als Literaturkritiker und Theaterrezensent. Ausführliche Artikel über Schillers „Wilhelm Tell" und Goethes „Faust", aber auch kritische Besprechungen damals vielgespielter Theaterstücke der einflußreichen, zarentreuen

Dramatiker Kukolnik und Gedeonow stammen aus seiner Feder.

Diese intensive Beschäftigung mit den Fragen der Dramatik und des zeitgenössischen Theaters ging konform mit dem Bestreben des Schriftstellers, sich dem Einfluß der „pseudoerhabenen Schule" – so nannte er später den reaktionären Flügel der damaligen russischen Romantik – zu entziehen und sich für eine Neuorientierung der russischen Literatur wie auch des russischen Theaters im Geist des von Puschkin und Gogol begründeten Realismus einzusetzen. Große Bedeutung für diese Entwicklung hatte Turgenjews enge Verbindung zu Belinski, dem Begründer der realistischen Literaturkritik in Rußland. Unter Belinskis Einfluß beteiligte sich Turgenjew in den vierziger Jahren am Kampf gegen die Ideen der Selbstherrschaft, der Orthodoxie und des slawophilen Chauvinismus in der reaktionären Literatur, gegen einen verlogen-phrasenhaften und sentimentalen Stil ihrer Werke sowie gegen Bestrebungen, den aktuellen, brennenden Fragen des gesellschaftlichen Lebens auszuweichen.

Diese Tendenzen traten auch in der zeitgenössischen Dramatik in Erscheinung und erwiesen sich als Hemmschuh für eine progressive Entwicklung des russischen Theaters. Sie konnten nur in schöpferischer Aneignung des Erbes von Fonwisin, Gribojedow, Puschkin und Gogol überwunden oder zumindest zurückgedrängt werden.

Seinen bedeutendsten Beitrag zur Überwindung der Stagnation auf der russischen Bühne und zur Durchsetzung des Realismus in der dramatischen Dichtung leistete Turgenjew mit zehn Komödien, die zwischen 1843 und 1850 – neben etlichen unvollendet gebliebenen Stücken und Entwürfen – entstanden und von denen einige bleibende Bedeutung erlangten.

In der dramatischen Skizze „Unvorsichtigkeit" (1843) parodierte der Dichter in geistreicher, an Puschkin erinnernder Manier das romantische Melodrama, das mit seinen kitschigen Intrigen und ausgeklügelten theatralischen Effekten die russische Bühne beherrschte. In der Folgezeit war das Bemühen Turgenjews als Dramatiker auf die wahrheitsgetreue Erfassung charakteristischer Erscheinungen der russischen Wirklichkeit gerichtet. Erfüllt von tiefem Haß gegen die unmenschliche Leibeigenschaft, entlarvte er in seinen Komödien – wie bald darauf auch in den „Aufzeichnungen eines Jägers" – die Verkommenheit der herrschenden Adelsklasse. Zugleich brachte er sein Mitgefühl für die „kleinen Leute" aus den unterdrückten und in tiefer Armut lebenden Rasnotschinzenschichten zum Ausdruck, deren Menschenwürde er in seinen Werken verteidigte.

In bewußter Ablehnung des üppigen „rhetorischen" Stils der „pseudoerhabenen" Richtung verwirklichte Turgenjew in seinen Komödien das Prinzip der „Einfachheit" und „Natürlichkeit" und erwies sich auch darin als ein Vertreter der von Gogol und Belinski gegründeten „Natürlichen Schule". Seine dramatischen Sujets sind unkompliziert und lebensnah; alles ist der Aufgabe untergeordnet, die innere Welt der Helden zu erschließen und echte menschliche Gefühle darzustellen. Diese bewußte Orientierung auf die Lebenswahrheit führte im dramatischen Schaffen Turgenjews auch zu einer Verflechtung von Komischem und Tragischem, Elementen der Sittenkomödie, des psychologischen und sozial-psychologischen Dramas.

In den Komödien „Ohne Geld" (1845), „Der Kostgänger" (1848), „Der Junggeselle" (1849), „Das Frühstück beim Adelsmarschall" (1849) und „Die Provinzlerin" (1851) setzte Turgenjew thematisch und künstlerisch die literarischen Traditionen Gogols fort, wobei er sich vom begabten Schüler immer mehr zum eigenständigen Schriftsteller entwickelte. Während hier mit relativ einfachen Mitteln die Verschwendungssucht, die Oberflächlichkeit und der Leichtsinn der Adelsjugend satirisch beleuchtet werden, enthüllte der Dichter einige Jahre später in der Komödie „Das Frühstück beim Adelsmarschall" künstlerisch anspruchsvoller die Denk- und Lebensweise des russischen Landadels mit seiner Ichsucht und Unkultiviertheit. Wie zuvor Gogol in seinen „Toten Seelen" (1842) zeichnete Turgenjew hier eine Reihe satirischer Porträts von Gutsbesitzertypen. Eine psychologisch besonders eindrucksvolle Charakterstudie gelang ihm mit der Gutsbesitzerin Kaurowa, die in ihrer hintergründigen Schlauheit und Boshaftigkeit eine bemerkenswerte Variante dieses parasitären Typus verkörpert.

„Der Kostgänger" behandelt das Schicksal eines unverschuldet verarmten Adligen, der, als Gnadenbrotempfänger auf einem Gut lebend, alle Demütigungen dieser Lage ertragen muß. Während hier die Problematik des „fremden Brotes", der sozialen und ökonomischen Abhängigkeit in einer hierarchischen Gesellschaft, im Mittelpunkt steht, richtete sich die sozialkritische Tendenz der Komödie „Der Junggeselle" gegen die Überheblichkeit der höheren Beamtenschaft, deren Standesdünkel und kalte Berechnung auch das Leben und die Moral der kleinen Leute vergiftete. Die Hauptgestalt in diesem Werk ist ein niedriger Beamter, der in seiner Menschenwürde tief gekränkt wird, als der Verlobte seiner Pflegetochter aus Karrieregründen die Beziehungen zu ihm abbricht und seine Braut im Stich läßt. In beiden Komödien findet man ein „Lachen unter Tränen", das mit seiner tragischen Komik an Gogol erinnert.

Eine völlig andere Interpretation des „kleinen Mannes" brachte die Komödie „Die Provinzlerin", die Turgenjew 1850 in wenigen Tagen niederschrieb. Darja Iwanowna, die Heldin des Werkes, verkörpert die weibliche Spielart des bürgerlichen Emporkömmlings. Unzufrieden mit ihrem provinziellen Dasein als Ehefrau eines unbedeutenden ältlichen Beamten, möchte sie mit allen Mitteln nach Petersburg gelangen, um dort Anschluß an die höheren Kreise zu finden. Die Waffen, die sie einsetzt, um dieses Ziel zu erreichen und die Versetzung ihres Mannes zu bewerkstelligen, sind Koketterie, Schmeichelei und Lüge. Diese auf Karriere bedachte Frau wird indes keinesfalls nur negativ gezeichnet. Mit ihrer Zielstrebigkeit, ihrer Tatkraft und ihrem scharfen Verstand, der sich mit Charme und Humor verbindet, ist sie dem vertrottelten Grafen, der ihre Wünsche erfüllen soll, wie auch ihrem Ehemann weit überlegen. Mit diesem Stück bestätigte Turgenjew erneut die Feststellung Gogols, daß der traditionelle Liebeskonflikt als Sujetgrundlage für das russische Drama überholt sei, weil in der Zeit des aufkommenden Kapitalismus andere Konflikte die menschlichen Beziehungen bestimmten: „Jetzt schürzt den Knoten im Drama stärker das Bestreben, eine vorteilhafte Stelle zu ergattern, zu glänzen und den anderen, koste es, was es wolle, in den Schatten zu stellen ... Haben jetzt nicht ein Rang,

Geld, eine günstige Heirat mehr Anziehungskraft als die Liebe?"

Daß Turgenjew als Dramatiker nicht nur ein hervorragender Sittenschilderer und Sozialkritiker war, sondern auch ein bedeutender Psychologe, stellte er zuerst mit seiner Komödie „Wo allzu fein gesponnen wird, da reißt es eben" (1847) unter Beweis. Hauptfigur dieses Werkes ist der „überflüssige Mensch" Gorski, der mit seiner Unentschlossenheit, seinem ungewollten Egoismus und der Neigung zum übermäßigen Reflektieren typische Züge der Adelsintelligenz jener Zeit trägt. Gorskis sophistische Reden, ihre Wirkung auf ein unerfahrenes Frauenherz und sein widersprüchliches Verhalten in der Stunde der Entscheidung erinnern an Lermontows Romanhelden Petschorin („Ein Held unserer Zeit"), aber auch an Rudin aus Turgenjews erstem Roman (1855). Der dramatische Konflikt dieser Komödie beruht nicht auf erregenden äußeren Kollisionen, sondern auf dem geistigen Duell zwischen Gorski und der Gutsbesitzertochter Wera, die auf seinen Heiratsantrag wartet und sich schließlich für einen anderen entscheidet, als sie Gorskis Unfähigkeit zu echter Liebe erkennt. Mit ihrer Schlichtheit, Natürlichkeit und inneren Harmonie bleibt Wera moralisch überlegen. Künstlerisch gestaltete Turgenjew diesen Konflikt hauptsächlich in den Dialogen zwischen den beiden Hauptfiguren, durch die Leser und Zuschauer tiefen Einblick in die seelische Struktur der Helden erhalten. Den kontrastierenden Hintergrund dazu bilden triviale Gespräche und alltägliche Verrichtungen der anderen adligen Gutsbewohner.

Den Höhepunkt seines dramatischen Schaffens erreichte Turgenjew mit der Komödie in fünf Akten „Ein Monat auf dem Lande" (1850), die alsbald von der Zensur verboten wurde und erst 1855 stark verändert veröffentlicht werden konnte. In diesem sozialpsychologischen Stück, das ursprünglich den Titel „Der Student" trug, wandte sich der Dichter erstmals dem historischen Konflikt zwischen den beiden sich gegenüberstehenden Klassen und politischen Generationen zu: den adligen „Vätern" und den „Söhnen" aus kleinbürgerlich-demokratischen Kreisen. Auch wenn der Zusammenprall hier noch nicht so heftig erfolgt wie in dem Roman „Väter und Söhne" (1861), zeigt sich doch bereits deutlich die Überlegenheit solch unverbildeter, tatkräftiger und aufrichtiger Vertreter der Rasnotschinzenschicht wie des jungen Hauslehrers und Studenten Beljajew über die selbstsüchtigen, willensschwachen und „überflüssigen" adligen Gutsbewohner. Während Beljajew, der nicht zufällig mit den Anfangsbuchstaben seines Namens und einigen biographischen Details an den jungen Belinski erinnert, durch ein hartes Dasein geformt wird, tendieren die im übrigen nicht unsympathisch gezeichneten Adelsvertreter zu einem müßigen und bequemen Herrenleben, das sie letztlich verdirbt.

In „Ein Monat auf dem Lande" entwickelte Turgenjew jene Prinzipien weiter, die er bereits in „Wo allzu fein gesponnen wird, da reißt es eben" angewandt hatte. Erneut verzichtete er auf eine effektvolle äußere Intrige, auch hier spielen sich die Konflikte hauptsächlich im Inneren der handelnden Gestalten ab; sie werden transparent gemacht durch den Dialog, der sich durch eine gewisse Doppelbödigkeit auszeichnet und oft Untertöne aufweist, die – zumeist verborgen hinter scheinbar alltäglichen Bemerkungen – den eigentlichen Sinn der Gedanken und Gefühle der Helden offenbaren.

Diese von Turgenjew begründete Methode wurde später von Tschechow aufgenommen und in dessen Komödien weiterentwickelt. Gleiches gilt auch für den lyrisch-intimen Grundzug, die gefühlsbetonte Atmosphäre, die in „Ein Monat auf dem Lande" wie auch in anderen Werken des Dichters besonders durch die Einbeziehung der Natur und der Musik hervorgerufen wird.

Nach den Einaktern „Ein Gespräch auf der großen Landstraße" (1850) und „Ein Abend in Sorrent" (1852), die nicht die Bedeutung der vorausgegangenen Stücke erreichen, schrieb Turgenjew keine dramatischen Werke mehr. Ende der fünfziger Jahre trat mit Alexander Ostrowski ein Dramatiker an seine Seite, der fähig war, auf dem von Turgenjew geschaffenen Fundament aufzubauen, und der dem Realismus in der dramatischen Literatur zum Durchbruch verhalf. Ein weiterer Grund für die Abkehr vom dramatischen Genre dürfte die ständige Behinderung des Dichters durch die Literatur- und Theaterzensur gewesen sein, die bei mehreren Werken die Aufführung oder

Veröffentlichung zunächst gänzlich verbot oder aber entstellende Veränderungen des ursprünglichen Textes anordnete. Letzten Endes zweifelte der Dichter jedoch an seiner dramatischen Begabung – um so mehr, als seine Komödien bei Zuschauern und Kritikern zunächst nur wenig Erfolg hatten, er aber bei Erscheinen der „Aufzeichnungen eines Jägers" (1852) als bedeutender Prosaist gefeiert wurde und seine schriftstellerische Zukunft auf dem Gebiet der kleinen epischen Form zu liegen schien. Im Vorwort zur ersten Sammlung seiner dramatischen Werke, die 1869 erschien, erklärte Turgenjew: „Da ich in mir kein dramatisches Talent sehe, hätte ich den Bitten der Herren Herausgeber, die meine Werke möglichst vollständig drucken wollten, wohl nicht entsprochen, wenn ich nicht dächte, daß meine Stücke, die auf der Bühne nicht befriedigen, ein gewisses Interesse beim Lesen hervorrufen können. Vielleicht irre ich mich auch hierin; möge das Publikum entscheiden!"

In der Tat irrte sich Turgenjew in dieser Einschätzung, auch wenn die zeitgenössische russische Literaturkritik gleichfalls die Auffassung verbreitete, daß seine Komödien nicht bühnenwirksam, sondern vornehmlich als Lesedramen wertvoll seien. Ausschlaggebend für die relativ geringe Resonanz, die die Aufführungen dieser Stücke längere Zeit fanden, war wohl, daß die komplizierten künstlerisch-dramaturgischen Besonderheiten der Turgenjewschen Dramatik bis zur Jahrhundertwende von Regisseuren und Schauspielern zuwenig verstanden und berücksichtigt worden sind. Eine Ausnahme bildeten lediglich so hervorragende russische Schauspieler jener Zeit wie Stschepkin, Martynow und Sawina. Erst mit der Reform des russischen Theaters durch Stanislawski und Nemirowitsch-Dantschenko zu Beginn des 20. Jahrhunderts entdeckte man die Spezifik und das Neuerertum der Turgenjewschen Dramatik, das nach Meinung Stanislawskis vor allem in der „inneren Zeichnung" der Figuren, in der „inneren Handlung" der Stücke besteht und den Weg für Tschechows Dramenkunst gebahnt hat. Nicht zufällig brachte gerade das Moskauer Künstlertheater, das auch Tschechows Komödien zum entscheidenden Durchbruch verhalf, erstmals diesen komplizierten „Untertext" zur vollen Bühnenwirkung. Von dieser Zeit an gehörten die Komödien Turgenjews zum festen Repertoire des russischen Theaters, das auch heute noch Stücke wie „Ein Monat auf dem Lande" und „Das Frühstück beim Adelsmarschall" regelmäßig zur Aufführung bringt.

Die erste deutsche Übersetzung einer Komödie Turgenjews erschien 1878 in „Westermanns Illustrierten Monatsheften" unter dem Titel „Die Erbteilung" („Das Frühstück beim Adelsmarschall"). Deutsche Theaterinszenierungen lassen sich dagegen erst für die Zeit nach dem Tode des Dichters nachweisen. Die früheste Aufführung erfolgte wohl im Oktober 1884 im Belle-Alliance-Theater in Berlin, wo die Komödie „Die Provinzialin" („Die Provinzlerin") gespielt wurde. Neben diesen Werken fanden in der Folgezeit vor allem „Ein Monat auf dem Lande" und „Der Kostgänger" gelegentlich Eingang in die Spielpläne deutscher und österreichischer Bühnen. Trotz der verdienstvollen Vermittlerbemühungen Eugen Zabels gelang es jedoch nicht, die Dramatik Turgenjews im deutschsprachigen Theater so heimisch zu machen wie die Stücke Lew Tolstois und Tschechows.

Klaus Dornacher

Anmerkungen

9 *Zargrad* – Alte slawische Bezeichnung für Konstantinopel.
15 *Hörst du des Toren Urteil ...* – Zitat aus Alexander Sergejewitsch Puschkins (1799–1837) Gedicht „An den Dichter" (1830).
16 *Schlage mich, aber höre mich an!* – Worte des athenischen Feldherrn und Staatsmannes Themistokles (um 524–um 459 v. u. Z.), mit denen er sich an Eurybiades, den Anführer der spartanischen Flotte und Oberanführer der griechischen Macht im zweiten Perserkrieg, wandte, als dieser sich vor der persischen Übermacht nach der Peloponnes zurückziehen wollte. Er erreichte, daß sich die vereinigte griechische Flotte im Sund von Salamis zur Entscheidungsschlacht stellte, und errang 480 hier einen vollständigen Sieg.
achtarmiges Kreuz – Gemeint ist der Sankt-Stanislaus-Orden, ein ursprünglich polnischer Verdienstorden, der von König Stanislaus II. von Polen (1732–1798) im Jahre 1765 gestiftet wurde. Zar Nikolaus I. (1796–1855) verleibte ihn 1831 den russischen Orden ein.
32 *das letzte Wiedersehen* – Turgenjew beschreibt hier seine letzte Begegnung mit dem russischen Dichter Nikolai Alexejewitsch Nekrassow (1821–1878).
36 *necessitas, vis, libertas* – (lat.) die Notwendigkeit, die Kraft, die Freiheit.
45 *Wrewskaja* – Julija Petrowna Wrewskaja (1841–1878), gute Bekannte Turgenjews, mit der er mehrere Jahre lang im Briefwechsel stand. Zu Beginn des Russisch-Türkischen Krieges (1877/78) stellte sie sich als Krankenschwester zur Verfügung.
48 *nur Ödipus vermag das Rätsel zu lösen* – In der griechischen Mythologie löst Ödipus das Rätsel, welches die thebaische Sphinx jedem, der ihr nahte, aufgab: „Welches Geschöpf geht am Morgen auf vier Füßen, am Mittag auf zweien, am Abend auf dreien?"
56 *Schlacht von Austerlitz* – Am 2. 12. 1805 fand bei Austerlitz die Entscheidungsschlacht des dritten Koalitionskrieges statt. In die-

ser Schlacht besiegte Napoleon I. (1769–1821) unter den Augen des Zaren Alexander I. (1777–1825) und des Kaisers Franz II. (1768–1835) die österreichisch-russische Armee.

59 „*Wie wunderschön, wie frisch waren die Rosen ...*" – Anfangszeile aus dem Gedicht „Die Rosen" des russischen Dichters Iwan Petrowitsch Mjatlew (1796–1844).

60 *Lanner* – Joseph Lanner (1801–1843), österreichischer Komponist und Kapellmeister.

66 *Es gibt Dinge zwischen Himmel und Erde ...* – Ungenaues Zitat aus William Shakespeares (1564–1616) „Hamlet" (I, 5).
Was ist Wahrheit? – Worte aus dem Johannesevangelium (18, 38), mit denen sich Pontius Pilatus an Christus wendet.

72 *Tausende von meinen Brüdern ... sterben* – Gemeint sind die Opfer des Russisch-Türkischen Krieges (1877/78). Besonders bei der Belagerung von Pleven erlitt das russische Heer große Verluste.

75 *ein mit Schande bedeckter Skribent* – Gemeint ist der russische reaktionäre Journalist und Schriftsteller Boleslaw Michailowitsch Markewitsch (1822–1884).

76 *Thersites* – In der griechischen Mythologie der häßlichste unter den Griechen vor Troja. Er ist außerdem boshaft und schmähsüchtig.
O meine Jugend, mein frischer Mut! – Ungenaues Zitat aus Nikolai Wassiljewitsch Gogols (1809–1851) Roman „Die toten Seelen".

85 *nessun maggior dolore* – (ital.) es gibt keinen größeren Schmerz; Zitat aus dem ersten Teil der „Göttlichen Komödie" des italienischen Dichters Dante Alighieri (1265–1321).

91 „*Le Journal des Débats*" – (franz.) Die Zeitschrift der Debatten; Pariser Tageszeitung, die seit 1789 herausgegeben wurde.

92 „*Telegraph*" – „Moskauer Telegraph"; russische literarische und wissenschaftliche Zeitschrift (1825–1834), in der vor allem Werke romantischer Autoren gedruckt wurden.
vie de château – (franz.) Leben in einem Schloß.

93 *née Salotopine* – (franz.) geborene Salotopin.
le petit mot pour rire – (franz.) das kleine Wort zum Lachen.

97 *Où allez-vous donc?* – Wo wollen Sie denn hin?
Nulle part – (franz.) Nirgends hin.
Nous sommes trop bien ici – (franz.) Uns ist recht wohl hier.

98 *Aux armes!* – (franz.) Zu den Waffen!
j'ai l'honneur de vous saluer – (franz.) ich habe die Ehre, Sie zu begrüßen.

98 *Bien le bonjour* – (franz.) Einen schönen guten Tag.
Toujours fraîche comme une rose – (franz.) immer frisch wie eine Rose.
Et vous toujours galant. Venez ... – (franz.) Und Sie immer galant. Kommen Sie, ich habe Ihnen etwas zu sagen.
101 *La franchise est la meilleure des diplomaties* – (franz.) Offenheit ist die beste Diplomatie.
C'est vous, Vera? – (franz.) Sind Sie es, Wera?
102 *Oui, c'est moi ...* – (franz.) Ja, ich bin es, guten Tag, ich komme.
104 *Il n'est pas gênant?* – (franz.) Er ist nicht lästig?
Mais c'est très bien! – (franz.) Aber das ist herrlich!
Dites-moi – (franz.) Sagen Sie mir.
105 *Bonjour, petite* – (franz.) Guten Tag, Kleine.
Il est grand – (franz.) Er ist groß.
Liberté entière – (franz.) Völlige Freiheit.
C'est charmant – (franz.) Das ist reizend.
Rastrelli – Bartolomeo Francesco (russ. Warfolomej Warfolomejewitsch) Rastrelli (1700–1771), italienisch-russischer Architekt, bedeutender Repräsentant des russischen Barocks; erbaute u. a. das Winterpalais in Petersburg.
C'est Rastrelli, vous savez ... – (franz.) Rastrelli, wissen Sie, hat den Plan dazu entworfen.
106 *Vous êtes fort aimable!* – (franz.) Sie sind sehr liebenswürdig!
donnez-moi votre bras! – (franz.) geben Sie mir Ihren Arm!
Ne fermez pas la porte! – (franz.) Schließen sie nicht die Tür!
107 *Clementi* – Muzio Clementi (1752–1832), italienischer Klavierkomponist, -virtuose und -pädagoge. Seine zahlreichen Sonaten zeichnen sich durch Formklarheit und Ausdrucksstärke aus.
Ce n'est pas joli ... – (franz.) Was Sie da spielen, Wera, ist nicht hübsch!
Je crois bien – (franz.) Natürlich; hier: Ganz Ihrer Meinung.
108 *a l'honneur de recevoir vos confidences* – (franz.) die Ehre hat, Ihr Vertrauen zu genießen.
Qu'est ce que vous avez, bonne amie? ... – (franz.) Was haben Sie, teure Freundin? Warum husten Sie?
Rien, rien ... je ne sais pas ... – (franz.) Nichts, nichts ... ich weiß nicht ... diese Sonate muß recht schwierig sein.
109 *Nous faisons la paix ...* – (franz.) Wir schließen Frieden, teure Freundin.
Est-ce que vous vous étiez querellés? – (franz.) Hatten Sie sich gestritten?
Oui, un peu – (franz.) Ja, ein wenig.

111 *Puisque tout est arrangé* – (franz.) Da ja alles in Ordnung ist.
Eh bien? Elle s'en va? – (franz.) Nanu? Sie geht?
Oui. Elle est allée voir – (franz.) Ja, sie ist gegangen, um nachzusehen.
Quelle petite folle! – (franz.) Welch kleine Närrin!
113 *C'est vous, Woldemar? Bonjour...* – (franz.) Sind Sie es, Wladimir? Guten Tag. Treten Sie doch ein!
114 *wie in Gogols „Heirat"* – In Gogols Komödie „Die Heirat" springt der Bräutigam, kurz bevor die ganze Gesellschaft sich in die Kirche begeben will, um der Trauung beizuwohnen, aus dem Fenster und flieht.
118 *C'est incroyable!* – (franz.) Das ist unglaublich!
119 *Comme c'est contrariant! ...* – (franz.) Wie ärgerlich das ist! Nun gut.
Buffon – Georges-Louis Leclerc, Comte de Buffon (1707–1788), französischer Naturforscher und Philosoph; Anhänger der französischen Aufklärung und des französischen Materialismus. Buffon schrieb eine sechsunddreißigbändige „Allgemeine und spezielle Naturgeschichte" (1749–1788), die nach seinem Tod von anderen Gelehrten fortgesetzt und im Jahre 1804 abgeschlossen wurde.
petits jeux innocents – (franz.) kleine unschuldige Spiele.
Il est si complaisant! – (franz.) Er ist so gefällig!
Il est plus que cela ... – (franz.) Er ist mehr als das, Mama, er ist gut.
120 *mes enfants* – (franz.) meine Kinder.
Eh bien, que ferons-nous? – (franz.) Also gut, was werden wir machen?
Oh, ce sera charmant! – (franz.) Oh, das wird reizend sein!
N'est-ce pas? – (franz.) Nicht wahr?
121 *Très bien, très bien!* – (franz.) Sehr gut, sehr gut!
voulez-vous? – (franz.) wollen Sie?
Mais très volontiers – (franz.) Aber sehr gern.
122 *Oui, commencez* – (franz.) Ja, fangen Sie an.
nous allons rire – (franz.) wir werden lachen.
Ne riez pas d'avance – (franz.) Lachen Sie nicht im voraus.
Mais ou, laissez-le faire! – (franz.) Aber ja, lassen Sie ihn fortfahren!
123 *Non, il n'est pas en veine ...* – (franz.) Nein, er ist nicht in Fahrt, das stimmt.
125 *Bonne amie, venez-vous?* – (franz.) Teure Freundin, kommen Sie?
Oui, oui, allez toujours – (franz.) Ja, ja, gehen Sie immer.
voulez-vous me donner votre bras? – (franz.) wollen Sie mir Ihren Arm geben?

125 *Avec plaisir* – (franz.) Mit Vergnügen.
127 *Il fait encore trop mouillé* – (franz.) Es ist noch zu feucht.
128 *au pied du mur* – (franz.) an die Wand.
129 *J'ai gagné* – (franz.) Ich habe gewonnen.
  En bien! La revanche! – (franz.) Also gut! Revanche!
  Qui gagne? – (franz.) Wer gewinnt?
130 *J'ai gagné encore une fois!* – (franz.) Ich habe aufs neue gewonnen!
  Pourvu que tu sois heureuse ... – (franz.) Wenn du nur glücklich bist, mein Kind.
  Dieu! Que cela sera charmant! – (franz.) Gott! Wie reizend wird das sein!
131 *prenez mon ami* – (franz.) nehmen Sie meinen Freund.
  Ah, mon cher, si vous saviez ... – (franz.) Ach, mein Lieber, wenn Sie wüßten, wie glücklich ich heute bin!
132 *Adelsmarschall* – Im zaristischen Rußland Vorsteher der adligen Ständevertretung im Kreis- oder Bezirksmaßstab.
158 *Qui est ça?* – (franz.) Wer ist das?
159 *Savez-vous, cher ami?* – (franz.) Wissen Sie, lieber Freund?
161 *en gros* – (franz.) im großen und ganzen.
168 *Monte-Cristo se redressa haletant* – (franz.) Monte-Cristo sprang, heftig atmend, auf.
169 *Er konditioniert* – Im zaristischen Rußland übernahmen es die Schüler der obersten Klassen z. B. eines geistlichen Seminars, in den großen Ferien die Kinder wohlhabender Leute zu unterrichten oder sie für die Schule vorzubereiten.
174 *ce que vous êtes pour moi* – (franz.) was Sie für mich sind.
182 *Mon enfant, vous feriez bien ...* – (franz.) Mein Kind, Sie täten gut daran, für das Mittagessen ein anderes Kleid anzuziehen.
183 *Wozu sich verstellen?* – Worte der Tatjana aus Puschkins Versroman „Eugen Onegin".
187 *Antigone* – Gestalt aus der griechischen Mythologie; Tochter des Königs Ödipus, den sie nach dessen Selbstblendung begleitete. Titelheldin der Tragödie „Antigone" von Sophokles (496 bis 406 v. u. Z.).
189 *On n'entre pas comme cela ...* – (franz.) Man kommt nicht so in ein Zimmer. Das ziemt sich nicht.
190 *Wera, allez en avant avec monsieur!* – (franz.) Wera, gehen Sie mit Monsieur voran!
193 *beau ténébreux* – (franz.) teuflischer Schöner.
201 *Quelle tirade!* – (franz.) Welche Tirade!
207 *Paul de Kock* – Charles-Paul de Kock (1794–1871), französischer frühnaturalistischer Schriftsteller und Dramatiker; Verfasser

künstlerisch zweitrangiger Sittenbeschreibungen aus dem Leben der Pariser Gesellschaft. Paul de Kock wurde in den dreißiger und vierziger Jahren des 19. Jahrhunderts in Rußland viel gelesen.
207 *quatre-vingt-dix* – (franz.) neunzig.
George Sand – Eigentlich Amandine Aurore-Lucie Dupin, Baronin Dudevant (1804–1876), französische sozialkritische Romanschriftstellerin. In den fortschrittlichen russischen Kreisen der vierziger Jahre des 19. Jahrhunderts war sie durch ihren Kampf für die Emanzipation der Frau sehr populär.
an – (franz.) Jahr.
on – (franz.) man.
en – (franz.) in.
un – (franz.) ein.
209 *Souvent femme varie* – (franz.) Die Frau verändert sich oft.
219 *Asträa* – Gestalt aus der griechischen Mythologie; Tochter des Zeus und der Themis, Göttin der Gerechtigkeit. Sie lebte unter den Menschen, bis deren Verbrechen sie veranlaßten, von der verderbten Erde wieder in den Himmel zurückzukehren.
220 *Talleyrand* – Charles-Maurice de Talleyrand-Périgord, Fürst von Benevent (1754–1838), französischer Diplomat und Staatsmann, der durch seine politische Wandlungsfähigkeit und seine geschickte, skrupellose Verhandlungsführung bekannt war.
312 *cette grâce* – (franz.) diese Grazie.
Vous êtes charmante! – (franz.) Sie sind bezaubernd!
313 *influence* – (franz.) Einfluß.
Oh, j'en suis parfaitement persuadée! – (franz.) Oh, davon bin ich fest überzeugt.
Tiens! – (franz.) Schau einer an!
mais quel accent! – (franz.) aber welch Akzent!
314 *sous ces magnifiques tilleuls* – (franz.) unter diesen herrlichen Linden.
aussi jeune qu'alors – (franz.) ebenso jung wie damals.
monsieur le comte – (franz.) Herr Graf.
Vous êtes adorable ... – (franz.) Sie sind anbetungswürdig, anbetungswürdiger denn je.
En vérité? – (franz.) Wirklich?
315 *Pour moi – je fais peu ...* – (franz.) Für mich – ich mache wenig; aber was ich mache, ist gut.
à livre ouvert – (franz.) vom Blatt.
une bagatelle que j'ai composée – (franz.) eine Bagatelle, die ich komponiert habe.
sans aucune prétention – (franz.) ohne jeden Anspruch.

315 *Vous verrez, cela n'est pas mal!* – (franz.) Sie werden sehen, das ist nicht schlecht!
316 *Vous êtes un ange* – (franz.) Sie sind ein Engel.
Je suis un ange ... – (franz.) Ich bin ein Engel – ich bin anbetungswürdig!
320 *Me voilà, me voilà, ma toute belle!* – (franz.) Da bin ich, da bin ich, meine Wunderbare!
Oh, mais c'est charmant! – (franz.) Oh, aber das ist reizend!
321 *rentrée* – (franz.) Wiederholung.
andante, andante amoroso, quasi cantando – (ital.) andante, sanftes andante, gleichsam melodiös.
Une voix de compositeur ... – (franz.) Eine Komponistenstimme, wissen Sie!
Metastasio – Pietro Metastasio (1698–1782), italienischer Dichter.
La dolce tua immagine ... – (ital.) Dein zarter Anblick, o geliebte Jungfrau, ist für die verliebte Seele.
Oh, que c'est joli! – (franz.) Oh, wie hübsch das ist!
c'est moi qui vous le dit – (franz.) das sage ich Ihnen.
322 *Vous n'êtes pas faites, pour végéter ici* – (franz.) Sie sind nicht geschaffen, um hier dahinzuvegetieren.
trés chantant – (franz.) sehr sangbar.
323 *mais vous êtes une femme charmante!* – (franz.) aber Sie sind eine entzückende Frau!
324 *Permettez ... Je le lui dirai moi-même ...* – (franz.) Erlauben Sie ... Ich werde es ihm selbst sagen ... später ... wenn wir zu einem besseren Einvernehmen gekommen sind.
Vous avez déjà oubliée? – (franz.) Sie haben schon vergessen?
Il est jaloux ... – (franz.) Er ist eifersüchtig, und er versteht Französisch.
330 *vous dites* – (franz.) Sie sagen.
331 *de la sympathie* – (franz.) Sympathie.
que ce n'est pas pour mes beaux yeux – (franz.) daß das nicht wegen meiner schönen Augen ist.
332 *Je vous aime* – (franz.) Ich liebe Sie.
Et vous? – (franz.) Und Sie?
333 *Madame, je suis un galant homme* – (franz.) Gnädige Frau, ich bin ein Ehrenmann.
334 *Eh bien! Il n'y a pas à dire ...* – (franz.) Also gut! Da ist nichts zu sagen, Sie sind trotzdem bezaubernd.

Inhalt

Gedichte in Prosa 5
1. Senilia 7

   Das Dorf 7
   Zwiegespräch 9
   Die Alte 10
   Der Hund 12
   Der Rivale 13
   Der Bettler 14
   „Hörst du des Toren Urteil ..." 15
   Der Zufriedene 16
   Eine Lebensregel 17
   Das Ende der Welt. Ein Traum 17
   Mascha 19
   Der Hohlkopf 21
   Eine orientalische Legende 22
   Zwei Vierzeiler 25
   Der Spatz 28
   Die Schädel 29
   Der Arbeiter und der Mann mit den weißen Händen
   Eine Unterhaltung 29
   Die Rose 31
   Das letzte Wiedersehen 32
   Die Schwelle. Ein Traum 33
   Ein Besuch 34
   Necessitas, vis, libertas. Ein Basrelief 36
   Das Almosen 36
   Das Insekt 38

Die Kohlsuppe	39
Das himmelblaue Reich	40
Altern	41
Zwei Nabobs	42
Der Korrespondent	42
Zwei Brüder	43
J.P. Wrewskaja zum Gedenken	45
Der Egoist	46
Ein Gastmahl beim Höchsten Wesen	47
Die Sphinx	47
Die Nymphen	48
Der Freund und der Feind	50
Christus	52
Der Stein	53
Die Tauben	53
Morgen, morgen, nur nicht heute!	55
Die Natur	55
„Aufhängen"	56
Was werde ich denken?	58
„Wie wunderschön, wie frisch waren die Rosen ..."	59
Eine Seefahrt	61
An N.N.	62
Steh still!	63
Der Mönch	64
Noch gebe ich nicht auf!	64
Das Gebet	65
Die russische Sprache	66

2. Neue Gedichte in Prosa 67

Begegnung. Ein Traum	67
Ich habe Mitleid...	68
Der Fluch	69
Die Zwillinge	70
Die Drossel 1	70
Die Drossel 2	72
Ohne Nest	73
Der Becher	74
Wessen Schuld?	74

Eine Lebensregel	75
Das Reptil	75
Der Schriftsteller und der Kritiker	75
„O meine Jugend, mein frischer Mut!"	76
An***	77
Ich schritt inmitten hoher Berge ...	77
Wenn es mich nicht mehr geben wird ...	78
Die Sanduhr	79
Ich erhob mich mitten in der Nacht	79
Wenn ich allein bin ... Der Doppelgänger	92
Der Weg zur Liebe	81
Die Phrase	82
Die Einfalt	82
Der Brahmane	82
Du weintest...	83
Die Liebe	83
Die Wahrheit und das Wahre	83
Die Rebhühner	84
Nessun maggior dolore	85
Unter die Räder geraten...	85
U-äh ... U-äh ...	85
Meine Bäume	87

Komödien 89

Wo allzu fein gesponnen wird, da reißt es eben	91
Das Frühstück beim Adelsmarschall	132
Ein Monat auf dem Lande	167
Die Provinzlerin	290

Anhang 337

Nachwort	339
Anmerkungen	355

Turgenjew, Ges. Werke in Einzelb. 1–10
ISBN 3-351-02280-8
Turgenjew, Gedichte in Prosa
ISBN 3-351-02288-3

1. Auflage 1994
© Aufbau-Verlag Berlin und Weimar 1975 (deutsche Übersetzung)
Einbandgestaltung Ute Henkel
Druck und Binden Kösel GmbH, Kempten
Printed in Germany